미국 근현대소설

워싱턴 어빙부터 이창래까지

한국영어영문학회 편

한국영어영문학회
영미어문학 길라잡이 시리즈 5

미국 근현대소설

워싱턴 어빙부터 이창래까지

••• 한국영어영문학회 편

한국문화사

한국영어영문학회
영미어문학 길라잡이 시리즈 5

미국근현대소설 : 워싱턴 어빙부터 이창래까지

1판1쇄 발행 2017년 12월 8일

엮 은 이   한국영어영문학회
펴 낸 이   김진수
펴 낸 곳   **한국문화사**
등   록   1991년 11월 9일 제2-1276호
주   소   서울특별시 성동구 광나루로 130 서울숲IT캐슬 1310호
전   화   02-464-7708
팩   스   02-499-0846
이 메 일   hkm7708@hanmail.net
홈페이지   www.hankookmunhwasa.co.kr

책값은 뒤표지에 있습니다.

잘못된 책은 구매처에서 바꾸어 드립니다.
이 책의 내용은 저작권법에 따라 보호받고 있습니다.

ISBN 978-89-6817-576-3 04840
      978-89-5726-938-1 (세트)

이 도서의 국립중앙도서관 출판예정도서목록(CIP)은 서지정보유통지원시스템 홈페이지(http://seoji.nl.go.kr)와 국가자료공동목록시스템(http://www.nl.go.kr/kolisnet)에서 이용하실 수 있습니다.(CIP제어번호: CIP2017031965)

| 머 | 리 | 말 |

    한국영어영문학회는 1954년 창립 이후부터, 영국문학, 미국문학, 영어학 등의 범주를 아우르며 영어영문학 전반에 관한 연구서를 간행해 왔다. 영미문학의 주요 작품을 자상하게 안내하고 해설해 주는 <영미어문학 길라잡이 시리즈>는 영어영문학 전문가들의 학문적 역량을 발휘할 수 있는 장(場)을 제공하면서도 영어영문학이 단순히 상아탑 속에 안주하기 보다는 일반 대중들의 관심을 견인하여 인문학의 대중화를 가져올 수 있게 하며, 인접 학문 분야의 소통과 통섭을 통해 영어영문학의 새로운 지평을 제시함으로써 인문학 내에서의 위상을 제고하는 동시에 든든한 인문학적 교두보를 마련하기 위해 기획되었다.

    <영미어문학 길라잡이 시리즈>는 이화여대 최영, 서울대 장경렬, 가천대 이만식, 국민대 강규한, 순천향대 박주영 교수 등 역대 위원장을 중심으로 10여 년간 헌신을 계속해 오고 있는 본 학회 출판위원회의 귀한 노력의 소산이다. 특히, 미국소설학회, 한국 근대영미소설학회, 한국 밀턴과 근세영문학회, 한국 예이츠학회, 한국 중세르네상스영문학회, 한국 T. S. 엘리엇학회, 한국 현대영미드라마학회, 한국 현대영미소설학회, 한국 현대영미시학회, 18세기영문학회 등 각 전문 분야별 학회들로부터 전문가를 추천받아 집필을 의뢰했다는 점도 이 시리즈의 의의 중의 하나이다.

2012년 2월 발간된 <영미어문학 길라잡이 시리즈> 1권, 2권과 2015년 12월 발간된 <영미어문학 길라잡이 시리즈> 3권과 더불어 이번에 발간된 <영미어문학 길라잡이 시리즈> 4권:『영국근대소설: 다니엘 디포부터 허버트 조지 웰스까지』, 5권:『미국근현대소설: 워싱턴 어빙부터 이창래까지』는 영미어문학 전체 스펙트럼을 지향하는 본 학회의 기획이 한 단계 진전되었음을 보여준다. 본서가 나오기까지 수고해주신 박주영 출판위원장, 경희대 김상욱, 연세대 김재철, 고려대 신혜원, 강원대 장철우 위원께 감사드린다. 본서의 발간을 통해, 미국 소설에 대한 새로운 인식과 활력소가 제공됨은 물론, 미래의 영문학도와 일반 독서대중이 뜨거운 마음과 맑은 머리로 인간조건에 대한 문학적 상상력을 호흡할 수 있는 기회가 마련될 수 있기를 기대한다.

2017년 12월
한국영어영문학회
회장 조 철 원

| 차 | 례 |

■ 머리말 ··· v

워싱턴 어빙 Washington Irving ·· 3
   스케치북 *The Sketch Book*   신현욱   8

에드거 앨런 포 Edgar Allan Poe ·· 21
   낸터킷의 아서 고든 핌의 이야기 *The Narrative of*
      Arthur Gordon Pym of Nantucket   김혜진   26

너대니얼 호손 Nathaniel Hawthorne ··· 35
   주홍글자 *The Scarlet Letter*   손정희   37

허먼 멜빌 Herman Melville ·· 49
   모비딕 *Moby-Dick or The Whale*   양석원   53

헨리 제임스 Henry James ·· 65
   여인의 초상 *The Portrait of a Lady*   윤조원   70

마크 트웨인 Mark Twain ·· 89
   허클베리 핀의 모험 *The Adventures of Huckleberry*
      Finn   한광택   93

케이트 쇼팬 Kate Chopin ··· 103
   깨어나기 *The Awakening*   이경란   107

이디스 워턴 Edith Wharton ·· 123
   연락의 집 *The House of Mirth*   정혜옥   126

윌라 캐더 Wilella Cather ··· 139
  나의 안토니아 *My Antonia* 이승복 142

윌리엄 포크너 William Faulkner ·· 160
  고함과 분노 *The Sound and the Fury* 최수연 163

어니스트 헤밍웨이 Ernest Hemingway ································ 177
  무기여 잘 있거라 *A Farewell to Arms* 신진범 179

조라 닐 허스턴 Zora Neale Hurston ·································· 190
  그들의 눈은 신을 보고 있었다 *Their Eyes Were*
  Watching God 안지현 195

존 스타인벡 John Steinbeck ··· 208
  분노의 포도 *The Grapes of Wrath* 신현욱 210

랠프 엘리슨 Ralph Ellison ··· 222
  보이지 않는 인간 *Invisible Man* 한재환 226

블라디미르 나보코프 Vladimir Nabokov ···························· 239
  롤리타 *Lolita* 권택영 242

토머스 핀천 Thomas Pynchon ··· 255
  제49호 품목의 경매 *The Crying of Lot 49* 강규한 257

존 바스 John Barth ·· 271
  미로에서 길을 잃고 *Lost in the Funhouse* 김성곤 274

필립 로스 Philip Roth ·· 286
  포트노이의 불평 *Portnoy's Complaint* 장정훈 297

커트 보니것 Kurt Vonnegut Jr. ·· 310
   제5도살장: 아이들의 행군 *Slaughterhouse-Five:*
      The Children's Crusade   박인찬   313

맥신 홍 킹스턴 Maxine Hong Kingston ································ 327
   차이나맨 *China Men*   김준년   330

루이스 어드리크 Louise Erdrich ··· 346
   사랑의 묘약 *Love Medicine*   김봉은   348

스티븐 크레인 Stephen Crane ·· 360
   붉은 무공훈장 *The Red Badge of Courage*   조철원   363

이창래 Chang-rae Lee ··· 375
   네이티브 스피커 *Native Speaker*   정혜욱   381

미국근현대소설

워싱턴 어빙부터
이창래까지

워싱턴 어빙
Washington Irving

작가 소개

　　워싱턴 어빙(Washington Irving, 1783-1859)의 부친은 스코틀랜드 동쪽의 영국령 제도인 오크니(Orkney) 출신이며 모친 역시 스코틀랜드계 영국 이주민으로 뉴욕 맨해튼에서 철물사업으로 자리를 잡았다. 어빙은 이들 사이에서 태어나 살아남은 8명의 아이들 중 막내로 미국 독립혁명이 종결되던 바로 그 주일에 태어났다. 모친은 독립혁명의 상징적 인물인 조지 워싱턴(George Washington)의 이름을 따서 어빙에게 '워싱턴'이라는 이름을 지어주었다. 어빙의 문학적 성향과 열정은 어빙을 귀여워하며 경제적으로 지원을 아끼지 않은 손위 형제자매들의 격려 덕분에 피어날 수 있었다.

　　1798년에 맨해튼에서 황열병이 발발하자 어빙은 집을 떠나 뉴욕의 태리타운(Tarrytown)에 머물렀다. 학교공부보다는 모험이야기와 극적인 체험을 좋아한 어빙은 태리타운 인근의 슬리피 할로우에 얽힌 네덜란드의 별난 풍습과 괴이한 유령 이야기들을 접하거나 허드슨 강 북쪽 캣츠킬(Catskill) 산간까지 여러 차례 여행했다. 이러한 경험은 그의 문학에 풍부한 자양분을 마련해주었다. 어빙은 19세가 되던 1802년에 『모닝 크로니클』(Morning Chronicle)에 조너선 올드스타일(Jonathan Oldstyle)이라는 필명으로 삶의 이모저모를 관찰하며 기록한 편지글을 실으면서 문학계에 입문했다. 1804-06년 사이의 2년 동안 어빙은 형제들의 금전적 지원에 힘입어 유럽을 여행했다. 당시 미국인들 사이에 유행하던 소위 유럽 대여행(grand tour) 동안 어빙은 당시 최고조의 관심사였던 나폴레옹 전쟁보다는 기념비, 화랑, 극장 등에 큰 관심을 기울이며 사교와 대화의 기술을 연마하는 좋은 계기를 마련했다.

유럽에서 뉴욕으로 돌아온 어빙은 처음에는 법을 공부하여 변호사시험에 간신히 합격, 얼마간 법과 관련된 일을 하는가 싶더니 일단의 문사들과 어울려 1807년 샐머군디(*Salmagundi*)라는 잡지를 창간하였다. 이 기획이 비록 큰 성공을 거두지는 못했지만 뉴욕 너머까지 어빙의 문명을 알리는 계기가 되었다. 이 잡지를 통해 어빙은 뉴욕의 문화와 정치를 풍자하는 글을 발표했는데 이 당시 그가 뉴욕시에 붙인 고담(Gotham)–'염소의 타운'이라는 뜻인–이라는 별칭은 오늘날까지 만화, 영화 등에서 자주 활용되어 왔다.

1809년 어빙은 뉴욕의 지역사와 당대 정치에 대한 풍자인 『세계의 시작에서 네덜란드 왕조의 멸망까지의 뉴욕의 역사, 디드리치 니커보커 지음』(*A History of New-York from the Beginning of the World to the End of the Dutch Dynasty, by Diedrich Knickerbocker*)을 출간했다. 유머와 풍자가 혼합된 이 책은 그 독특한 광고방식으로도 잘 알려졌다. 어빙은 뉴욕 신문들에 '디드리치 니커보커'라는 사람의 실종을 알리며 그에 대한 정보를 구하는 광고를 실었는데 요지인 즉, 그 무뚝뚝한 네덜란드인 역사가가 숙박비를 내지 않은 채 계속 나타나지 않으면 그가 남겨둔 원고를 출판해 버리겠다는 내용이었다. 이를 믿은 독자들이 사태의 추이를 흥미롭게 지켜

보았고 실종된 이 역사가의 무사귀환을 보장하는 이에게 보상금을 내걸 것을 고려한 관리들이 있을 정도였다. 이 책은 요란한 과장, 실제 역사를 가지고 되는대로 찧고 까불기, 익살스럽고 짓궂은 농담 등 당시 뉴욕의 멋쟁이 젊은이들 사이에서 유행하던 취향을 한껏 뽐내면서 출간되자마자 당대 비평계의 주목과 대중적인 인기를 동시에 끌며 큰 성공을 거두었다. '니커보커'가 뉴욕 거주민을 가리키게 된 것도 여기에서 유래한다.

독립 전쟁 이후 미국과 영국의 점차 악화된 관계는 1812년 전쟁(1812-15)에 이르렀다. 프랑스와 계속 전쟁 중이던 영국에 의한 신대륙의 무역 제재, 미국 상선 선원들의 영국해군으로의 강제징용, 미국의 서부팽창에 맞선 원주민에 대한 영국의 지원 등으로 촉발된 이 전쟁은 어빙 가족의 사업을 포함해 미국의 많은 상인들에게 파국적인 결과를 낳았다. 1815년 중반에 어빙은 가족의 사업을 되살리려는 노력으로 영국으로 떠나 그 후 17년간 유럽에 머물게 되었다.

미국을 떠난 뒤 2년에 걸친 어빙의 경제적 노력에도 불구하고 가족의 사업은 결국 파산하고 말았다. 1817년 월터 스코트(Walter Scott)와의 만남은 평생에 걸친 개인적·직업적 유대로 발전하였다. 1819년에 어빙은 뉴욕으로 일단의 에세이를 보내 『젠틀맨 제프리 크레이언의 스케치북』(*The Sketch Book of Geoffrey Crayon, Gent*)(이하 『스케치북』)이라는 이름으로 출판해 달라고 부탁했다. 「립 밴 윙클」(Rip Van Winkle)을 포함한 1회분은 대성공을 거두었다. 1819-20년 동안 7회에 걸쳐 나온 『스케치북』은 영국에서 어빙의 낱 글들이 끊임없이 해적 출판되는 상황에 맞서 두 권으로 묶여 런던에서 출판되었다. 이 작품을 통해 어빙은 미국과 유럽에서 모두 큰 명성을 얻었다. 이후 『스케치북』에서와 같은 필명 '제프리 크레이언'으로 『브레이스브릿지 홀』(*Bracebridge Hall, or The Humorists, A Medley*, 1822), 『어느 여행자의 이야기들』(*Tales of a Traveller*, 1824)을 발표하였으나 『스케치북』과 유사하게 느슨하게 연관된 단편소설들과 에세이들을 묶은 이 책들에 대한 반응들은 뒤로 갈수록 그다지 신통치 않았다.

유럽에 있던 어빙에게 또 하나의 중요한 계기가 된 것은 스페인의 아메리카 대륙 정복과 관련된 다양한 문서들이 공개된 일이었다. 마드리드에서 광범한 자료들을 섭렵하며 집필에 착수한 결과로 나온 『크리스토퍼 콜럼버스의 삶과 여행』(*The Life and Voyages of Christopher Columbus*, 1828)은 미국과 유럽 양쪽에서 대중적인 인기를 얻어 19세기가 다가기 전까지 175판을 거듭하여 출판되었다. 이 작품은 후속인 『그라나다 정복 연대기』(*The Chronicles of the Conquest of Granada*, 1829), 『콜럼버스 동료들의 여행과 발견』(*Voyages and Discoveries of the Companions of Columbus*, 1831)과 마찬가지로 역사와 허구의 혼합으로 지금은 낭만적 역사소설이라고 불리는 장르에 해당한다.

1829년 런던 주재 미국 공사의 서기직을 맡아 보좌하던 일을 끝으로 어빙이 1832년에 미국으로 귀국한 것은 17년만의 일이었다. 원주민 관련 업무로 여행한 프론티어에서의 경험이 실린 『대평원 여행』(*A Tour on the Prairies*, 1835), 미국 북서부의 모피무역의 역사를 다룬 『애스토리아』(*Astoria*, 1836), 탐험가 벤자민 보너빌(Benjamin Bonneville)의 변경지도와 이야기들에 기초한 『보너빌 대위의 모험』(*The Adventures of Captain Bonneville*, 1837)은 어빙의 "서부" 시리즈 작품이며 한편으로는 '유럽에 오래 살더니 유럽 사람이 다 됐다'는 비판에 대한 어빙 나름의 반응이었다.

1835년, 52세의 어빙은 뉴욕 태리타운에 작은 주택과 그 부지를 구입해 개증축을 하며 지내다 1841년에 써니사이드(Sunnyside)로 이름을 붙였다. 이후 이곳은 문학을 꿈꾸는 젊은이들이 조언과 격려를 구해 찾아오는 명소가 되었고 그 중에는 미국문학의 고전 중 하나인 「어셔가의 몰락」(*The Fall of the House of Usher*)에 대해 어빙의 논평을 청한 애드거 알랜 포

(Edgar Allan Poe)도 있었다. 어빙은 돈독한 관계를 유지하던 영국 작가 디킨즈(Charles Dickens)가 미국을 여행할 당시 그의 가족을 이곳으로 맞아 접대하기도 하였다.

1842년부터 1846년 동안 스페인의 정치적 혼란기에 스페인 공사를 지낸 어빙은 고국의 써니사이드로 귀향하여 정착하였다. 그는 자신의 기존 작품들을 개작하거나 미국 초대 대통령 조지 워싱턴, 영국 작가 올리버 골드스미스(Oliver Goldsmith), 이슬람교 창시자 마호메트 등에 대한 전기를 쓰는가 하면 대통령들을 비롯한 당대의 명사들과 친분을 쌓으며 남은 여생을 보냈다.

스케치북
The Sketch Book

작품 줄거리

『젠틀맨 제프리 크레이언의 스케치북』이라는 제목 그대로 이 작품은 어빙의 필명 중 하나인 '제프리 크레이언'이 화자가 되어, 몇몇 미국 이야기를 포함하되, 주로 영국 삶의 단면들을 스케치하듯 묘사한다. 이 작품집의 「맺음말」(L'Envoi)에서 모든 이야기들이 독자의 입맛에 맞을 수는 없겠지만 각자가 제각기의 취향에 맞는 것을 발견했다면 그것으로 목표달성이라고 말하듯, '스케치' 모음집인 이 작품은 「맺음말」을 제외하고 33편으로 이뤄진 '다양하게 차려낸 밥상'(varied table)이랄 수 있다. 이 '다양하게 차려낸 밥상'의 음식들을 모두 자세하게 설명할 수는 없지만 독자가 직접 찾아 읽을 때 참고가 되도록 각 스케치들을 작품집에 실린 순서대로 짧게나마 언급하고 가장 널리 알려진 「슬리피 할로우의 전설」과 「립 밴 윙클」에 대해서는 뒤쪽에서 좀 더 길게 요약하겠다.

젊은 미국과 옛이야기가 켜켜이 쌓인 유럽이라는 대비된 이미지를 전달하는 「자신에 대한 저자의 설명」(The Author's Account of Himself)은 여행하며 사람들과 장소를 관찰하기를 좋아하는 화자 자신의 성향과 미국의 자연풍광에 애착을 지니지만 장구한 역사를 지닌 유럽의 예술, 문학, 사람들에 대한 매력으로 미국을 떠나게 된 사연을 밝힌다.

「여행」(The Voyage)은 험한 바다 한 가운데서 벌어지는 난파와 재난에 대한 선장의 이야기들, 그리고 직접 겪는 폭풍우로 인해 불안도 느끼지만 광활한 대서양을 가로지르는 긴 여행이 앞으로 유럽의 인상이 제대로 찍힐 커다란 여백을 마음속에 만들어 줌을 말한다.

글만 써서 존경과 생계를 동시에 성취하는 영국과 그렇지 않은 미국의 상황 사이의 대조를 밑그림으로 깔고 전개되는 「로스코」(Roscoe)에서는 자수성가하여 유명한 역사가가 되었고 사업상의 호된 실패도 겪은 로스코란 인물을 도서관에서 마주친 일화를 전달한다.

「아내」(The Wife)는 불운을 맞아 풍족함에서 궁핍으로 영락하였음에도 불구하고 더 애틋해진 레슬리(Leslie)와 메어리(Mary) 부부의 사랑이야기를 농촌 삶을 배경으로 낭만적으로 전한다.

「미국에 대해 쓰는 영국 작가들」(English Writers on America)은 미국에 대한 높아진 관심으로 미국에 대한 여행서적이 많지만 미국에 대한 사심 섞인 경쟁심 탓에 편견과 잘못된 정보를 전해준다고 본다. 미국에서 환대를 받고나니 기고만장해져서 미국의 감정을 상하게 해봐야 영국에도 득이 될 게 없으며 위대한 나라가 될 미국의 운명에도 영향을 미칠 수 없다는 게 화자의 생각이다.

「영국의 시골생활」(Rural Life in England)은 영국을 제대로 알려면 그저 모이기만 하는 장소인 도시보다는 사회라는 것이 실제로 생동하는, 그야말로 비길 데 없이 숭고하고 흥겨운 시골을 봐야 하며 영국의 신사가 그렇게나 세련된 이유, 하층계급도 도시에 비해 속되지 않은 이유는 시골에서 자연과의 친연성이 가능하기 때문이며 이런 양상들이 영국 국민문학에 스며들어 있다고 말한다.

「무너진 가슴」(The Broken Heart)은 반역으로 처형되고만 이름 없는 젊은 아일랜드 애국지사와 그를 사랑한 여인의 이야기를 통해 실연의 아픔이 여성에게 죽음에 이르게 할 만큼 큰 영향을 미친다는 것을 이야기한다.

「책 만드는 기술」(The Art of Book Making)은 기존 작가들로부터 얼마간 빌려오되 자신만의 책을 창조적으로 '쓰기'보다는 그저 남의 것을 죽죽 베껴 '만들어내는' 대다수 작가들의 세태를 영국 박물관에서 맞닥뜨린 장면을 통해 우화적으로 묘사한다. 대부분의 문학이 도둑질한 것들로 기워 만든 것이어서 그것들을 다 벗겨내면 알몸일 것이라는 것이다.

역사상의 인물에 대한 잔잔한 명상인 「왕실시인」(A Royal Poet)은 11살부터 18년간을 윈저 궁에 갇힌 채 기구한 운명을 살면서 시심을 키우고 바로 그런 고난과 역경으로 인해 다른 왕족들과는 달리 그 나름의 결실을 거두기도 한 스코틀랜드의 제임스 1세에 대한 이야기이다. 번다한 명승지의 기념비보다는 잊힌 장소와 장면, 사람들에 대한 이야기에 더 관심을 쏟는 작가의 성향과 그런 시공간적 거리와 공백을 한껏 발동된 상상력을 통해 낭만적으로 채색하는 작가의 솜씨가 여기에서도 드러난다.

「시골교회」(The Country Church)는 유서 깊은 인근마을의 교회에서 예배를 보러 온 이들의 면면을 묘사한다. 비록 민주주의적 성향을 지니기는 하나 화자는 비교적 덜 튀는 옷차림의 귀족과 과시욕으로 온갖 치장을 한 채 거들먹거리는 신흥계급을 비교하며 외양이 아닌 내면의 덕목을 기준으로 한 '타고난 귀족'이라는 이상에 관심을 기울이기도 한다.

「홀어미와 아들」(The Widow and Her Son)은 강제로 끌려갔다가 죽기 직전 귀향한 외아들을 끝내 잃고만 비탄과 궁핍의 상황에서도 신심과 미덕을 잃지 않는 여인에 대한 이야기로 작가가 즐겨 다루는 주제이다.

「런던의 일요일」(A Sunday in London)은 도시의 업무들로 분주한 일주일의 소란이 잦아든 일요일의 차분한 풍경을 교회 종소리가 울려 퍼지는 가운데 예배를 보러 가는 가족들의 모습을 통해 맛깔스럽게 그려낸다. 대개

시골의 풍경에 쏠리는 애착과는 별도로 평화롭고 포근한 대도시의 일요일 풍경을 마주해 대도시에 대한 반감이 눈 녹듯 사라져 희미해진다.

「이스트 칩의 수퇘지 머리 선술집」(The Boar's Head Tavern, East Cheap)은 화자가 셰익스피어의 『헨리 4세』(Henry IV)에 나오는 '수퇘지 머리 선술집'을 순례하는 이야기이다. 그러나 찾아간 이스트 칩에서 돌에 새겨진 수퇘지 머리로 그 자리를 짐작할 수 있을 뿐이다. 이 건물은 런던 대화재 때 불에 탔다가 재건축된 뒤 성미카엘 교회로 봉헌되었고 이후 황폐해져 문을 닫은 채 이제는 역사의 뒤안길로 사라졌다. 그저 지금은 오래 된 선술집들이 폴스태프(Falstaff)가 마셨던 잔을 비롯해서 바로 그 선술집에서 사용된 물건들이라며 영업에 이용하고 있을 뿐이다.

「문학의 가변성」(The Mutability of Literature)은 대체적으로 어디 조용하고 차분한 곳이나 뒷길, 혹은 옛이야기가 스몄을 법한 구석진 곳을 찾아 나서는 화자의 정서를 보여주는 글 중 하나다. 웨스트민스터 사원의 도서관에서 오래된 책들과 대화하는 장면에서는 화자 특유의 상상력과 재치가 잘 드러난다. 인쇄술과 독서대중의 증가에 힘입어 문학은 양적으로 팽창했다. 하지만 그 많은 활자와 책들은 누구 한 사람의 손길도 닿지 않은 채로 덧없이 소멸할 운명에 처한다. 그런가 하면 셰익스피어와 초서처럼 인간의 깊은 내면과 본성에 대해 소멸되지 않을 탐구를 수행한 경우들도 있다고 화자는 말한다.

「시골의 장례」(Rural Funerals)는 고인에 대한 기억이 도시에서보다는 시골에서 더 오래 지속되도록 안배된 시골의 장례풍습에 대해 말한다. 화자는 도시의 세련됨이 자유로운 충동을 제어함으로써 시적인 미덕을 쇠퇴시킨다고 본다. 외진 마을의 오랜 풍습을 우연히 접한 여행자가 인간이라는 큰 바다의 넉넉한 흐름을 또렷하게 의식하는 양상이 잘 포착된다.

「여관 부엌」에서는 네덜란드 여행 도중 뒤늦게 도착해 밥 때를 놓친 어느 작은 여관의 풍경을 묘사한다. 스산한 바깥 날씨와 외로운 여행자의 고단한 고적함은 훈훈한 온기와 보통사람들의 흥겨움이 모여든 부엌 공간과 섬세한 묘사를 통해 잘 대조된다. 이런 자리에서 빠질 수 없는 것은 바야흐로 하나 둘씩 풀어놓는 이야기보따리들이며 그 중 하나가 「유령 신랑」(The Spector Bridegroom)이다.

「유령 신랑」은 미국이 아닌 독일 고지의 옛 성을 배경으로 전개되는 다소 긴 민담으로 역사와 전통이 인간의 품성을 깊고 높게 해주기보다는 어떤 구속으로 작용하는지를 보여준다. 가문 간의 해묵은 분쟁에 가산의 대부분을 탕진한 선조를 둔 남작은 자신의 작은 세계를 호령하는 맛에 산다. 남작에 빌붙어 사는 가난한 친척들은 남작이 수없이 되풀이 하는 똑같은 이야기에 장단을 맞춰주면서 실컷 먹고 여흥을 즐긴다. 남작의 외동딸이 아버지의 뜻에 따라 얼굴도 모른 채 정혼한 알텐부르크 백작(Count Von Altenburg)은 그녀와의 결혼식을 위해 떠난 길에서 도적떼들의 습격으로 목숨을 잃는다. 그와 동행하던 군대 동료인 헤르멘 폰 스타르켄파우스트(Herman Von Starkenfaust)는 그 불행한 소식을 전하려고 하나 사실을 말할 기회를 얻지 못한 채 곧 신랑 자신으로 오해받는 상황이 벌어진다. 어쩔 수 없이 우울한 표정으로 신랑 행세를 하던 헤르멘이 '자신의 무덤으로 돌아가야 한다'며 떠나자 이 '유령 신랑'에 대한 소문이 퍼진다. 그날 밤 다시 나타난 '유령 신랑'은 남작의 딸과 함께 사라졌다가 일주일 뒤 다시 나타난다. '유령 신랑'의 역할을 하다가 남작의 딸과 사랑에 빠진 헤르멘이 공교롭게도 남작 집안과 오랜 원수 관계에 있는 바로 그 집안의 아들이라는 사실을 포함하여 그간의 모든 사정이 밝혀지면서 두 가문 사이의 해묵은 원한이 풀리고 사랑에 빠진 남녀는 축복을 받으며 결혼한다.

「웨스트민스터 사원」(Westminster Abbey)은 알차고 수준 높은 문화유산답사기로 볼 수 있다. 묘지를 둘러보며 왕후장상이든 민초든 만인에게 평등한 죽음을 명상하고 필시 역사적 영웅들의 기념비에 비해 웅장하지는 못할 시인들의 무덤 쪽으로 향하는 사람들의 발길이 더 잦은 것은 작가가 책을 통해 독자들과 더 직접적인 관계를 획득하여 불멸을 얻기 때문이다. 마치 묘비명을 새기듯 한 단어 한 단어 꼼꼼하게 새겨 넣은 듯한 작가의 선명한 묘사가 일품이다.

「크리스마스」(Christmas)는 도시보다 시골에 더 적절한 크리스마스 명절에는 성스러움과 흥겨움이 결합되어 있으며 '메리 크리스마스'라고 할 때 정말 어떤 의미에서 '흥겨운'(merry) 지를 되새겨본다.

「역마차」(The Stage Coach)는 역마차를 타고 여행하며 보낸 크리스마스 이브 때, 마을과 마을을 이어주며 새로운 활력을 전달해주는 마차여행의 광경들과 남들의 어리석음에 관대하고 깊은 심성에서 우러나는 즐거움에 몸과 마음을 맡기는 축제 분위기를 전달한다.

「크리스마스 이브」(Christmas Eve)에서 화자는 역마차 여행 도중 여인숙에서 만난 예전 여행의 파트너인 프랭크(Frank)를 만나 예정된 여행에서 옆길로 새서 그의 부친 집에서 크리스마스 휴일을 보내기로 하는데 그의 부친의 집에 도착하자 그 집 가족의 모임에서 환대를 받는다는 상황을 전달한다.

「크리스마스 날」(Christmas Day)은 크리스마스 날 아침, 귀족의 교외 대저택에서 자고나서 막 깨어나 눈에 보이는 주변 풍경, 이곳의 크리스마스 풍습, 마스터 사이먼(Master Simon) 등의 독특한 인물을 재주 있게 형상화한다.

「크리스마스 만찬」(The Christmas Dinner)에서 화자는 만찬이 열리는 홀에 줄줄이 걸려 있는 제각기의 시대를 살다가 간 집안 인물들의 초상화들에서 얼굴생김새들의 닮은꼴에 흥미로워 한다. 일종의 예식을 거행하듯 격식과 절차를 지켜 진행되는 만찬을 관찰한다. 크고 독특한 은 사발을 다 같이 돌려가며 특별한 칵테일을 나눠 마시기도 한다.

「런던의 골동품 가게」(London Antiques)는 대도시 런던의 번다함에 지친 심신을 쉬게 하려고 샛길을 찾아 골목들을 몇 구비 꺾어 들어가면 그 끝에 구원의 오아시스 같이 자리한 골동품 가게를 보게 된다는 이야기이다.

「작은 브리튼」(Little Britain)은 런던의 골목길 탐방 도중 만난 노인을 통해 듣게 된 런던 도시 중심부의 '작은 브리튼'으로 불리는 특정 구역의 변천사를 전해준다. 브리태니(Brittany) 공작 가문이 살았다는 이유로 '작은 브리튼'이라고 불린 한때는 잘 나가던 이곳이 약제사, 치즈장수, 푸줏간 주인 사이의 헛된 우월의식에 빠진 경쟁 속에 고유의 풍속을 잃고 영락해간 과정을 들려준다.

「에이번 강가의 스트랫포드」(Stratford on Avon)는 셰익스피어 생가와 묘지를 순례하는 이야기이다. 셰익스피어가 루시(Lucy) 경 소유의 사슴을 훔친 일과 관련되어 결국 에이번을 떠나게 된 사연과 시인의 특별한 능력에 대한 명상이 펼쳐진다. 즉, 자연과 사물에 본래는 없던 매력을 부여하고 일상의 노동세계를 요정의 세계로 탈바꿈시키는 진정한 마법사의 힘을 시인이 지닌다고 화자는 생각한다. 유물이 진짜든 가짜든 간에 상상력의 발동을 위해 기꺼이 믿으려는 화자의 마음이 여기서도 잘 드러난다.

「인디언의 성격적 특징들」(Traits of Indian Character)은 「포카노켓의 필립」(Phillip of Pokanoket)과 함께 인디언을 낭만적으로 다룬 이야기이지만 인디언에 대한 적대적인 시각이 주를 이루는 상당히 왜곡적인 국가적 차원의 담론과도 달리 비교적 바른 역사에 대한 균형 잡힌 인식을 보여준다. 백인들에 의해 전통을 박탈당한 데에 이어 숲속의 짐승처럼 왜곡된 특성이 부여되는 신대륙 원주민들의 진정한 면모를 신대륙 대자연의 장엄함과 연관하여 묘사한다.

「존 불」(John Bull)은 영국인들이 자신의 국민적 성격을 '존 불'로 의인

화해서 전달하는 것에 대한 이야기이다. 남의 일에 나서기 좋아하고 나섰다가 연루된 모든 이들과 싸움이 붙고 끝내 배은망덕을 외치며 분통 터뜨리기 일쑤인 존 불의 성격을 포함해 풍자 섞인 인물표사가 맛깔스럽게 제시된다.

「마을의 자랑」(The Pride of the Village)은 화자가 영국의 먼 고장들을 여행하다가 머물게 된 외진 지역에서 목격한 그 마을의 자랑이자 아름다움이던 여인의 장례와 그녀와 관련된 안타까운 이야기를 전해준다. 사랑하고 버림받고 비탄 속에 여위어가다가, 회개하며 비통해하는 돌아온 연인의 품에서 죽어간다는 낭만적 사랑의 이야기에 화자는 큰 애착을 느끼는 것으로 보인다.

「낚시꾼」(The Angler)에서는 더러 지루한 묘사들이 장황하지만 낚시에 젬병인 자신을 묘사하다 '물고기를 낚으려다 자신을 낚고 말았다'는 식의 소재와 관련된 화자의 말재간이 여기에서도 잘 드러난다.

「슬리피 할로우의 전설」(The Legend of Sleepy Hollow)은 허드슨 강가 조그만 마을인 태리타운(Tarrytown)—말뜻 그대로 마을 남자들이 장날에 시장에만 가면 일찍 돌아올 생각을 안 하기에 붙은 '꾸물대기' 마을—과 그 근처의 고적하며 몽환적인 슬리피 할로우라는 계곡을 배경으로 펼쳐지는 우스꽝스러운 귀신이야기를 전해준다. 그 내용인 즉, 독립혁명 때 영국 측에 고용되었던 독일계 기병이 포탄에 머리를 잃어 근처의 교회에 묻혔는데 밤이 되면 자신의 머리를 찾아다닌다는 것이다. 주요 사건은 이곳에 온 커네티컷 출신의 학교선생인 이카보드 크레인(Icabod Crane)이 아름답고 젊은 캐트리나 반 태슬(Katrina Van Tassel)을 좇는 헛된 꿈을 중심으로 벌어진다.

선생이라는 존재를 아무짝에도 쓸모없는 게으름뱅이로 여기는 이 마을에서 이카보드는 아이들을 가르쳐 받는 보잘 것 없는 수업료만으로는 그의 왕성한 식욕조차 감당할 수가 없다. 그는 학생들의 집에서 돌아가며 기식한다. 이 마을의 온갖 대소사에 끼어들고 언변, 학식, 노래솜씨, 사귐성을 밑천으로 살아가는 이카보드가 캐트리나에게 큰 관심을 보인 이유는 성공한 농부인 그녀의 아버지가 소유한 풍족한 재산에 '침을 흘리기' 때문이다.

그러나 거인, 마법사, 불 뿜는 용 따위를 물리치고 굳게 닫힌 철문을 뚫고 성 저 깊은 곳에 갇힌 귀공녀를 구해 그녀의 손을 얻기만 하면 되는 '간단한' 임무를 수행하는 기사들과는 달리, 이카보드는 미로처럼 종잡을 수 없는 캐트리나의 변덕들을 가로 질러 그녀를 노리는 수많은 찬미자들이라는 장애물들을 뚫고 그녀의 깊은 마음을 사로잡는 비할 수 없이 어려운 과제를 앞두고 있다. 게다가 이 고장 씨름판의 천하장사요 헤라클레스 같은 체격과 완력으로 브롬 뼈다귀(Brom Bones)로 불리는 브롬 밴 브런트(Brom Van Brunt)가 버티고 있다. 그는 캐트리나를 놓고 벌어진 경쟁 판에서도 오금이 저린 다른 오합지졸 경쟁자들이 지레 물러나게 만들며 이미 천하통일을 한 듯한 상황이다. 육체적인 힘으로는 전혀 승산이 없음을 뻔히 아는 융통성과 인내의 혼합물인 이카보드는 음악선생이라는 자격을 구실로 캐트리나의 집안을 맘껏 드나들며 영향력을 확대해간다. 이에 안달이 난 브롬은 이카보드와 그의 학교를 대상으로 온갖 야비하고 짓궂은 장난을 치는 도리 밖에는 없다.

그러던 어느 날 이카보드는 이웃 사람에게 빌린 '화약'(Gunpower)이라는 이름의 쟁기 끄는 늙은 말에 허수아비 같은 몸을 싣고 흥분과 기대에 차서 캐트리나 집안의 풍성한 잔치에 초대받아 간다. 이카보드는 잘 차려진 온갖 음식과 캐트리나 앞에서 뽐낸 자신의 춤 솜씨에 한껏 만족을 느낀다. 고장 사람들의 옛 이야기나 예의 목 없는 기병 이야기를 포함한 유령 이야기들을 끝으로 흥겨운 잔치가 마무리된다. 하지만 이카보드는 잔뜩 침울해져 캐트리나의 집을 나섰다. 그녀가 이카보드에게 애교를 부린 것은 경쟁자인 브롬을 완전히 정복하기 위한 수단이었을 뿐이었을지도 몰랐다. 이카보드는 카트리나와의 작별에서 낙담만을 맛보았다.

집으로 돌아오는 으슥한 밤길에서 이카보드는 카트리나로 인한 낙심과 잔치에서 들은 유령이야기들로 인해 한없이 침울하고도 두렵다. 그는 어둠 속 물체들에서 헛것을 보고 늙은 말 '화약'에 되는대로 박차를 가하며 방향을 잃고 헤맨다. 그 와중에 슬리피 할로우에서 마주친 머리 없는 기사로 보이는 형상에 쫓겨 교회 근처까지 간 이카보드는 기사가 던진 그의 머리로 보이는 것에 정통으로 자신의 머리를 맞아 말에서 떨어지고 만다.

그 다음 날 늙은 말만이 돌아왔을 뿐 이카보드가 말에서 떨어진 자리에는 모자와 산산이 부서진 호박만이 남아 있다. 그가 마을에서 완전히 사라진 까닭에 사람들은 그가 머리 없는 기사에게 채여 갔을 것이라고 생각한다. 그 후 몇 년이 지나 이카보드는 뉴욕에서 판사가 되었다는 소문이 들린다. 브롬은 카트리나와 결혼을 했고 사람들 사이에서 이카보드 이야기가 나오고 특히 호박 얘기만 나오면 깊은 내막을 아는 듯한 브롬은 박장대소를 했다.

「립 밴 윙클」은 미국독립혁명을 전후로 한 시간적 배경으로 전개된다. 뉴욕의 캣츠킬 산간의 어느 쾌적한 마을에서 네델란드계 후손인 다정다감한 성격의 립 밴 위클은 아이들을 비롯하여 마을의 모든 이들—특히 아낙들—에게 인기가 많다. 다만, 단 한 사람, 아내로부터는 끊임없는 잔소리와 푸념을 듣는다. 그도 그럴 것이 립은 자기 가정경제에 대해서는 전혀 개념이 없고 게으르고 무관심하나 돈이 안 되는 온 동네일을 제 일처럼 하고 다닌다. 아내의 잔소리를 피하는 방법은, 여주인(Dame van Winkle)의 목소리만 들리면 주인 립과 다를 바 없이 바로 꼬리를 내리는, 이름만 사나운 '늑대'(Wolf)라는 개와 함께 산간을 쏘다니는 것이다. 그렇게 산을 쏘다니던 어느 겨울 날, 립은 산속에서 옛 네덜란드복장을 한 이를 도와 술통을

워싱턴 어빙(Washington Irving)

옮겨준 깊은 산속에서 술을 얻어 마시고 잠에 빠진다. 잠에서 깬 그가 발견한 것은 자신의 녹슨 총, 길게 자란 수염뿐 '늑대'는 없다. 내려간 마을도 이상하기는 마찬가지이다. 아는 이가 전혀 보이지 않는 이 마을에 도착하자마자 그가 가장 궁금해 하는 것은 아내의 소식이다. '다행히' 아내는 죽고 없다. 세상도 달라졌다. 마을의 여관에는 식민지 시절의 조지 3세의 초상화가 아니라 독립혁명의 주역 조지 워싱턴의 초상화가 걸려 있다. 다시금 그의 삶은 전과 다름없이 게으르게 흘러간다. 달라진 게 있다면, 이제는 더 이상 아내의 잔소리 없이 모든 공처가들의 부러움을 사며 자신의 경험담을 한가롭게 읊어댈 수 있다는 점이다.

문학사적 의의

'스케치'라는 형식의 글은 워싱턴 어빙을 통해 잘 알려졌다. 그림에서 '스케치'는 완성된 작품으로 의도한 것이 아니라 이후의 작업을 위한 예비적인 탐색의 성격을 지닌 그림을 의미한다. 이야기를 '스케치'라고 부를 때는 대개는 단편소설(short story)보다 더 짧으면서 단편소설이 담고 있는 플롯적인 요소가 거의 없는 이야기를 가리킨다. 16세기 영국에 기원을 둔 스케치 형식의 글은 이국적인 지역을 비교적 사실적으로 묘사하는 글에 대해 대중적인 관심이 커지면서 등장했는데 19세기에 이르러 대중적으로 널리 애용되는 읽을거리가 되었다. 여러 고장들에 대한 여행스케치, 사람들에 대한 인물스케치 등 스케치는 특정 플롯 없이 묘사만으로 흥미를 끌어간다. 스케치는 사람이나 장소에 대한 인상을 묘사하지만 이런 묘사들을 플롯에 따라 긴밀히 연결하기 보다는 개별적인 순간들에 집중함으로써 독자들에게 추가적인 궁금증과 상상력을 불러일으키는 데 주력한다.

앞서 요약한 어빙의 『스케치북』은 이와 같은 '스케치' 형식의 특장점을 유감없이 보여준다.

또한 『스케치북』이 사회의 구석진 곳, 오래 묵은 것, 보통사람들에 대한 헌사인 측면도 있다. 예컨대 「시골의 장례」에서 보이듯, 비천하게 살았어도 삶과 죽음의 경계를 넘은 이에 대해 존경과 묵념을 표현하고 그런 소재에 적절한 작가와 작품을 인용하고 그에 대한 감상을 곁들여 사색한다. 이것이 괜히 멋을 부리는 것은 아니다. 보통사람들의 삶과 풍속에 남아 있는 시적인 면면을 찾아 따뜻하게 묘사하고 그 묘사들 사이에 그와 연관된 시를 끼워 넣어 분위기를 북돋우는 것은 사회가 소위 문명화되어가면서 자연스러운 충동과 정서를 억제하고 시에 대해 토론은 할지언정 시적인 면을 잃어간다는 화자의 판단을 잘 보여준다. 또한 「인디언의 성격적 특징들」과 「포카노켓의 필립」의 경우도 주목할 만하다. 이 이야기들에 '고귀한 야만인'인 원주민에 대해 낭만적으로 이상화하는 기미가 전혀 없다고는 할 수 없지만 신대륙의 역사를 백인들의 세계만으로 한정짓기보다는 더 오랜 연원을 지닌 복합적인 운명을 띤 것임을 암시하고 있는 것이다.

끝으로, 『스케치북』은 「슬리피 할로우의 전설」, 「립 밴 윙클」을 통해 미국문학과 문화에 지속적인 영향과 밑그림을 제공하였다. 「슬리피 할로우의 전설」은 유럽적 로맨스나 고딕의 몽환적 장치들과 미국 특유의 실용주의가 버무려진 '유령 없는 유령이야기'의 재미를 선사한다. 어빙에서 예시된 고딕적 요소들은 이후 미국문학의 정전들을 통해 인간과 역사의 탐구로 확장되어 간다고 볼 수 있다. 「립 밴 윙클」은 세상으로부터 동떨어진 윙클의 20년의 잠이 단적으로 상징하듯, 공동체나 국가의 커다란 일은 물론이고 가정이라는 공간에서도 달아나려는 (그 대신 어떤 추상적인 영역으로 관심을 돌리기도 하는) 어떤 '초월적인' 심리나 정서를 예시하며 미국문학의 특이한 특징 중 하나로 자리를 잡는다.

▶▶ 더 읽을거리

『영미문학의 길잡이 2: 미국문학과 비평이론』. 영미문학연구회 엮음. 창작과비평. 2001.

Aderman, Ralph, ed. *Critical Essays on Washington Irving*. Boston: G.K. Hall, 1990.

Hoffman, Daniel. "Prefigurations: The Legend of Sleepy Hollow." *Form and Fable in American Fiction*. New York: Oxford UP, 1961. 83-96.

Knight, Denise D., ed. *Writers of the American Renaissance: An A-to-Z Guide*. Westport, CT: Greenwood, 2003.

Rubin-Dorsky, Jeffrey. *Adrift in the Old World: The Psychological Pilgrimage of Washington Irving*. U of Chicago P, 1988.

Ruland, Richard, and Malcolm Bradbury. *From Puritanism to Postmodernism: A History of American Literature*. New York: Penguin, 1991.

Williams, Stanley T. *The Life of Washington Irving*. 2 vols. New York: Oxford UP, 1935.

▌신 현 욱 (한국방송통신대학교)

에드거 앨런 포
Edgar Allan Poe

작가 소개

　에드거 앨런 포(Edgar Allan Poe, 1809-49)는 추리소설의 창시자였고 소설가·시인이자 문학 비평가였다. 포의 다양한 작품들이 미국문학사에서 차지하는 위치는 독보적이다. 그는 미국문학사에서 시와 단편 소설의 비평이론을 체계화한 개척자이며, 영국과 유럽의 작품을 모방하기에 급급했던 19세기 초반 작가들에게는 이례적이라 할 만큼 독창적인 미국적 문학을 추구한 선구자이며, 서술방식과 주제에 있어 시대를 훨씬 앞선 전위적인 작가이다. 특히 영국 문학의 영향에서 벗어나 미국문학의 토대를 마련해야 한다고 주장했던 포는 영국적 문학 전통을 미국다운 주제와 형태로 승화시켰다. 뿐만 아니라, 포가 창조해 낸 탐정 뒤팽(C. Auguste Dupin)과 그 친구는 후일 영국의 아서 코난 도일(Arthur Conan Doyle)의 셜록 홈즈(Sherlock Holmes)와 왓슨 박사(Dr. Watson)의 모델이 되었으며, 프랑스의 시인 보들레르(Charles-Pierre Baudelaire) 또한 포의 영향력을 언급했다. 미국문학이 아직 영국문학의 영향에서 벗어나지 못하던 시기에, 포는 오히려 유럽문학에 영향을 끼친 미국 문학의 대표자이다.

포는 18세기 말 유럽에서 유행했던 고딕 장르를 가져와 미국적 고딕 소설로 재창조하는 데 성공했다. 포는 공포를 창조하는 과정에서 이념적 문제나 초자연적인 현상 자체보다 인간의 광기어린 환상과 죄의식 및 심리구조에 초점을 맞추고, 일인칭 서술자의 개인적 기억과 경험에 의존하여 이야기를 전달한다. 등장 인물이 개별적 공포의 경험을 통해 기존의 사회를 자신의 경험과 관점에 비추어 재평가·재창조한다는 점에서 포의 고딕문학은 개별적이고, 경험적이며, 구체적이다. 러시아의 문호 표도르 도스토예프스키(Fyodor Dostoevsky)가 포 작품의 러시아 번역본 서문에서 포의 이야기는 비현실의 세계를 다루면서도 이상할 정도로 '물질적'이며, '실재세계에서 동떨어져있지 않다'고 했던 것은 이러한 점을 염두에 둔 것이다. 이러한 고딕서술을 통해 포는 19세기 초반의 미국에 팽만한 낭만적인 이상 저변에 감추어진 악몽적 가능성과 위험을 쟁점으로 제시한다. 광기와 우울증에 시달리는 등장인물들은 미국 내에 존재하는 가난과 노예제도, 정치·사회적 갈등 및 국가적 불안을 상징적으로 보여주며, 이를 경험했던 공포와 혼란의 경험을 전달하는 서술자는 개인의 상황과 처지 및 여건을 통해 미국의 정신과 특징을 경험적으로 비판하고 재창조해 낸다. 너대니얼 호손(Nathaniel Hawthorne)과 허먼 멜빌(Herman Melville)로 이어지는 미국문학의 주춧돌을 놓은 작가로서 포의 업적과 작품은 그가 살았던 시대적·정치적 상황과 밀접한 관련이 있다.

포는 1809년에 미국 보스턴에서 태어났으나 일생의 대부분을 버지니아의 리치먼드에서 보냈다. 태어난 지 몇 년 내에 양친을 잃고, 존 앨런(John Allan) 부부와 함께 런던 근교에서 살다가 1820년 미국 리치먼드로 돌아온다. 버지니아 대학과 육군사관학교를 연달아 그만두게 된 포는 양부모와 의절하고 만다. 포 사후에 그의 전기를 집필했던 루퍼스 그리즈월드(Rufus

Griswold)는 포의 불운의 이유를 술과 도박 때문으로 묘사하는데 이러한 작가의 모습은 오랫동안 사실로 받아들여졌다. 그러나 패배자로 과장되어 온 그의 모습 뒤에는 독립한 지 얼마 안 된 신생국가 미국의 문화적 정체성을 주장하고, 남북전쟁 직전 혼란한 시대를 문학 속에 담아낸 문학가이자 비평가로서 포의 모습이 숨어 있다. 더욱이 포의 젊은 시절과 일생 대부분을 차지하는 리치먼드는 미국 독립운동의 격전지였고, "자유가 아니면 죽음을 달라"던 미국 독립 혁명가 패트릭 헨리(Patrick Henry)의 연설이 울려 퍼졌던 미국 독립 혁명의 중심지였다. 또한 남북 전쟁 당시 남부 연합군의 수도가 되기도 했던 리치먼드는 포가 살았던 1820-30년대에 이미 남부와 북부의 정치적 대립 및 노예 문제를 비롯하여 다양한 문제로 혼란을 겪던 지역이었다. 때문에 포는 미국 독립과 국가정체성의 문제, 독립 직후 직면하게 되는 자유과 희열, 그리고 그 뒤에 숨겨진 남부의 노예제도와 빈부차를 비롯한 사회·정치적 문제들에 예민할 수밖에 없었으며, 이러한 포의 관심은 작품 속에 그대로 녹아들게 되었다.

    버지니아 대학에서 바이런(Lord Byron)을 비롯하여 영국 낭만주의 작품에 매료되었던 포는 이때부터 문학가로서의 기반을 세워가기 시작했다. 1833년에 볼티모어의 문예지 현상모집에서 「병 속의 원고」(MS. Found in a Bottle, 1831)라는 단편 소설로 상을 받은 후 1849년 사망할 때까지 73편의 단편을 발표했다. 1835부터 1837년까지 ≪서든 리터라리 메신저≫(Southern Literary Messenger)의 편집인으로 일하면서 초기 단편소설을 쓰는 한편, 뉴잉글랜드의 문학가들에 대한 혹독한 비평으로 유명세를 떨치기도 했다. 이후에 독자들의 눈높이에 맞출 것을 충고한 친구 J. K. 폴딩(J. K. Paulding)의 조언에 따라 1838년에 유일한 장편소설인 『낸터킷의 아서 고든 핌의 이야기』(The Narrative of Arthur Gordon Pym of Nantucket)를 출판했는데, 이 소설은 자전적 요소와 함께, 허구적 공상과 사실적 묘사가 결합된 독특한 서술구조를 보여준다. 한때 일관성의 부족, 미학적인 결함 등으로 비판을 받기도 한 『아서 고든 핌』은 포가 단편소설에서 미처 표현하지 못했던 그의 정치적·역사적 견해, 전위적인 서술 구조와 주제를 잘 표현하고 있다.

그러나 포의 수작으로 꼽히는 작품은 「어셔가의 몰락」(The Fall of the House of the Usher, 1839)이다. 이 단편은 심리적이고 초자연적 공포를 다루는 고딕문학으로, 인간의 어두운 심리와 병적 상상력을 자극한다. 뿐만 아니라, 지극히 환상적인 동시에 사실적이며, 이국적인 배경 뒤에는 변화와 침입에 저항하는 남부가문의 갈등을 비롯한 미국적인 주제와 경험이 담겨 있다. 연이어 출간된 『그로테스크와 아라베스크에 관한 이야기들』(Tales of the Grotesque and Arabesque, 1840)은 비록 상업적인 성공을 거두지는 못했으나, 여기 실린 "그로테스크"와 "아라베스크"에 대한 짧은 서문은 포의 문학이론 연구에 중요한 자료가 되고 있다. 1841년 최초의 탐정소설인 「모르그가의 살인사건」(The Murders in the Rue Morgue)을 시작으로 「황금벌레」(The Golden Bug, 1843), 「도둑맞은 편지」(The Purloined Letter, 1845)를 연달아 발표했는데, 특히 예리한 분석력과 상상력을 바탕으로 한 「도둑맞은 편지」는 포의 추리소설 중 가장 뛰어난 작품으로 평가된다. 프로이드의 제자이자 정신분석학자인 자크 라캉(Jacques Lacan)이 인간의 무의식 구조와 욕망을 설명하기 위해 썼던 "'도둑맞은 편지'에 대한 세미나" (1966)는 유명하다. 이를 비롯하여 포의 단편소설에는 인간의 심리와 의식 구조 및 불안 고통, 병적 집착을 꿰뚫어보는 정신분석학적 통찰력이 있다.

1847년 병약한 아내가 폐렴으로 사망하자 비탄에 빠져 있던 포는 2년 후인 1849년 10월 7일 볼티모어 거리에서 발견되어 공립병원으로 후송된 뒤 40세의 일기로 쓸쓸하게 생을 마감한다. 개인적으로는 불운했으나 문학적으로는 적극적이며 왕성한 작품 활동을 했던 포는 밤을 지새우며 작품을 쓰는 열정을 품은 작가였고, 19세기 미국의 현실을 정확하게 표현해 냈으며, 미국문학사적으로는 최초로 단편소설이론을 세운 작가인 동시에 추리소설 장르의 창조를 통해 미국의 대중문화와 문학에 기여한 진정한 의미에서 미국문학의 대표자이다.

낸터킷의 아서 고든 핌의 이야기
The Narrative of Arthur Gordon Pym of Nantucket

작품 줄거리

　에드거 앨런 포의 가장 긴 작품인 1838년 소설 『아서 고든 핌』은 남극대륙으로의 여행에서 일어나는 일련의 에피소드를 일기형식으로 묘사한다. 일련의 기이한 사건들과 해양에서 경험한 이국적인 발견들이 담긴 이 소설에는 사실적인 요소들과 환상적·허구적인 묘사가 뒤섞여 있다. 다큐멘터리를 가장하여 본문의 이야기가 실화임을 강조하는 서문, 진실을 말할 때 일어나는 왜곡과 과장의 모호한 경계에 대한 언급, 끊임없이 반복되는 삶과 죽음의 순환, 끝을 내지 않은 갑작스런 마무리, 문서의 마지막 부분이 분실되었음을 알리는 후기 등은 삶과 죽음, 현실과 실제, 시작과 끝, 완성과 계속 등의 경계를 넘나드는 서술 기법이라 할 수 있다. 이러한 독특한 기술방법은 당시 미국에 있어 너무도 전위적이며 시대를 앞선 것이어서 출판 초기에 받았던 혹평은 오히려 당연하게 보인다. 그러나 19세기 초반에 미학적 실수로 비판받았던 서술 구조와 불일치의 문제들은, 20세기 현대 비평가들에 의해 오히려 탈구조적이며 다중성을 가진 작품으로 재평가되고 있다.
　이러한 독특한 포의 서술기법은 소설의 서문에서 시작된다. 서문에서 서술자인 핌은 본문에 이어질 남반구 해양의 모험담이 허구가 아닌 진실 임을 강조한다. 그는 상상력을 자극하는 이와 같은 사건을 과장 없이 진실 만 서술하기가 어렵다는 점, 믿을만한 증거가 없다는 점, 작가로서의 능력 이 부족하다는 점 등을 이유로 이야기의 기술을 꺼려했으나 포(Mr. Poe) 가 서투르고 개괄적이기 때문에 오히려 진실로 받아들여질 것이라 설득한 다. 이에 핌은 월간지에 소설의 형식으로 연재하자는 제안을 수락하였고, 독자들의 긍정적인 반응에 힘입어 책으로 출간하게 되었다고 설명한다.

이야기가 시작되면 핌과 그의 친구 어거스터스 버나드(Augustus Bernard) 는 술에 취한 채 핌의 보트 에어리얼호(Ariel)를 타고 바다로 나간다. 항해 술에 무지한 핌은 어거스터스가 만취한 상태라는 것을 뒤늦게 알게 되고, 폭풍에 시달리던 배는 포경선 펭귄호(Penguin)에 부딪혀 산산조각나지만 두 사람은 가까스로 구조된다. 이 사건으로 오히려 핌과 어거스터스의 상 상력은 자극을 받아 해양과 선원, 모험에 대한 열정이 타오르게 된다. 결국 핌은 어거스터스 부친 버나드 선장이 탄 그램퍼스호(Grampus) 내의 관과 같이 답답한 작은 공간에 숨어 남쪽바다를 향해 몰래 출항한다. 핌은 출항 하기 직전 항구에서 만난 할아버지를 멋지게 속여 넘기고, 어거스터스는 핌을 도와 배가 항구에서 멀리 떨어질 때까지 물과 음식을 몰래 대주기로 약속한다. 약속한 일수가 지나도 나타나지 않는 친구를 기다리며, 질식할 듯한 공기와 어둠 속에서 핌은 며칠이나 혼수상태에 빠지기도 하며 생매 장당하는 듯한 고통을 당한다. 그러던 중 어둠 속에서 타이거(Tiger)라는 개를 통해 "위험하니 숨어있으라"고 경고하는 편지를 받는다. 핌이 어둠 속에 몸을 숨기고 있는 동안 선상에서는 반란이 일어나 선원은 살해되고 어거스터스는 감금되었던 것이다. 기회를 타 빠져나온 어거스터스는 핌에 게 선상의 사건을 이야기해주고, 인디언 혼혈인 더크 피터스(Dirk Peters) 와 함께 배를 탈환할 계획을 세운다.

폭풍이 이는 도중, 핌은 자신의 존재가 반란군에게 알려지지 않은 것과 반란군의 미신적 믿음을 이용하여 죽은 선원의 유령으로 가장한 후, 혼란과 두려움을 틈타 그들을 공격한다. 재반란에 성공한 피터스와 어거스터스, 핌은 배를 차지하여 리차드 파커(Richard Parker)라는 선원만 남겨두고 반란군을 모두 살상한다. 그러나 거세지는 폭풍으로 배가 파선하여 선창까지 침수된다. 살아남긴 했지만 물과 먹을 것이 없어 고생을 거듭하는 중 네 사람은 지나가는 독일 선박을 발견한다. 그러나 선박 갑판 위의 선원은 눈이 뽑힌 채 바다갈매기의 먹이가 되어 있고, 선상의 모든 사람들은 썩은 시체로 변해있음을 보고 경악한다.

더 이상의 희망도 없이, 혹독한 갈증과 배고픔에 견디다 못한 그들은, 파커의 제안으로 제비를 뽑힌 한 사람이 남은 세 사람의 양식이 되기로 하는데 결국 파커가 당첨된다. 이후 어거스터스는 상처가 악화되어 죽고, 바다에 던져진 그의 시체는 상어떼의 먹이가 된다. 다시 폭풍을 만나 배가 전복되자 핌과 피터스는 뒤집힌 선체에 몸을 얹고 선체에 붙은 조개를 먹으며 연명하다가 영국 리버풀에서 출항한 선박 제인가이호(Jane Guy)에 구조된다.

제인가이호에 승선한 후 핌과 피터스는 함께 바다표범 사냥과 남대양의 탐험을 떠나고, 핌은 희망봉 부근의 섬들을 관찰한다. 배가 빙하를 가로질러 남극에 다다랐을 때, 제인가이호는 해도에도 없는 남극대륙의 한 섬, 트살랄(Tsalal) 섬에 도착한다. 이 섬의 모든 것이 검은색이고, 원주민들은 흰색에 대해 불안 증세를 보인다. 원주민은 피부도, 심지어는 이도 검고, 검은 동물의 모피를 걸치고 있다. 섬에는 검은 알을 낳는 검은 새도 있다. 이 섬은 신기한 식물들로 가득하고 심지어 냇물도 다른 곳의 물과는 달라, 이상하리만치 두텁고 여러 가지 색으로 보인다. 그리고 친절하게 보였던 원주민들은 제인가이호가 섬을 떠나려던 날 저녁 좁은 협곡에서 선원들을 몰살한다.

  간신히 살아남은 핌과 피터스는 부근 산맥에 숨어 있다가 벽에 이상한 문자가 있는 미로를 발견한다. 결국 그들은 원주민들의 카누를 훔쳐내고 원주민 한 명을 포로로 잡아 가까스로 섬에서 탈출한다. 점차 따뜻해지는 해류의 흐름을 따라 계속 남쪽으로 향하는데 바다의 색은 점점 우윳빛을 띠고, 그들은 회색 수증기와 흰 재 같은 가루비를 만나기도 한다. 포로로 잡고 있던 원주민은 흰 장막에 가까워지자 서서히 죽어가고 배는 흰 장막에 밀려 급속도로 빨려간다. 그리고 그들 앞에 거대한 수의를 입은 "완벽하게 흰 피부를 가진" 사람이 나타나면서 핌의 이야기는 '끝'이 난다.

  그리고 책의 편집자가 쓴 이어지는 후기에서 핌의 갑작스런 죽음과 이야기 마지막 부분의 분실을 알려준다. 핌이 적어온 미로의 모양과 벽글자를 "그림자 진", "백색의", "남쪽 지역" 등의 의미를 가진 아랍어과 이집트어 및 상형문자와 비교한다.

문학사적 의의

  『아서 고든 핌』이 실제로 창작된 19세기 전반의 미국은 독립전쟁에서 승리한 후 정치·경제적으로 한 나라로서의 기틀을 잡아가고 있었을 뿐 아니라 문화적으로도 구대륙 문학의 모방 및 번역 차원에서 벗어나 문화적 정체성 확립에 관심을 두고 있었다. 1803년에 시작된 서부개척 운동은 서부와 개척정신을 미국 정신으로 재창조하였고, 미국문학은 희망과 성장·자유·개척정신을 바탕으로 하는 미국적 이미지를 그려내고 있었다. 그런 가운데 인간의 어두운 심리와 병적 집착, 생매장과 무덤의 세계를 다루는 포의 작품이 이례적으로 보인 것이 당연하다. 워싱턴 어빙(Washington

Irving)의 립 반 윙클(Rip Van Wrinkle)이나 제임스 쿠퍼(James Fenimore Cooper)의 네티 범퍼(Natty Bumper)가 미국의 낭만적 꿈을 꾸고 개척정신을 대표할 때, 포의 핌은 그 낭만적 꿈에 내재된, 혹은 미국의 꿈이 무시하고 직시하지 않았던 현실의 어두운 면을 꿰뚫어 보았다. 술에 취해 잠이 든 지 20년 후에 깨어났을 때 미국 독립전쟁은 이미 끝나고 바가지 긁던 아내에게서 해방되어 자유를 구가하는 립 반 윙클과는 달리, 포의 핌은 파티가 끝난 후 이야기의 주인공이다. 멀쩡해 보이는 친구를 따라 모험과 미지의 바다에 나간 핌이 바다 한복판에서 친구가 만취되어 있다는 것과 자신은 항해술에 무지하다는 것을 깨닫는 순간 그들의 낭만적 꿈은 악몽과 현실의 폭풍으로 돌변하고, 그들의 꿈을 상징하는 "에어리얼"호는 "펭귄"호라는 차가운 포경선의 현실에 산산조각나 버린다. 존 어윈(John Irwin)이 소설의 서술구조가 '과거로의 회귀'인 동시에 '심연으로의 여행'의 성격을 갖는다고 했을 때, '과거'란 미국의 꿈의 시작점이며 핌의 여정의 마지막은 끝이 보이지 않는 심연으로 이어지는 악몽적 백색을 의미한다. 해리 레빈(Harry Levin)도 이 소설을 악몽의 본질을 밝히기 위한 "밤의 끝으로의 여행"(Journey to the End of the Night)이라고 불렀다. 『아서 고든 핌』은 19세기 초 신생국가 미국이 낭만적인 이상향에 대한 추호의 의심이 없던 시기에, 희망과 낭만의 꿈 이면의 위험과 악몽적인 요소를 처음으로 탐색했던 선구적인 작품이다.

때문에 포는 19세기 다른 작품 속에서 이상향과 재생으로 상징되는 이미지들을 종종 전복시키고 있다. 포의 작품 속에 나타나는 관이나 무덤의 이미지는 미국의 꿈을 꾸는 작가들과는 달리 재생이나 새로운 탄생으로 이어지지 않는다. 그램퍼스호 선창 아래 관과 같은 곳에 숨은 핌은 생매장 당하는 고통을 경험하며 사흘 밤낮동안 악몽에 시달린다. 그리고 악몽에서 깨어나는 순간은 자신의 몸을 짓누르는 타이거와, 그동안 선상에서 일어나고 있던 폭동, 이후 가중되는 혹독한 현실적 경험으로의 연장에 불과하다. 즉, 핌의 꿈은 자유의 세계로 이어지는 낭만적인 꿈이 아니라 지극히 현실적인 악몽의 연속이며 이러한 악몽적 환상의 세계는 현실의 잔혹함과 연장선상에 있기에 꿈과 현실의 구분은 더 이상 무의미해지기 시작한다.

파선된 배 바닥에 매달려 대서양 한복판에 떠있는 핌과 피터스의 이미지는 자유를 찾아 미시시피 강위 뗏목에서 우정을 나누는 허클베리 핀(Huckleberry Finn)과 흑인 노예 짐(Jim)과는 다르다. 물론 핌은 허클베리나 네티 범퍼와 마찬가지로 가족과의 연계가 끊긴, 과거가 없는, 사회적 의무에 얽매이지 않는 (바다로 상징되는) 미지의 세계를 향한다는 의미에서 미국의 꿈을 대표하는 인물과 유사한 듯하다. 그러나 포의 세계에서 핌과 동반자인 혼혈 인디언 피터스의 관계는 우정을 나누는 벗이라기보다, 제비 뽑힌 동료의 인육을 먹어버린 생존투쟁의 동지에 지나지 않는다. 핌은 자신의 미래를 개척하기보다는 닥쳐온 운명에 떠밀리다가, 남극지방의 눈을 뜰 수 없는 백색의 세계(blinding white)로 빨려 들어가는 인물이다. 이 '백색'의 세계 또한, 꿈의 성취, 혹은 유토피아로 보기 어렵다. 남북전쟁 직전의 혼란기를 살았던 포는 백색의 세계로 향하는 핌의 이야기를 통해, 흑/백의 팽팽한 대립선상에 있던 미국의 현실과 그러한 현실을 망각하고 있는 미국의 꿈이 가진 한계점을 누구보다 먼저 정확하게 꿰뚫어 보고 있다.

핌의 사고와 행위를 통해 '미국의 꿈'이라는 추상적인 이념이 주관적으로 재정립된다. 『아서 고든 핌』에서 핌은 주어진 환경과 조건 속에서 실용적인 결론을 내리고 자신의 가치체계를 재조정한다. 핌의 세계에서는 질식할 것 같은 좁은 공간에서 살아남기 위해 사랑하던 개를 죽일 결심을 하는 것이 당연하며, 굶주림 상황에서 행한 식인 행위에도 죄책이나 후회를 찾아보기 어렵다. 선/악, 구원/살인, 진실/거짓, 희망/절망, 삶/죽음 등등, 19세기 미국에서 보편적으로 인정되던 사회적 가치들은 핌의 개인적인 사고와 경험을 통해 합리화되고, 주관화되고, 비통념적으로 재정립되는 것이다. 이는 미국적 이상과 이념에 의해 결정되고 행동하는 상징적인 인물로서의 핌이 아닌, 오히려 개인의 처지와 여건, 경험적 시행착오를 통해 미국적 이상과 현실의 문제를 비평하고 개인적 가치로 재창조하는 모습이라 할 수 있다. 때문에 포의 핌은 19세기 미국의 꿈을 대표하는 멜빌의 에이해브 선장(Captain Ahab)이나 마크 트웨인(Mark Twain)의 허클베리보다, 오히려 기존의 가치와 질서에 회의를 품고 주관적이고 개별적 사고를 추구했던 20세기 전반 모더니즘적 인간상에 가깝다. 레빈이 『아서 고든 핌』을 가리켜 보들레르와 프루스트(Proust), 셀린(Célene)을 잇는 프랑스 초현실주의에 영향을 미친 모더니즘적 구조를 지녔다고 한 것이나 독일 사상가 데오도르 아도르노(Theodor Adorno)가 포를 '모더니즘 정신의 선구자중 하나'라고 극찬한 이유가 여기에 있다. 결국 『아서 고든 핌』은 이러한 전위적인 특징으로 인해 출판 당시 비평가들로부터 미학적인 결함과 함께 일관성이 없고 부도덕하다는 혹평을 받았지만, 20세기 이후에 오히려 새롭게 주목받고 재평가 받게 되었다.

　이러한 『아서 고든 핌』의 전위적인 특징은 서술방식을 통해 잘 드러난다. 소설은 객관적인 삼인칭 서술에서 벗어나 핌의 기억에 의존하는 주관적인 일인칭 서술방식에 기대고 있다. 핌의 정신세계가 그러하듯 『아서 고든 핌』의 세계에는 환상과 현실, 삶과 죽음, 희망과 절망의 상반된 가치체계가 공존한다. 더욱이 핌의 이야기를 감싸고 있는 서문과 후기는 허구와 실화의 경계점을 흐려놓는다. 서문에서 핌은 자신의 '실제 경험담'에 대한 독자들의 반응을 실험하기 위해 포의 필력을 빌려 '허구적' 이야기로서 잡지에 연재했고, 독자들은 허구적 이야기를 '사실'로 받아들였음을 강조한다. 또한 실제 경험을 글로 소개할 때 일어나는 '기억력과 과장'의 문제를 거론하면서 자신의 이야기에는 '절대적 진실'만이 담겨있음을 역설한다. 핌이 자신의 경험담을 소설로 담아낸 포의 필체와 자신의 일기체의 구분이 불분명함을 밝혀두고 있다는 점 또한 『아서 고든 핌』이 허구와 실제의 경계를 넘나들고 있음을 보여준다.

포가 종종 인종차별자로 비난을 받게 하는 흑/백 이미지는 이런 면에서 재해석될 필요가 있다. 레슬리 피들러(Leslie Fiedler)를 포함한 학자들이 포의 작품들 속에 나타나는 흑-백의 대조적 이미지가 인종차별적 의식을 전달한다고 비난한다. 특히 토니 모리슨(Toni Morrison)은 미국 문학 속에 나타난 아프리카와 흑인의 이미지는 '타자'적 이미지로서 미국의 국가정체성을 확립하기 위한 도구로 사용되어 왔다고 설명하며, 그 대표적인 예로 포의 단편소설을 들고 있다. 그러나 『아서 고든 핌』에서만큼은 흑/백의 가치가 모호하다. 그램퍼스호의 흑인 요리사가 가장 폭력적이며, 트살랄 섬의 흑인 원주민들이 가장 잔인하고 교활한 집단으로 묘사되는 것은 사실이다. 하지만 그램퍼스호의 위기에서 핌과 어거스터스를 구한 사람은 다름아닌 혼혈 인디언인 피터스이라는 점, 백색 수의를 입은 사람이 등장하면서 핌의 이야기가 중단된다는 점은 인식의 반전을 요구한다. 이러한 장면들을 통하여 포는 검은 색은 '악,' 흰색은 '선'으로 보는 이분법적 가치를 무산시킨다. 더우기 '눈을 멀게 할 것 같은 백색'의 이미지를 포 당시 사람들의 보편적 사고와 같이 희망이자 구원의 세계로 보기는 어렵다. 남극에 가까울수록 짙어지는 백색은 원주민의 숨을 멎게 하고, 피터스의 이성을 마비시키며, 핌을 불안에 젖게 한다. 백색 수의를 입은 사람의 등장에 따른 갑작스런 소설의 마무리, 핌의 죽음을 알리는 후기의 기록은, 이 백색이 구원의 의미일지 혼란의 세계일지 다양한 해석의 가능성을 열어두고 있다.

『아서 고든 핌』은 그 문학적 영향과 중요성에도 불구하고, 1838년 출판 당시 비평가들의 혹독한 평가를 받았다. 『아서 고든 핌』 속에 나타난 전복적 이미지와 비판적 태도는 가치의 대립항이 분명하게 인식되고 낭만적인 이상향에 대한 의심이 없던 19세기 전반 미국의 다른 작품들과는 분명히 구분된다. 이러한 특징들이 포를 한때 이례적이고 비-미국적이며 비도덕적인 작가로 분류하게 된 이유가 되기도 했다. 그러나 오늘날 포는 미국적 문학 전통을 수립한 19세기 미국 문학 르네상스의 대표자로 인정받고 있으며, 『아서 고든 핌』은 꿈과 비실제적 묘사와 배경을 통해서도 실제성을 잃지 않는 상상력과 서술 방식을 통해 시대를 앞서는 작품으로 평가받고 있다.

▶▶ 더 읽을거리

Fiedler, Leslie. *Love and Death in the American Novel*. 1960. New York: Dalkey Archive, 1998.

Frank, Joseph. "An Aesthetics of Transcendence." *Dostoevsky: A Writer in His Time*. New Jersey: Princeton UP, 2010. 298-316.

Irwin, John T. "The White Shadow." *Edgar Allan Poe*. Ed. Harold Bloom. New York: Chelsea, 1985. 103-18.

Levin, Harry. *The Power of Blackness: Hawthorne, Poe, Melville*. 1958.

Morrison, Toni. *Playing in the Dark: Whiteness and the Literary Imagination*. New York: Vintage, 1993.

Quinn, Arthur Hobson, ed. *Edgar Allan Poe, A Critical Biography*. 1941. New York: Johns Hopkins UP, 1998.

┃김 혜 진 (전북대학교)

너대니얼 호손
Nathaniel Hawthorne

작가 소개

　비평사의 부단한 변화에도 불구하고, 19세기 미국소설을 대표하는 작가로서의 위상을 꾸준하게 지킨 작가를 꼽으라면 단연 너대니얼 호손(Nathaniel Hawthorne, 1804-64)을 꼽을 수 있다. 호손은 매사추세츠(Massachusetts)주의 세일럼(Salem)에서 7월 4일에 출생했다. 그는 네 살 때 선장이었던 부친이 갑작스럽게 객사하게 되자 어머니와 누이들과 함께 외가로 이사했다. 호손은 메인(Maine) 주 소재 보우든(Bowdoin) 대학을 졸업한 후 고향으로 돌아와 약 12년간 독서에 몰두하며 칩거한 것으로 알려져 있다. 이 시기에 호손은 익명으로 단편소설들을 잡지들에 기고하기 시작했으니, 사실상 이 기간이 호손에게는 문학수업의 시기였다고 할 수 있다. 한편 그가 사람들과 거의 교제하지 않고 낮에는 집밖으로 나가지도 않았으며 밤에만 거리를 배회하였다고 전해지는 것에 알 수 있듯이, 호손은 상당히 내향적인 성격의 소유자로 알려져 있다. 그의 내향성은 흔히 청교주의(Puritanism)를 신봉했으며 미국 초기 역사에 중요한 역할을 한 이주민 조상들의 음울한 세계관을 받아들인 결과로 설명되기도 한다. 호손의 조상 들 중, 존 호손(John Hathorne)은 세일럼 마녀재판을 주도한 재판관이었고, 그 전대의 윌리엄 호손(William Hathorne)은 퀘이커교도들을 이단으로 몰아 박해했다. 하지만 호손은 이러한 부정적인 청교도 조상과의 연관성을 부정하고자한 것으로 오히려 유명하다. 그는 1828년 자신의 성(姓)이 원래는 Hathorne이었던 것에 w를 첨가하여 Hawthorne으로 표기하기 시작했는데, 이는 그가 자신과 청교도 조상들을 분리하고자 한 행동이라 할 것이다. 호손의 첫 번째 장편소설이자 대표작이라 할 수 있는 『주홍글자』(The Scarlet Letter, 1850)에도 교조적이며 독단적인 청교주의에 대한 호손의 비판이 잘 드러난다. 여러 잡지에 단편 소설을 기고하던 초기 경력 시기에 문필 생활로 가정을 꾸리기가 힘겨웠던 호손은 1846년부터 3년간 세일럼의 세관에서 근무했다. 공무에 봉직하는 이 시기에 창작활동은 하지 못한다. 1849년 민주당의 정권 상실로 파면된 것에 반발하여 「세관」(The Custom-House)이라는 신랄한 비판의 글을 발표한 것은 작가로서의 그의 이력에 전환점이 된다. 이 글을 서문으로 부쳐 『주홍글자』를 발표함으로써 작가로서 명성을 얻게 되기 때문이다. 이후 호손은 『일곱 박공의 집』(The House of the Seven Gables, 1851), 『블라이드데일 로맨스』(The Blithedale Romance, 1852)를 이어서 발표한다. 보우든 대학 시절의 친구인 피어스(Franklin Pierce)가 대통령에 당선되자 캠페인 전기를 써준 공을 인정받아 1853년부터 1856년까지 영국 리버풀(Liverpool) 영사로 근무한다. 이후 프랑스와 로마를 여행하면서 1860년까지 유럽에 머물고 이 기간 중에 『대리석 목신』(The Marble Faun, 1857)을 미국과 유럽에서 동시에 출판한다. 하지만 1861년 미국으로 귀환하여 저작을 발표하려던 그의 계획은 무산되어 미완성 원고로 남겨 놓았다. 그러나 『주홍글자』외 3편의 장편 소설과 수많은 단편 소설 작가로서 1864년 사망하기까지 인정받는 작가의 위치를 지킬 수 있었다.

주홍글자
The Scarlet Letter

작품 줄거리

　이 작품에는 「세관」이라는 제목의 긴 서문이 붙어있다. 일견 본문의 내용과는 무관한 듯한 이 글에서 호손은 몇 가지 중요한 내용을 피력하고 있다. 우선 세관에서 파면당한 정황과 작가 자신에 대한 자전적인 정보를 제공해준다. 또한 관료주의적인 관행에 의해 움직이는 세관의 상업적인 환경 속에서 예술적인 충동에 따라 저작을 하기가 어려웠음을 묘사한다. 나아가 자신의 문학관인 로맨스(Romance)에 대한 이론을 개진하고 있으며, 한편 스토리의 단서를 제공한 주홍글자가 수놓아진 천과 작품의 토대가 된 역사적 기록이 적힌 양피지를 발견했음을 기술함으로써 이야기의 박진성을 강조하는 설명도 덧붙이고 있다.

　본격적인 이야기는 17세기 초 청교도 이주민이 정착한 초기 공동체 중 하나인 보스턴(Boston)을 배경으로 시작된다. 6월의 화창한 날, 낡은 감옥 앞에 어두운 색조의 옷을 입은 군중이 모여 있다. 모인 사람들은 헤스터 프린(Hester Prynne)의 죄에 대해 이런 저런 견해를 피력하고 있는데, 막상 감옥에서 나온 헤스터는 당당하고 아름다운 모습으로 등장한다. 그녀는 가슴에 화려하게 수놓아진 간통(adultery)의 첫 글자인 A자를 달고 있고,

세 달된 아기를 안고 있다. 죄에 대한 형벌로 헤스터는 3시간 동안 처형대에 서있고, 이후 A자를 달고 일생을 살라는 형을 선고받았던 것이다. 그 자리에 모인 윌슨 목사(Reverend Wilson)와 딤즈데일(Arthur Dimmesdale) 등 고위층 성직자들이 돌아가면서 공개적인 추궁을 하지만 그녀는 끝내 공범자의 이름을 밝히지 않는다. 이 공개 처벌의 현장에서 헤스터는 군중 속에 섞여있는 기형적인 왜소한 체형의 남자를 알아본다. 그도 헤스터를 알아보고 경악한 표정을 짓는다. 그 남자는 주변에 물어서 그녀의 죄와 처벌에 대해서 알게 되고 헤스터가 공범자의 이름을 밝히지 않자, 스스로 밝혀내리라는 다짐을 한다.

3시간이 흐른 후 감옥으로 돌아간 헤스터는 불안해하고, 아기도 보채기 시작한다. 이 때 칠링워스(Roger Chillingworth)라는 의사가 도착하는데, 그는 바로 처벌 현장에 있었던 왜소한 남자로서 실은 헤스터의 남편이며, 가명으로 마을에 거주하기로 한 것이다. 사건의 진상인 즉, 헤스터는 암스테르담에서 거주하다가 남편보다 먼저 신대륙으로 이주했다. 그러나 2년 정도의 세월이 흐르는 동안 남편으로부터 아무런 소식이 없는 사이 헤스터는 간통을 저질러 펄(Pearl)이라는 사생아를 낳았던 것이다. 마을에 뒤늦게 도착하여 헤스터의 공개 처벌의 장면을 목격한 칠링워스는 복수를 맹세하고 헤스터에게 자신의 존재를 마을 사람들에게 알리지 말라고 경고한다.

감옥에서 나온 헤스터는 이제 보스턴 구역을 떠날 수 있는 자유가 주어지지만 떠나지 않고 도시 외곽 바닷가의 작은 오두막으로 이사한다. 그는 바느질 솜씨를 활용해서 생계를 꾸린다. 뛰어난 재주 덕에 마을의 다양한 행사를 위한 바느질을 담당하게 되지만 결혼식을 위한 물건만은 그녀에게 맡겨지지 않는다. 바느질을 통해 마을과의 교류가 이어지지만 헤스터와 펄은 사회적인 추방자일 뿐이며 이들이 어디를 가든 사람들이 피한다. 헤스터는 자신은 늘 수수하고 검소한 차림을 하고 펄은 화려하고 정교한

수가 놓인 옷을 입힌다. 펄은 다른 아이들과 어울리지 못하고 적대적인 모습을 보여서 사람들은 펄이 악마에게 사로잡힌 것이 아닌가 수군거린다. 청교도 주지사인 벨링험(Bellingham)은 헤스터와 펄을 소환해서 펄이 교회의 엄격한 교리 안에서 성장하도록 하겠다는 헤스터의 약조를 받는다. 주지사 관저를 떠나는 헤스터에게 마을에서 마녀로 소문난 히빈즈 부인(Mistress Hibbins)이 다가와서 밤중에 숲의 회합에 참석하자고 하지만 헤스터는 펄을 돌봐야한다고 말하며 거절한다.

이야기가 진행되면서 우리는 헤스터의 공범자는 독실한 신앙의 표본이자 전도유망한 젊은 목사로 마을에서 추앙받는 딤즈데일임을 알게 된다. 그는 자신의 죄를 속죄하려는 듯 스스로를 단죄하고 고행을 지속한다. 그는 항상 가슴에 손을 대고 다니는 버릇을 지니고 있다. 한편 칠링워스는 딤즈데일을 치료할 목적으로 그와 동거하게 되는데, 딤즈데일의 병세는 깊어가기만 한다. 모든 의학적인 처방을 동원해도 딤즈데일의 병세를 호전시키지 못한 칠링워스는 딤즈데일에게 마음 속 깊이 담아놓은 비밀이 육체적인 질병의 원인이 될 수도 있으므로 의사인 자신에게 감추는 것이 없는지 추궁하지만, 딤즈데일은 격앙된 반응을 보이면서 황급히 방을 나간다. 어느 날 깊은 잠에 빠져있는 딤즈데일의 방으로 들어가 그의 가슴을 풀어헤친 칠링워스의 표정이 황홀감에 들떠 있다는 묘사를 통해 그가 마침내 헤스터의 공범을 알아냈음을 알 수 있다. 이제 딤즈데일의 비밀을 알게 된 칠링워스는 두려움을 자아낼 논평들로 그를 괴롭힌다. 몸과 마음의 고통이 점차 극심해지는 딤즈데일은 자신을 채찍질하거나 연이은 밤샘 철야를 하면서 고행을 계속한다. 어느 날 목사 옷을 차려입은 딤즈데일은 공개적으로 고백하지 못한 자신의 죄를 고백하듯 처형대로 올라간다. 마침 주지사 윈스롭(Governor Winthrop)의 임종을 지키고 돌아오던 헤스터와 펄은 딤즈데일의 요청으로 처형대에 함께 오른다. 세 사람이 처형대에

서있는 동안 이들을 지켜보고 있는 칠링워스를 발견한 딤즈데일은 칠링워스의 정체를 헤스터에게 묻지만 그와의 약속을 생각한 헤스터는 침묵을 지킨다.

한편 그 동안 바느질로 생계를 꾸리면서 자신의 죄를 인정하듯 묵묵히 살아가는 헤스터는 불쌍하고 소외받은 사람들을 돕는 생활로 마을에서 인정을 받게 되며, 헤스터의 A는 더 이상 죄의 상징이 아니라 "천사"(Angel), "유능한"(Able) 등의 새로운 의미를 갖게 된다. 그러나 헤스터의 내면을 들여다보게 되면 그녀는 사색의 자유를 누린 결과 엄격한 청교도의 계율을 전면적으로 거부하는 급진적인 사상을 품게 되었기 때문에 속죄를 했다고 보기 어려움을 알 수 있다.

헤스터는 처형대에서 딤즈데일의 수척해진 모습을 마주치자 큰 충격을 받고 그를 도와야겠다고 생각한다. 칠링워스를 만난 헤스터는 딤즈데일에게 비밀을 지키는 것은 그를 파멸시키는 것이기 때문에 더 이상 칠링워스와의 약속을 지킬 수가 없다고 얘기한다. 이제 딤즈데일의 고통을 덜어주어야겠다고 생각하는 헤스터는 숲 속에서 목사를 기다려서 7년 만의 재회를 하게 된다. 칠링워스의 정체를 알려주면서 헤스터는 새로운 인생을 계획하기 위해 공동체를 떠날 것을 제안하고, 딤즈데일은 혼자 떠날 수는 없으니 함께 가자고 한다. 헤스터도 이에 동의하듯 주홍글자를 떼어 던지고 모자를 벗어 긴 머리를 드리운다. 마침내 두 사람은 딤즈데일이 새로 부임하는 주지사의 취임식 날 마지막으로 축하 설교를 마침으로써 공무를 다하고 떠날 것을 약속한다. 목사관으로 돌아오는 길에 딤즈데일은 새로운 사람이 된 것처럼 느끼고 칠링워스가 흥분한 딤즈데일에게 진정제를 주려고 하자 이를 거절한다. 방으로 돌아온 그는 종교적인 열정에 들떠 설교문을 작성한다.

마침내 장엄한 행렬과 함께 성대하게 취임식 행사가 치루어지는 날, 헤스터와 펄도 행사에 참여한다. 헤스터는 브리스톨(Bristol)로 가는 배에 자리를 확보해두었는데 선장으로부터 칠링워스도 같은 배를 타기로 했다는 말을 듣고 공포에 질린다. 또한 숲 속에서 만난 유약한 모습은 사라진채 사뭇 달라진 씩씩해 보이는 딤즈데일 목사의 모습을 보고 두 사람 사이에 건널 수 없는 간극이 놓여있다는 생각을 한다. 마침내 딤즈데일은 모여 있던 청중의 마음을 사로잡을만한 훌륭한 설교를 한다. 그가 설교를 마치자 교회를 나서는 사람들은 이제껏 들어보지 못한 감동적인 설교였다고 감탄한다. 행렬을 따라 걷던 창백해진 얼굴의 딤즈데일은 처형대 근처에 이르자 부근에 있던 헤스터와 펄을 부른다. 딤즈데일의 의중을 짐작한 칠링워스는 그를 막으려고 하지만 딤즈데일은 헤스터와 펄과 함께 처형대에 오른다. 그는 헤스터에게 자신이 죽어가고 있으며 죄를 고백해야겠다고 말하면서, 대중을 향해 돌아서 자신의 가슴에도 죄의 표식이 있다고 외친다. 그는 순간 의기양양한 표정으로 대중을 마주하지만, 곧 그 자리에 쓰러진다. 헤스터의 가슴에 안긴 채 딤즈데일은 칠링워스의 죄에 대한 용서를 신에게 구하고, 펄에게 마지막으로 키스를 받은 후, 헤스터에게 작별을 고한다.

　마지막 장은 딤즈데일의 고백에 대한 분분한 학설과 후일담으로 구성된다. 많은 사람들은 딤즈데일 목사의 가슴에 A자가 새겨져 있음을 보았다고 말하면서도 어떻게 그런 표식이 생겼는가에 대해 추측을 한다. 혹자는 목사가 스스로 자해의 상처를 낸 것이라고 생각하고, 또 다른 사람들은 칠링워스가 약물을 쓴 결과라고 추측한다. 다른 사람들은 뼈아픈 후회가 딤즈데일의 양심을 갉아먹었다고도 추정한다. 또 다른 사람들은 목사의 죽음은 단지 가장 성스러워 보이는 사람들도 죄인일 뿐이라는 교훈을 준다고 생각했지만, 확실한 결론을 내리지는 못한다. 이후 칠링워스는 복수심에 의해 소진되어 버린 듯 삶의 목적을 잃고 곧 사망하게 되는데, 자신의 전 재산을 펄에게 남겨서 결과적으로 펄은 뉴잉글랜드에서 가장 부자인 아가씨가 된다. 얼마 후에 헤스터와 펄은 유럽으로 간 것으로 알려지고 주홍글자의 이야기는 전설이 된다. 그로부터 몇 년이 흐른 어느 날 헤스터는 돌아와서 다시 작은 오두막에서 회색빛 옷을 입고 A를 달고 살아간다. 펄은 유럽의 귀족과 결혼하여 잘 살고 있다는 소문이 전해진다. 마침내 헤스터는 마을에서 애처로운 사연을 가진 여성들을 위로하고 동정하면서 언젠가 여성과 남성이 상호 행복을 누리는 시대가 올 것이라는 예언적인 메시지를 전하는 존재로 자리 잡는다. 몇 년 후 헤스터가 죽게 되었을 때, 그녀는 딤즈데일 옆에 묻힌다. 그들의 무덤은 약간 떨어져 있지만 하나의 비석이 두 사람의 무덤을 지키고, 비석에는 "검은 언덕 위에 글자 A가 빛난다"라고 새겨져 있다.

문학사적 의의

사실 『주홍글자』만큼, 작품이 출판된 1850년부터 현재에 이르기까지 비평 경향의 부단한 변화에도 불구하고 다양한 비평적 시각에서 끊임없이 분석되어온 작품은 드물다. 정전(the canon)에 대한 재해석이 시도된 이후에도, 새로운 시각으로 또 다른 조명이 부단히 가능했다는 것은 그만큼 작품에 이러한 다층적이며 가변적인 해석을 뒷받침해줄 만한 단서들이 충분히 내재되어 있음을 시사해준다. 이와 같이 풍성한 공명을 이끌어 내온 것은 이 작품의 문학사적 가치를 단적으로 입증하는 것이다.

우선 『주홍글자』를 작품으로서 읽을 때, 우리는 작품에 부쳐진 긴 서문 「세관」에 대해 주목하게 된다. 이 서문은 『주홍글자』가 현재와 같이 장편으로 탄생하는데 중요한 역할을 했다. 호손이 애초에 편집인 필즈(James

Fields)에게 지금보다 훨씬 짧은 분량의 『주홍글자』의 초고를 보냈을 때, 필즈는 호손에게 분량을 늘려서 장편으로 출판할 것을 제안했다. 필즈의 요청을 따라 호손은 분량을 늘렸고, 출판 시에 『주홍글자』에 「세관」이 서문으로 덧붙여짐으로서 현재와 같은 장편으로 출판되었던 것이다. 『주홍글자』는 출판되자마자 인기를 끌어서 호손에게는 작가로서 글쓰기를 통해 처음으로 금전적인 보상을 받는 작품이 되었다. 일견 『주홍글자』 본문의 내용과는 무관한 것처럼 보이는 「세관」은 당대 독자층의 흥미를 유발하는 내용을 담고 있을 뿐 아니라 작품을 해석하는데 있어서 몇 가지 중요한 단서를 담고 있다. 이제까지 「세관」은 작품과는 연관되면서도 개별적인 논의가 가능한 것으로 평가되어 왔다. 우선 호손이 이 글을 쓰게 된 직접적인 계기는 1849년 그가 지지하던 정당인 민주당의 실권으로 세일럼의 세관에서 파면당한 것에 대한 분풀이라고 생각되고 있다. 실제로 이 글에서 호손은 정체되고 관료적인 세관의 관행을 희화적이고 풍자적으로 비판하고 있어서, 개인적인 동기가 내재된 것으로 유추하게 한다. 「세관」이 정권의 전환에 따라 개인의 운명이 좌우되는 정치 현실에 대한 통렬한 풍자를 담고 있기 때문이다. 또한 글 자체가 지닌 독특한 유머와 풍자성의 이면에, 여러 층위로 겹겹으로 가려진 작가의 의도를 해석하는 등, 작품과는 별개로 「세관」은 다각적으로 연구되어왔다. 한편 「세관」을 본문과 연관시켜 생각해본다면, 이 글에서 호손은 작품이 탄생하게 된 배경을 기술하고, 또한 『주홍글자』 스토리의 단서를 제공한 주홍글자가 수놓아진 천을 발견하는 장면도 서술하고 있다. 특히 비평가들은 세관에서 파직당한 자신을 "참수된"(decapitated) 것으로 비유하는 대목을 호손이 자신의 처지와 청교도의 엄격한 규율에 의해 통제되고 소외되는 헤스터의 처지를 병치하고 있다고 해석하기도 하였다. 하지만, 무엇보다도 이 서문은 호손이 자신의 문학적 특징을 대표하는 로맨스(Romance) 이론에 대해 피력하고 있어서 중요하다. "사실적인 것과 상상적인 것이 만나는 현실과 동화의 세계 사이의 중간지대"(a neutral territory, somewhere between the real world and fairy-land where the actual and imaginary may meet)의 창조라는 로맨스 이론은 이후 호손의 작품을 이해하기 위한 단서로서 비평가들에 의해 가장 많이 언급된 개념이기도 하다.

상기한 바와 같이, 『주홍글자』에 대한 다양한 해석의 역사는 비평의 흐름의 변천사와 궤를 같이한다. 특히 주홍글자 A에 대한 해석이 변화해온 과정은 바로 비평사의 변화해온 흐름을 보여주는 것이기도 하다. 우선 신비평(New Criticism)의 해석으로 보자면, 주홍글자는 작품 속에서 제시되었듯이, 유능한(able), 천사(angel)와 같은 긍정적인 의미를 획득함으로써 헤스터의 위상의 변화를 보여주는 상징적 의미를 획득하게 된다. 또한 이와 같이 하나로 규정할 수 없는 다양한 의미를 갖는 점에 주목하여 양가성(Ambivalence) 또는 애매모호함(Ambiguity) 자체의 머리글자로 해석되기도 하였다. 한편, 구역사주의(Old Historicism)의 입장에서 역사 기록의 내용과 같이 간통(Adultery)을 의미하거나, 또는 앤 허친슨(Anne Hutchinson)과 연관되어 헤스터의 삶이 역사적 맥락에서 고찰되기도 하였다.

텍스트 중심의 문학비평은 1980년대 이후에는 정전 논쟁의 출현으로 이제까지 중요한 문학의 반열에서 소외되어온 여성문학이나 흑인문학에 대한 재평가가 이루어짐에 따라, 문학의 컨텍스트(context)에 대한 논의와 함께 정치적인 비평으로 전환되었다. 이 과정에서 기존에 망각되어 있던 작품들이 발굴되었을 뿐 아니라, 기존 정전에 속하는 작품들에 대한 재평가도 활발하게 이루어졌다. 이에 따라 기존에 높은 평가를 받은 작품들의 위상에도 재조정이 일어났다. 하지만 특이하게도 『주홍글자』의 경우, 비평의 흐름이 변화함에 다라 새로운 시각에서 지속적으로 활발한 논의가 이루어지고 있다. 예컨대, 호손이 당대의 다른 남성작가와 비교할 때 유난히 여성 인물 창조에 주의를 기울였다는 것에 주목하여 페미니즘 비평이 이 작품을 호평했다. 한편, 신역사주의(New Historicism) 비평의 대두 이후, 호손 당대의 역사적 컨텍스트를 고려하여 헤스터를 노예의 처지와 등가물로 보고 A를 노예폐지(Abolition)를 의미하는 것으로 해석하는 관점도 제시되었다. 또한, 해체주의(deconstruction) 비평의 영향으로 주홍글자 A를 불변의 진리(Truth)에 대한 해체에 기반한 아포리아(Aporia)의 약자로 보기도 하였다. 이와 같이 주홍글자 A에 대한 해석이 비평의 변천과 맞물려 변화를 겪었다는 것은 작품이 다양한 해석의 지평을 지니고 있음을 예증하는 것이다.

　이제 지금까지 주류를 이룬 몇 가지 비평적 쟁점을 살펴보는 것으로 작품에 대해 좀 더 심도있게 이해해보자. 우선, 호손이 청교주의의 배경을 가진 작가이며 19세기 중엽에 출판된 『주홍글자』가 17세기 청교도 공동체를 배경으로 설정하고 있다는 점은 작품 논의의 핵심적인 사안이 되었다. 이 문제에 대한 비평가들의 관점은 크게 두 가지로 나뉜다. 우선 콜라커시오(Michael J. Colacurcio)는 호손이 "지적인 역사가"(intellectual historian)로서 일생동안 청교주의에 대해 각별한 관심을 가지고, 여러 작품에서 아이러닉하게 재현하였다고 평가하였다. 한편, 많은 비평가들은 호손의 청교주의에 대한 관심은 어디까지나 자신의 예술적인 목적을 위하여 적절하게 역사적 사실을 변형하여 사용함으로써 당대 사회를 조명하려는 것이라는 평가를 내린다(George Dekker; Nina Baym). 이를 절충하는 입장으로 뷰얼(Lawrence Buell)은 베임이 주장하는 "비청교도화된 현대적인 호손"과 콜라커시오가 주장하는 "재청교도화된 호손"이 공존한다는 절충적인 입장을 표명했다. 이러한 논쟁에 결론을 내리기는 어렵다. 다만, 『주홍글자』가 청교주의 시대를 직접적인 배경으로 하고 있다는 것은 헤스터가 저지른 죄의 성격을 더욱 분명하게 해주는 효과가 있다. 헤스터가 범한 죄인간통은 일차적으로는 종교적인 계율을 위반한 것이지만 청교도 사회에서 특별한 의미를 갖는 죄이다. 초기 미국 청교도사회에서 가정은 사회의 소우주(microcosm)이며 사회 질서유지의 버팀목으로 간주되었고 정치 권력층은 가정의 규범을 위반하는 죄목들, 특히 성적인 죄를 공개적으로 처벌함으로써 사회의 기강을 유지하고자 했다. 따라서 간통은 가족제도의 위계를 흩뜨릴 뿐만 아니라 곧 국가의 법률과 질서를 위반하는 죄목이 된다. 또한 아버지가 불분명한 사생아인 펄의 존재는 부권상속 체계의 청교주의에 대한 위반이며 청교도 식민지의 남성중심 권력구조와 가부장적인 질서에 대한 심각한 도전이 된다. 현재의 질서를 깨뜨리는 헤스터는 앤 허친슨이나 마녀와 같이 청교도 사회규범에 따르면 추방당해야할 대상이 될 수밖에 없다.

한편, 헤스터라는 인물은 19세기에 창조된 인물임에도 미국문학이 낳은 페미니스트 여성의 선구적 모습을 가지고 있는 점에 착안하여, 예컨대 바로우(Jamie Barlowe)는 이제까지 남성 중심으로 호손을 연구하던 경향을 비판하였다. 당대에 워너(Susan Warner)의 『넓고 넓은 세상』(*The Wide, Wide World*, 1850)과 커민즈(Maria Cummins)의 『점등부』(*The Lamplighter*, 1854)와 같은 베스트셀러들이 인기몰이를 했던 상황에서, 호손이 이들 여성 작가들을 "휘갈겨 쓰는 여성들"(scribbling women)이라고 지칭함으로써 안티페미니스트, 여성혐오주의자와 같은 악평을 받은 것을 수정하는 관점이 제시되었다. 여성작가들이 여성의 역할을 가정 내에 규정한 가정이데올로기(domestic ideology)를 재현하고 그것을 강화시키고 전파하는데 공헌하는 작품들을 양산했던 것에 비한다면, 헤스터라는 인물은 비록 17세기의 인물로 그려졌으나 가정이데올로기가 지지하는 "집안의 천사"(the angel in the house)와는 정반대의 인물로 형상화된다. 7년의 세월이 흐른 후 헤스터는 "사색의 자유"(freedom of speculation)를 통하여 사회

전반의 제도적인 개혁의 필요성을 환기하고 남녀의 상호 행복의 미래를 희망하는 전복적인 생각을 하게 된다. 이런 맥락에서 호손은 페미니스트 비평가들에게 환영받을 만한 메시지를 전달하고 있는 것이다.

페미니즘의 입장에서 호손을 재해석할 근거가 충분함에도 불구하고, 다른 한편 헤스터가 결말에서 보스턴으로 돌아와 주홍글자를 다시 착용하는 것은 작품 해석의 핵심 쟁점으로 논의되어 왔다. 대표적인 신역사주의 비평가 버코비치(Sacvan Bercovich)는 19세기 미국 문학이 전복적인 비전이 궁극적으로는 미국적 이데올로기에 합의(consensus)하는 과정을 보여주는 방식으로 "전복의 봉쇄"(the containment of subversion)를 수행한다고 주장한다. 이런 맥락에서 이 작품의 결말에서 헤스터가 청교도 사회에 귀환하여 주홍글자를 다시 달고 사는 모습은 지배적 기율에 순응하고 합의한 순간을 보여주는 것이며, 이를 통해 마침내 주홍글자가 임무(office)를 완수하는 장면이라 해석하였다.

그러나 헤스터가 자발적으로 청교도 사회에 복귀하여 죄의 표식을 착용하는 것은 지배층의 권위에 대한 순응을 의미한다고 보기만은 어렵다. 남성과 여성이 서로 행복을 성취하는 미래를 제안할 뿐 아니라 그러한 내용을 다른 여성들에게 가르치고 전파시키는 헤스터의 모습은 마치 앤 허친슨이 청교도 지배층의 권위에 도전하는 회합을 열었던 것을 연상시키며, 강인하게 자신의 삶의 교훈을 실천하는 여성 지도자의 모습으로 해석될 수도 있을 것이다.

▶▶ 더 읽을거리

Barlowe, Jamie. "Rereading Women: Hester Prynne-ism and the Scarlet Mob of Scribblers." *American Literary History* 9 (1997): 197-225.

Baym, Nina. *The Shape of Hawthorne's Career*. Ithaca: Cornell UP, 1976.

Bercovith, Sacvan. *The Office of the Scarlet Letter*. Baltimore: Johns Hopkins UP, 1991.

Colacurcio, Michael J. *The Province of Piety: Moral History in Hawthorne's Early Tales*. Durham: Duke UP, 1995.

Dekker, George. *The American Historical Romance*. Cambridge: Cambridge UP, 1987.

Hawthorne, Nathaniel. *The Scarlet Letter: The Centenary Edition of the Works of Nathaniel Hawthorne*. Vol. 1. Columbus: Ohio State UP, 1962.

Mellow, James R. *Nathaniel Hawthorne in His Times*. Boston: Houghton, 1980.

┃손 정 희 (중앙대학교)

허먼 멜빌
Herman Melville

작가 소개

　허먼 멜빌(Herman Melville, 1819-91)은 1819년 8월 1일 뉴욕시에서 아버지 앨런 멜빌(Allan Melvill)과 어머니 마리아 갠스부어트 멜빌(Maria Gansvoort Melville) 사이에서 8남매 중 셋째로 태어났다. 멜빌의 친할아버지와 외할아버지는 모두 미국독립전쟁의 영웅이었고, 아버지는 부유한 수입상이었다. 그러나 1830년에 아버지의 사업은 파산했고 가족은 뉴욕주 올버니(Albany)로 이사했다. 아버지는 올버니에서 사업에 재기하려했으나 실패하고 결국 1832년에 사망했다. (마리아는 남편 사망 후 그의 재정적 파탄의 짐을 피하기 위해 Melvill에 e를 덧붙였다.) 멜빌은 뉴욕과 올버니에서 약 6년간 학교에 다니다가 집안 사정으로 은행 사환, 상점 점원, 농장 일꾼으로 일하기도 하고, 매사추세츠 주 피츠필드(Pittsfield)에서 교사로 재직하기도 했다. 1837년 공황의 여파로 형 갠스부어트(Gansvoort)도 파산하고, 멜빌은 1838년에 새로 이사한 뉴욕 주의 랜싱버그(Lansingburgh) 근처의 랜싱버그 아카데미에서 측량기사와 공학자 자격을 취득했지만 공황의 여파로 취업하지 못했다.

  1839년 6월에 그는 상선 세인트 로렌스(*St. Lawrence*)호를 타고 선실보이로 4개월간 영국의 리버풀(Liverpool)을 다녀왔다. 귀향한 멜빌은 경제적 곤란으로 다시 교사생활을 했으나 학교가 파산하고 다른 직장을 구하지 못하자 1841년 1월에 포경선 애쿠시넷(*Acushnet*)호를 타고 남태평양으로 항해했다. 그는 열악한 선원생활을 견디지 못하고 1842년 7월 9일 애쿠시넷호가 마키저스 제도(Marquesas)의 누쿠헤바(Nukuheva) 섬에 정박했을 때 동료 선원 리처드 토비아스 그린(Richard Tobias Greene)과 함께 도주했고, 약 1개월 동안 타이피(Taipi)족과 같이 생활하다 도망쳐 누쿠헤바에서 호주 포경선 루시앤(*Lucy Ann*)호에 승선했다. 루시앤호에서의 생활은 더 열악하여 루시앤호가 타히티(Tahiti)의 파피티(Papeete)에 정박했을 때 그는 다른 선원들과 함께 근무거부를 하다 반란죄로 영국당국에 인도되어 투옥되었다. 루시앤호는 이들을 두고 출항했고, 멜빌은 다른 죄수들과 함께 탈옥해서 포경선 찰스 앤드 헨리(*Charles & Henry*)호에 승선했다가, 1843년 5월에 하와이의 마우이(Maui)섬에서 하선하여 호놀룰루(Honolulu)로 여행했고, 8월에 미군함 유나이티드 스테이츠(*United States*)호에 승선하여 1844년 10월에 보스턴으로 돌아왔다.

  랜싱버그로 돌아온 멜빌은 타이피에서의 경험을 소재로 1846년에 첫 소설 『타이피』(*Typee*)를 출판해서 독자들로부터 큰 호응을 받았다. 이듬해 그는 『타이피』의 속편이며 남태평양 군도에서의 서구 제국주의를 비판한 『오무』(*Omoo*, 1847)를 출판해서 역시 호평을 받았고, 같은 해 8월에는 매사추세츠 대법원판사 레뮤얼 쇼(Lemuel Shaw)의 딸인 엘리자베스(Elizabeth)와 결혼해 뉴욕시에 정착했다. 그는 뉴욕도서협회에 가입하고 친구 에버트 다이킹크(Evert Duykinck)에게서 많은 책을 빌려 토머스 브라운(Thomas Browne), 에드먼드 버크(Edmund Burke)등의 철학 서적에 탐닉했다. 그는 이즈음 『타이피』나 『오무』같은 모험소설의 작가가 아니라 진실을 추구하는 진지한 작가가 되겠다는 야망을 갖고, 1849년 매우 철학적인 알레고리적 로맨스 『마아디』(Mardi)를 출판했으나 독자와 평자들로부터 외면을 받았다. 이어 그는 세인트 로렌스호를 타고 리버풀로 항해했던 경험을 소재로 한 『레드번』(Redburn, 1849)과 미군함 유나이티드 스테이츠호에서의 경험을 다룬 『화이트 재킷』(White-Jacket, 1850)을 잇달아 발표하여 독자들의 호평을 되찾았지만, 정작 본인은 이 두 작품을 "내가 돈을 위해서 했던 두개의 작업"이었다고 폄하했다. 이 무렵 그는 에머슨(Ralph Emerson)의 강연도 듣고 밀턴(John Milton)과 특히 셰익스피어(William Shakespeare)의 작품을 탐독했다. 1850년 여름에는 피츠필드에서 휴가를 보내면서 인근에 있던 너대니얼 호손(Nathaniel Hawthorne)과 교류하면서 호손의 책 『구 목사관으로부터의 이끼들』(Mosses from an Old Manse)에 대한 서평 「호손과 이끼들」(Hawthorne and His Mosses)을 썼다. 그는 이곳에서 집을 사서 애로우헤드(Arrowhead)라 명명하고 이 집에서 『모비딕』을 집필했다. 그는 1851년 10월에 에필로그 없이 이 소설을 영국에서 『고래』(The Whale)라는 제목으로 출판했고, 미국에서는 『모비딕』으로 출판하여 호손에게 헌정했다. 『모비딕』은 긍정적 평가를 받기도 했으나 철학적인 추상성과 모호성, 여러 장르의 혼합, 신성모독적인 요소 등으로 부정적인 평가를 받기도 했으며 멜빌이 기대했던 호평을 받지 못하고 곧 잊혀졌다. 멜빌은 당대의 문단을 비판적으로 풍자하고 자신의 작가적 자화상을 담은 『피에르 혹은 모호성』(Pierre; or, The Ambiguities)을 1852년에 출판했지만 이 작품으로 인해 정신이상자라는 혹평을 받았다.

   이후 멜빌은 1853년부터 1856년까지 월간지 ≪퍼트넘스≫(Putnam's Monthly Magazine)와 ≪하퍼스≫(Harper's New Monthly Magazine)에 단편소설들을 발표했는데, 이 중 유명한 「필경사 바틀비」(Bartleby, the Scrivener)와

중편 『베니토 세레노』(*Benito Cereno*)가 포함되어 있다. 1855년에는 ≪퍼트넘스≫에 연재했던 미국혁명을 다룬 『이즈리얼 포터』(*Israel Potter*)를 출판하고, 1856년에는 단편모음집 『피아자 이야기』(*The Piazza Tales*)를 출판했다. 1857년에는 당대 세태를 풍자한 『사기꾼』(*The Confidence-Man*)을 출판했으나 역시 혹평을 받았다. 이 당시 크게 절망한 멜빌은 장인 레뮤얼 쇼의 도움으로 1856년부터 1857년 사이에 유럽과 성지를 여행했다. 이후 그는 공무원직을 얻으려했으나 실패를 거듭하다가 마침내 1866년 뉴욕 세관에서 검사관으로 취직했다. 그는 남북전쟁 때 사촌 헨리 갠스부어트(Henry Gansevoort) 중령을 방문했고 이를 토대로 시집 『전투 단편들과 전쟁의 양상』(*Battle-Pieces and Aspects of the War*)을 출판했다. 1876년에는 성지 순례를 다룬 장시 『클래럴』(*Clarel*)을 출판했지만 세관에서 일하는 동안 거의 소설을 쓰지 않았다. 그는 1886년에 은퇴하여 1888년부터 쓰기 시작한 중편 소설 『선원 빌리버드』(*Billy Budd, Sailor*)를 유작으로 남기고 1891년 4월에 사망했다. 이 작품은 1924년에야 멜빌의 손녀에 의해 출판되었다.

모비딕
Moby-Dick or The Whale

작품 줄거리

　이 소설의 이야기에 앞서 고래에 대한 히브리어, 그리스어, 라틴어 등 여러 언어의 「어원」(Etymology)과 성서와 라블레(François Rabelais), 세익스피어의 『햄릿』(*Hamlet*), 스펜서(Edmund Spenser)의 『선녀 여왕』(*The Fairie Queene*), 밀턴의 『실락원』(*Paradise Lost*) 등 많은 저서에 수록된 고래에 대한 기록을 추출한 「발췌문」(Extracts)이 소개된다.

　"나를 이쉬메일로 부르시오"(Call me Ishmael)로 자신을 소개하는 사색적인 내레이터 이쉬메일(성서명 이스마엘)은 흰 고래의 환영을 보며 자신도 모르게 바다에 매료된다. 그는 "명상과 물은 영원히 결혼했다"고 말하며 바다로 가는 것이 물리적 항해일 뿐 아니라 깊은 사색의 여정임을 암시한다. 그는 "삶의 파악할 수 없는 환영의 이미지"를 추구하려하고 "놀라운 세계의 위대한 수문"이 열렸다고 말하고, 그 가운데 흰 고래 모비딕을 암시하는 "공기 속 눈 언덕 같은 하나의 거대한 두건으로 가린 환영"을 본다. 이쉬메일은 또한 "누가 노예가 아닌가?"라는 질문을 던지면서 명령을 받는 평범한 선원으로 항해하는 것을 개의치 않는다. 이쉬메일은 맨하토(Manhatto)를 떠나 뉴 베드포드(New Bedford)에 도착해 스파우터 여관

(Spouter Inn)에 묵는데 이 여관 주인 피터 코핀(Peter Coffin)의 이름부터 불길하다. 이 여관의 내부는 포경선의 내부와 같고, 여기에서 그는 객실이 부족하여 얼굴에 문신을 새긴 폴리네시아인 작살잡이 퀴이퀙(Queequeg)과 같은 침대를 쓰게 된다. 그는 처음에는 이 야만인에 대해 거부감을 느꼈지만 "술 취한 기독교인보다 취하지 않은 식인종과 같이 자는 것이 낫다"고 생각하며 그와 동침한다.

다음 날 깨어난 이쉬메일은 퀴이퀙이 한 팔로 자신을 정답게 감고 있는 것을 발견한다. 그는 곧 퀴이퀙이 예의 바르고 고귀한 인물임을 깨닫게 된다. 이쉬메일은 거리를 돌아다니다 고래잡이인들의 교회에 들어서고, 그곳에서 유명한 매풀 목사(Father Mapple)가 밧줄로 된 사다리로 올라가게 되어 있는 높은 연단에 올라가 설교하는 것을 듣는다. 매풀 목사의 설교는 고래에게 삼켜졌다가 사흘 만에 나와서 "거짓의 면전에서 진리를 설교하라"는 하느님의 말씀을 따른 요나(Jonah)의 예를 통해 세속의 거짓과 위선에 탐닉하는 자들에게 내릴 재난을 엄중하게 경고하는 섬뜩한 내용이다.

이쉬메일은 퀴이퀙에게서 그가 코코보코(Kokovoko)섬의 왕자이며 기독교인들에게서 자신의 부족을 잘 살게 할 기술을 배우러 왔다가 기독교인들도 사악하다는 것을 알게 되었다는 이야기를 듣는다. 퀴이퀙은 요조(Yojo)라는 작은 신 형상의 인형을 머리에 얹고 금식하는 이교도의 라마단 의식을 행하고, 이쉬메일은 매사추세츠 주의 멸종한 인디언 부족의 이름을 딴 포경선 피콰드(Pequod)호를 찾아가 퇴역한 펠레그(Peleg) 선장과 빌대드(Bildad) 선장을 만나 승선에 계약한다. 퀴이퀙도 이쉬메일을 따라 작살잡이로 계약한다. 이쉬메일은 펠레그 선장에게서 피콰드호의 선장 에이햅(Ahab, 성서명 아합) 선장이 오래 전 고래에게서 다리를 잘렸으며 그의 이름이 예언적이라는 말을 듣는다. 이들이 피콰드호에 승선하기 전에 일라이자(Elijah, 성서명 엘리야)가 에이햅 선장을 "늙은 천둥"(Old Thunder)

이라 부르며 에이햅 선장이 지난 항해에서 다리를 잃었다는 이야기를 듣지 못했느냐가 묻고 모든 것이 정해져 있다는 모호하고 불길한 예언을 한다.

크리스마스에 피쿼드호는 출항한다. 이 배의 일등 항해사는 퀘어커교도인 스타벅(Starbuck)이고, 2등, 3등 항해사는 각각 스텁(Stubb)과 플래스크(Flask)다. 이 항해사들 수하에 있는 작살잡이는 각각 퀴이퀙, 아메리카 원주민 태시테고(Tashtego), 흑인 대구(Daggoo)다. 출항 후 에이햅을 기다리던 이쉬메일은 마침내 앞 갑판에서 의족을 달고 서 있는 그를 보게 된다. 에이햅은 선원들의 잠에 아랑곳하지 않고 밤마다 의족으로 갑판 위를 걸어다닌다. 어느 날 에이햅 선장은 모든 선원들을 앞 갑판에 불러 모으고 16달러짜리 1온스 스페인 금화 더블룬(doubloon)을 돛대에 못으로 박은 후 흰 고래를 발견하는 자에게 그 금화를 주겠다고 말한다. 스타벅이 에이햅 선장에게 모비딕이 다리를 잘랐냐고 묻자, 에이햅은 모비딕 때문에 자신이 의족을 갖게 되었다고 말하며 선원들에게 모비딕을 추격하는 것이 항해의 목적이라고 말한다. 스타벅은 선장의 복수가 아니라 고래잡이가 항해의 목적이며 짐승에게 복수하는 것이 신성모독이라고 반대하지만, 에이햅 선장은 모든 보이는 대상은 단지 마분지로 만든 가면에 불과하고 이 가면을 꿰뚫어야하며, 자신에게 흰 고래는 강력하고 수수께끼 같은 악의를 지닌 벽과 같은 존재이고, 그 수수께끼 같은 존재를 증오한다고 연설한다. 에이햅의 압도적인 연설에 스타벅은 위축되고 에이햅은 선원들에게 술을 주고 마시게 하며 모비딕을 죽이겠다는 맹세를 하게 한다. 에이햅은 모비딕에게서 다리를 잃은 후 모비딕을 세상의 모든 악이 의인화된 존재로 여겨 증오를 퍼붓게 되었으며, 이 증오로 인해 점차 미쳐갔지만 이 광기를 세상으로부터 숨겨왔다. 에이햅은 또한 어느 날 밤 의족에 의해 사타구니를 찔려 큰 상처를 입었다.

이쉬메일은 32장 「고래학」(Cetology)에서 고래를 크기에 따라 향유고래, 수염고래, 긴수염고래, 곱사등고래 등 여러 갈래로 분류한다. 42장 「고래의 백색」(The Whiteness of the Whale)에서 이쉬메일은 백색이 순수, 정의, 신성을 상징하면서도 동시에 북극의 백곰이나 열대지방의 백상어, 백피증 환자 등과 같이 알 수 없는 공포를 불러일으키기도 한다고 사색한다. 흰 고래 역시 알 수 없는 두려움을 주며, 이쉬메일은 이 백색이 왜 공포를 불러일으키는 지 설명할 수 없다. 색깔 중에서 가장 구체적인 색깔이면서 색깔의 부재이기도 한 백색은 우주의 무한함과 공허함을 나타내기도 하며 무신론의 색깔이기도 하다. 흰 고래는 이 모호하고 역설적인 백색의 의미를 모두 상징한다. 이밖에도 이쉬메일은 머리, 두뇌, 이마, 꼬리, 피부 등 고래의 여러 신체부위와 고래의 분수 등을 관찰하고 분석하지만 이 모든 것들에 대해 확실히 알 수 없다는 결론을 내린다. 그리고 그는 고래잡이에 관련된 수많은 기록, 그림, 역사 등에 대해서도 분석하고 사색하며, 고래를 포획하여 자르고 삶아서 향유를 분리해 통속에 저장하는 과정을 소상히 소개한다. 이 뿐 아니라 그는 고래들이 떼 지어 다니고 그 중 수컷이 암컷들을 보호하는 것, 또한 피쾨드호가 자바 해역이 들어서 거대한 고래 떼 속에 있게 되었을 때 갓 태어난 아기 고래가 어미고래에게 탯줄로 연결되어 있는 놀라운 광경, 아사시데스(Arsacides) 섬에서 보았던 고래 뼈 그리고 고래의 화석 등에 대해서도 묘사한다. 고래와 고래잡이에 대해 설명하면서 이쉬메일은 사실에 대한 진술뿐 아니라 자신의 철학적 사색과 사회비판적 견해도 피력한다.

피쾨드호는 대서양에서 희망봉을 거쳐 모비딕의 서식지인 태평양으로 항해하는 도중에 여러 선박을 만나게 된다. 제일 먼저 만난 앨버트로스(*Albatross*)호는 모비딕에 대해 아무런 소식도 전하지 않고 지나친다. 피쾨드호가 다음에 만난 제로보엄(*Jeroboam*, 성서명 여로보암)호에서는 개브

리얼(Gabriel, 성서명 가브리엘)이란 인물이 모비딕을 공격하지 말라는 자신의 경고를 무시하고 모비딕을 공격하다 죽은 제로보엄호의 항해사를 상기시키며 모비딕을 공격하지 말라고 경고한다. 다음에 만난 독일의 버진(*Virgin*)호와 그 다음에 만난 프랑스의 로즈버드(*Rose-bud*)호는 모두 모비딕에 대해 아는 바가 없다고 말하며, 미국의 배철러(*Bachelor*)호의 선장은 모비딕에 대해 들었지만 믿지 않는다고 말한다. 이후에 피콰드호가 만난 레이철(*Rachel* 성서명 라헬)호의 가디너(Gardiner) 선장은 에이햅 선장에게 모비딕을 추격하다 잃은 아들을 찾는 데 도와달라고 말하지만 에이햅 선장은 거절한다. 마지막으로 피콰드호가 만난 딜라이트(*Delight*)호는 모비딕에게 다섯 명의 선원을 잃었다고 말한다.

항해 도중 여러 가지 사건이 발생한다. 출항 후 에이햅이 사적으로 고용한 선원들이 승선했고 그 중 배화교도인 페달라(Fedallah)라는 신비한 인물이 있음이 밝혀진다. 퀴이퀙은 열병에 걸리고 죽을 것을 예감하여 목수에게 관으로 쓸 카누를 만들어 달라고 한 후 작살과 비스킷을 가지고 카누에 실린다. 하지만 그는 지상에서 할 일이 남았다는 것을 깨닫고 죽지 않기로 마음을 바꿨다고 말한 후 곧 회복된다. 어린 흑인 소년 핍(Pip)은 노잡이 선원을 대신해 고래잡이 보트에 탔다가 바다에 빠진 후 실성한다. 에이햅은 선상 대장장이 퍼스(Perth)에게 모비딕을 죽일 큰 작살을 만들라고 명령한다. 그는 퍼스가 만든 작살의 끝을 물이 아닌 세 작살잡이들의 피로 담금질하며 "아버지의 이름이 아니라 악마의 이름으로 세례를 주노라"고 말한다. 이후 피콰드호는 태풍을 만나 번개에 의해 돛대들이 불붙게 된다. 스타벅이 에이햅에게 이 항해가 잘못된 것이며 신이 당신에게 반대하고 있다고 말하자 두려움에 떨던 선원들은 반란하려고 하지만, 에이햅은 불타는 작살을 흔들며 선원들에게 모비딕을 추격하겠다던 맹세를 상기시킨다. 태풍이 가라앉은 후 스타벅이 에이햅에게 상황을 보고하러 선장실로 갔다가 잠든 에이햅을 총으로 죽일 것을 잠시 생각하지만 그대로 물러나 온다. 에이햅은 모비딕의 위치를 알려주지 못한다고 말하며 방향을 알려 주는 장치 사분의(Quadrant)를 버리고, 태풍 후에 고장 난 나침반 대신에 바늘로 나침반을 만든다.

피콰드호가 모비딕에 가까워지자 추격 하루 전 평온한 날 에이햅은 스타벅에게 자신이 40년간 고독하게 고래잡이생활을 했으며 오십 세가 넘어 결혼한 젊은 부인을 생과부로 만들었고 이제 자신은 늙고 지쳤다고 말하며, 자신을 움직이는 것이 신인지 자신인지 어떤 운명인지 자문한다. 에이햅은 마침내 모비딕을 발견하고 보트를 내려 추격하나 모비딕은 그를 거의 집어삼킬 만큼 가까이 다가와 보트를 전복시키고 에이햅은 스타벅의 보트에 의해 구조된다. 다음 날 에이햅은 모비딕을 다시 발견하고 세 척의 보트로 다시 모비딕 추격에 나선다. 모비딕은 보트들로 돌진하고 작살들이 모비딕 등에 꽂히지만 모비딕은 이리 저리 움직여 작살들의 밧줄이 뒤엉킨다. 에이햅은 자신의 밧줄을 자르지만 스타벅과 스텁의 보트는 뒤집힌다. 모비딕은 돌진해서 에이햅의 보트를 높이 솟구쳐 떨어지게 만들어 파괴한다. 에이햅은 조각난 배에 매달리고 페달라는 실종된다. 목수는 잘려나간 그의 의족을 부러진 배의 나무로 다시 만들고 에이햅은 자신이 운명의 명령에 따라 행동한다고 말한다.

추격 마지막 날 에이햅은 다시 모비딕을 발견하고 보트를 타고 추격한다. 모비딕은 다시 보트들로 돌진하고 에이햅은 모비딕의 옆구리에 밧줄로 엉켜 매달려 죽어 있는 페달라를 발견한다. 스타벅은 다시 한 번 에이햅을 만류하지만 에이햅은 멈추지 않는다. 모비딕은 이제 피콰드호로 돌진해 배를 파괴한다. 에이햅은 보트에서 모비딕에게 마지막으로 작살을 던지지만 모비딕이 빠르게 달아나는 과정에서 작살의 밧줄에 목이 감겨 튕겨나가 죽고 피콰드호는 침몰한다. 바다에 빠진 이쉬메일은 퀴이퀙의 관을 붙잡아

혼자 살아남고 실종된 선원들을 찾던 레이철호에 의해 구조된다.

문학사적 의의

    1851년에 출판된 멜빌의 『모비딕』은 호손의 『주홍글자』(*The Scarlet Letter*, 1850)와 쌍벽을 이루는 19세기 중엽의 대표적인 미국소설이다. 호손이 1850년 친구 브리지(Horatio Bridge)에게 쓴 편지에서 『주홍글자』가 "지옥의 불에 달궈진 이야기"(h-ll-fired story)라고 고백한 것처럼, 멜빌도 1851년 호손에게 보낸 편지에서 『모비딕』에 대해 "이 책 전부가 지옥의 불 속에서 끓여진"(the hell-fire in which the whole book is broiled) 것이라고 표현했을 만큼 이 두 소설은 인간의 어둡고 심오한 내면을 탐구한 걸작이다. 그러나 『주홍글자』와 『모비딕』은 이런 유사성에도 불구하고 많은 차이점을 지닌다. 호손의 『주홍글자』는 당대의 베스트셀러였지만 『모비딕』은 출판 이후 곧 문학시장에서 잊혀졌다. 또한 『주홍글자』가 처형대가 등장하는 세 개의 장이 적절히 배치되는 등 안정된 구성을 지닌 반면, 『모비딕』은 다양한 장르와 형식이 등장하고 고래에 대한 이쉬메일의 사색과 에이햅이 모비딕을 추격하는 이야기가 혼란스럽게 뒤섞인 작품이다. 당대의 문학비평가인 다이킹크는 이 작품을 "지적인 잡탕"(intellectual chowder)이라 부르기도 했다.

    『모비딕』은 소설, 드라마, 선서문, 역사, 전기 등 수많은 장르를 혼합했을 뿐 아니라, 셰익스피어, 밀턴, 코울리지 등의 작가, 플라톤, 칸트, 루소, 스피노자 등의 철학가, 고래의 해부학, 포경업에 관한 기록 등에 대한 수많은 출처와 인유를 포함하고 있으며, 때로 아이러니하기도 진지하기도 해학적이기도 한 다양한 어조를 지닌 실로 복합적인 작품이다. 이런 복잡하고 혼란스런 면에도 불구하고 『모비딕』이 미국문학의 걸작인 이유는 이 작품이 지니는 심오한 탐구정신에 있을 것이다. 멜빌은 호손에게 보낸 편지에서 이 작품의 모토가 "아버지의 이름으로가 아니라 악마의 이름으로 세례를 주노라"라는 말이라고 했는데, 이는 물론 모비딕을 추격하는 에이햅의 악마적인 광기를 의미하는 것이지만 동시에 "마분지 가면"(pasteboard mask)을 꿰뚫고 가면 뒤의 비밀스런 진리를 찾고자하는 그의 정신적 추구도 의미할 것이다. 멜빌이 「호손과 그의 이끼들」에서 셰익스피어의 리어왕이 "가면을 찢어내고, 진리의 건전한 광기를 말한다"고 했던 것도 바로 자신이 추구했던 진실에 대한 무한한 탐구정신을 반영한 것이라고 볼 수 있다.

멜빌이 그의 내레이터와 등장인물을 통해서 광적으로까지 탐구한 진리가 무엇인가의 문제는 간단하지 않다. 모비딕은 그의 생전에 독자들이 거의 잊었다가 그의 탄생 100주년인 1919년 무렵부터 점점 재조명을 받기 시작했고, 1929년에 루이스 멈포드(Lewis Mumford)가 멜빌 전기를 쓴 이후부터 그에 대한 관심이 고조되어 1930년대 후반부터 전문적인 비평을 받았고, 1940년대에는 미국문학의 정전으로 자리 잡아 대학에서 미국문학 과목의 중요한 작품으로 자리매김 되었다. 이런 과정에서 이 작품은 철학, 문학, 정치, 종교, 언어 등 다양한 관점에서 조명되었고, 이 작품의 의미와 이 작품이 추구하는 진리가 무엇인가에 대한 견해는 시대에 따라 변화했다. 이런 변화에는 이 작품의 주인공이 누구인가에 대한 문제도 결부되어 있었다.

대체로 1950년대 이전까지 대부분의 비평가들은 이 작품의 주인공을 에이햅으로 보는 데 동의했다. 에이햅은 비극적 주인공으로, 프로메테우스적 영웅으로, 혹은 악마적 인물로 여겨졌고 멜빌도 에이햅에 공감하는 것으로 인식되었다. 그러나 1950년부터 에이햅의 독단적이고 유아론적인 광기에 맞서 공동체적인 인간의 유대와 형제애의 가치를 대변하는 인물로서 이쉬메일이 비평적 관심을 받기 시작했다. 이쉬메일은 에이햅과 달리 타인에게 군림하지 않고 퀴이퀙같은 타인종 이교도인과 우정을 나누며 그의 미신적 종교행위에 동참할 만큼 타자에 대해 개방적인 태도를 보인다. 또한 선원들로부터 철저히 고립되어있는 에이햅과 달리 이쉬메일은 향유고래의 기름을 짜면서 동료선원의 손을 기름덩어리와 혼동해 주무르는 장면에서처럼 동료인간과 화합하는 인간적 면모를 보이며, 바다에서 퀴이퀙과 같이 밧줄로 연결되어 있는 장면에서처럼 강한 인간적 형제애를 인식하고, "누가 노예가 아닌가"라고 말하면서 평등과 민주주의의 가치를 보여준다.

이쉬메일을 중요하게 보는 이런 관점은 이 작품의 통일된 의미를 찾아내려는 시도보다 다양한 해석의 가능성을 옹호하는 시각을 반영한다. 피콰드호의 큰 돛대에 에이햅이 못으로 박은 금화 더불룬을 보고 많은 인물들이 각자의 시각으로 해석하는 장면은 이런 해석의 다양성을 작품이 예증하는 것으로 볼 수 있다. 실제로 모비딕을 악의 구현체로 보는 에이햅의 편협한 해석과 달리, 이쉬메일은 고래의 여러 부위를 관찰하고 묘사하고 해석하면서 확고한 해답을 얻지 못하고 수수께끼같은 비밀로 남기는 비결정적이고 열린 해석에 도달한다. 이쉬메일이 자신의 이야기를 일방적으로 전하는 것이 아니라 서술, 질문, 충고 등 다양한 방식으로 독자들을 참여시키는 서술행위도 에이햅의 독단적이고 일방적인 태도와 대조된다.

월터 베잰선(Walter Bezanson)의 1951년 에세이 「『모비딕』: 예술작품」(*Moby-Dick: Work of Art*) 이후 비평가들은 모비딕에게 광적인 복수와 증오심을 퍼붓고 그 가면 뒤의 비밀스런 진리를 추구하며 선원들에게 독재적으로 군림하는 에이햅보다 민주적이고 관용적인 형제애를 갖고 열린 해석의 다양성을 긍정하는 이쉬메일을 더 중요하게 여겼다. 1980년대 이후 소위 신역사주의의 세례를 받은 신미국주의 비평가들은 이쉬메일 중심의 비평이 파시즘과 공산주의의 전체주의에 반대하고, 노동자, 이민계급, 여성 등의 타자를 주변화하며, 정치, 경제, 역사의 현실과 모순에서 문학을 해방시켜 개인적인 상상력과 자유의 자율적 영역으로 고양시키려는 냉전 이데올로기의 산물이라고 비판했다. 이러한 비평의 역사적 전개를 보면 이 작품의 의미와 이 작품에 담긴 진리는 시대를 초월한 절대적 형이상학적 진리라기보다는 해석하는 시대의 이데올로기적 신념에 의해 여과된 것이라고 볼 수 있다. 이 작품이 1920년대 이후 재발견된 것도 멜빌 당대에는 난잡하고 혼란스런 것으로 여겨졌던 복잡하고 다층적인 면이 1차 세계대전 이후 사실주의적인 현실인식을 비판하고 무질서와 혼란 속에서 다양성과 파편적 현실인식의 중요성을 인지했던 모더니즘의 시대정신 때문이었다고 볼 수 있다. 그러므로 『모비딕』을 에이햅이나 이쉬메일 혹은 모비딕 중심으로 읽을 것인가의 문제는 시대적으로 변화해왔고 또 앞으로도 변할 것이다.

 『모비딕』을 논하면서 이 작품의 미국성을 간과할 수 없다. 이 작품의 철학적, 형이상학적인 측면, 그리고 에이햅, 이쉬메일, 일라이자, 요나 등 성서적 인물의 출현에도 불구하고 이 소설은 포경선의 이름이 멸종한 인디언 부족 피콰드인 점, 폴리네시아 인뿐 아니라, 흑인과 아메리카 원주민 작살잡이가 등장하는 미국적인 작품이다. 또한 『모비딕』이 대폭 수정되던 1850-51년에 미국이 노예제를 둘러싸고 심각한 국가적 분열의 위기를 겪고 있었던 점, 당시에 국가와 국민을 배와 선원에 비유하는 경우가 많았고 정치적 담론에서 미국을 정치의 소용돌이라는 바다에서 항해하는 배로 언급했다는 점 등은 이 작품이 미국의 정치·역사적 맥락과 밀접한 관계가 있음을 보여준다. 피콰드호의 항해사들과 작살잡이들이 미국을 구성하는 다양한 지역과 인종을 나타내며 선원의 수가 30명이라는 점은 이 작품이 집필된 1850년에 미국이 30개의 주를 지니고 있었다는 점과도 일맥상통한다. 이런 인유들로 인해 피콰드호가 미국을 상징하는 배이며, 『모비딕』은 노예제로 인해 혼란스러웠던 당대의 미국의 정치역사적 바다를 항해했던 미국이라는 국가의 운명에 대한 상징적 텍스트로 읽힐 수 있다.

2001년 『모비딕』 출판 150주년을 기념하여 멜빌의 유해가 안장된 뉴욕시 브롱스(Bronx)에서 멀지 않은 호프스타라 대학(Hofstra University)에서 열린 학회에서 이 소설에 대한 여러 다양한 해석들이 발표되었다. 이 해석들은 『모비딕』의 집필, 구성, 법, 언어, 인종, 번역, 공연, 디지털 미디어 등 수많은 관점에서 이 작품을 새롭게 접근했다. 이는 『모비딕』이 1850년대의 미국의 산물임과 동시에 이제 세계문학의 일부이며, 글로벌 시대에 전 세계적인 관심과 주목을 받고 있다는 것을 보여준다. 이렇게 『모비딕』이 전 세계적인 관심의 대상이 되는 이유는 이 작품을 보는 시대의 변화와도 관계가 있지만, 동시에 이 작품이 아직도 해석의 여지를 갖고 있을 만큼 다층적이고, 복합적이며, 이쉬메일의 말대로 "거대한 책"(mighty book)이기 때문일 것이다. 호프스트라 대학 학회에서 미국 소설가인 닥터로우(E. L. Doctorow)는 호손이 자신에게 깊은 영향을 미쳤으며 때로 호손과 같은 로맨스를 쓰고 싶어지지만, 자신의 작품에서 발생한 규칙의 파괴는 호손을 존경하면서도 잘 구성된 소설의 요소들을 입체파적으로 재구성해 호손을 전복한 멜빌에게 빚진 것이라고 말했다. 현대미국문학이 마크 트웨인(Mark Twain)의 『허클베리핀의 모험』(*The Adventures of Huckleberry Finn*, 1884)에서 나왔다는 헤밍웨이의 말은 잘못되었으며 현대미국문학은 바로 『모비딕』에서 시작했다는 닥터로우의 결론은 미국문학사에서 멜빌의 걸작이 갖는 위상을 정확히 표현했다고 할 수 있다.

▶▶ 더 읽을거리

『모비딕 다시 읽기』. 호손과 미국소설학회 편. 서울: 동인, 2005.

Bryant, John, Mary K. Bercaw Edwards, and Timothy Marr, eds. *"Ungraspable Phantom" Essays on Moby-Dick*. Kent, Ohio: The Kent State UP, 2006.

Higgins, Brian, and Hershel Parker, eds. *Critical Essays on Herman Melville's Moby-Dick*. New York: G.K. Hall, 1992.

Otter, Samuel. *Melville's Anatomies*. Berkeley: U of California P, 1999.

Rogin, Michael Paul. *Subversive Genealogy: The Politics and Art of Herman Melville*. Berkeley: U of California P, 1979.

Spanos, William V. *The Errant Art of Moby-Dick: The Canon, the Cold War, and the Struggle for American Studies*. Durham, N.C.: Duke UP, 1995.

┃양 석 원 (연세대학교)

헨리 제임스
Henry James

작가 소개

헨리 제임스(Henry James, 1843-1916)는 미국에서 태어났지만 어린 시절부터 가족과 함께 유럽의 여러 도시를 여행하면서 유럽 문화와 문학의 영향을 받았다. 그의 형은 유명한 철학자이자 심리학자인 윌리엄 제임스(William James)이다. 그는 1862년 하버드 법과대학에 입학했지만 흥미를 느끼지 못하고 일찍이 문학 비평과 창작의 길을 가기 시작했다. 동시대의 평론가이자 작가인 윌리엄 딘 하웰즈(William Dean Howells)와 더불어 19세기말 미국문학계에서 평론가, 소설가로 활동하였고, 미국 사실주의 문학의 발전 및 그 이후 모더니즘으로의 이행에서 가장 중요한 작가들 중 한 명으로 평가받는다. 그는 20대 중반 유럽을 여행하며 존 러스킨(John Ruskin), 찰스 디킨즈(Charles Dickens), 매슈 아널드(Matthew Arnold), 조지 엘리엇(George Eliot) 등 당대 주요 작가들과 교류하기 시작했고, 에밀 졸라(Emil Zola), 기 드 모파상(Guy de Maupassant), 이반 투르게네프(Ivan Turgenev) 등의 문호들, 그리고 존 싱어 사전트(John Singer

Sargent)를 포함하는 여러 예술가들과 폭넓은 교분을 이어 가며 당대 유럽의 문학과 예술에 대한 수많은 평론을 발표했다. 이처럼 그는 19세기말 영미문학계를 유럽 대륙의 문학예술담론과 소통시키면서 영국과 프랑스의 사실주의 전통을 잇는 소설작품들을 탄생시켰고, 중기 이후에는 서사로써 현실을 재현하는 예술행위의 미학 자체에 관심을 기울였다. 이후 사실주의를 넘어서는 현대적 서사의 가능성들을 진지하게 탐구하여, 영미문학사의 이른바 '위대한 소설의 전통'을 현대화한 '대가'로 인정받는 동시에, 지나치게 난해하여 읽을 수 없는 작가라는 오명을 얻기도 하였다.

제임스는 젊은 시절 미국을 떠나 1869년에 런던에 정착했고 1875년에는 파리로 이주했으며 이후 30년 이상의 기간 동안 런던, 파리, 로마 등을 비롯한 유럽의 여러 도시에서 생활하면서 글을 썼다. 그의 소설 중에는 유럽으로 건너간 미국인의 경험을 소재로 하는 작품들이 상당수 포함되어 있는데, 이 작품들에서는 대서양을 사이에 둔 두 세계 즉 미국과 유럽의 교류와 문화적 차이 등에 대한 국외자의 비판적 시각을 찾아볼 수 있다. 이 때문에 제임스에 대한 20세기 초중반까지의 비평적 접근은 국제적 주체로서의 그의 위상과 인식이라는 주제(international theme)에 집중되기도 하였다. 유럽에 머무는 수십 년 동안 그는 미국을 두 번 방문했다. 급변하는 미국사회에 대한 단상들인 『미국의 풍경』(*The American Scene*, 1907)은, 미국으로 대표되는 현대사회와 자본주의, 물질문명, 그와 더불어 사라져가는 구시대적 가치에 대해 그가 취했던 비판적 입장을 보여주는 글로 평가된다.

소설과 평론뿐 아니라 제임스는 희곡에도 많은 관심이 있었다. 초기 소설 중 한 편인 『미국인』(*The American*, 1877)을 연극으로 상연하기도 했는데 별로 크게 성공을 거두지는 못했고, 그 외에 상연하지 못한 희곡도 몇 편 있다. 특히 1890년대 초에는 연극평론을 활발히 쓰기도 하면서, 창작한 희곡을 런던에서 무대에 올리는 시도에 심혈을 기울였다. 1895년에 마침내 세인트 제임스 극장의 개축을 기념하는 작품으로 희곡 『기 돔빌』(*Guy Domville*)을 무대에 올려 4주 동안 상연했으나, 첫 공연이 끝난 후 제임스가 무대 인사를 했을 때 관객들로부터 야유를 받았다는 일화가 남아 있다. 당시 큰 대중적 인기를 누리던 오스카 와일드(Oscar Wilde)와 비교하면 제임스의 희곡은 관객들과 연극제작자들에게 환영받지 못했고, 작가 자신도 그러한 비교에 대한 자의식으로부터 자유롭기는 어려웠던 것으로 보인다. 『기 돔빌』 이후 제임스는 희곡을 쓰지 않겠다고 선언했지만, 연극과 희곡에 대한 관심은 계속된 것으로 알려져 있으며 일부 희곡 작품들은 나중에 소설로 바꾸어 출판되기도 했다.

『기 돔빌』을 초연한 날 무대에서 제임스가 겪은 수난이 그에게 정신적 외상이 되어 그가 우울증에 빠졌고 그로 인한 내적 성찰을 소설작품 속에 반영하게 된다는 주장을 전기 작가 리온 에델(Leon Edel)이 제시한 이후, 이러한 정신분석적 비평은 제임스의 생애에 대한 논의에 자주 등장하는 유명한 가설이 되어 제임스 연구에 적지 않은 영향을 미쳤다. 하지만, 매티슨(F. O. Matthiessen)이나 마커스 클라인(Marcus Klein) 등, 이러한 견해에 동의하지 않는 비평가들은 오히려 이때의 경험으로 인해 제임스가 새로운 스타일의 소설을 쓰는 전환적 계기를 맞이했다고 주장한다. 어쨌든 『기 돔빌』 이후, 사실주의적 서사에서 벗어나는 실험을 시작하는 1890년대 중반 이후의 제임스 문학은 희곡 집필의 경험에서 영향을 받은 일련의 변화를 반영한다고 보는 것이 공통적 평가이다. 이러한 이유로 특히 1890년대 중반은 제임스의 긴 이력에서 일종의 과도기 혹은 분기점으로 여겨지고, 이 시기는 그가 1896년에 발표한 소설 『어색한 시대』(*The Awkward Age*)의 제목을 차용하여 "어색한 시기"로 일컬어지기도 한다. 그러나 이 시기의 작품들이 20세기 중후반의 독자나 평자에게 어색하게 여겨졌다면,

선형적 서술이나 시점의 통일성 등 관습적 서사의 형식과 전제들을 벗어나는 제임스의 시도들이 다소 낯설었던 탓이라고 볼 수 있을 것이다. 『어색한 시대』를 비롯하여, 『메이지가 알고 있던 것』(*What Maisie Knew*, 1897), 『나사의 회전』(*The Turn of the Screw*, 1898) 등을 포함하는 이 시기의 작품들은 성 윤리, 이혼, 심령주의(spiritualism) 등 당대 사회의 변화를 가리키는 다양한 주제를 포괄한다. 뿐만 아니라 서술시점의 다변화, 언어의 모호함 등을 최대한 활용하여, 주체의 불완전성과 재현 자체의 가능성에 대한 근원적 질문을 제기함으로써, 소설이라는 장르 자체를 현대적 경험과 사유를 담아내는 매체로 부각시키는 기폭제의 역할을 하였다.

제임스의 방대한 문학 세계에 대한 평가는 일반적으로 일정한 시대 구분을 기반으로 삼는다. 20대의 젊은 작가로서 영국의 소설전통을 이어받아 자신의 문학적 기반과 가능성을 탐색하던 1860년대 이후 1880년대까지의 시기를 일종의 발전적 국면으로 보고, 이 기간 동안 출판된 『로더릭 허드슨』(*Roderick Hudson*, 1875), 『미국인』(1877), 『데이지 밀러』(*Daisy Miller*, 1878), 『여인의 초상』(*The Portrait of a Lady*, 1881) 등을 초기작으로 분류하는 한편, 1880년대 중반에서 1890년대의 작품들인 『보스턴 사람들』(*The Bostonians*, 1886), 『카사마시마 공녀』(*The Princess Casamassima*, 1886), 『아스펀의 서류』(*The Aspern Papers*, 1888) 등은 중기작으로 분류한다. 반면 그의 인생의 후기 즉 1900년대 이후의 시기는 원숙기(the Major Phase) 혹은 완성기로 여겨진다. 이 시기의 장편소설 세 편 『비둘기의 날개』(*The Wings of the Dove*, 1902), 『사자들』(*The Ambassadors*, 1903), 『금빛 주발』(*The Golden Bowl*, 1904)은, 작가 제임스가 평생 갈고닦은 소설미학을 집약해서 보여주는 대작들로 간주된다. 미적 완성도가 높은 이 세 편의 소설은 초기의 사실주의적 경향으로부터 모더니즘적 자기성찰로의 선구적 이행을 반영한다는 점에서 비평가들과 학자들 사이에서 크게 주목받았다.

  1906년부터 제임스는 평생의 저작들을 수정하여 총 24권의 이른바 '뉴욕판'(New York Edition) 전집을 발간하는 작업에 몰두했다. 1913년에는 자서전 『어린 소년과 타인들』(*A Small Boy and Others*), 『아들이자 형제로서의 수기』(*Notes of a Son and Brother*)를 펴냈다. 사망하기 1년 전인 1915년에 그는 귀화하여 영국인이 되었고, 미국문학과 영국문학의 전통 양쪽 모두에 큰 족적을 남긴 작가가 되었다.

여인의 초상
The Portrait of a Lady

작품 줄거리

『여인의 초상』은 한 젊은 여성의 결혼을 둘러싼 이야기이다. 작품은, 부모를 잃고 물려받은 재산도 없지만 독립적인 주체이기를 원하는 이자벨 아처(Isabel Archer)의 혼사 가능성을 타진하는 것으로 시작하여 그녀의 결혼 후의 삶을 조명하면서 19세기 후반 영미사회와 문화를 특징짓는 여러 주제들을 형상화한다. 그 주제들은 초월적 자아와 개인성의 의미, 개인성과 사회 사이의 관계, 그리고 점점 더 물질주의적으로 변화하는 사회 내에서 자아를 정의하고 표현하는 윤리적 방식 등에 대한 의문 등을 포괄한다.

뉴욕 주 올버니(Albany)에 살던 이자벨은 부모를 잃고, 이모인 리디아 터춰트 부인(Lydia Touchet)의 후견을 받아 이모가 살고 있는 런던으로 건너온다. 이자벨이 사촌 랄프(Ralph Touchett)와 그의 아버지, 그리고 워버튼 경(Sir Warburton)이 대화를 나누고 있는 저택 가든코트(Gardencourt)의 정원에 처음 나타나서, "오, 귀족이 있으면 하고 바랬었는데, 정말 소설 같군요!"(*PL* 27)하고 감탄하는 장면은, 제인 오스틴(Jane Austen) 소설의 여주인공들을 연상시키며 그 연장선상에서 작품을 생각해보게 한다. 사촌 랄프와 그의 친구이자 이웃인 워버튼 경은 곧 아름답고 지적이며 솔직한 '신여성' 이자벨을 사랑하게 되고, 미국에서 그녀에게 구혼하던 젊은 사업가 캐스퍼 굿우드(Caspar Goodwood)는 그녀에게 청혼하기 위해 영국으로 건너오기까지 한다. 하지만 자유와 독립을 소중한 가치로 여기는 이자벨은 워버튼 경과 굿우드의 청혼을 거절한다.

병약한 사촌 랄프는 그녀가 경제적인 이유로 결혼을 해야만 하는 상황에서 벗어날 수 있도록 대부호인 아버지에게 그녀 몰래 자신의 유산을 나눠주도록 부탁한다. 이런 사실을 알지 못한 채 이모부인 터췻트 씨의 사망 후 뜻하지 않게 많은 유산을 물려받은 이자벨은 결혼보다 삶을 경험하기 위해 유럽 여러 곳을 여행하고, 이모의 지인인 세레나 멀 부인(Madame Merle)과 친구가 된 후 그녀의 소개로 이탈리아에 살고 있는 미국인 길버트 오즈먼드(Gilbert Osmond)를 만나게 된다. 딸과 함께 플로렌스에 살고 있는 오즈먼드가 세련된 취향과 미적 감각 외에는 아무것도 가진 것이 없다는 사실을 솔직히 고백하자, 이자벨은 오히려 그에게 매력을 느끼고 주변의 반대를 무릅쓴 채 그의 청혼을 받아들인다. 오즈먼드의 의도를 꿰뚫어본 사촌 랄프는 이자벨을 독립적 존재로 만들어주려던 자신의 호의가 뜻하지 않게 그녀를 위험에 빠뜨렸다는 죄책감을 느끼면서 결혼을 반대하지만, 이자벨은 남편이 될 사람을 존중하지 않는 랄프와 우정을 지속할 수 없다고 생각하고 그와 소원해진다.

이자벨과 오즈먼드가 결혼한 후 초기의 몇 년은 작품 속에서 직접 묘사되지 않는다. 대신 오즈먼드의 딸 팬지(Pansy)에게 구애하려는 청년 네드 로지어(Ned Rosier)의 시선을 통해 이미 그의 교묘한 억압의 감옥 안에 갇힌 이자벨의 모습을 보여준다. 우여곡절 끝에 결혼에 도달하는 지점에서 끝나지 않는 작품이라는 점에서, 그리고 결혼 후 갈등 속에서 남편의 정체를 깨닫고 환멸을 느끼는 이자벨의 깨달음에 결국 초점이 맞춰진다는 점에서, 이 작품은 전통적인 결혼 서사의 연장선상에 있으되 결혼 서사의 전통을 깨뜨리는 작품이다. 속물이며 폭군인 오즈먼드의 위선적 실체는 재산이 없는 청년 로지어에 대한 그의 냉대, 워버튼 경이 자신의 딸 팬지에게 청혼하지 않는다면 그것을 이자벨의 책임으로 돌리겠다는 억지와 협박, 그리고 계속되는 멀 부인과의 수상한 친밀함 등을 통해서 드러난다. 워버튼이 여전히 자신을 사랑하고 있으며 자신과 가까이 지내기 위해서 팬지에게 호감을 표시하고 있다는 것을 감지한 이자벨은 난감해지고, 오즈먼드와의 갈등은 깊어진다.

폐결핵을 앓던 랄프의 병세가 악화되었다는 소식을 듣자 이자벨은 그를 만나기 위해 영국으로 가겠다고 말하지만, 오즈먼드는 이에 격렬히 반대한다. 괴로워하는 이자벨을 안쓰럽게 여긴 오즈먼드의 누이 제미니 백작 부인(Countess Gemini)은 넌지시 오즈먼드와 멀 부인에 대한 언질을 주고, 이에 이자벨은 팬지가 오즈먼드와 멀 부인 사이에서 태어난 딸이며 멀 부인이 왜 자신의 결혼을 주선했는지를 깨닫게 된다. 이자벨이 밤새 홀로 앉아, 오즈먼드와 멀 부인이 함께 대화를 나누던 장면을 되짚어보다 결국 두 사람 사이의 관계를, 그리고 그 두 사람이 그들과 팬지의 이해관계를 위해 자신을 일종의 희생양으로 삼고 이용했다는 사실을 깨닫고 환멸을 느끼는 장면은, 인간의 내면세계를 서사화하는 제임스의 이른바 심리적 사실주의의 정점으로 평가받는다. 가지 못하게 하는 오즈먼드의 폭압적 명령에 굴복하는 대신 이자벨은 임종을 앞둔 랄프를 만나기 위해 집을 나서고, 영국으로 떠나는 길에 팬지가 있는 수녀원에 들러 인사를 한다. 다시 돌아와 달라고 간절히 부탁하는 팬지에게 이자벨은 그러겠다고 약속하고, 영국에 도착해서 랄프와 화해하고 그를 돌보며 임종을 지킨다.

죽음 같은 절망을 느끼는 이자벨에게 랄프는 사랑이 있으므로 삶이 낫다고 말해주고 세상을 떠난다. 얼마 후 이자벨은 그녀를 만나러 다시 영국으로 온 캐스퍼 굿우드와 마주친다. 그는 그녀에게 오즈먼드를 떠나라고 종용한다. 그의 강렬한 포옹과 키스에 이자벨은 잠시 압도되지만 결국 그를 뿌리친다. 다음날 다시 그녀를 만나러 온 굿우드에게 이자벨의 친구 헨리에타 스택포울(Henrietta Stackpole)은 "오늘 아침에 그녀는 로마로 떠났다"고 말하고, 굿우드가 "삼십년 세월"만큼 갑자기 그 자리에서 늙어버린 듯한 실망을 느끼며 돌아서는 것으로 작품은 끝난다(490).

문학사적 의의[1]

『여인의 초상』은 대중적이라 하기 어려운 제임스의 소설들 중에서 그나마 독자들에게 가장 많이 읽힌 작품이고 제인 캠피언(Jane Campion) 감독이 영화화하기도 하여 일반대중에게도 상당히 알려지게 된 작품이며, '양가적'이라 할 수 있는 제임스의 여성관을 논의할 때 가장 많이 언급되는 작품이기도 하다. 19세기 영미사회의 여성억압적인 사회규범과 결혼제도의 모순에 대해서 자각하는 여주인공을 그려냄으로써 그녀를 둘러싼 문제들에 대한 간접적인 비판을 가하면서도 마지막에 그녀에게 이렇다 할 실질적 탈출구를 제시하지 않는다는 점 때문에, 『여인의 초상』은 제임스가 지니는 여성주의적 의식의 한계 혹은 여성에 대한 제임스의 이중적 태도, 심지어 지적인 여성에 대한 그의 회의적 시각, 심지어 작가 제임스의 성

---

1 『여인의 초상』의 문학사적 의의에 대한 이 장은, 필자가 이미 발표한 두 편의 제임스 관련 논문들―「이자벨은 어디로?: 『여인의 초상』의 행복/불행한 결말에 대하여」(『미국학논집』, 2006년, 제37권 2호), 「욕망의 심연, 사랑의 비루함: 헨리 제임스의 결혼서사와 『비둘기의 날개』」(『미국소설』, 2015년, 제22권 3호)―에서 이미 제시한 논의의 일부를 간추리고 수정하여 그에 더 필요한 내용을 덧붙인 것임을 밝힌다.

(sexuality)에 대한 "공포와 거부감"(Krook 368) 등을 드러내는 대표적인 예로 언급된 바 있다.

『여인의 초상』에 대한 논의에서 빠지지 않고 제기되는 질문은 도대체 왜 이자벨이 로마로 돌아가는가이다. 그리고 이 질문이 반복되는 것은 이자벨의 로마행이 곧 불행한 결혼생활로의 귀환에 다름아니라는 전제 때문이며, 그러한 전제 하에서 이자벨의 결정이 납득하기 어려운 선택이라고 여겨지기 때문이다. 현실의 한계와 도덕적 의식의 고양이라는 대립 구도 안에서 제임스가 전형적으로 후자의 가치를 우위에 두는 작가라고 주장하는 논의들에서 특히 이자벨의 현실 수용으로 요약되는 이 작품의 비관적 결말이 부각되었다. 그러나 『여인의 초상』의 결말이 실제로 비관적인지는 확실치 않다. 『여인의 초상』에 대한 비평들은 전통적으로 그녀의 로마행이 오즈먼드와의 불행한 결혼생활로의 복귀라는 전제 하에서 작가 및 작품에 대한 평가를 시도해왔다. 따라서 이자벨이 수동적이라거나 자유를 사실상 두려워하고 있다는 등의 부정적 평가가 제시되기도 했다. 하지만 『여인의 초상』의 결말이 19세기 중후반 당시 흔히 제시되지 않던 열린 결말이라는 점을 상기하면서 위와 같은 평가의 타당성을 재고할 필요가 있다. 특정한 좌표에 최종적 의미를 고정시키기를 명백히 거부하는 의식적 기법으로서의 열린 결말의 효과가 그러한 평가에서 충분히 반영되지 않았기 때문이다. 또한 제임스가 자신이 쓴 소설들 중에서 『대사들』 다음으로 가장 "균형이 잡힌" 작품이라고 뉴욕판 서문(Preface)에서 꼽은(AN 52) 『여인의 초상』을 작가 자신이 설명하는 소설 미학과 여성관에 비추어 평가해 볼 수도 있다.[2]

---

[2] 뉴욕판 전집에 실린 제임스의 주요 서문들은 『소설의 기술』(*The Art of the Novel*)이라는 제목 하에 한 권으로 묶여 출판되었다. 서문의 인용은 이 책(AN)의 면수를 따른다.

『여인의 초상』의 서문에서 제임스는 이 작품이 "자신의 운명에 대항하는 한 젊은 여성의 이미지"로부터 싹텄다고 밝히고 있다. 그는 무엇이 이 젊은 여성을 주체이자 주제로 만드는지를 전달하는 작업에 부심했음을 고백한다. 즉, 그녀의 존재를 "주체(Subject)로서의 고양된 특성들이 부여된" 것으로 만드는 과정이 그의 서술의 내용이자 그의 작품을 형성하는 작업이었다는 것이다(*AN* 48). 또 제임스는 그렇게 발아한 『여인의 초상』의 플롯이 "그녀가 무엇을 할 것인가?"라는 물음에 대한 답으로 전개되었다고 말한다(*AN* 56). 그녀가 무엇을 할 것인지에 대한 호기심은 이자벨이라는 인물을 형성하는 작가의 창작 과정을 추동하였으며, 서술 속에서는 랄프로 하여금 이자벨이 삶의 가능성들을 자유롭게 펼칠 수 있도록 자신의 유산을 공유할 결심을 하게 하는 결정적 동인으로 작용한다. 또 이것은 서술 속에서 이자벨이 스스로에게 반복하여 묻는 질문이기도 하다.

　이자벨은 결혼, 즉 관습과 사회적 기대가 그녀에게 지정해 둔 길이 아닌 다른 길들을 통해 삶을 경험하고자 하며, 그것을 위해 끊임없이 생각하고 선택하고 결정한다. 19세기 후반의 중상류층 미국여성이 결혼이 아닌 다른 통로로 삶을 경험하는 일은 지극히 제한되어 있었으므로, 그녀가 탐색하는 삶의 가능성들은 뚜렷이 생산적이거나 구체적인 결과로 이어지지 않는다. 결국 그녀는 오즈먼드와 결혼하지만, 그것은 이미 경제적 자립능력을 갖추어 결혼하지 않을 수도 있는 자신이 스스로 결정하는 일이기에 그녀에게 남다른 의미를 지닌다. 하지만 무엇을 할 것인지를 물으며 다다른 지점인 결혼이 그 질문의 최종적인 해답은 아니었음을 알게 된다. "어쨌거나 그들은 이상한 결혼 생활을 하고 있었고, 그것은 끔찍한 삶이었다"(*PL* 363). 무엇을 할 것인지에 대한 그녀 자신의 물음은 끝나지 않으며, 오즈먼드와의 불편한 관계 속에서 도리어 그 어느 때보다도 더욱 절실하게 그녀를 사로잡는다. 그녀는 끊임없이 스스로 묻는다. "그녀는 무엇을 해야 할 것인가? 남편이 아내를 미워하면 결국 어떻게 되는 것일까?"(*PL* 363).³ 사실 그녀가 "하는" 일이란 다름 아니라 주어진 "운명에 대항"하고 작가와 마찬가지로 스스로의 운명이라는 플롯을 창작하는 일이다.⁴

제임스는 서문에서 "그녀 주변의 위성들, 특히 남자들"은 주변적으로만 다루는 반면 "그녀가 스스로와 관계를 맺는 과정"을 주된 초점으로 삼으려 하였다고 밝힌다(AN 51). 19세기 후반 영미사회에서는 아직도 소설의 "주제"(subject)로 다루어질 만 한 자격이 있는 "주체"(Subject)가 매우 한정되어 있었다. 폄하되기 쉬운 한 젊은 여성의 이미지를 매개로 제임스가 19세기 후반 영미사회의 철학적, 문화적, 문학적 규범들에 대해 의문을 제기하고 이러한 문제의식을 예술적으로 재현하였다는 점은 주목할 만한 일이다. 그는 자신이 소설적 재현의 대상으로 선택한 내용 즉 젊은 여성의 자아 인식이라는 문제에 대한 사회의 편견을 예리하게 의식하고 있었으며, 남성의 전유물이었던 "주체로서의 고양된 특성들"을 여성 인물의 내면과 인식 속에 재현함으로써 그러한 편견에 대응한 것이라고 볼 수 있다.

이미 언급했듯이, 결혼 적령기에 있는 매력적인 젊은 여성의 등장으로 시작한 플롯은 그녀의 혼인 상대들에 대한 구체적인 탐색으로 이어지며, 작품의 초반부에서 이 서술은 여자주인공의 결혼이라는 궁극의 지점을 향하는 소설적 관습을 따라갈 것처럼 보인다. 그러나 작품의 도입부에서 이자벨 아처의 형부는 그녀가 "외국어로 쓰여진", 해독할 수 없는 독창적인 텍스트라고 다소 냉소적으로 말한다(*PL* 38). 이는 그녀가 관습적 시각에서

---

3 인용문의 원문은 다음과 같다.
"what ought she to do? When a man hated his wife what did it lead to?"(363).
4 밀리쎈트 벨은 이런 의미에서 이자벨이 "플롯을 찾아가는 인물"(a character in search of a plot)이라고 표현하고, 그런 점에서 이자벨의 이야기를 싹틔운 작가의 의식과 작중 인물인 이자벨의 의식을 동일시하는 것이 가능할 수도 있다고 주장한다(Bell 82, 80).

쉽게 이해할 수 있는 인물이 아니며 또 인습이 정해놓은 궤도를 쉽게 따라가지 않을 수도 있는 인물이라는 것과, 그러한 사실이 빚어낼 수 있는 주변의 냉소적인 반응에 대한 암시이다. 영국에 도착한지 얼마 지나지 않아 이자벨은 완벽해 보이는 신랑감 워버튼의 청혼을 거절한다. 이렇게 텍스트로서의 이자벨과 그녀를 소재로 삼는 텍스트로서의 서술이 불가분의 관계로 중첩되면서, 이 두 텍스트는 기존의 문학적 관행에서 흔히 볼 수 있는 주인공의 행로와 서술의 방향을 함께 벗어난다고 할 수 있다.

실제로, 적절한 상대와의 결혼이 이 서술의 궁극적 목표 지점이 아니라는 점이 이 작품의 형식과 내용상의 큰 특징이다. 이자벨의 결혼은 소설의 중반부에 이루어지며, 게다가 서술은 이자벨의 결혼이라는 중요한 사건에 대한 직접적인 묘사를 생략하고 있다. 출산에 뒤이은 아기의 죽음, 남편 오즈먼드의 태도 변화 등 이자벨의 삶과 사고에 중대한 영향을 미쳤을 결혼 직후 몇 년 동안의 일들 역시 의아하게도 서술의 침묵 속에 감추어져 있다. 작품의 후반부는 결혼을 기점으로 변화한 이자벨이 자신의 결정이 이루어지게 된 상황을 반추하며 자신의 선택의 의미와 결과를 깨달아가는 인식의 성장과정에 대한 이야기다. 이렇듯 한편으로 『여인의 초상』은 결혼서사의 변주이지만, 결혼이 최종목적지도, 해법도 아니며, 때로는 피상적 봉합에도 미치지 못하고 오히려 다른 문제의 시작이라는 것을 주인공이 깨닫는다는 내용이라는 점에서도 전통적인 결혼서사와 다르다.

이자벨은 자유와 자존을 추구하는 신여성으로서 독자의 공감을 불러일으키기 때문에 미국문학의 대표적 여주인공으로 여겨지곤 한다. 하지만 그녀가 특별한 인물인 것은 그 때문만은 아니다. 워버튼 경의 청혼을 거절한 이유를 궁금해 하는 랄프에게 그녀는 "나를 묶어두지 않고 싶은 게 무슨 해가 되는지 모르겠어요. 나는 결혼으로 삶을 시작하는 것을 원하지 않아요"라고 말한다(133). 여기서 드러나듯이 이자벨은 결혼이 자유를 침해당하고 "묶이는 일"이라고 생각하며, 결혼을 서술의 목적지이자 여성 자아의 완성으로 지향하는 서사의 전통에 이미 의문을 제기하고 있다. 쉽게 이해하고 예측하기 어려운 텍스트로서의 이자벨은 그녀의 행동과 삶의 행로를 중심으로 전개될 제임스의 텍스트인『여인의 초상』의 핵심이다. 그리고 그녀는 결혼으로 드러난 존재의 문제에 대면하여 그 무엇도 해결책이 될 수 없다는 사실을 직시하고 그로 인해 절망하지만 또 그러한 절망으로부터 인식과 삶을 재정의하는 (아마도 영미소설 최초의) 여주인공이다. 남성성 자체에 대한 비판적 성찰을 촉구하는 서사라는 점에서도『여인의 초상』은 주목할 만하다.

정신분석적 관점에서 본다면, 이자벨은 팔루스(phallus)의 매혹을 의식적으로 거부하는 여주인공이다. 굿우드나 워버튼 경의 팔루스적 권위에 자신의 자유와 독립이 침해당할 것을 우려하여 그녀는 그들의 청혼을 거절한다. 굿우드는 "당신을 자주적(independent)으로 만들어 주기 위해 결혼하고 싶다"고 말하지만(142), 그것은 "결혼하지 않은 여자는 자주적일 수 없다"는 가부장적 환상의 허튼 생색내기다(143). "나의 자유가 좋다"고 말하며(30) 독립적 자아의 주권을 믿는 이자벨이 굿우드나 워버튼 경의 남성성에 대해 저항하는 것은 독립적 자아의 취약함에 대한 그녀의 불안감 때문일 것이며, 남근적 권력과 거리가 가장 먼 것처럼 보이는 오즈먼드를 그녀가 선택한다는 사실은 그러한 경계심과 일맥상통한다. 하지만 남편이라는 이유만으로 권위를 독점하고 상징적 폭력을 휘두르는 오즈먼드는 가부장사회의 결혼 제도 안에서 남성성 자체가 실천되는 방식의 문제를 드러낸다.

이자벨이 순진과 무기력의 상태에서 벗어나는 것은 절망의 나락을 경험하고 나서이다. 그녀의 성장은 오즈먼드의 남성성이 멀 부인과 이자벨 자신의 철저한 타자화를 절대적 필요조건으로 삼고 있음을 인지하고 자신과 남편 사이를 필연적 권력관계로 만드는 환상의 실체에 다가감으로써 비로소 시작된다. 기만당한 자신에 대한 깨달음, 자신을 기만한 오즈먼드에 대한 깨달음에 이르자 그녀는 자신의 미래가 "막다른 벽이 끝에 놓인 컴컴하고 좁은 길"이라고 생각하고 죽음같은 절망감을 느낀다(356). 이후 죽음은 그녀의 의식과 그녀를 다루는 서술을 동시에 심미적으로 고양시킬 수 있는 하나의 가능성으로 계속해서 암시되고 있다. 그녀는 "랄프가 죽어간다는 것을 부러워하였고", 로마를 떠나오는 기차 안에서는 "이제 후회할 것도 아무것도 없었고, 모든 것이 끝장났다"는 생각에, "마치 죽은 것이나 다름없는" 순간들을 보낸다(465). 그리고 그녀는 그녀를 가장 사랑하였으며 그녀의 처지와 고통을 누구보다도 잘 이해하는 사람이었던 랄프의 죽음을 지켜보면서 죽음을 간접적으로 체험한다. 그러나 바로 이 고통스러운 환멸의 순간을 거쳐 다른 가능성들이 가시화된다. "마치 죽은 것이나 다름없는" 순간, "이제 후회할 것이 아무것도 없었고, 모든 것이 끝났다"고 생각하기 때문에(465) 오즈먼드의 금지나 혼인서약에 대한 책임감에 얽매이지 않을 수 있는 것이다. 자유를 사랑하면서도 애당초 존재의 필연적 부자유를 이해한 적이 없기에 진정 자유로운 적이 없었던 이자벨은, 오즈먼드야말로 그 자신의 결핍을 이해하지 못하는 존재이며 그의 권위는 허구에 불과하다는 사실을 깨닫고 그의 금지에 맞서 떠나는 순간 비로소 자유가 무엇인지 생각할 수 있게 된다.

이자벨을 다시 찾아온 굿우드가 "우리는 비참과 두려움 속에서 살기 위해 태어난 것이 아니"며 "나를 믿어주기만 한다면 실망하지 않을 것"이라고 강변하지만(489), 그녀는 그를 다시 기절한다. 이후 이자벨의 행로가 어디로 이어지는지는 작품의 결말에서 뚜렷이 제시되어 있지 않다. 마지막 장면에서 이자벨은 이미 어딘가로 가버린 채 독자들의 시야에서 사라지고 없다. 여러 비평가들은 이자벨이 결혼서약에 대한 형식적 의무감,

자신의 선택에 대한 윤리적 책임감 등을 이유로 자유를 포기하고 오즈먼드에게로 돌아감으로써 불행한 결혼의 울타리 안에 수동적으로 머무는 것으로 생각했다.[5] 뿐만 아니라, 탈출의 기회와 정당성을 제시하는 굿우드의 열정적인 포옹을 뿌리치는 이자벨과 더불어 작가 제임스 역시 성적 미성숙 혹은 비정상적인 억압 속에 갇힌 보수적 인물로 평가되기도 했다. 이자벨이 로마로 귀환한다는 결말은 굴종으로부터 여성이 벗어날 수 없다는 사실을 이용하여 작품의 비극성을 고양하는 작가의 미학적 타협으로 읽히기도 했다. 또 그녀의 귀환을 양녀 팬지에 대한 약속 이행, 즉 팬지가 오즈먼드의 또 다른 희생물로 살아가는 것을 막기 위한 희생적 결단이라고 해석하는 경우도 있지만, 이런 해석들은 어느 쪽이든 그녀의 로마행을 의심하지 않고 그것을 "어둠의 집, 침묵의 집, 질식의 집"(PL 360)으로의 영구 복속으로 보는 견해에서 나온 것이라 할 수 있다. 의식과 내면세계에 대한 고찰을 통해서 이자벨이라는 여성이 독립적인 하나의 "주체"임을 재현하려는 서술의 목표와, 여성이 불행한 결혼 생활의 울타리 안으로 되돌아감으로써 주체적 존재이기를 궁극적으로 포기한다는 결말 사이의 모순은 제임스가 여성에 대해서 가지고 있던 양가적 태도를 단적으로 보여주는 증거로 해석될 수도 있을 것이다.

제임스 자신은 주인공 이자벨을 "공중에" 남겨 둠으로써 작품을 마무리한 자신의 기법에 대해서 상당히 의식적으로 언급한 바 있다. 그는 또 "어떤 것도 그 전체가 이야기될 수는 없다"(the whole of anything is never told)고 부연한다(CN 15). 전체를 이야기할 수 없다고 생각한 제임스는,

---

[5] 이러한 해석을 제시한 비평가들은 셀 수 없이 많지만, 비교적 최근의 예로 들자면 앨프레드 해비거, 리오 버사니, 피터 브룩스, 존 칼로스 로우, 로버트 와이스부크, 앤토니 마젤라 등이 있다(Habegger 39, Bersani 67, Brooks 170, Rowe 21, Weisbuch 224, Mazzella 610-11).

자신의 존재를 포위하는 문제들을 직시한 후 이자벨이 어떤 방향으로 그에 대항할지를 서술 속에서 단정적으로 제시하지 않았다. 그러므로 열린 결말 속에서 결국 우리는 이자벨이 어디로 가는지, 이자벨의 삶이 앞으로 어떻게 펼쳐질지에 대해서 바라거나 상상할 수 있을 뿐, 전혀 "알" 수는 없다. 제임스가 서술 속에서 모든 것을 말하지 않았기 때문이다. 그렇다면 결말의 행불행에 관한 논의와 그에 따른 제임스에 대한 평가는 어쩌면 드러나지 않은 것, 제시되지 않은 것, 즉 존재하지 않는 텍스트에 대한 논의이며, 제임스가 그의 작품 속에서 제기하는 문제들에 투사된 우리의 생각과 입장을 반영하는 "증상"일 수 있다.[6]

이자벨이 굿우드의 청혼을 마지막에 또다시 거절하는 것은 남성성에 대해 이전에 느꼈던 무의식적인 두려움 때문이라기보다는, 결혼이 약속하는 구원의 공허함, 또 그 공허함을 알지 못한 채 구원자 혹은 지배자로 행세하는 남성적 수행의 모순을 인식하게 되었기 때문이다. 굿우드의 강렬한 포옹은 "벼락"(white lightening)처럼 아찔한 쾌락으로 구원의 환상을 일별하게 하지만, 이자벨은 성애가 가능하게 하는 몰아(沒我)의 경험 역시 그의 "견고한 남성성"에 의한 또다른 "소유"인 한, 지속가능한 대안이 될 수 없다는 것을 알기에 그를 뿌리친다(489).

작품의 말미에서 서술자는 굿우드를 뿌리치고 돌아선 후 "어디로 향해야 할 지 몰랐던" 그녀가 "이제는 알게 되었다"고 말한다(*PL* 490). "비참"과 "두려움"을 부정하거나 피하기보다는 그것이 삶의 본질임을 인정하고

---

[6] 이자벨이 왜 오즈먼드에게로 돌아가는지에 대한 여러 비평가의 견해들이 다양하긴 하나 한결같이 부적절하거나 미흡하였다는 점에 대한 논의로는 요트칸트(Sigi Jöttkandt) 참조. 요트칸트는 비평가들이 이 작품을 빌둥스로만(Bildungsroman)으로 접근하기 때문에 결말에 대한 해석이 부적절할 수밖에 없다는 흥미로운 주장을 하고 있으나, 이자벨이 결국 오즈먼드에게로 돌아간다는 전제에 대해서는 의문을 제기하지 않는다.

그럼에도 불구하고 삶을 선택하는 것이 자유로운 주체의 길일 것이다. 오즈먼드의 오만한 탐미주의가 거세 혹은 결핍을 가리는 교묘한 술수에 불과하며, 굿우드의 호언(豪言)이 근원적 결핍에 대한 완강한 맹목(盲目)일 뿐이라는 것에 대한 이자벨의 깨달음을 고려하면, 그녀의 귀환이 오즈먼드에 대한 굴종으로 이어질 것이라고 보기는 어렵다. 그녀의 깨달음은 남성성이라는 수행적 구성물의 실체를 관통하는 것으로서 어떤 저항의 행동 못지않은 비판적 함의를 지니는 것이다.

여성인물을 소설이라는 예술형식의 '주인공'이자 주체/주제로, 즉 미적, 철학적 가치를 지니는 기획으로 완성시키고자 했던 제임스의 작가의식은 여러 모로 다시 생각해 봄직하다. 여성이 주체가 아니고 여성인물이 성공적으로 주인공이 되기도 어렵다는 일련의 가정들—즉 여성은 결핍(의 존재)이므로 결혼 서사에서만 주인공이 될 수 있다는 전제—에 대한 비판적 대응을 내포하기 때문이다. 이 작품은 결혼 서사의 틀을 빌어 시작하면서도, 결혼 서사가 전제하는 여성의 결핍과 주체로서의 성장 가능성을 결혼 서사와는 매우 다른 방식으로 재정의함으로써 결국 전통적 결혼 서사에 대한 전격적 수정으로 마무리된다.

지식도 경험도 없이 자유와 독립을 외치는 이자벨을 바라보는 작품 초반부 서술자의 시선은 곱지만은 않다. 그런데 작품의 후반으로 가면서 이자벨을 바라보는 서술의 시각은 비판적 논평자에서 이해심 깊은 관찰자의 시선으로 바뀐다. 그녀의 성장에 대한 서술자의 가치판단에서 "주체"로서의 여성이 과연 무엇을 의미하는지에 대한 작가의 사유를 읽을 수 있다. 그녀가 "주체"가 되는 것은 결혼을 통해 남근중심적 관계 속으로 편입되기 때문이 아니다. 그녀가 주체로 성장하는 과정은, 순전한 자유와 독존의 불가능성을 깨닫고 죽음 충동까지도 경험하면서, 결혼을 충만의 환상으로 작동시키는 가부장제의 신화가 허구임을 깨닫게 되는 과정이다. 제임스는 결혼을 계기로 존재 본연의 문제에 대해 성찰하는 여성을 그려냄으로써, 상투화된 결혼 서사의 젠더 정치학과 그에 연루된 주체성의 개념을 비판한다. 즉, 이자벨이 부각시키는 주체의 개념은 존재의 결핍에 대한 각성을 바탕으로 하는 인식론적 성장을 가리키며, 타자와의 관계에서 권력의 임의적 점유와 행사에 의존하는 수행으로서의 주체성에 대한 비판을 동반한다. 이런 점에서 제임스가 이자벨을 통해 생산해내는 여성적 '주체'는 자아-타자, 주체-비체의 이분법에서 단순히 반대편으로 이항하는 대신, 주체의 불가피한 비체성을 인지함으로써 그 이분법을 해체하는 것이다. 오즈먼드가 반복적으로 "그 누구도 아닌 존재"(nobody), "아무것도 아닌 존재"(nothing)(252, 253, 278, 279), "비실체"(nonentity)(279)로 지칭되는 것은 이자벨이 이러한 방식으로 '주체'로 부각되는 것과는 대조적이다.

이처럼 『여인의 초상』의 인물들과 서술기법들을 제임스의 소설 미학의 차원에서 검토함으로써, 제임스의 열린 결말이 이자벨, 그리고 19세기 후반 미국사회 및 소설의 전통이 규정하는 여성의 위상과 관련하여 어떠한 의미의 지평을 제시하는지를 가늠해 볼 수 있다. 물론 일부 비평가들이 지적한 바 있듯이, 주체의 존재론적 비극을 심미적으로 극대화하기 위해서 작가가 여성 인물의 불행한 결말을 이용했을 가능성을 전적으로 배제할 수는 없다.[7] 그러한 혐의를 받는 작가는 제임스만이 아니다. 19세기와 20세기 초 사실주의 경향의 여러 소설들이, 주체적 존재 가능성을 문화적, 제도적으로 박탈당한 여성 인물들에 대한 서술을 통해서 여성이 사실주의 소설이라는 장르 속에서 그리고 빅토리아 시대의 가부장적 사회 내에서 주체로서 존재할 수 있는지를 진지하게 탐색하였다. 그러나 환경이나

---

[7] 특히 제임스의 소설 미학에 대한 존 칼로스 로우(John Carlos Rowe)의 논의가 이러한 가능성을 매우 비판적으로 다루고 있다(1998, 12; 1984, 91).

운명이라는 이름으로 일컬어지는 사회적, 문화적 요인들의 복합적 작용 속에서 여성이 개인으로서, 독자적 주체로서 정의될 수 있는지에 대한 그 서술적 탐색들은 아나 카레니나(Anna Karenina), 에마 보바리(Emma Bovary), 나나(Nana), 테스(Tess Durbeyfield), 에드나 폰틀리어(Edna Pontellier), 릴리 바트(Lily Bart) 같은 주인공들의 죽음으로 결론지어진다. 이 작품들이 19세기에서 20세기 초에 이르기까지 사실주의 미학의 논리 속에서 그리고 사실주의가 포착하고 재현하는 사회현실 속에서 여성이 행복하게 살아남을 수 있는 방식을 결국 발견하지 못했다는 점과 비교한다면, 『여인의 초상』의 열린 결말은 그러한 실패를 거부하는 한 가지 저항의 양식일 수도 있다. 『여인의 초상』은 분명 다른 목표지점을 향하는 소설이다. 그리고 자신의 삶을 짓누르는 문제점들을 인식하고 대면하기 위해 로마로 떠나는 이자벨은 19세기 사실주의 소설의 다른 여주인공들과는 분명 다른 미래를 향하는 인물이다.

결국 이자벨은 죽음으로 문을 "닫는" 운명(closure) 속에 스스로를 가두지 않으며 제임스 또한 그러한 결말로써 서술의 문을 닫지 않는다. 죽음의 유혹을 물리치고 그녀는 삶 속으로 나선다. "영혼의 깊은 곳에—포기에 대한 어떠한 욕구보다도 깊은 곳에—앞으로 다가올 긴 시간 동안 삶이 그녀의 할 일이라는 의식이 있었"기 때문이다(466). 이는, 제임스의 서술이 이미 어느 정도 관습화되어 버린 죽음이라는 결말을 형식적으로 거부하기 때문이기도 하지만, "운명에 대항하는" 인물, 즉 죽음이라는 영구적 수동성에 스스로를 맡길 수 없는 능동적 의식의 행위자로 이자벨이라는 인물을 설정해 둔 기본 전제를 충실히 따르고 있기 때문이기도 하다.

『여인의 초상』에서 이자벨을 특징짓는 중요한 이미지 중 하나는 경계선이다. 에드워드 로지어가 기억하는 어린 시절의 그녀는 보모가 가지 못하게 하던 호수 "가장자리로 가까이 가겠다고 고집을 부리던" 소녀이고

(186), 올버니의 할머니 댁에서 처음 등장하는 이자벨은 창가에 서 있다. 결혼 후의 그녀는 "금박을 입힌 현관 입구"를 배경으로 서서 마치 문지방을 틀로 삼은 화려한 그림 속의 여인처럼 등장한다(310). 독자가 보는 이자벨의 마지막 모습은 굿우드를 뿌리치고 가든코트로 달려가 문 앞에 선 모습이다. 경계선, 가장자리, 문 등의 이미지는 안과 밖, 들어가고 나가는 양쪽의 가능성을 모두 상징한다. 굿우드의 포옹에서 벗어나 불빛을 향해 달려가는 이자벨의 앞에는 "아주 곧은 길"(a very straight path)이 나 있다(490). 그 길이 어떤 길인지는 알 수 없지만, 그것은 분명히 절망 속에서 그리던 암울한 미래의 막다른 길과는 다른 길일 것이다. 불행으로부터의 탈출구를 직접 제시하지 않는 작가의 '열린' 결말은, 여성에게 손쉬운 탈출구를 결코 허용하지 않는 현실의 '닫혀 있음'에 대한 이해에서 나온 것이다. 또 주인공이 불행한 삶으로 돌아가는지를 확실히 보여주지 않는 것은 그 닫힌 현실이 가둘 수 없는 주체화된 여성 인물에 대한 작가의 이해를 보여준다. 이자벨의 "아주 곧은 길"은, "무엇을 해야 할 것인가"를 끊임없이 스스로에게 물으며 그녀가 살아야 할 미래이다. 그리고 『여인의 초상』의 "열린" 결말은 그 닫힌 현실을 재현하는 동시에 거부하는 제임스의 미학적인 결단이다.

▶▶ 더 읽을거리

Bell, Millicent. *Meaning in Henry James*. Cambridge: Harvard UP, 1991.
Bersani, Leo. *A Future for Astyanax: Character and Desire*. Boston: Little, Brown, 1976.
Brooks, Peter. *The Melodramatic Imagination: Balzac, Henry James, Melodrama, and the Mode of Excess*. 1976. New Have: Yale UP, 1995.

Buitenhuis, Peter, ed. *Twentieth Century Interpretations of The Portrait of a Lady*. New York: Prentice Hall, 1968.

Cameron, Sharon. *Thinking in Henry James*. Chicago: U of Chicago P, 1991.

Coulson, Victoria. *Henry James, Women and Realism*. Cambridge: Cambridge UP, 2009.

Edel, Leon. *Henry James: A Life*. New York: Harper Collins, 1987.

_____. "The Myth of America in The Portrait of a Lady." *The Henry James Review* 7.2 (1986): 8-17.

Freedman, Jonathan, ed. *The Cambridge Companion to Henry James*. Cambrige: Cambridge UP, 1998.

Habegger, Alfred. *Henry James and the "Woman Business."* Cambridge: Cambridge UP, 1988.

Hayes, Kevin J., ed. *Henry James: The Contemporary Reviews*. Cambridge: Cambridge UP, 1996.

Herron, Bonnie L. "Substantive Sexuality: Henry James Constructs Isabel Archer as a Complete Woman in His Revised Version of *The Portrait of a Lady*." *The Henry James Review* 16.2 (1995): 131-41.

Horne, Philip. *Henry James and Revision: The New York Edition*. New York: Oxford UP, 1990.

James, Henry. *The Art of the Novel: Critical Prefaces*. New York: Charles Scribner's Sons, 1950.

_____. *The Complete Notebooks of Henry James*. Ed. Leon Edel and Lyall H. Powers. New York: Oxford UP, 1987.

_____. *The Portrait of a Lady*. New York: Norton, 1995.

Jöttkandt, Sigi. *Acting Beautifully: Henry James and the Ethical Aesthetic*. Albany: SUNY P, 2005.

Kaplan, Fred. *Henry James: The Imagination of a Genius, A Biography*. Baltimore: Johns Hopkins UP, 1999.

Klein, Marcus. *Terribly at the Mercy of His Mind: Henry James in the 1890s*. Seoul: Seoul National UP, 2010.

Krook, Dorothea. *The Ordeal of Consciousness in Henry James*. Cambridge: Cambridge UP, 1963.

Leavis, F. R. *The Great Tradition:* George Eliot, Henry James, Joseph Conrad. New York: Faber and Faber, 2011.

Michie, Elsie B. *The Vulgar Question of Money: Heiresses, Materialism, and the Novel of Manners from Jane Austen to Henry James*. Baltimore: Johns Hopkins UP, 2011.

Miller, Joseph Hillis. *Literature as Conduct: Speech Acts in Henry James*. New York: Fordham UP, 2005.

Niemtzow, Annette. "Marriage and the New Woman in *The Portrait of a Lady*." *American Literature* 47.3 (1975): 377-95.

Novick, Sheldon. *Henry James: The Mature Master*. New York: Random House, 2007.

_____. *Henry James: The Young Master*. New York: Random House, 2011.

Ohi, Kevin. *Henry James and the Queerness of Style*. Minneapolis: U of Minnesota P, 2011.

Porte, Joel. *New Essays on 'The Portrait of a Lady'*. Cambridge: Cambridge UP, 1990.

Rowe, John Carlos. *The Other Henry James*. Durham: Duke UP, 1998.

_____. *The Theoretical Dimensions of Henry James*. Madison: U of Wisconsin P, 1984.

Sabiston, Elizabeth. "Isabel Archer: The Architecture of Consciousness and the International Theme." *The Henry James Review* 7.2 (1986): 29-47.

Stevens, Hugh. *Henry James and Sexuality*. New York: Cambridge UP, 2008.

Tintner, Adeline R. *Henry James's Legacy: The Afterlife of His Figure and*

Fiction. Baton Rouge: Louisiana State UP, 1998.

Walton, Priscilla L. *The disruption of the Feminine in Henry James*. Toronto: U of Toronto P, 1992.

Warren, Jonathan. "Imminence and Immanence: Isabel Archer's Temporal Predicament in *The Portrait of a Lady*." *The Henry James Review* 14.1 (1993): 1-16.

White, Robert. "Love, Marriage, and Divorce: The Matter of Sexuality in *The Portrait of a Lady*." *The Henry James Review* 7.2 (1986): 59-71.

▌윤 조 원 (고려대학교)

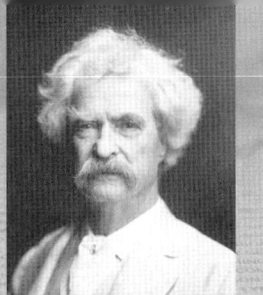

마크 트웨인
Mark Twain

작가 소개

"모든 미국의 현대문학은 마크 트웨인(Mark Twain, 1835-1910)의 『허클베리 핀의 모험』(*The Adventures of Huckleberry Finn*, 1884)으로부터 나왔다. 그 전에는 아무것도 없었고, 그 후로도 없었다"라고 20세기 미국 소설을 대표하는 세계적인 작가이자 노벨 문학상 수상자였던 어니스트 헤밍웨이(Ernest Hemingway)는 단언했다. 하지만 이와 같은 존경과 찬사를 받았던 마크 트웨인(Mark Twain)이라는 이름은 사실 작가의 본명이 아니라 필명이었다.

트웨인의 원래 이름은 사무엘 랭혼 클레멘스(Samuel Langhorne Clemens)였는데, 특이하게도 배가 항구에 안전하게 도착할 수 있는 안전 수역을 가리키는 수심 측정 단위를 필명으로 삼았던 것이었다. 젊은 시절 증기선에서 일할 때의 경험에서 따온 것으로 알려져 왔지만 사실 클레멘스 이전에 이미 마크 트웨인이라는 필명을 먼저 사용했던 수로 안내인 출신 작가가 있었다. 작가로서는 후발주자였던 클레멘스는 그의 글을 익살스럽게 모방한 글을 신문에 게재하다가 그가 더 이상 글을 발표하지 않자 마크 트웨인을 자신의 필명으로 평생 사용했던 것이다. 이처럼 실체와 본질에 얽매이지 않은 자유로운 사고방식과 태도는 트웨인의 삶과 문학을 특징짓는다.

트웨인은 1835년 미주리 주에 위치한 플로리다라는 이름의 마을에서 태어났다. 4살 때 가족이 미시시피 강가의 작은 마을 한니발로 이주하게 되어 그곳에서 유년 시절을 보냈다. 미시시피 강둑에 위치한 한니발은 여행선과 상선이 활발하게 오갔던 장소로 다양한 배경의 사람들과 사건들을 직간접적으로 겪었던 이곳에서의 다채로운 경험과 추억은 훗날 그의 대표적인 출세작 중 하나인 『톰 소여의 모험』(*The Adventures of Tom Sawyer*, 1876)을 쓰는데 밑바탕이 된다.

열한 살 때 시골 변호사였던 아버지가 폐렴으로 사망한 후 집안 형편이 어려워지자 이듬해부터 그는 가족들의 생계에 보탬이 되고자 인쇄소 견습공 생활을 시작했다. 이후, 1853년부터 필라델피아, 뉴욕, 워싱턴, 신시내티 등지에서 견습 기자와 투고가로도 활동하다가 여의치 않자 1857년부터 남북전쟁이 발발하여 항로가 두절된 1861년까지 미시시피 강을 오가는 증기선의 수로 안내인으로 살아갔다. 이때의 경험들 또한 그가 다양한 인간 군상들과 복잡다단한 삶의 이면들과 마주칠 수 있었던 소중한 기회였다.

그가 본격적으로 작가로 전업하게 된 계기는 뜻밖에도 금광 발견 열풍이었다. 당시 미국의 서부는 1840년대에 금이 발견된 이후에 미국전역에서 일확천금을 노리고 몰려드는 이들로 여전히 북적이고 있었는데, 트웨인 역시 그 중 한명이었다. 하지만 트웨인의 경우 결과는 신통치 않았다. 오히려 투자 실패로 인해 점차 늘어만 가는 빚을 갚기 위해 신문에 자극적인 기사와 흥미로운 소재의 이야기들을 투고하며 근근이 살아가야 했다.

이 무렵, 트웨인은 금광을 찾던 과정에서 조우했던 미국 각지 출신의 허풍스럽고 재기 넘치는 이야기꾼들로부터 주위들은 흥미진진한 소재들을 보다 유머스럽게 각색하는데 재능을 보였다. 특히, 1865년에 뉴욕의 ≪새터데이 프레스≫(Saturday Press)에 게재한 <캘러베라스 군의 유명한 뜀뛰기 개구리>(The Celebrated Jumping Frog of Calaveras Country)는 큰 인기를 끌었다. 이를 계기로 마크 트웨인이라는 이름이 대중과 비평가들에게 널리 알려지게 되었다.

하지만 생활고는 좀처럼 나아질 기미가 보이지 않았고 특유의 방랑벽이 도진 까닭에 그는 1867년 미국을 떠나 유럽의 각국을 여행 다니면서 여행기를 집필하였고, 2년 뒤 『시골뜨기들의 해외 여행』(The Innocents Abroad)라는 제목으로 출간하여 큰 성공을 거두게 되었다. 비로소 경제적으로 안정된 삶을 갖게 된 그는 1870년 결혼 이후 마침내 찾은 정신적인 평안과 행복 속에서 『톰 소여의 모험』 및 『허클베리 핀의 모험』과 같은 그의 대표적인 걸작들을 쏟아낸다.

자수성가를 이룬 당대 최고의 인기 작가로서 남부러울 것 없이 지냈던 트웨인의 말년은 아무도 예상치 못했던 나락으로 떨어지게 된다. 연이은 사업과 투자 실패 및 자식들과 아내의 앞선 죽음으로 인해 슬픔과 고통으로 점철되었던 것이다. 위트 있는 촌철살인의 대가로 인정받았던 그는 점차 염세적인 세계관을 갖게 되었다. 특히, 인간 존재에 관한 그의 심오한 비관론은 1910년 75세를 일기로 생을 마칠 때까지 그의 문학관을 이끌며 1906년에 펴낸 『인간이란 무엇인가?』(What Is Man?)와 같이 냉철한 철학적 사색과 신랄한 정치사회적 비판이 담긴 시대에 관한 통찰을 끌어냈다.

이처럼 트웨인은 좌절과 성공을 모두 겪으며 삶의 가장 큰 행복과 불행을 함께 경험한 작가의 표본이었다. 미주리주의 시골마을 출신이었던 그는 오직 자신의 뛰어난 재능과 치열한 노력을 통해 물질적인 성공을 거두었고 미국의 동부와 서부, 유럽의 각국을 오가며 활발한 작품 활동과 강연

활동을 이어갔다. 어려운 가족형편 때문에 정규교육을 제대로 받지 못했던 그였지만, 1901년에는 예일대학으로부터 명예문학박사 학위를 받는 영예를 누리기도 했다. 하지만 연이은 사업과 투자 실패와 가족의 비극은 그가 누린 찬란한 영광을 뒤엎을 정도의 거대한 어둠의 장막과도 같았다. 하지만 트웨인은 펜을 내려놓지 않았다. 늘 부단하게 생각하고 써내려갔던 흔치 않은 작가였던 그의 작품세계는 그 어느 작가보다도 다양하고 복잡한 주제들과 문제의식을 드러낼 수 있었다. 이야말로 그가 가장 위대한 미국적인 작가를 넘어서 가장 보편적인 작가로서 오늘날까지 찬사를 받게 된 이유인 것이다.

허클베리 핀의 모험
The Adventures of Huckleberry Finn

작품 줄거리

작품의 첫 장에서 화자인 허클베리 핀(일명 헉)은 자신이 『톰 소여의 모험』에 등장했던 같은 이름의 인물과 동일인임을 밝히며 이야기를 시작한다. 헉이 직접 전해주는 『톰 소여의 모험』의 결말 이후의 사연에 따르면 톰과 헉은 온갖 우여곡절 끝에 각각 금화 6천 달러라는 거액을 얻었고 평안한 일상의 삶으로 돌아가게 되었고, 헉은 늘 점잖지만 우울한 성격의 과부인 더글라스 부인에게 맡겨져 예절 교육과 종교적 가르침을 받으며 살게 되었지만 자유로운 영혼을 지닌 그는 이를 도무지 못 견디어 한다. 그는 비로소 안정된 생활을 갖게 되었지만 그 안에서 자신이 문명인과는 거리가 먼 존재임을 분명히 깨닫고 있었던 것이다.

하지만 헉이 스스로 선택할 수 있는 다른 방식이란 딱히 없었다. 별다른 방도 없이 무료하기만 한 나날들이 계속 되던 중 몇 년 동안 실종되었던 주정뱅이 아버지인 팹이 갑자기 나타나 헉의 양육권을 내세우며 헉이 판사에게 맡긴 돈을 내놓으라고 요구하는 사건이 벌어진다. 판사로부터 단번에 거절을 당한 팹이 만취하여 소동을 일으키고 그는 마을에서 쫓겨나게 되지만, 앙심을 품은 팹은 죄 없는 헉을 강제로 납치해 강 건너 오두막에 감금해 놓고 술에 취할 때마다 거친 매질을 하였다. 도저히 이를 견디다 못한 헉은 자신이 마치 살해된 흔적을 교묘하게 위장해놓고 우연히 발견하고 몰래 감추어 두었던 카누를 타고 미시시피 강의 흐름을 따라 흘러가는, 정처 없는 도망자의 삶을 시작한다.

헉은 강 가운데 있는 잭슨 섬에 거처를 마련하고 숨어 지내던 중 노예들을 잔혹하게 다루기로 악명이 높은 남부로 팔려가지 않기 위해 주인으로부터 도망친 노예인 짐과 조우하게 되었다. 자신의 자유와 가족과의 재회를 추구하는 짐의 애처로운 사정에 헉은 깊은 연민의 감정을 느낀다. 헉은 자신이 남의 사유재산인 노예를 당시로서는 불법적인 방식으로 해방시키려고 노력했던 노예해방론자라고 비난받고 질시받는 한이 있더라도 절대로 짐이 다시 잡혀가도록 사람들에게 알리지 않겠다고 굳은 다짐을 한다. 둘은 우연히 구한 커다란 뗏목을 타고 현상금을 노리고 짐을 추적하고 있을 노예 사냥꾼들의 눈을 피해 밤에만 이동하며 갖가지 모험과 역경을 함께 겪게 된다.

태풍을 만나 난파한 증기선에 올랐다가 강도단을 만나기도 하고 뗏목을 잃어버렸다가 겨우 되찾는 등 온갖 우여곡절을 겪은 둘 사이에는 점차 깊은 우정과 믿음이 쌓이게 되었다. 그럼에도 당시의 관습과 제도에 따르면 도망노예가 탈출에 성공하도록 도와주는 것은 노예주의 사유재산을 강탈하는 중범죄였다. 따라서 헉은 짐을 도와주기로 결심하였음에도 계속 짐을 신고할지 여부를 놓고 우정과 양심 사이에서 고통스러운 갈등을 겪어야 했다. 결국, 노예 사냥꾼들과 마주친 헉은 뗏목에 천연두에 걸린 아버지가 있다는 거짓말로 짐이 잡혀가지 않도록 도와줌으로써 짐을 위한 선택을 한다.

이후 짐과 헉은 안개 속에서 기선과 부딪히는 바람에 뗏목이 부서지는 사고를 당하고 간신히 헤엄치던 중에 서로 헤어지게 된다. 가까스로 강변에 도달한 헉은 수백 명의 노예를 소유하고 있는 부유하고 기품 있는, 그러나 다른 집안과 오랜 원한관계를 맺으며 혈투를 벌이고 있는 그레인저포드 집안의 도움으로 잠시 여유 있고 안락한 삶을 누리기도 한다. 하지만, 다시 우연히 짐을 만나게 되고 기독교인들의 위선과 인간세계의 갈등과 대립에 환멸을 느껴 미련 없이 미시시피 강에서의 떠돌이 생활로 돌아간다.

혁과 짐은 남들의 눈에 띄지 않기 위해 밤에만 이동하고 낮에는 숲 속에 뗏목을 숨긴 채 휴식을 취했는데, 어느 날 각기 다른 사기행각을 벌이다가 발각되어 쫓기는 신세였던 70대 노인과 30대 젊은이를 만나게 되었다. 이들은 능수능란한 직업 사기꾼들로 자신들이 왕과 공작 출신이라고 속이면서 혁과 짐을 꾀어서 순진한 마을 사람들을 상대로 엉터리 셰익스피어 극 공연을 벌여 큰 횡령사기를 치려고 한다. 그러나 조악한 연극공연을 관람하다가 사기를 눈치 챈 관중들 때문에 돈만 챙기고 가까스로 도망쳐 나오게 된다. 이후에 이들이 벌이고 다니는 연이은 치졸한 사기행각들을 지켜보며 헉은 인간의 모호한 선과 악의 경계에 의문을 갖게 되고 양심의 부끄러움을 느끼게 된다.

더 이상 사기행각이 여의치 않게 되자 가짜 왕은 도망노예 신분이었던 짐을 고발하고 잡혀가게 만든 대가로 40달러를 받고 이를 마음대로 써버리는데, 이에 분개한 헉은 자신이 도망노예를 도왔다는 이유로 (당시의 일반적인 믿음에 따르면) 지옥에 가게 될지라도 수단과 방법을 가리지 않고 어떻게든 짐을 구해내겠다고 다짐한다. 짐의 행방을 수소문하던 헉은 펠프스 농장에 팔려간 짐을 찾아낸다. 그런데 하필 농장주인 부부가 톰 소여의 친척이었다. 다행히 이들 부부는 톰의 얼굴을 기억하지 못했기 때문에 헉은 자신이 톰인 척 행세한다. 그러던 중 우연히 진짜 톰이 찾아오게 되고 헉의 그간 사정과 자초지종을 들은 톰은 도망 노예 짐을 구하고 자유인으로 만들어주는 일에 기꺼이 동참하겠다고 다짐하고 톰의 용기에 헉은

마크 트웨인(Mark Twain) ••• 95

놀라면서도 감동한다.

　결국, 온갖 소동 끝에 헉과 톰은 펠프스 농장에서 짐을 빼내어 내는데 성공하지만, 이 과정에서 톰은 총상을 입는다. 톰은 자신의 상처를 자랑스럽게 여기면서 자유인이 된 짐에게 자신의 돈을 나누어주고, 헉과 이별하게 된 짐은 헉의 아버지가 죽었다는 사실을 알려준다. 다시 혼자의 몸이 된 헉은 양자로 입양될 처지가 되자 변방의 미개척지인 인디언 지역으로 자유롭게 떠날 결심을 한다. 왜냐하면, 억지로 문명인이 되는 경험은 그에게 견딜 수 없는 고통이 될 것이 뻔하기 때문이다.

문학사적 의의

　트웨인의 친한 친구이자 저명한 비평가겸 소설가였던 윌리엄 딘 하웰즈(William Dean Howells)는 마크 트웨인을 "미국 문학사의 링컨 같은 존재"라고 높이 평가하였다. 후배 작가이자 노벨 문학상 수상자인 윌리엄 포크너(William Faulkner)는 "셔우드 앤더슨(Sherwood Anderson)이 자기 세대 작가들의 아버지라고 한다면, 트웨인이야말로 앤더슨 같은 선배 세대 작가들의 아버지이다"라는 진심어린 존경심을 표현한 바 있었다. 또 다른 노벨 문학상 수상자였던 T. S. 엘리엇(T. S. Eliot) 역시 "트웨인은 자신뿐만 아니라 다른 작가들에게도 유용한 새로운 창작 방법을 발견해 낸 작가들 가운데 한 사람이다"라는 극찬을 바쳤다. 이처럼 위대한 작가들이 함께 인정하는 작가 트웨인의 독보적인 문학적 성취와 업적은 과연 무엇이었을까?

　대부분의 평론가들이 이견 없이 동의하는, 트웨인이 독자적으로 개척한 새로운 문학세계의 정수는 유럽과는 확실하게 변별되는 미국적인 소재,

정서, 표현을 아우르면서도 인간과 세계에 대한 깊이 있는 주제를 탐색하고 탐구하는 치열한 작가정신이다. 요컨대, 가장 미국적이며 가장 보편적인 세계문학의 경지를 트웨인이 새롭게 경작해냈다고 두루 평가받는 것이다. 특히, 트웨인은 지역적이고 토속적이면서도 정치, 사회, 경제, 문화가 얽힌 개인의 삶과 시대적 조건의 현실적인 문제들을 예리하고 분석하며 표면적인 갈등의 이면에 자리한 뿌리 깊은 모순을 파고든다. 트웨인의 가장 대표적인 작품인 『허클베리 핀의 모험』이 그의 작가정신이 이룩한 가장 위대한 성취로 평가받는 이유도 바로 그와 같은 집요한 천착에 있다.

애초에 『허클베리 핀의 모험』은 전작들인 『톰 소여의 모험』과 『미시시피 강의 삶』(Life on The Mississippi, 1883)에 이어 미국 남부의 역사적, 경제적, 문화적 젖줄기인 미시시피 강을 배경으로 쓴 삼부작의 마지막 작품으로 기획되었다. 하지만 각각의 작품들은 서사방식과 주제의식에 있어서 적지 않은 차이들을 보인다. 『톰 소여의 모험』은 아동문학 장르로 분류될 수 있는 모험 이야기인 반면, 『미시시피 강의 삶』은 조타수 생활과 기자 생활을 전전하다가 다시 미시시피 강으로 돌아오게 된, 약간의 허구적 각색을 가미한 자전적 이야기이다. 이 둘과 확연히 다르게 『허클베리 핀의 모험』은 두 전작들보다 훨씬 복잡한 구성과 복합적인 주제를 구현하고 있기 때문에 트웨인이 염두한 독자층은 이를 이해하고 공감할 수 있는 지적 수준을 지닌 성인들이었다. 『허클베리 핀의 모험』을 완성하는데 1876년부터 1883년까지 무려 8년의 시간을 쏟았다는 사실도 이와 같은 사실을 입증한다.

트웨인은 작가로 활동하던 초창기에는 주로 단편이나 콩트 장르의 작품들을 발표하였지만 장편을 쓰기 시작하면서 여러 인물들의 각기 다른 시점과 시각 및 서사와 서술을 다채로운 방식으로 구사하는데 매료되었으며 이에 대한 실험과 적용은 『허클베리 핀의 모험』에서도 잘 드러난다. 예를 들어, 헉은 제대로 교육을 받지 않았을 뿐더러 정규교육에 강한 거부감을 느끼는 어린이의 시선을 일관되게 유지한다. 그렇다고 해서 그가 전적으로 반체제적이고 전복적인 세계관을 지닌다고는 볼 수 없다. 그는 여전히 노예제 중심의 사회인 남부의 시각에서 벗어나지 못한 관점을 가진 채 도망노예인 짐을 어떻게 처리할지에 대해 끊임없이 사법적이면서 윤리적인 고민을 품고 있기 때문이다. 즉, 헉이라는 인물은 남북전쟁 이전 남부라는 특수한 지역의 구체적인 역사적 현실에 부합하게끔 설정되고 재현되고 있는 것이다.

또한, 헉은 귀신과 요정을 믿는 등 여전히 순진하고 순박한 면모를 지닌 아이의 시선을 지니면서도 또래의 아이들에게서 흔히 확인되는 비논리적이고 비일관적인 서술을 통해 독자들을 양가적인 해석의 가능성으로 안내한다. 무엇보다 정규교육의 부재로 인해 전반적인 어휘능력과 언어이해능력이 떨어지는 까닭에 그가 아무런 자각 없이 사용하는 표현과 실제 의도 사이의 괴리는 작품의 곳곳에서 드러난다. 따라서 독자들은 노예제와 같은 거대한 역사적 문제가 헉이라는 반투명한 프리즘을 통해 굴절된 결과물을 마주하고 뒤틀린 듯 전달되는 의미들을 꼼꼼하게 헤아려가지 않을 수 없다.

가장 단적인 사례들 중 하나는 31장에 나오는, 흑인을 온전한 인간으로 여기지 않는 남부사회의 뿌리 깊은 편견에 물들어 있던 헉이 흑인도 고유하고 고귀한 인간성을 가지고 있다는 사실을 깨닫게 됨으로서 고통스러운 내면의 갈등과 딜레마에 빠지게 되는 장면이다. 함께 정처 없이 떠돌아다니는 동안에 도망 노예 짐의 인간적인 진면목과 미덕을 있는 그대로 지켜보았고 그 도움으로 여러 차례 급박하게 닥친 위기를 극복하고 목숨을 건질 수 있었던 헉은 짐이 자신과 다를 바 없는, 오히려 자신보다 더 고귀한 정신과 인품의 소유자라는 사실을 분명하게 인정하게 된다. 또한, 그는 짐이 가진 삶의 연륜과 그로부터 나오는 원숙한 지혜의 가치를 깨닫게 된다. 하지만, 당시의 형법과 관습법에 따르자면 도망 노예를 돕는 것은 분실물을 임의로 처분하는 것과 같은 불법행위였다. 아이러니하게도, 보편적 인권 개념이 존재하지 않았던 남부 사회에서는 노예해방론자들에게는 가장 일반적이고 근본적인 인권 개념이 사악한 위법행위일 수밖에 없었던 것이다.

따라서 짐의 탈주를 도와 그를 자유롭게 하는데 일조하겠다는 헉의 결심은 스스로 악인이 되겠다는 다짐과 다를 바가 없었다. 이는 사실상 기독교 사회였던 남부에서는 스스로 지옥행을 선택하는 결정이었다. 따라서 헉은 짐을 돕기로 한 결단을 내린 후 "그래, 좋아. 그렇다면 나는 지옥으로 가야겠다"라며 비장하게 스스로에게 그 중대한 의미를 되새긴다. 이 장면을 통해 트웨인은 노예제를 당연시하는 남부 기독교인들의 모순과 위선의 환부를 적나라하게 드러낸다. 즉, 사춘기 소년에 불과한 헉이 고뇌어린 결정을 내릴 수밖에 없는 상황은 역설적으로 선한 남부인들이야말로 사실 사악한 위법자들이라는 사실을 고발함으로써 노예제와 진정한 윤리적 정의는 양립할 수 없다는 진실을 부각시킨다.

문명의 위선과 위악에 대한 트웨인의 비판의식 역시 날카롭기 그지없다. 헉은 일관되게 "문명화"와 "교화"라는 표현과 그 내용에 강렬한 거부감을 드러내고 일체의 사회화 과정으로부터 벗어난 삶을 살아간다. 그런 그가 느끼는 해방감과 만족감은 사회적 문화와 인간적 교육이라는 미명아래 행해진 절차들과 규정들이 과연 진정한 행복을 위한 필수적인 조건인가에 대한 의문을 갖게끔 만든다. 상식적으로 문명과 교화의 이점은 행복한 개인들 간의 조화로운 사회관계와 사회의 진보라고 이해된다. 하지만, 헉이 가까이에서 직접 목격하는 소위 문명인들은 오히려 비이성적이고 강박적이며 상호간의 반목과 대립으로 인해 각자의 불행과 비극의 가능성을 증대시키면서도 그 사실을 깨닫지 못한다. 헉의 눈에 비친 문명사회는 서로가 서로에게 적이고 원수인 야만사회와 다를 바 없으며 문명사회의 목적이자 존재의 이유인 안정과 진보는 허무한 백일몽에 불과하다.

트웨인의 문명에 대한 신랄한 비판의식은 문명과 대조되는 자연에 대한 묘사에서도 우회적으로 확인할 수 있다. 갖가지 속임수와 다툼이 난무하는 문명사회와는 달리 유유히 흐르는 미시시피 강의 여유 있는 평온과 아름다운 풍경은 마치 인간세계에는 무심한 듯 있는 그대로 존재하고 있으며, 무성하게 우거진 나무숲과 뿌연 물안개 자욱한 강변은 인간의 침입과 정복을 허락하지 않은 채 영원히 미지의 영역으로 남아 있을 듯이 신비롭게 묘사된다. 또한, 순수한 자연은 인간의 가장 깊은 내면과 조응하며 선한 양심이 본연의 기능을 회복하도록 도와주는 공간이기도 하다. 가령, 폭풍우가 사정없이 몰아치고 천둥번개가 내리칠 때 헉의 내면의 갈등은 최고조에 달하지만 구름에 가득 덮여 사방이 깜깜해졌다가 말끔하게 갠 하늘이 드러날 때 그는 비로소 마음의 평화를 되찾으며 선한 본성의 회복을 경험한다. 겉으로는 선량하고 독실한 기독교인들이면서도 늘 맹목적인 반목과 대립을 이어왔던 그레인저포드 가문과 셰퍼드슨 가문 간의 다툼으로부터 겨우 벗어난 헉이 뗏목 위에서 토로하는 솔직한 심정은 문명인들의 위선과 허위와 선명하게 대조되는 자연의 참된 의미와 가치를 되새겨 보게 만든다.

> 뗏목이 2마일 하류로 떠 내려와 미시시피 강 한가운데로 나온 후에야 한시름을 놓을 수 있었지. 우린 비로소 다시금 자유롭고 안전한 몸이 되었다고 느꼈지 … 나는 저녁을 먹으면서 짐과 이야길 나누며 즐거운 시간을 보냈어. 나는 그 원한 맺힌 싸움으로부터 도망쳐 와서 기쁠 따름이었고 짐은 늪지에서 빠져나와서 기뻐했지. 우린 결국 이 뗏목만큼 좋은 집은 세상 어디에서 없을 거라고 말했지. 다른 장소라면 숨이 막힐

것처럼 갑갑했겠지만, 뗏목은 전혀 그렇지 않으니까. 뗏목을 타고 있자면 더 없이 자유롭고 여유롭고 편안하기 마련이니까. (128)

흥미롭게도 『허클베리 핀의 모험』은 미국의 산업화와 도시화가 가속화되던 1880년대의 명암을 사실적으로 비추는 시대의 거울이기도 하다. 작품의 시간적 배경은 남북전쟁 이전이지만 헉이 문명과 자연을 오가며 겪는 온갖 모험들은 눈부신 역사적 진보를 이루어가는 듯 했던 19세기 후반기를 살아가는 미국인들에게 인간과 사회, 개척과 발전, 부와 행복에 관한 이해와 신념이 과연 올바른 것인가에 대한 근본적인 질문들을 던진다.

무엇보다, 헉이 추구하는 자유로움과 만족스러움은 사실 가장 개인적인 가치이지만 사실 역사적으로는 미국이라는 국가가 탄생하게 된 이론적 근거였다. 독립선언서에서 행복추구권을 명시함으로써 미국은 자신의 행복을 추구하는 개별 국민들의 권리를 보장하는 유일한 신생국가로서 역사에 등장하였다. 하지만, 헉의 사례가 보여주듯이 개인의 행복추구는 집단과 사회의 이념과 충돌하기 마련이다. 이 지점에서 트웨인은 다시 세계 최초의 근대 민주주의 국가였던 미국의 기원과 존재 이유를 상기시키며 질문한다. 사회의 변혁과 발전은 개인의 행복을 추구하는데 필수적인 조건인가? 가장 개인적인 차원에서의 진정한 행복은 온전한 개인이 가능할 때, 즉, 비사회적인, 혹은 반사회적인 인식과 실천을 통해서만 가능한 것은 아닌가?

실제로 헉을 통해 트웨인이 들려주는 가장 선한 양심의 목소리는 헉이 속한 사회에서 강요하는 억압적인 음성이 아니라 그 자신의 내면으로부터 흘러나오는 자연스러운 육성이다. 그것은 가장 개인적인 목소리이지만, 사회의 치부를 있는 그대로 드러낸다는 점에서 오히려 공동체의 편견과 모순을 정확하게 가리키고 사회가 나아갈 올바른 방향을 가리키는 윤리적인 안내자 역할을 맡는다. 그렇다면, 개인이 사회에 속하고 따라서 개인이 사회를 따라야 한다는 일반적인 믿음은 거꾸로 뒤집어 생각해볼 필요가 있다. 오히려 건강하고 행복한 사회의 참된 가치는 가장 개인적이고 자연스러운 행복추구의 과정에서 확인될 수 있으며 이는 사회라는 이름의 폭력과 억압을 제거하고 예방할 수 있는 척도가 될 수 있다. 트웨인이 동시대의 미국인들 앞에 그려낸 헉은 바로 그러한 척도인 까닭에 행복추구권이 당연하게 주어지는 권리가 아니라 각각의 개인들이 각자의 삶에서 치열하게 고군분투하여 쟁취해야 할 권리라는 사실을 분명히 깨닫게 된 모든 현대인들에게 변함없이 커다란 매력과 감동으로 다가오는 것이다.

▶▶ 더 읽을거리

Dighe, Ranjit S. *The Historian's Huck Finn: Reading Mark Twain's Masterpiece as Social and Economic History*. Santa Barbara: Praeger, 2016.

Gillman, Susan. *Dark Twins: Imposture and Identity in Mark Twain's America*. Chicago: U of Chicago, 1989.

Levy, Andrew. *Huck Finn's America: Mark Twain and the Era That Shaped His Masterpiece*. New York: Simon & Schuster, 2016.

Kaplan, Justin. *Mr. Clemens and Mark Twain: A Biography*. New York: Simon & Schuster, 1991.

Powers, Ron. *Mark Twain: A Life*. New York: Free Press, 2006.

Twain, Mark. *The Adventures of Huckleberry Finn*. New York: Penguin, 2003.

▮ 한 광 택 (충북대학교)

케이트 쇼팬
Kate Chopin

작가 소개

　케이트 쇼팬(Kate Chopin, 1850-1904)은 1850년에 서부 개척지로 나아가는 관문이었던 루이지애나 주의 세인트루이스(St. Louis)에서 태어난 미국 여성작가다. 그녀의 아버지 토머스 오플라허티(Thomas O'Flaherty)는 빈손으로 아일랜드에서 건너와 자수성가한 사업가였고, 어머니 엘리자 파리스(Eliza Farris)는 미국에서 태어난 프랑스계 명문가 "크레올"(Creole) 여성이다. 두 사람의 결혼은 첫 부인이 아이를 낳다 죽은 후 자신의 사회적 지위에 걸맞은 아내가 갑작스럽게 필요했던 39살의 성공한 이민자 사업가와 가족을 버리고 떠난 아버지 대신 어머니와 6명의 동생을 부양할 돈이 절실하게 필요했던 16살의 크레올 소녀 사이의 결혼이었다. 훌륭한 부양자였지만 엄격한 가부장이었던 아버지는 케이트가 5살 되던 해인 1855년, 세인트루이스를 통과하여 서부 개척지로 가는 새로운 기찻길 개통을 축하하는 행사에 초대받았다가 다른 많은 지역 명사들과 더불어 열차가 추락하는 사고로 사망한다. 당대 '아내'들은 가지지 못하는 재산에 대한 권리와 자신의 아이들에 대한 법적 권리를 가질 수 있는 '미망인'이 된 27세의 젊은 미망인 엘리자는 평생 다시 결혼하지 않고 살았다. 케이트 자신은 아버지와 어머니의 결혼 생활에 대해 직접적으로는 아무 글도 남기지 않았다. 하지만 갑작스러운 기차사고로 남편이 사망했다는 소식을 들은 젊은 부인이 슬픔 속에서도 예기치 않게 경험하는 순간적인 환희어린 해방감과 한 시간 만에 다시 살아 돌아온 남편을 본 충격으로 "너무 기뻐서 [심장마비로] 죽는" 아주 짧은 단편 「한 시간 이야기」(The Story of an Hour, 1894)가 독자의 관심은 끈다. 당대 가부장적 결혼제도의 남녀의 권력 관계를 이해하는 독자라면 아버지의 갑작스러운 죽음과 그 죽음이 그녀의 어머니에게 의미했던 바에 대한 19세기 여성작가 케이트의 오랜 숙고의 결과로 읽고 싶게 하는 매혹적인 단편이다.

미국에 살고 있는 어린 케이트에게 '프랑스 여성'이 받아야할 적절한 교육을 제공한 것은 증조할머니 빅토리아 샤를비(Victoria Charleville)였다. 케이트 쇼팬이 태어난 해인 1950년에 출판된 미국 최초의 베스트셀러인 수전 워너(Susan Warner)의 『넓고 넓은 세상』(The Wide, Wide World)은 바느질과 손님 접대를 잘하는 가정적이고 순종적이며 순결한 여성상을 강조한다. 하지만 케이트의 증조할머니 빅토리아는 증손녀에게 완벽한 불어와 우아한 피아노 실력을 갖추게 하였을 뿐 아니라, 이에 더하여 루이지애나에서 첫 합법적 이혼을 허락받았던 자신의 어머니를 비롯한 많은 여성들의 비 관습적인 다채로운 삶에 대해 이야기해준다. 19세기 미국의 청교도적, 빅토리아적 분위기에서는 허용되지 않는 다양하고 다채로운 크레올 여성들의 삶에 관심을 갖게 한 증조할머니의 영향은 당대 여성들의 감성과 욕망의 결을 섬세하게 그려낸 케이트의 여러 작품에서 그 흔적을 찾아볼 수 있다.

1870년 20세에 크레올 면화사업가인 오스카 쇼팬(Oscar Chopin)과 결혼한 케이트는 처음에는 뉴올리언스로, 남편의 사업이 실패한 1877년에는 루이지애나 클루티에빌 근처의 대농장으로 이사한다. 1883년 남편이 습지열병으로 죽자, 2년 후 6명의 자녀들을 데리고 고향 세인트루이스로 다시 돌아온다. 18살에 이미 안락한 우리에서 빠져나와 미지의 영역으로 미친 듯이 날아가는 잘생긴 짐승에 대한 우화「해방」(Emancipation)을 쓴 케이트 쇼팬은 이제 주치의이면서 급진적 지식인인 프레드릭 콜벤하이어 (Frederick Kolbenheyer)의 권고를 받아 다윈, 헉슬리, 스펜서 등 진보적인 서적들과 당대 여러 작가들을 읽으며 창작을 시작한다.

당대 여러 작가들 중에서 케이트 쇼팬이 가장 높이 평가한 작가는 모파상이었다. 그녀는 모파상을 "전통과 권위를 벗어난 사람, 자기 자신 안으로 들어가 자신의 존재를 통해 그리고 자신의 눈을 통해 삶을 바라보았던 사람"으로 정의한다. 모파상에 대한 쇼팬의 평가는 곧 쇼팬 자신이 문학을 통해 무엇을 하고자했는지 이해하게 한다. 세인트루이스 지식인들과의 교류에서 자극을 받고 뉴올리언스와 루이지애나 남부의 프랑스계 마을 남녀들의 삶을 직접 경험한 쇼팬은 당대의 미국북부 여성작가들과는 다른, 비관습적인 이야기들을 생산해 내면서 미국문학에 독특한 자리를 차지하게 된다.

뉴욕에서 출판되어 케이트 쇼팬을 전국적인 작가로 등단시킨 그녀의 첫 성공적 단편집『바이유 사람들』(*Bayou Folk*, 1894)은 북부 비평가들에게 매력적이고 유쾌한 남부 지방색 작품으로 환영받았다. 하지만 최근 미국문학 선집에 자주 포함되는「라 벨르 조레이드」(La Belle Zoraïde),「데지레의 아기」(Désirée's Baby) 같은 단편들이 보여주듯 이 단편집의 단편들은 단순히 특이하고 유쾌하기만 지방색 작품들이 아니다. 이국적인 남부 크레올 지방색은 북부 독자들의 호기심을 불러내면서 동시에 충격적이거나 멜로드라마적일 수 있는 이야기들, 특히 당대의 남녀관계와 가부장적 결혼에 대한 숨겨진 이야기들을 말할 수 있는 수사적 전략이다. 첫 번째 단편집의 성공으로 힘을 얻은 쇼팬은 두 번째 단편집 『아카디의 밤』(*A Night in Acardie*, 1897)에 「그녀의 편지들」(Her Letters), 「라일락」(Lilacs)처럼 지방색 배경보다는 여성들의 욕망과 결혼제도에 대한 비판이 명시적으로 드러나는 단편들을 더 포함시킨다. 나아가 그녀의 대표적 장편『깨어나기』(*The Awakening*, 1899)에서는 지방색을 많이 삭제하고 이국적 크레올이 아닌 백인 귀부인을 주인공으로 삼아 여성의 정신적, 감성적, 육체적 깨어남의 과정을 그린다. 쇼팬의 이러한 문학적 궤도는 그녀의 목표가 단순히 유쾌한 남부 지방색이 아니었음을 보여준다. 동시에 지방색 보호막을 벗어버린『깨어나기』의 출판이 부정적인 평가들을 야기하고 출판이 예정되어있던 세 번째 단편집『소명과 목소리』(*A Vocation and a Voice*)(결국 20세기말인 1991년에 출판된다)의 출판이 특별한 이유 없이 취소되는 사건들은 지방색 요소들이 쇼팬에게 일정한 정도 보호막 역할을 해주었음을 보여준다.

20세기의 시작인 1904년, 당시 세인트루이스에서 열리고 있던 세계박람회에 큰 호기심과 흥미를 가지고 구경을 다녀온 케이트 쇼팬은 다음날 뇌출혈로 사망한다. 20세기 초반엔 몇몇 단편들에 기대어 지방색 작가로만 알려지던 케이트 쇼팬이 『깨어나기』에 기대어 극적으로 부활한 것은 1960년대 이후 유럽계 비평가인 퍼 세예르스테드(Per Seyersted)와 여러 페미니스트 비평가들 덕분이다. 19세기말 세기말 여성작가로서의 면모를 보이는 그녀의 많은 단편들과 장편『깨어나기』는 극적인 비평적 부침들을 이겨내고 우리 앞에 매력적으로 놓여있다.

깨어나기*
The Awakening

작품 줄거리

『깨어나기』에 대한 부정적인 평가가 등장하기 시작하자 쇼팬은 ≪책소식≫(Book News)지를 통해 다음과 같이 반응한다.

> "내 마음대로 할 수 있는 한 집단의 사람들을 가진 나는 그들을 함께 몰아넣고 무슨 일이 일어나는지 보는 것은 흥미로울 것이라고 (혼자) 생각했습니다. 나는 폰텔리에 부인이 그렇게 상황을 엉망으로 만들고 그렇게 스스로를 파멸시키리라 꿈도 꾸지 못했지요. 만약 그런 일이 일어나리라는 아주 작은 암시라도 받았다면, 나는 그녀를 그 사람들에게서 배제시켰을 것입니다. 하지만 그녀가 어떤 상태가 되었는지 알게 되었을 때, 연극은 이미 반이 끝나있었고 너무 늦은 상태였습니다."

쇼팬의 이 대답은 부유한 남편과 두 아들을 가진 백인 귀부인, 도대체 더 이상 바랄 것이 무엇인지 알 수 없는 그래서 당연히 행복해야하는 백인

---

* 이 소설은 흔히 『각성』으로 제목이 번역되고 있다. 하지만 명사형이면서 정신적 깨달음을 주로 연상시키는 『각성』보다는 현재진행 상태를 나타내면서 다양한 차원의 깨어남을 암시하는 『깨어나기』가 더 정확한 제목의 번역이라고 생각한다.

케이트 쇼팬(Kate Chopin) ••• 107

여성이 자살을 선택하는 그녀의 작품을 병적이라고 비판하는 비평가들에 대한 반어적이고 풍자적인 반응이다. 동시에 쇼팬의 이 대답은 그녀의 서사적 전략을 시사한다. 즉, 작가는 폰텔리에 부인(Mrs. Pontellier)이라는 캔터키 주 장로교 집안에서 성장한 한 백인 여성을 남부 뉴올리언즈의 프랑스계 크레올 집단에 넣고, 그 환경에서 그녀에게 과연 어떤 일이 벌어질지 관찰해보겠다는 것이다.

'미국' 문화와 미국 안의 프랑스계 크레올 문화라는 미국 내의 이질적인 문화들, 아니 더 정확하게 말하면 이질적이면서 동질적인 문화들을 병치시킴으로써 쇼팬이 보여주고자 하는 것은 무엇이었을까. 쇼팬은 여주인공 에드너 폰텔리에(Edna Pontellier)를 여성의 자아와 욕망을 억압하는 미국의 청교도적 문화 속에서 성장한 여성, 하지만 본래는 솔직하고 진지한 여성으로 설정한다. 그리고 그 폰텔리에 부인을 '미국' 문화만큼이나 엄격한 가부장 문화를 유지하면서도 동시에 젊은 청년과 귀부인들 사이의 무해한 기사도적 유희를 허용하고 몸과 남녀 관계에 대해 비교적 자유로운 논의를 허용하는 크레올 문화 한 가운데 넣는다. 그것도 도시와 일상의 엄격한 규범들이 느슨해지는 여름의 휴양지 섬이라는 공간적 배경을 선택함으로써 여주인공이 문화와 문화뿐 아니라 문화와 자연 사이의 경계도 넘나들 기회를 준다. 이러한 환경에서 에드너 폰텔리에 부인은 과연 어떤 변화를 경험하게 될까? 변화를 경험한다면, 여주인공이 일상적인 삶의 공간인 도시 뉴올리언스로 되돌아갔을 때 과연 어떤 모습으로 그 변화를 현실화시킬 수 있을 것인가? 그러한 현실화는 어떤 양태로 나타날 것이며, 어떤 결과를 가져올 것인가? 이러한 의문들이 소설의 플롯을 추진하는 의문들이며, 동시에 소설의 서사의 형태를 결정하는 힘이다. 이 소설의 중요한 공간적 배경은 그랑 아일이라는 크레올들의 휴양지 섬과 뉴올리언스 도시 둘로 나뉘어져있으며, 이야기를 끌어가는 서사적 힘은 흥미진진한 외적 사건들이 아닌 에드너 내면의 감정과 생각의 섬세한 움직임들이며, 그녀가 주변 사람들과 맺는 관계들의 변화다.

소설을 시작하는 것은 그랑 아일 섬의 휴양지에서 프랑스어, 스페인어, 영어, 그리고 누구도 이해하지 못하는 새의 언어로 "가버려! 가버려! 제발! 좋아."[1]를 반복하는 새장 속의 앵무새다. 시끄러운 앵무새 소리를 피해 자리를 옮기며 신문을 읽고 있던 마흔 살의 폰텔리에 씨(Mr. Pontellier)는 해변에서 젊은 청년 로베르 르번(Robert Leburn)과 걸어오는 아내 폴텔리에 부인 보면서 "조금 손상된 귀한 사유재산을 보듯" 언짢아한다. "그렇게 어리석을 수가! 이 더위에 수영을 하다니!", "알아볼 수 없이 타버렸군." 폰텔리에 씨가 클럽으로 카드놀이를 하러 간 사이, 폰텔리에 부인은 크레올 휴양지를 운영하는 마담 르브런의 아들 로베르와 서로에 대해 이야기를 나누는 즐거운 시간을 보낸다. 자정 무렵 클럽에서 돌아온 폰텔리에 씨는 기분이 좋아 잠이 들어있는 아내에게 말을 건다. 그리고는 "그의 아내가, 그의 삶의 유일한 목적인 그의 아내가" 잠에 취해 "그의 대화를 그렇게 가치없게 여기는 것에 아주 실망한다." 결국 옆방에서 자고 있는 아이들이 아프다고 끈질기게 주장하여 아내를 침대에서 일으킨 그는 잠이 깬 아내가 옆방에 가서 아이들을 살펴보는 사이에 자신은 잠이 든다. "이런 경험은 그녀의 결혼 생활에서 드문 일이 아니었고, 이전에는 한 번도 남편의 과분한 친절과 암묵적으로 자명한 한결같은 헌신에 비추어 심하게 여겨진 적이 없었다." 그런데 오늘 밤 폰텔리에 부인은 "설명할 수 없는 억압, 막연한 괴로움"이 그녀를 가득 채우는 이상하고 낯선 분위기에 눌려 파도소리가 들리는 캄캄한 베란다에 앉아 너무도 빨리 흐르는 눈물을 닦지도 못한 채 한참을 앉아 있다. 다음날 아침 아내와 아이들만을 휴양지에

---

1 이후 *The Awakening*에서의 인용은 모두 저자의 번역이다.

케이트 쇼팬(Kate Chopin) ••• 109

두고 주중의 일상을 위해 도시로 떠나는 폰텔리에 씨는 아내에게 전날 클럽에서 딴 돈을 넉넉히 주고, 도시로 돌아가서는 별미로 가득한 상자들을 보내서 "세상에서 가장 훌륭한 남편" 역할을 다한다.

그랑 아일에 모인 크레올들은 마치 하나의 대가족처럼 서로서로를 잘 알고 있는 집단이다. 이 크레올 사람들에게서 에드너가 받는 문화적 충격 중 하나는 그렇게 정숙한 사람들이 에드너라면 얼굴이 빨개질 그런 내밀한 이야기들을, 여성의 몸과 출산에 관한 이야기나 남녀관계에 관한 솔직한 이야기들을 그렇게 자유롭게 나누고 비판하고 토론한다는 사실이다. 특히 솔직한 관능적 아름다움을 가진 크레올 여성 아델 라띠뇰(Adele Ratignolle), 자신의 임신한 몸의 상태에 사람들이 지속적으로 주목하게 만드는 모성적인 여성 아델은 "순응하는 외적인 삶과 의문을 제기하는 내면의 삶"을 분리시켜 내면의 소리를 억압해 오던 에드너의 "침묵의 망토"를 헐겁게 하는 데 가장 큰 역할을 한다.

어느 날 아델과 바닷가에 앉아 바다를 바라보던 에드너는 "무엇을 생각하느냐"는 그녀의 질문에 습관적으로 "아무 것도."라고 대답한다. 그리고는 그렇게 자동적으로 대답하도록 습관화된 자기 자신에 놀란다. 그녀는 처음으로 자신의 생각을 생각해보고 자신의 생각을 말로 표현해보는 혁신적인 시도를 시작한다. 그 과정에서 그녀가 어린 시절 아버지의 음울한 종교에서 도망쳐 높은 풀들을 헤치고 걸어가던 자유로운 소녀, 사춘기를 열렬한 짝사랑들로 보낸 열정적인 소녀였다는 것, 그리고 내면의 열정을 잠재우고 안정된 현실적 삶을 위해 결혼했다는 사실 등이 드러난다. "익숙하지 않은 솔직함의 맛"과 "자유의 첫 숨결"에 취한 솔직하고 열정적인 여성 에드너를 알게 된 아델은 로베르를 불러 "그녀는 우리와 같지 않다. 그녀는 당신을 진지하게 여기는 불행한 실수를 할지 모르니" 그녀를 "내버려두라"고 경고한다.

해변가의 장면 이후 몇 주 지난 어느 날 괴팍하고 오만하기로 소문 난 피아니스트 마드모아젤 라이츠(Mademoiselle Reisz)는 저녁 만찬 후 여흥에서 에드너를 지목하며 그녀를 위해 피아노를 연주한다. 이전까지는 음악이 불러내는 감정들을 구체적인 상상적 그림들로 전환시켜 안전하게 접근하던 에드너다. 그러나 그날 밤 라이츠의 음악은 그녀의 영혼의 "격정들 그 자체만을 불러내어 영혼을 세차게 흔들고 때리는" 숨 막히는 경험을 하게 한다. 음악이 불어낸 영혼의 힘 덕분인 듯, 그날 밤 에드너는 처음으로 여름 내내 그녀가 하지 못하던 일, 즉 바다에서 혼자 힘으로 헤엄을 치는 성취를 이룬다. 마치 "갑자기 자신의 힘을 깨닫고 혼자 처음으로 대담하게 그리고 과도한 자신감으로 걷고 있는 아이"처럼, 에드너는 "어떤 여성도 이전에는 헤엄쳐 가 본적이 없는 멀리까지" 환희에 차 헤엄쳐 가게 된다. 그리고 그 끝에서 죽음의 공포를 대면하고 다시 해변으로 되돌아온다.

아델과 라이츠가 촉발한 변화들, 바다와 음악을 매개로 경험한 내면의 복합적인 경험들은 에드너를 변화시킨다. 바다에서 첫 헤엄을 통해 땅이 제공해주는 안전함을 벗어난 환희와 죽음의 공포 둘 다를 홀로 대면했던 에드너는 남편의 욕망과 명령에 아무 생각없이 습관적으로 따르던 '폰텔리에 부인'이 더 이상 아니다. 달빛 사이로 걸어가는 로베르를 보며 처음 느끼는 욕망의 두근거림으로 충만해진다. "당신이 밤새 그곳[집밖의 해먹]에 있는 것을 허락할 수 없다"며 집안으로 들어오라고 명령하는 남편에게 고집 센 저항의 의지가 불타오른다. 다음 날 아침 에드너는 처음으로 로베르를 먼저 불러내 주변의 작은 쉬니에르 섬으로 건너가 낭만적이고 신화적인 시간을 보낸다.

매년 여름 휴양지에 놀러 온 크레올 귀부인들을 상대로 관습적이면서 엄격한 놀이 규칙이 있는 기사도적 관계를 유지하던 로베르는 에드너와 자신의 관계가 더 이상 유희가 아닌 진지한 인간적 관계로 진행될 것을 우려하고 갑작스럽게 멕시코로 떠나 에드너를 놀라게 한다. 그랑 아일 섬에서의 "즐거운 여름"을 다룬 마지막 장은, 자신에게 처음으로 욕망의 두근거림을 느끼게 한 로베르를 그리워하는 에드너, 아델에게 "비본질적인 것은 포기할 수 있다. 돈도 줄 수 있고 아이들을 위해 생명도 줄 수 있다. 하지만 나 자신은 주지 않을 것이다"라고 선언하는 에드너를 보여주며 마무리된다.

1장부터 16장까지가 그랑 아일 섬에서 에드너의 여름을 다루고 있다면, 17장부터 38장(마지막 39장은 다시 그랑 아일 섬으로 되돌아간다)까지는 뉴올리언스 대도시에서 에드너의 가을과 겨울을 다룬다. 그것이 무엇이든 상관없이 "그것이 그의 것이기 때문에" 자신의 소유물들을 귀하게 여기는 폰텔리에 씨와 결혼한 이래 남편의 사업에 중요한 사람들의 화요일 방문을 마치 종교적 의례처럼 충실하게 접대해 온 폰텔리에 부인은 그랑 아일에서 돌아온 지 몇 주 안 되는 어느 화요일 저녁 그들의 커다란 저택의 식탁에서 심각한 대화를 나눈다. 폰텔리에 부인이 손님맞이 화요일에 집 '안'이 아닌 집 '밖'에 있었기 때문이다. 아내의 철없는 행동이 얼마나 그의 사업에 치명적인지 강조하며 집을 나가 버린 남편에도 불구하고 에드너는 혼자 식사를 끝까지 마친다. 마음의 위로를 위해 아델의 집을 방문한 에드너는 남편이 말하는 모든 것을 "더 잘 듣기 위해 포크를 내려놓고 장단을 맞추며 그의 입에서 나오는 말을 받는" 라띠뇰 부인이 만들어 낸 완벽하게 융합된 부부관계와 가정의 조화로움에 더 우울해질 뿐이다. 에드너는 점차 자신이 좋아하는 대로 행동하고 좋아하는 대로 느끼기 시작한다. 화요일 손님접대일도 완전히 저버리고, 가정의 훌륭한 관리자로서의 소용없는 노력도 포기한다. 마음에 내키는 대로 가고 내키는 대로 오고, 모든 변덕에 몸을 맡긴다. 에드너는 규칙적으로 그림을 그려 화방에 내놓을 정도로 실력이 향상되고, 마드모아젤 라이츠의 집을 방문하며 로베르에 대한 솔직한 감정과 예술가가 되고자하는 희망 그리고 감히 맞서고 저항하는 영혼에 대한 이야기를 서로 나눈다.

"폰텔리에 씨는 아내가 암묵적으로 인정된 순종을 하는 한, 정중한 남편이다. 그녀의 새로운 예상치 못한 행동은 그를 완전히 당황스럽게 했고 충격을 주었다. 그녀가 아내로서의 의무들을 완전히 무시하자 그는 분노했지만, 폰텔리에 씨가 거칠어지면 에드너도 무례해졌다. 절대 한발도 뒤로 물러나지 않으리라 결심했기 때문이다. 남편은 "그녀가 그녀 자신이 아니라"고 의심하지만, 사실 아내는 "그녀 자신이 되어가고 있었다. 매일매일 그 허구적 자아를, 세상 앞에 나설 때 입는 옷 같은 그 허구적 자아를 매일매일 벗어 던지고 있었다." 여동생 결혼식을 준비하기 위해 뉴올리언스를 찾아온 아버지를 위해 경마장을 방문한 에드너는 활기차고 흥분한 눈부신 모습을 보여 주변사람들의 눈길을 끈다. 폰텔리에 씨의 염려로 에드너를 관찰하러 방문한 나이든 망들레(Mandelet) 의사는 "그가 알고 있던 그 나른하고 무기력한 여성이 삶의 생명력으로 고동치는 존재로 변모" 되어있음을 발견한다. "그녀의 말은 열정적이고 활기찼다. 그녀의 눈길이나 몸짓에는 아무런 억제가 없었다. 그녀는 태양 아래서 깨어나는 어떤 아름다운 매끄러운 동물을 상기시켰다."

그녀의 열정과 활기는 사교계에서 여성들에게 위험한 존재로 유명한 알세 아로뱅(Alcée Arobin)을 매혹시킨다. 여성들에게 자신의 감정을 호소하는 그의 태도가 "너무나 진실해서 자주 자신도 속곤 하는" 아로뱅은 "그녀 안에 초초하게 동요하던 동물적인 속성에 호소하여 그녀를 기쁘게 한다." 로베르가 돌아온다는 소식에 기쁘고 행복한 어느 저녁, 에드너는 그녀를 방문한 아로뱅에게 "그녀의 본성이 진정으로 반응한 생애의 최초의 첫 키스"를 한다. 27장의 마지막 줄 "그것이 그녀의 본성이 진정으로 반응한 그녀 생애의 첫 키스였다. 욕망을 자극한 불타오르는 횃불이었다."와 28장의 첫줄 "그날 밤 에드너는 아로뱅이 떠난 후 조금 울었다." 사이에 에드너와 아로뱅 사이에 실제로 어떤 일이 일어났는지 쇼팬은 아무 단서도 주지 않는다. 다만 이 소설에서 가장 짧은 장인 28장의 다음과 같은 격정적인 감정과 복잡한 사유의 묘사에 의거해서 그 상황의 중대함을 유추해볼 뿐이다.

> 그날 밤 에드너는 아로뱅이 떠난 후 조금 울었다. 그것은 그녀를 공격했던 복잡다단한 감정의 한 단계에 불과했다. 무책임했다는 감정이 압도적이었다. 기대하지 않았던 것과 익숙하지 않은 것의 충격이 있었다. 남편의 질책이 있었다. 그녀의 외적 삶을 위해 남편이 마련해준 주변의 외부 사물들이 그녀를 바라보며 질책했다. 로베르의 질책이 있었다. 그녀 안에서 깨어났던 그를 향한 더 빠르고 더 강하고 더 압도적인 사랑이 그 질책을 느끼게 했다. 그 모든 것 보다도, 이해할 수 있게 되었다. 그녀는 마치 안개가 눈에서 걷힌 듯, 아름다움과 잔혹함으로 구성된 그 괴물인 삶의 의미를 바라보고 이해하게 되었다. 그녀를 공격한 서로 충돌하는 흥분된 느낌들 중에 수치심이나 후회는 없었다. 멍한 후회의 아픔은 있었다. 그녀를 불타오르게 한 것이 사랑의 키스가 아니었기 때문이었다. 그녀의 입술에 이 생명의 컵을 대어준 것이 사랑이 아니었기 때문이었다.

어떤 면에서 이 짧은 장은 이 소설의 클라이막스다. 이 사건 이후 에드너는 "폰텔리에 부인"과 "에드너" 사이의 위태로운 봉합을 포기하고, 사회적으로 용인된 귀부인의 경계선을 넘어 한 인간 "에드너"로 살기를 선택한다. 사랑이 없는 결혼생활을 유지시키는 남편의 재물과 남편의 집을 버리고, 자신의 힘으로 작은 집 "비둘기 집"을 구해 이사한다. 이사 전날 사람들을 불러 연 마지막 만찬에서 그녀는 한편으로는 "왕족의 여성, 지배하는 자, 바라보는 자, 홀로 있는 자"를 상기시키는 위엄있는 모습으로 묘사되지만, 또 다른 한편으로는 옛날의 권태와 희망 없음에 압도당하는 취약한 모습으로도 묘사된다. 이 마지막 만찬은 신화적 울림을 가지고 있는 그녀의 홀로서기에 대한 찬사와 그러한 시도의 비현실성을 동시에 시사하는 만찬이다.

사업차 멀리 떠나있던 남편은 "폰텔리에 부인"의 독립을 감추기 위해 저택을 수리하기 시작한다. 로베르는 "폰텔리에 씨가 그녀를 자유롭게 놓아주는 불가능한 꿈"을 꿈꾸며 멕시코에서 돌아온다. 하지만 그는 "나는 더 이상 폰텔리에가 마음대로 처분할 수 있는 그의 소유물이 아니다. 나는 내가 선택한 곳에 나를 준다"는 에드너의 가부장제를 넘어서는 혁명적 선언을 듣고 창백해진다. 아델을 위해 그녀의 출산 장면을 옆에서 지켜보던 에드너는 대자연이 재생산을 위해 여성의 몸에 가하는 고통과 고문에 충격을 받고 그 결과 생산된 작은 생명들에 대한 어머니로서의 책임감과 나 자신의 방식대로 나 자신으로 살고 싶다는 개인으로서의 갈망 사이에서 해결할 수 없는 혼란에 빠진다. 더 나아가 "당신을 사랑합니다. 안녕— 당신을 사랑하기 때문입니다"라는 로베르가 남긴 비겁한 메모는 사랑도 욕망도 모두 사라지고 결국 그녀만 홀로 남겨질 미래를 그려보게 한다. 각각의 인물들이 빠진 이 곤경을 손쉽게 해결할 방법이 찾아지지 않는 것은 등장인물들만의 문제가 아니라 세기말 여성작가 자신의 문제이기도 하다.

마지막 장인 39장의 공간적 배경은 소설이 시작한 바로 그곳, 에드너의 침묵의 망토가 헐거워지기 시작한 바로 그곳, 그랑 아일 섬이다. 로베르의 동생 빅토르(Victor)는 동네 아가씨인 마리에끼따(Mariequita)와 여름 손님맞이 준비로 집을 손보고 있다. 빅토르를 놀라게 하며 갑작스럽게 나타난 에드너는 배가 많이 고프다며 식사 준비를 부탁하고 해변으로 내려간다. 그녀는 수영복으로 갈아입지만 곧 몸을 조이는 그 불편한 옷을 벗어

던진다. 생전 처음 태양과 바람과 파도에 몸을 맡긴 채 벌거벗고 선다. 그리고 다음과 같은 마지막 장면처럼 이상하고 경이로운 세계를 향해 힘차게 바다를 향해 헤엄쳐 나아간다.

하늘 아래 발가벗고 서있는 것은 얼마나 이상하고 경외로운가! 그녀는 익숙한 세계에서 이전에는 결코 알지 못했던 것에 눈을 뜨는 새로 태어난 생명체처럼 느꼈다.

잔잔한 파도들이 물거품을 일으키며 그녀의 하얀 발 위로 소용돌이치며 올라와 그녀의 발목을 뱀들처럼 휘감았다. 그녀는 걸어 나갔다. 물이 차가웠지만 계속 걸었다. 물이 깊었지만 그녀의 하얀 몸을 띄우고 길고 빠르게 물을 차며 나아갔다. 바다의 감촉은 관능적이었다. 부드럽고 밀착된 포옹으로 몸을 감싸 주었다.

그녀는 계속해서 나아갔다. 그녀는 그녀가 멀리 헤엄쳐 나아갔던 그 밤을 기억했다. 해변에 다시 닿을 수 없으리라는 두려움에 그녀를 사로잡았던 공포를 생각해냈다. 지금의 그녀는 뒤를 돌아보지 않고 계속 나아가고 나아갔다. 그녀가 작은 꼬마아이였을 때 시작도 끝도 없다고 믿고 가로질러 갔던 그 푸른 풀밭 초원을 생각했다.

그녀의 팔과 다리가 지쳐가고 있었다.

그녀는 레옹스와 아이들을 생각했다. 그들은 그녀의 삶의 일부였지만 그들이 그녀를, 몸과 영혼을 소유할 수 있다고 생각할 필요는 없었다. 마드모아젤 라이츠가 안다면 얼마나 비웃을까, 아니 조롱할까! "그러고도 당신을 예술가라고! 마담, 그런 헛된 자부심을! 예술가는 도전하고 저항하는 용기 있는 영혼을 가지고 있소."

기진맥진함이 그녀를 누르고 압도하고 있었다.

"안녕―당신을 사랑하기 때문입니다." 그는 알지 못했다. 그는 이해하지 못했다. 그는 결코 이해하지 못할 것이다. 어쩌면 닥터 망들레는, 그를 보러갔더라면, 이해했을지 모른다. 하지만 너무 늦었다. 해변은 그녀 뒤에 너무 멀리 있었고 그녀의 힘은 다 사라졌다.

그녀는 멀리 내다보았다. 옛 공포가 잠시 확 타오르다 다시 가라앉았다. 아버지의 목소리와 누이동생 마가렛의 목소리를 들었다. 시카모어

나무에 묶여있던 그 늙은 개가 짖는 소리를 들었다. 현관을 걸어가는 기마 장교의 박차가 쟁그렁 거렸다. 윙윙 꿀벌 소리가 있었고, 패랭이꽃의 사향 냄새가 공기를 가득 채웠다.

문학사적 의의[2]

『깨어나기』는 20세기 중반에 케이트 쇼팬을 비평적 침묵에서 되살려낸 결정적인 작품이다. 쇼팬을 변두리적 지방색 작가가 아닌 중요하고 진지한 작가로 자리매기고자 하는 비평적 흐름 중 하나는 쇼팬의 이 소설을 19세기 문학운동의 맥락에 자리잡아주는 시도였다. 플레쳐(Marie Fletcher, 1966)는 이 작품이 여성의 욕망과 욕구를 정직하게 재현한 사실주의 작품임을 강조하고, 카살레(Ottavio Casale, 1978)는 에드너의 깨어남을 몸과 마음이 통합된 온전하고 자유로운 자아의 추구로 해석하고 이를 에머슨과 소로의 초월적 자아로의 깨어남이라는 이상에 연결시킨다. 블룸(Harold Bloom, 1987)은 에드너의 몸과 관능성에 대한 관심을 휘트만의 자기 몸에 대한 사랑과 연결시키고, 배너(Robert Banner, 1991, 1992)는 인간 안의 자연인 몸과 성에 대한 다윈의 결정론적 이론을 쇼팬이 어떻게 받아들이고 어떻게 변형하는지에 주목한다.

19세기의 주요 문예사조와 문학운동에 쇼팬과『깨어나기』의 자리를 잡아주려는 이러한 노력들은 그녀를 그런 중요한 문학운동들을 이끌었던 작가들만큼이나 중요한 작가임을 보여주는 효과를 낸다. 하지만 19세기 남성 작가들의 작품을 중심으로 정의되던 문학 범주들은 보편적인 인간의 삶과

---

[2] 3부는 필자가 <안과밖>(2002)에 실었던「케이트 쇼우팬의 연구동향」의 일부 논의를 약간 수정·보완한 글임을 밝힌다.

경험에 대한 비전을 제시하는 듯하지만, 실제로는 암암리에 남성의 경험과 시각을 그 중심에 놓는 한계를 가지고 있다. 에머슨은 사회의 관습에 대항해 독립적이고 초월적인 자아를 구축하라고 주장하였고, 위트만은 몸의 관능성을 노래하였지만, 이들의 글에서 관능성이 곧 임신과 출산으로 이어지고 자율적인 자아에 대한 주장이 흔히 자신이 생산한 아이에 대한 책임과 충돌하게 되는 여성의 몸을 가진 인간의 문제와 고통을 진지하게 다루는 노력은 보이지 않는다. 성이 여성의 삶에 미친 결정론적 영향을 다루었던 자연주의 작가 드라이저와 크레인 등의 작품 안에서도, 여성들은 피해자로만 등장할 뿐 자신의 몸과 성을 자아 정체성의 불가분한 요소로 인식하고 그러한 인식을 토대로 자발적으로 행동하는 여주인공은 등장하지 않는다. 여성의 시각과 여성의 경험을 문학비평에 도입한 페미니즘 비평이 쇼팬과 『깨어나기』의 해석에 결정적인 도구가 되었던 이유를 쉽게 이해할 수 있다.

　『깨어나기』에 대한 페미니즘 비평은 성의 정치학을 전면에 내세우는 비평들로부터 신역사주의, 심리분석, 해체주의, 독자반응 같은 현대 비평 담론의 분석틀을 전면에 내세우면서 암암리에 성의 정치학을 다루는 비평에 이르기까지 그 폭이 상당히 넓다. 여주인공 에드너의 깨어남이 담고 있는 긍정적인 측면과 부정적인 측면, 에드너의 깨어남의 성취와 실패 등에 대한 비평가들의 대립 또한 격렬하고 다채롭다. 그 중 몇몇 중요한 비평적 대화들을 살펴보면, 우선적으로 쇼팬을 19세기 가부장 사회를 비판하는 페미니즘 작가로 자리매김하려는 비평들이 눈에 띈다. 이 범주의 비평들은 이 소설을 시작하는 '새장에 갇힌 새' 이미지에 주목하면서, 여성을 남성의 소유물로 보는 가부장적 결혼제도 안에, 혹은 아내와 어머니라는 제한된 역할만은 허용하는 여성성 이데올로기 안에, 혹은 가부장 사회의 남성중심적 담론과 언어 안에 갇혀있던 에드너가 자신이 그러한 감옥 안에 있다는 사실에 '깨어나고/눈을 뜨고' 그러한 감옥에서 자신을 해방시켜 자율적인 자아가 되고자 여러 단계와 차원의 '깨어남들'을 추구한다고 강조한다. 여기에 남부문화의 특수성을 강조하는 문화 연구가 덧붙여지면, 미국문학에 비해 비교적 관능성을 허용하는 남부 프랑스계 크레올 문화와 미국 문화의 차이에서 에드너의 깨어남과 그녀의 실패를 해명하려는 시도가 이루어지기도 한다.

쇼팬을 페미니즘 작가로 옹호하는 비평가들의 적극적인 논의에도 불구하고 에드너의 부정적인 측면들을 부각시키는 비평들도 만만치 않게 존재한다. 에드너가 19세기 여성의 제한적인 삶의 양식에서 벗어나려는 점을 인정한다 해도 현재적인 의미에서의 페미니스트로 보기에는 문제가 있다는 주장이다. 에드너가 당대 여성운동가들의 주된 관심사였던 여성선거권 운동이나 여성의 고등교육이나 전문직을 허용하게하려는 현실 속의 여성 운동들에 전혀 관심을 보이지 않을 뿐 아니라, 오히려 나른한 남부 귀부인으로서의 삶을 유지하면서 충동적이고 자아몰입적인 행동양식을 보이다가 결국 자살이라는 또 하나의 충동적이고 미숙한 결말로 삶을 마감하고 있지 않느냐는 비판이다. 특히 심리분석 이론가들은 어린 시절 어머니를 상실한 에드너가 적절한 자아의식을 발전시키지 못하고 미성숙한 상태로 남아 있다가 결국 자살로 몰려간다는 부정적인 주장을 꼼꼼한 텍스트 읽기와 반박하기 어려운 논리로 전개한다.

초시간적이고 보편적인 성장이론에 맞추어 에드너의 행동양식을 해명하려는 심리분석비평은 흔히 19세기 가부장 사회 안에서 여성의 성장과 남성의 성장이 다르게 나타날 수밖에 없는 역사적 맥락을 간과하는 취약점을 가진다. 그러므로 같은 심리분석틀을 사용하면서도 에드너의 분열된 성품이 불가피한 것이 아니라 그녀가 살고 있는 문화의 모순에 의한 것임을 시사하는 울프(Cynthia Griffin Wolff)의 읽기는 상당히 설득력이 있다.

울프는 이 소설의 힘이 단순히 이 작품이 페미니즘을 예로 보여주기 때문이 아니라 에드너라는 한 여성의 성격이 와해되어가는 과정을 냉정하고 충실하게 기록하고 있기 때문이라고 본다. 사회적으로 구축된 공적이고 관습적인 에드너와 열정적이면서 환타지와 백일몽에 잘 빠지는 에드너라는 이중의 자아로 분열되어있던 에드너가 자신의 내적 자아를 보호하려다가 결국 죽음에 이르게 된다는 논리와 그 과정에 대한 울프의 치밀한 분석은 설득력이 있다.

문화적 특성이 여성의 성장에 부정적인 영향을 줄 수 있다는 울프의 통찰은 가부장 사회 안에서 여성의 성장패턴과 여성심리의 특성을 연구한 에이벨(Elizabeth Abel) 등의 여성성장소설 연구로 확장된다. 여성 성장서사에 주목하는 연구자들은 여성의 성장서사들이 남성의 경험에 맞추어 정의된 빌둥즈로망(*Bildungsroman*) 플롯에 맞추어 설명될 수 없다는 사실에 주목한다. 빌둥즈로망의 (남성) 주인공들은 내적인 모든 능력을 교육시키고 발전시켜 몸과 마음이 그리고 개인과 사회가 조화를 이루는 성숙한 인간으로 성장하고자 하는 목표를 가지고 있다. 남성 주인공들은 (남성) 개인들에게 그러한 성장을 허용하는 사회적 장치 안에서 움직인다. 하지만 똑같은 열망을 가진 여성 주인공은 여성이 '남성'(man)과 동의어로 사용되는 '인간'(man)으로 성장하기보다는 몇몇 제한된 사회적 역할에 순응하는 '여성'(woman)으로 성장하기를 바라는 강력한 사회적 압력과 마주한다. 자신의 성숙을 제한하는 사회 현실에 눈을 뜬 여주인공들은 흔히 남성들처럼 사회로 모험을 찾아 나아가기 보다는 자신을 억압하는 사회를 피해 자신의 내면으로 들어간다. 사회가 그 선택을 편협하게 제한하는 여성적 미래를 지향하기보다는 온전한 자아가 보존되어있는 어린 시절의 과거에서 힘을 취하고자 한다. 관습에 어긋나는 개인적 충족을 찾으려는 여성들의 노력이 흔히 연속성이 결여된 파편적 양태로 나타나는 이유는 바로 여기에 있다. 무책임하고 퇴행적으로 보이는 에드너의 속성들은 실제로는 가부장 사회가 처방하는 미성숙한 인간/여성으로서의 삶에서 벗어나려는 절박한 에드너의 시도들이다. 에드너의 죽음 역시 그 연장선에서 볼 수 있다. 인간이 자유롭지 않다면 살아있는 것이 아니라고 인정한다면, 자기 자신이 되는 것의 중요성을 주장하는 행위는 용기있는 행위로 이해할 수 있기 때문이다.

에드너의 죽음을 긍정적으로 해석하는지 혹은 부정적으로 해석하는지의 문제는 그래서 작품 전체에 대한 해석과 밀접하게 연결되어있다. 인간이 세상에 자신을 보이는 허구적인 자아를 벗어버리듯, 몸을 감추는 모든 옷을 벗어버린 벌거벗은 몸으로 바다를 향해 끝없이 헤엄쳐 나아가는 에드너의 마지막 장면은 비평가들만이 아니라 교실의 학생들과 일반 독자들 사이에서도 손쉽게 해결되지 않는 의문들을 제기하게 한다. 과연 그녀가 죽었는가 아닌가하는 일견 어이없어 보이는 질문에서부터, 19세기와 20세기 그리고 현재의 21세기의 여성들이 당면하는 문제들이 에드너가 당면했던 문제들과 어떤 점에서 여전히 같고 어떤 점에서는 달라졌는가 같은 역사적 맥락을 짚는 질문들에 더하여, 에드너가 자신의 삶의 문제를 해결하기 위해 선택한 방식들이 그녀의 의식적인 깨어남에 값할만한 방식인가, 당대에 그리고 현재에 그녀의 의식의 깨어남과 행동의 변화들이 과연 어떤 실천적 의미를 가지고 있는가 등에 대한 날카로운 비판에 이르기까지 다양한 논의들을 촉발한다. 19세기말 미국 남부이라는 특정한 시간과 공간의 문화적 산물인 이 텍스트는 21세기의 한국의 학생들에게도 여성의 삶에 대한 손쉬운 답을 제공하기보다는 답하기 어려운 많은 질문을 더 많이 던져준다는 점에서 여전히 훌륭한 페미니즘 텍스트로서의 역할을 다하고 있다.

▶▶ 더 읽을거리

Ammons, Elizabeth. *Conflicting Stories: American Women Writers at the Turn into the Twentieth Century*. Oxford: Oxford UP, 1991.

Beer, Janet, ed. *The Cambridge Companion to Kate Chopin*. Cambridge: Cambridge UP, 2008.

Elizabeth, Abel, Marianne Hirsch, and Elizabeth Langland, ed. *The Voyage In: Fictions of Female Development*. Hanover, NH: UP of New England for Dartmouth College, 1983.

Seyersted, Per. *Kate Chopin: A Critical Biography*. Baton Rouge: Louisiana State UP, 1969, 1980.

_____. *The Complete Works of Kate Chopin*. 2 Vols. Baton Rouge: Louisiana State UP, 1969.

Toth, Emily. *Unveiling Kate Chopin*. Jackson, MS: UP of Mississippi, 1999.

┃이 경 란 (이화여자대학교)

이디스 워턴
Edith Wharton

작가 소개

　이디스 워턴(Edith Wharton, 1862-1937)은 1862년 1월 24일 뉴욕의 부유한 상류층 가정에서 이디스 뉴볼드 존스(Edith Newbold Jones)라는 이름으로 태어났다. 위로 두 오빠를 둔 막내였던 그녀가 네 살이 되던 해, 가족들은 유럽으로 이주하여 5년 동안 이탈리아, 스페인, 독일, 프랑스를 여행했다. 뉴욕으로 돌아온 워턴은 가정교사에게 프랑스어와 독일어를 공부했으며 아버지의 서재에서 문학과 철학, 과학과 예술에 관해 광범위한 독서를 했다. 그 무렵 단편과 시를 쓰기 시작하여 1877년 처음으로 중편소설「제멋대로」(Fast and Loose)를 발표하였다. 1879년 사교계에 데뷔하던 해 아버지 조지 존스(George Jones)의 건강을 위해 유럽으로 갔으나 1882년 그녀 아버지는 건강을 회복하지 못하고 사망했다. 1885년 4월 29일 보스턴 명문가 출신의 은행가 에드워드 로빈스 워턴(Edward Robins Wharton)과 결혼했다. 결혼 후에 스크라이브너지(誌)에 시를 발표하기 시작했고 1891년「맨스테이 부인의 관점」(Mrs. Manstey's View)이라는 단편을 발표했다. 이후 40년 동안 장편 22권, 단편집 11권, 여행기와 전기 등 논픽션 9권 등 수많은 작품들을 발표했다.

실내 장식과 건축에 관심이 많았던 워턴이 건축가 오그던 코드먼(Ogden Codman)과 공동집필한 『주택의 장식』(The Decoration of Houses, 1897)은 상당 기간 많이 팔렸다. 워턴은 이 책에 주장했던 자신의 건축 철학에 입각해 1901년 매사추세츠 레녹스에 마운트(The Mount)라는 저택을 건설해서 1902년부터 1911년까지 살았다. 이 저택은 1971년부터 국립 역사 유적으로 지정되어 일반인들에게 공개되어 매년 4만명이 방문한다고 한다. 『결정의 계곡』(The Valley of Decision, 1902)과 『성역』(The Sanctuary, 1903)을 발표하던 당시 헨리 제임스(Henry James)를 만났으며 이 두사람은 일생 동안 좋은 친구가 되었다. 1905년에 발표한 『연락의 집』은 그 해의 베스트셀러가 되어 상업적 비평적 성공을 동시에 거두었고 워턴은 이 작품으로 작가로서 평단의 인정을 받았으며 자신감을 확립하게 되었다. 『나무의 과일』(The Fruit of the Tree)을 발표하던 1907년 워턴은 파리로 이주하여 연인이었던 모턴 풀러턴(Morton Fullerton)의 도움으로 파리에서 자기 소설들을 출간하였다. 여자관계도 복잡했고 워턴의 유산을 유용한 남편에 대해 워턴은 파리에서 이혼 소송을 제기하여 1913년 이혼했다. 그 해에 『그 지방의 관습』(The Custom of the Country)을 발표해 비평가들의 인정을 받았다.

마운트 저택을 처분한 워턴은 영구히 프랑스에 자리 잡았다. 1차 대전이 발발하자 워턴은 피난민과 고아들을 돌보는 데 헌신적으로 일해 프랑스 정부로부터 레종 도뇌르(Legion D'Honneur) 훈장과 기사 작위를 받았다. 1917년 『버너 자매』(The Bunner Sisters)를 발표했고 워턴의 또 하나의 여성 문학 걸작으로 평가되는 『여름』(Summer)을 발표했다. 1920년 워턴은 자신의 처녀 시절의 뉴욕을 배경으로 한 『순수의 시대』(The Age of Innocence)를 발표하여 여성 최초로 퓰리처상을 수상했다. 1923년 예일 대학교에서 명예 박사학위를 받았으며 1930년 미국예술원 회원으로 추대되었다. 1934년 자서전 『뒤돌아보며』(*A Backward Glance*)를 발표하였다. 1937년 8월 11일 심장마비로 사망해 베르사유의 미국인 묘지인 고나르 묘지에 묻혔다.

연락의 집
The House of Mirth

작품 줄거리

 이 소설은 두 권으로 이루어져 있는데 1권은 릴리(Lily Bart)와 셀든(Lawrence Selden)이 우연히 만나는 뉴욕의 그랜드 센트럴 역에서 시작된다. 주디 트레너(Judy Trenor)의 초대로 벨로몬트(Bellomont)로 가는 도중 기차를 갈아타기 위해 내린 릴리는 셀든의 권유로 더위를 피할 겸 그의 아파트로 가서 차를 마신다. 거기에서 그들은 결혼과 사회에서의 남성과 여성이 차지하는 차이와 위치 등등에 관한 많은 의견을 나눈다. 셀든의 아파트를 나서는 길에 릴리는 그 아파트 건물 전체의 주인인 신흥부자 로스데일(Simon Rosedale)을 만난다. 남자 혼자 사는 아파트에 미혼인 처녀가 방문한 사실이 그에게 발각된 것에 당황하여 릴리는 재봉사를 만나고 오는 길이라고 거짓말을 한다.
 벨로몬트로 가는 기차 안에서 릴리는 자기에게 청혼 가능성이 있는 퍼시 그라이스(Percy Gryce)를 만나 차를 마시며 그가 관심을 가진 여러 주제에 관해 이야기를 나눈다. 벨로몬트에서 릴리는 부자들과 어울리기 위해 하는 브리지 게임에서 300달러를 잃는다. 이 액수는 부유한 친구들에게는 아무것도 아닌 액수이나 그녀에게는 부담이 되는 큰 액수이다. 이런 돈 문제는 릴리에게 항상 빚에 쪼들렸던 자신의 유년시절을 떠올리게 만든다. 아내의 과소비를 감당하지 못한 아버지는 결국 파산하여 외롭게 세상을 떠나고 아버지의 죽음 이후 딸을 데리고 유럽을 떠돌던 릴리 어머니 역시 세상을 떠난다. 고아가 된 릴리는 먼 친척 줄리아 아주머니(Julia Peniston)에게 맡겨진다. 어머니와 주로 지냈던 유년의 체험은 릴리에게 어머니가 극도로 혐오했던 가난이 주는 구차스러움에 대한 두려움과 혐오감을 각인시켜주었다.

일요일 아침 퍼시 그라이스와 같이 교회로 가기로 한 약속을 늦잠을 자느라 지키지 못한 릴리는 대신 전날 오후에 도착한 셀든과 산책을 한다. 여기에서 셀든은 그녀에게 물질에서 자유로울 수 있는 '정신 공화국'(Republic of Spirit)에 관한 의견을 피력한다. 셀든과의 산보는 퍼시 그라이스 뿐 아니라 아직까지 셀든에 대해 미련을 지니고 있던 버사(Bertha Dorset)의 기분을 상하게 만들어, 릴리의 노름 빚에 관한 버사의 언질에 고지식한 퍼시 그라이스는 벨로몬트를 떠나버린다.

주디(Judy Trenor)의 부탁으로 거스(Gus Trenor)를 역으로 마중나간 릴리는 집에 오는 마차 안에서 월가의 증권 투자에 관한 이야기를 듣고 자기도 투자를 하고 싶다는 말을 한다. 릴리의 미모에 혹한 거스는 투자를 대신 해주겠다는 약속을 한다. 릴리는 거스가 건네준 수표를 투자에 대한 배당금으로 생각하고 아무런 생각 없이 빚을 갚는데 쓴다. 사촌 잭 스텝니(Jack Stepney)와 그웬 밴 오스버러(Gwen Van Osburgh)의 결혼식에서 릴리는 사촌 거티(Gerty Farish)로부터 퍼시 그라이스와 이디 밴 오스버러(Edie Van Osburgh)와 곧 결혼할 것이라는 소식을 듣는다. 버사의 소개로 둘이 만났다는 말에 릴리는 그제서야 버사가 자기와 퍼시 그라이스의 결혼을 방해했다는 것을 깨닫는다.

릴리에게 계속 수표를 건네는 거스는 릴리에게 로스데일에게 친절하게 대해줄 것을 당부한다. 줄리아 아주머니 집으로 돌아온 릴리는 셀든의 아파트에서 나올 때 맞닥뜨린 청소부의 방문을 받는다. 릴리는 셀든의 아파트에서 주운 버사의 연애편지를 가지고와서 돈을 요구하는 청소부에게서 편지를 산다. 한편 줄리아 아주머니의 신임을 얻는데 라이벌인 그레이스 스텝니(Grace Stepney)는 가족 모임에 릴리가 자기를 제외시킨 것에 복수하기 위해, 그리고 모든 사람의 사랑을 받는 릴리를 질투하여 줄리아 아주머니에게 릴리의 노름빚과 거스와의 소문들을 일러준다.

상류사회로 진입을 원하는 브라이 부부(The Brys)는 캐리(Carrie Fisher)의 지휘 아래 타블로 비방(Tableaux Vivant 活人畵) 파티를 하는데 릴리 역시 이 파티에 참여한다. 여기에서 그동안 빛을 잃어가던 릴리의 미모가 다시 한 번 주목을 받고 셀든은 릴리에 대한 자기의 사랑을 재확인한다. 그러나 이 파티에서 만난 거스는 릴리에게 자기와의 시간을 내지 않는다고 더욱 더 불평을 한다. 다음 날 셀든과 주디 트레너로부터 메모를 받은 릴리는 주디를 만나러 주디의 집으로 간다. 그러나 그 집에 주디는 없고 거스 만이 남아 릴리를 겁탈하려한다. 황급히 그 집에서 나오는 릴리를 우연히 본 셀든은 청혼하려던 생각을 접고 하바나로 떠나버린다. 셀든의 방문을 기다리던 릴리에게 뜻밖에 로스데일이 찾아와 청혼한다. 자기의 돈을 과시할 수 있고 다른 남자들을 압도할 수 있는 치장이 어울리는 미모와 명문가 출신의 아내가 필요하다는 로스데일의 청혼을 릴리는 거절한다. 줄리아 아주머니의 격노와, 약속과 달리 나타나지 않는 셀든, 그리고 거스와의 일로 심리적 압박을 받은 릴리는 문제가 생기면 정면으로 대응하지 않고 도피하는 평소의 습관대로 버사의 초대에 응해 유럽으로 간다.

2권은 버사의 초대로 간 몬테 카를로에서 시작된다. 릴리는 버사가 네드 실러턴(Ned Silerton)과의 연애를 즐기기 위해 남편 조지의 시선을 돌리는 방편으로 초대된 것이다. 조지가 자신의 행실에 대해 의심하는 위기를 벗어나기 위해 버사는 조지와 릴리의 관계를 수상한 것으로 만들어 많은 사람들 앞에서 릴리를 요트에서 내리게 만든다. 이 사건에 대해서도 릴리는 사태를 수습하기보다는 친구들을 따라 영국으로 가 3개월을 지내다 뉴욕으로 돌아온다. 도착하는 날 그녀는 줄리아 아주머니의 죽음 소식과 함께, 자기보다 먼저 귀국한 버사가 더 이상 회복할 수 없을 정도로 사태를 조작해 놓은 것을 알게 된다. 그레이스를 통해 유럽에서의 소문을 들은 줄리아 아주머니는 그레이스와 잭 스텝니에게 모든 유산을 남기고 릴리에게는 현금 만 불만을 남겨놓았다. 그러나 그 돈은 거스에게 진 빚을 갚아야 하는 것이었다.

릴리는 캐리의 도움으로 상류사회로 진입을 원하는 고머스 부부(The Gormers)의 저택에 머무르게 된다. 캐리는 사회적인 입지를 다시 얻기 위해 조지 버싯이나 로스데일과 결혼하라고 촉구한다. 릴리에게 깊은 관심이 있는 조지는 릴리가 버사가 셀든에게 보낸 연서를 가지고 있다는 것을 알고 그 편지를 이혼의 증거로 제시해줄 것을 요청하나 릴리는 거절한다. 릴리는 또 다시 버사의 농간으로 고머스 부부의 세계에서도 설 자리를 잃는다. 모든 것을 잃은 릴리는 로스데일에게 청혼을 받아들이겠다고 하나 로스데일은 릴리가 문제의 편지로 버사의 지지를 얻어내어 사교계로 돌아온 이후에 결혼하겠다고 한다. 그러나 릴리는 그 제안 역시 받아들이지 못한다. 생존을 위해, 릴리는 중서부에서 온 부유한 이혼녀 노마 햇치(Norma Hatch)의 비서로 들어가지만, 셀든이 이 일을 그만두고 거티의 숙소로 돌아가라는 말에 그 자리를 그만둔다. 대신 그녀는 거처를 싸구려 하숙으로 옮기고 모자 공장의 수습생으로 들어가나 숙련된 노동자들과 경쟁이 되지 않아 그 곳에서도 발을 붙이지 못한다.

로스데일이 릴리에게 도움을 제안하지만 그의 돈을 받는 것을 거절한다. 릴리는 로스데일과의 만남으로 버사와 거래를 하기로 결심하고 그녀

집에 가는 길에 셀든의 아파트에 들른다. 릴리는 셀든과 여러 이야기를 나눈 다음 그 집의 난로에 편지 뭉치를 던지고 나온다. 공원 벤치에 쓰러진 그녀를, 자선단체 일을 하는 거티를 통해 도움을 준 적이 있는 타이피스트 네티 스트러서(Nettie Struther)가 발견한다. 네티에게 이끌려 간 집은 작고 초라하지만 깨끗하고 따뜻하다. 난로불이 타고 있는 부엌에서 네티의 아기를 안아본 릴리는 처음으로 사람의 온기를 느끼고 행복감을 맛본다.

하숙으로 돌아온 릴리는 우편으로 배달된 만 불짜리 수표로 거스의 빚과 나머지 빚을 청산한다는 편지를 남기고 그동안 불면증 때문에 복용했던 클로랄을 먹고 잠이 든다. 네티의 아기를 품에 안은 꿈을 꾸면서. 다음 날 아침 일찍 릴리에게 청혼을 하기위해 온 셀든은 죽어있는 릴리를 발견한다.

문학사적 의의

이디스 워턴은 한동안 상류사회의 세태를 주로 그리는 인습주의자이며 도덕주의자로서 사회 변화에 무관심한 작가로, 헨리 제임스의 아류로 평가되어왔다. 20세기 초 격변하는 사회적 환경을 외면한 채 "사라져가는 귀족계급에 대한 향수에 젖어있는 귀족작가"로 수용되었던 워턴은 1960년대 이후 그녀는 물질주의에 침몰된 인간을 그린 자연주의적 사회비평가, 가부장 사회에서 희생당한 여성을 그려낸 여권주의자이며 또 한편으로는 여성의 문제를 다루고는 있으나 자신이 살았던 사회의 가치를 완전히 벗어나지 못한 한계를 지니고 있다는 의견까지 다양하게 논의되는 중요한 작가로 재평가되었다.

워턴이 본격적으로 여성주의 비평가들의 주목을 받기 시작한 1970년대에 울프(Wolff)는 워턴을 "미국이 낳은 여섯 작가 가운데 한사람"이라고 극찬한바 있다. 울프의 이러한 평가는 지나친 것이라는 지적을 받기는 하였으나 그녀의 작품이 "여성 문제에 관한 사회적·경제적·심리적·인류학적인 관심이 융합된 복합적인 비판"이라고 한 아몬스(Ammons)의 평가는, 워턴이 점점 더 상업적인 이익을 추구해가는 가부장 사회에서 부침하는 여성의 운명을 부각시키며 사회 변화 속에서 삶의 핵심 문제를 통찰하고 있는 작가임을 증명해 준다.

뉴욕 상류사회 출신이었던 워턴은 『연락의 집』을 비롯한 대부분의 작품에서 결혼 제도와 여성의 위치에 대해 끈기 있게 탐색하고 있다. 그러나 그녀는 이상적인 결혼생활을 제시하지 않는다. 자신의 결혼생활이 그리 평탄하지 않았고 결국 이혼하고 프랑스에서 생을 마감할 때까지 살았던 워턴은 가부장적인 시장사회에서 변질된 결혼이 어떻게 여성을 희생시키며, 남성 역시 얼마나 무력하고 불행하게 만드는지를 제시한다. 결혼 이외의 다른 선택이 차단된 유한 계층의 여성들이 생존을 위해 경제적 사회적 지위를 제공하는 남자와 결혼하려는 필사적인 노력과 좌절, 성공을 통해 작가는 가부장적 사회가 여성을 대상화하여 소모하는 양상을 노출시킨다.

워턴의 첫 성공작으로 평가되며 비평가들의 주목을 가장 많이 받는 『연락의 집』은 릴리 바트(Lily Bart)라는 주인공 처녀가 집안과 미모를 자산으로 최상의 조건을 갖춘 결혼 상대를 구하는 힘든 노력을 경주하면서도 동시에 "노력의 수확을 거둘 수 있는 목전"에서 포기해 사회적 경제적 하강을 거듭하다 종국에는 죽음에 이르는 과정을 보여준다. 릴리는 집을 찾아가는 고아, 부패한 세계에서 유일하게 도덕적인 인물로 평가받기도 하고, 반대로 허영심이 많고 자기중심적이며 다른 이들의 곤경에 무심한 인물로, 그리고 빅토리아 적인 가치관을 그대로 답습하는 인물로 해석된다. 다른 한편으로는 당시 가부장적인 한계에 저항의 반기를 드는 신여성으로 파악되기도 한다. 바로 이렇게 다양한 해석이 가능한 주인공의 행로가 당시의 심리적 문화적 사회적 변화를 노출시키고 본질적인 문제를 제기하고 있다.

워턴은 『연락의 집』을 쓰면서 유행의 도시 뉴욕에서 어떻게 소설 주제를 이끌어낼 것인가를 고심했다고 뒷날 자서전 『뒤돌아보며』에서 이렇게 토로했었다.

> 어떤 면에서 무책임하게 쾌락을 추구하는 이들의 사회가 세상의 오래된 고통에 대해, 그런 사회를 구성하는 사람들이 짐작할 수 있는 것보다 더 깊은 의미를 가질 수 있다고 말할 수 있을까? 그에 대한 답은 부질없는 사회는 그 부질없음이 파괴하는 것을 통해서만이 극적인 의미를 얻을 수 있다는 것이다. 비극적 의미는 타락한 사람들과 이상의 힘에 있다. 간단히 말해, 그 대답은 내 주인공 릴리 바트이다. (207)

"결혼을 위해 양육되고 결혼만이 유일하게 허용된 직업"인 릴리는 자기에게 최고의 값을 매기는 남자와 결혼하기 위해 총력을 기울이는 동시에 그것으로부터 끊임없이 도피하다 결국 파멸한다. 릴리가 자신의 현실과 상황을 직시하지 못하고 끊임없이 도피하며 목적하는 바를 포기하고 죽음에 이르게 되는 이유는 무엇인가?

워턴과 거의 동시대를 살았던 베블렌(Thorstein Veblen)은 당대의 미국 문화를 돈이 힘의 원천으로 작용하는 금전문화로 규명하면서 유한 계급에 대해 분석하였다. 그의 주된 논점은 유한계급의 부인들이 경제적으로 남성들에게 종속되어 남편의 노예상태로 머물러있다는 것이다. 현대의 아내들은 생산자인 남성에 대해 주된 소비자 역할을 수행하고 있는데, 주목할 점은 이 부인들의 과시적 소비가 외적으로는 자율적인 행위로 보이지만 실제로는 남편의 돈을 소비하면서 남편의 경제력과 힘을 드러내는 노예같은 행동이라는 것이다. 그러므로 여성은 여성 자신으로 존재하는 것이 아니라 남성의 힘을 상징하는 기표로서 남성의 장식물 혹은 소유물로서 기능을 한다는 점이다.

『환락의 집』에 등장하는 대부분의 상류사회 여성들이 처한 상황은 베블렌의 지적에서 벗어나지 않으며 남성들과의 관계를 통해서만 자신의 사회적 경제적 입지를 확보할 수 있는 굴종적인 입장이다. 당시 결혼 시장에서 장식물로서의 아내를 구하는 풍토를 가장 잘 보여주는 인물은 릴리의 어머니(Mrs. Bart)이다. "너의 예쁜 얼굴로 모든 재산을 되찾아야한다, 너의 얼굴로"라고 끊임없이 되뇌던 어머니의 말은 릴리의 성격과 운명을 규정한 본질적인 환경이라고 할 수 있다. 과도한 지출로 남편을 소모해버린 뒤 가난 속에서 방랑자로 살다간 어머니에게 딸의 미모야말로 인생을 재기하게 만들 수 있는 유일한 무기였으며 자산이었다. 릴리의 미모를 그리는 언어에서 선명하게 드러나는, 육체적인 아름다움을 대상화하는 경향은 그녀 인생에 치명적인 결과를 초래한다. 자신을 객체화함으로써 릴리가 겪게 되는, 진정한 자아와 탐나는 물건으로서의 사회적 정체감 간의 괴리는 "인간 존재의 핵심"을 박탈해버린다.

딸을 바라보는 어머니의 시선은 아름다운 물건이 갖는 궁극의 목적 즉 가장 비싼 가격을 부르는 이의 재산목록으로 릴리가 존재한다는 점을 함축한다. 릴리의 운명, 비극의 핵심은 릴리 바트(Lily Bart)라는 이름이 지니는 역설에 설정되어 있다. "교환하기 위해 내놓은 백합"이라는 것이다. 릴리의 삶은 뿌리 없는 백합처럼 그녀를 지탱해줄 굳건한 지반이 없다. 아름다운 대상물로서의 릴리의 정체는 그녀를 끊임없이 압박해오는 경제적인 어려움을 고려하면 더욱 선명하게 부각된다. 릴리는 삶의 근간을 확보하고자 최선을 다하지만 그런 노력은 릴리의 존재 가치가 장식성에 있다는 본질 때문에 이뤄지지 않는다. 자신의 미모를 돋보이게 하는 릴리의 재주는 완성된 물건에 약간의 손길을 첨가하는 것일 뿐 숙련된 노동자들과는 경쟁이 되지 않으며 생계를 꾸릴 정도의 돈버는 일로 이어지지 못한다. 사회는 그녀의 아름다움만을 즐길 뿐이지 그녀가 살 수 있는 기반을 마련해주지 않는다. 릴리의 후견인 줄리아 아주머니는 가끔씩 기분에 따라 릴리에게 옷값을 집어주지만 계획을 세울 수 있도록 정기적인 용돈을 주지 않으며 누구보다도 후했던 주디 역시 릴리가 남편에게 재정적인 신세를 졌다는 것을 알고 관계를 끊는다. 릴리는 주디가 주지 않는 도움을 거스가 준다고 했을 때 그가 자기를 돕는 이유를 숙고하고 그 의미의 파악에서 외면하지 말았어야 했다.

이처럼 상황 파악을 냉정하게 하지 못하고 일을 그르치는 릴리의 행동은 소설 전반에 걸쳐 나타난다. 소설 시작 무렵 그동안 공들였던 퍼시 그라이스의 청혼을 목전에 둔 일요일에 같이 교회 가기로 한 약속을 깨고 셀든과 산보를 가 퍼시 그라이스가 떠나버린 사건이나, 노름빚과 거스와의 소문으로 극도로 불쾌해하는 줄리아 아주머니를 뒤로 하고 버사의 초대에 유럽으로 가버린 행동은 도피적이고 충동적인 릴리를 보여준다. "자신의 생각과 정면으로 부딪치도록 교육받지 못한" 릴리는 조여 오는 경제적 압박과 거스와의 관계에 정면 대응하지 못하고 유럽으로 가버린 것이다. 그런데 바로 그곳에서 자신의 궁지를 모면하기 위해 남편 조지와의 관계를 의심스런 것으로 만들어버린 버사에게 아무런 대응을 하지 못하고 릴리는 영국으로 떠나버린다. 처녀가 스캔들의 주인공이 된다는 것을 용납하지 못하는 줄리아 아주머니에게 유럽에서 들려오는 릴리에 관한 소문은 유산 분배를 다시 하게 만든다.

릴리와 주위 남성들과의 관계를 살펴보면 "여성과 남성 사이에 존재하는 이중의 기준과 억압"의 역학 관계를 알 수 있다. 릴리가 사랑했고 그녀에게 청혼하려 했던 셀든은 워턴의 이상적인 남자, 이 소설의 중심을 잡아주는 냉철한 구원자라는 평가와 릴리를 비참함과 결정적인 곤경으로 몰고

가는 현실감각이 없는 인물이라는 비난을 동시에 받고 있다. 셀든은 금전으로 움직이는 사회를 비난하며 릴리에게 "돈, 가난, 편안함과 걱정, 그리고 모든 물질적인 상태로부터의 자유"를 누리는 "정신공화국"을 찾아 천박한 친구들을 떠나라고 하지만 그 역시 그 사회에 속해 있다. 그리고 고아에다 유산이라고는 거의 없는 빈곤한 릴리에게 그런 충고가 얼마나 공허한 것인가를 알지 못한다. 디목(Dimock)의 주장대로 정신 공화국이란 셀든 자신이 변호사라는 직업으로 적극적으로 참여하고 있는 시장사회를 세련되게 복제한 것이라고 할 수 있다.

이 작품에서 릴리에게 유일하게 청혼한 로스데일과 릴리의 관계는 사회적 인습과 파워에 대처하는 남녀의 차이를 보다 뚜렷하게 제시한다. "여러 면에서 릴리의 남성의 짝"(counterpart)인 그는 대처 방법에 있어서 릴리와 본질적으로 대비된다. 두 사람은 목표를 향해 부단히 노력한다는 공통점이 있다. 그러나 거대한 재산을 기반으로 목표를 향해 치밀하고 냉철하게 양심의 가책이나 감정의 흔들림 없이 추진해가는 로스데일과는 대조적으로 릴리는 끊임없이 흔들리고 목표를 이룰 수 있는 결정적인 순간에 도피하거나 패배한다. "사회의 도덕에 대한 성의 정치학을 부각시키는 관계"인 이 두 사람의 행로, 즉 로스데일의 상승은 릴리의 하강과 교차된다. 유태인이며 신흥졸부로 명문가로부터 경멸의 대상이었던 그는 편입되고자 하는 사회를 압도하는 거대한 자금력으로 상류사회의 인정을 얻어낸다. 여기에서 주목되는 점은 그가 재산을 축적한 방법에 대해 누구도 문제를 삼지 않는다는 것이다. 릴리와 금전과의 관계는 매단계마다 그녀의 도덕성이 문제시되고, 거스가 로스데일에게 팁을 받는 것은 문제되지 않으나 릴리가 거스에게 돈을 받는 것은 그녀의 평판에 치명적이다. 사정이 다급한 릴리가 결혼을 제안 했을 때 로스데일은 버사의 편지로 버사를 협박하여 그녀를 다시 친구로 만들 수 있다면 결혼하겠노라고 한다. 그러나 릴리는 그 편지를 셀든의 아파트 난로 불에 던져버린 것이다. 릴리에게는 로스데일의 재력만이 아니라 자기가 원하는 걸 얻기 위해 어떤 것도 불사하는 철면피함이 없다.

릴리는 모든 에너지와 재능을 결혼이라는 목표에 쏟지만 그렇게 하는 만큼 그녀는 자신의 운명에 저항한다. 릴리는 미모와 사회적 지위의 유지를 위해 돈 많은 남편이 필요하지만 동시에 아내를 장식물로 여기는 남성들의 사고나 결혼제도에 저항하는 이율배반적인 입장 에 처해있다. 어리석을 정도로 자기 파괴적인 릴리의 행동은 그녀를 만들어낸 사회와 그 사회의 산물인 그녀 자신으로부터 영원한 도피이자 저항의 표시라고 할 수 있다. 릴리가 지닌 모순, 다시 말해 어떤 곤란한 상황에도 능숙하게 적응하는 듯한 능력을 지녔으면서도 자기가 성취하려는 목표의 진상을 파악하고 경멸하게 만드는 감수성이 그녀로 하여금 살려는 의지를 꺾게 한다. 자신에 대한 릴리의 경멸은 자신의 생존방식과 사회에 대한 혐오와 경멸이라고 할 수 있다.

모자 공장에서 해고당한 뒤 길거리에 쓰러진 릴리를 네티가 구해준다. 릴리가 기부한 돈으로 건강을 되찾은 네티는 릴리를 자기 집으로 초대한다. 릴리는 네티의 초라하지만 "놀라울 만큼 깨끗하고 따뜻한" 보금자리에 깊은 충격을 받는다. "한줌도 안 되는 낙엽과 지푸라기로 되어있지만 그 속에 있는 생명이 낭떠러지 위에 안전하게 걸려있도록 엮어져 있는" 새둥지 같은 네티의 집과 삶의 방식은 릴리에게는 결여된 생명력과 사회에 온전하게 참여하는 행동으로 다가온다. 이런 결말에 대해 너무 감상적이고 네티라는 인물이 충분히 구체화되어 있지 않다는 부정적인 비평이 있지만 네티의 부엌은 이 소설에서 처음 느끼게 되는 온기를 지닌다. 릴리는 "같이 있을 때조차도 남녀 모두가 부유하고 있는 원자들"처럼 보이는 상류사회의 '연락의 집'에는 자기를 지탱해줄 게 하나도 없었다는 것을 그때서야 깨닫는다. 비록 절벽 위의 새둥지처럼 초라할 지라도 네티의 집은 "지혜자의 마음이 머무를 수 있는 초상집"으로서 "어리석은 자들이 머무는 연락의 집과 대조를 이루는 곳이다."(전도서 7:3-4) 네티와 남편 조지와의 관계는 바람직한 남녀 관계가 어떤 것인가를, 그리고 릴리를 "거대한 기계에서 떨어져 나온 나사나 못처럼" 던져버린 상류사회 인간들의 추악함을 폭로한다.

릴리의 궁극적인 아름다움은 결국 생을 포기한데서 나온다. 릴리가 다른 이들을 감동시키는 것은 사회의 바닥까지 내려갔으면서도 자기를 다시 상류사회로 복귀하게 만드는 열쇠인 편지를 누구도 모르게 불속에 던지는데 있다. 작가는 부질없는 사회가 의미를 얻는 것은 그 부질없음에 의해 파괴되는 것을 통해서라고 했지만 릴리의 희생이 소설 속 인물들에게 어떤 의미를 남기는 것 같지 않다. 그러나 릴리의 죽음을 읽는 우리에게는 많은 의미를 던지고 있다. 워턴은 릴리 바트라는 인물이 파멸해가는 과정을 통해 계층 간, 남녀 간의 차이와 차별적인 태도에 의해 수수께끼처럼 얼크러진 가부장적 자본주의 사회가 지니는 부질없는 요소들을 적나라하게 우리에게 제시한다. 결정적인 순간 되풀이되는 릴리의 도피는 힘의 균형을 이루어야하는 한 쪽이 전혀 무력한 관계에 대한 거부이며, 경제적 거래로 이루어지는 결혼을 증오하면서 생존 때문에 그것에 매달릴 수밖에 없는 자신에 대한 역겨움에서 비롯되었다. 그런 자기혐오가 바로 릴리로 하여금 생의 의지를 포기하게 한 것으로 짐작할 수 있다.

릴리에게 다른 대안을 제시하지 않은 워턴에게 비난의 화살이 돌아가지만 인간에게 자기가 사는 시대를 초월하기를 바란다는 것은 무리라는 올린 아멘토프(Olin Ammentorp)의 지적처럼, 적어도 이 소설은 "여성의 모든 선한 행위는 남자와의 결혼으로 보상받는다는 19세기 여성소설의 통념"을 전복하는 것만으로도 충분히 가치를 인정받아야 할 것이다. 이 소설은 남성과 여성이 함께 행복할 수 있는 사회는 모든 인간이 자기를 제어하는 힘을 스스로 지니며 어느 누구에게도 단 하나의 선택만을 강요하지 않는 성숙한 사회여야 한다는 점을 강조하고 있다.

▶▶ 더 읽을거리

Ammons, Elizabeth. *Edith Wharton's Argument with America*. Athens: U of Georgia P, 1980.

Dimock, Wai-Chi. "Debasing Exchange: Edith Wharton's *The House of Mirth*." *PMLA* 100 (1985): 783-91.

Fetterley, Judith. "The Temptation to be a Beautiful Object: Double Standard and Double Bind in *The House of Mirth*." *Studies in American Fiction* 5 (1977): 199-212.

Olin_Ammentorp, Julie. "Edith Wharton's Challenge to Feminist Criticism." *Studies in American Fiction* 16 (1988): 237-44.

Spiller, Robert, et al. *Literary History of United States*. N.Y.: MacMillan, 1959.

Veblen, Thorstein. *The Theory of the Leisure Class: An Economic Study of Institution*. 1899. N.Y.: Modern Library, 1934.

┃정 혜 옥 (덕성여자대학교)

윌라 캐더
Wilella Cather

작가 소개

　윌라 캐더의 본명은 윌라 시버트 캐더(Wilella Sibert Cather, 1873-1947)로 1873년 12월 7일에 버지니아 주의 윈체스터 근처 백 크릭 밸리(Back Creek Valley)의 윌로우 셰이드(Willow Shade) 농장에서 태어났는데 이 곳은 그녀의 외할머니가 농장을 갖고 있는 곳이었다. 그녀의 아버지는 찰스 펙티그 캐더(Charles Fectigue Cather)로 몇 대째 그 지역에서 살아왔고 어머니는 메리 버지니아 보우크(Mary Virginia Boak)로, 그녀의 부모는 결혼한 지 1년도 안되어 캐더의 할아버지가 준 윌로우 셰이드 농장으로 이사를 한다. 캐더는 부모가 네브라스카 주의 캐더튼(Catherton)이라는 곳으로 이주를 하게 됨에 따라 열 살이 채 안된 나이에 고향을 떠나게 되는데, 새로 이주한 캐더튼은 아직 개척지역의 마을이어서 버지니아와는 여러 모로 상이했다. 캐더튼에서 1년 반 정도를 산 후 1884년에 캐더 집안은 아버지가 보험과 부동산 사무실을 열게 되는 근처의 레드 클라우드(Red Cloud)로 이사를 했고 이곳에서 캐더는 유년 시절을 보내게 된다. 이 곳은

『나의 안토니아』에 나오는 주인공 안토니아의 실제 모델인 애니 파벨카(Annie Pavelka)라는 여성의 삶의 터전이기도 하다. 캐더가 어린 시절은 보낸 네브라스카 지역은 미국이 서부로 영토를 넓히던 시기의 특성을 그대로 반영하듯 주변 환경이나 기후, 여러 이민자 집단과 그들의 문화 등이 혼재하던 곳이었다. 캐더가 살던 레드 클라우드 지역 역시 스웨덴, 러시아, 독일, 보헤미아 등지에서 온 이민자들이 많이 살던 곳으로 이들과 어울려 유년 시절을 보낸 캐더는 이러한 다양한 삶의 모습으로부터 깊은 영향을 받고 훗날 창작활동을 할 때 어린 시절의 경험으로부터 중요한 소재 및 주제를 되살려 사용하게 된다.

 레드 클라우드에서 고등학교까지 마친 캐더는 1891년에 링컨(Lincoln)시에 있는 네브라스카 대학에 입학한다. 원래 캐더는 의학을 전공하려 했지만, 카알라일에 관해 자신이 작성한 보고서(Some Personal Characteristics of Thomas Carlyle)를 교수가 읽고 학교 신문(Nebraska State Journal)에 투고하여 게재된 것을 계기로 자신의 진로를 다시 생각하게 되고 문학으로 전공을 바꾸게 된다. 그 후 캐더는 이 신문에 연극에 대한 비평을 몇 차례 더 싣게 되며 학내 연극에도 몇 차례 출연한다. 캐더는 1894년에 영문학 학사 학위를 취득하면서 네브라스카 대학을 졸업하는데 대학 시절 때 보여준 저널리즘과 글쓰기에 대한 재능은 1896년에 피츠버그에 있는 ≪홈 먼쓰리≫(The Home Monthly) 잡지사의 편집자로 일하게 되는데 큰 역할을 한다. 그 후 ≪피츠버그 리더≫(Pittsburgh Leader)라는 잡지에서 편집자로 일하면서 연극 비평에 관한 일도 맡아 했으며 또 다른 지역 출간물인 ≪라이브러리≫(The Library)라는 잡지에도 수차례 글을 기고하기도 한다. 캐더는 1906년에 ≪매클루어 매거진≫(McClure's Magazine)이라는 잡지사의 편집부에서 근무하게 되어 뉴욕으로 이주한다. 이 회사에서 캐더는 조지나 웰스(Georgina M. Wells)와 함께 크리스천 사이언스교의 창시자인 메리

에디(Mary Baker Eddy)에 관한 전기 작업에 착수하는데 이 글은 1907년에서 1908년까지 ≪매클루어 매거진≫에 연재되었으며 나중에 책으로 출판되기도 한다. 크리스쳔 사이언스 측에서는 이 책이 나오자 불만을 품고 시중에 나온 판본을 모두 구매하려 하기도 했으며, 이 책은 1993년에 네브라스카 대학 출판사에서 재출판된다.

캐더는 저널 분야에서 일하는 한편 가르치는 일과 창작 활동에도 힘을 써 피츠버그에 사는 1년간 Central High School에서 영어를 가르치고 그 후 Allegheny High School에서 영어와 라틴어를 맡아 학생들을 지도한다. 학생들을 가르치는 틈틈이 창작활동을 하는 그녀는 1903년에 첫 번째 시집인 『4월의 황혼』(*April Twilights*)를 출판한다. 또한 첫 번째 단편 모음집인 『트롤 정원』(*The Troll Garden*)을 1905년에 출판했으며 1912년에는 첫 장편 소설인 『알렉산더의 다리』(*Alexander's Bridge*)를 발표한다. 이 작품은 헨리 제임스(Henry James)의 영향을 많이 받은 작품인데 선배 작가인 쥬엇(Sarah Orne Jewett)은 캐더에게 자신만의 작품세계, 즉 네브라스카에서 겪은 경험을 토대로 글을 써 보라는 충고를 한다. 『알렉산더의 다리』를 발표한 같은 해에 캐더는 ≪매클루어 매거진≫의 일을 그만두고 글쓰기에 전념한다. 1913년에 『개척자들』(*O Pioneers!*)을 발표한 이후 1915년에 『종달새의 노래』(*The Song of the Lark*), 1918년에 『나의 안토니아』(*My Antonia*), 1922년에 『우리 중 하나』(*One of Ours*)를 발표하는데 이 책으로 1923년에 퓰리처상을 수상한다. 그 후 1925년에는 『교수의 집』(*The Professor's House*)을, 1927년에는 『대주교의 죽음』(*Death Comes for the Archbishop*)을 발표한 캐더는 몇 권의 책을 더 발표한 후 1947년에 뉴욕에서 생을 마감한다.

나의 안토니아
My Antonia

작품 줄거리

『나의 안토니아』는 5부로 이루어졌으며 각 부는 단일한 주제나 소재 아래 치밀하게 구성된 것이 아니라 다양한 소재로 이루어진 "느슨한 삽화적인 구조"(loosely eposodic structure)로 쓰인 작품이다. 제1부의 제목은 "쉬메르다 가족"(The Shimerdas)으로 열 살의 짐 버든(Jim Burden)이 고향 버지니아 주의 블루 릿지(Blue Ridge)를 떠나 할아버지와 할머니가 계신 네브라스카 주로 향하는 것으로 시작한다. 짐의 부모가 일 년 사이에 차례로 사망하자 버지니아 주에 있는 친척들은 어린 짐을 네브라스카 주로 보내기로 결정한다. 짐은 가도 가도 끝없을 것 같은 기차 여행 중에 안토니아에 대해 처음 듣게 된다. 기차의 차장이 이민자 칸에 바다 건너에서 온 가족이 있는데 짐과 행선지가 똑같다는 말을 하며 짐과 비슷한 나이 또래의 소녀가 있다고 전해 준다. 기나긴 여정 끝에 오직 어둠 밖에 보이지 않는 밤에 목적지 블랙 호크(Black Hawk)에 도착한 짐은 차장이 말하던 이민자 가족을 보게 된다. 아버지와 엄마, 두 아들과 두 딸로 이루어진 그 가족은 곧 안내자에 의해 어디론가 향한다. 할아버지 농장의 일꾼이자 자신들을 마중 나온 오토 퍽스(Otto Fuchs)를 따라 농장으로 향하는 짐의 눈에 비친 세계는 아무 것도 없는 땅뿐인 세계, 아직 나라는 아니지만 미국이라는 나라가 만들어지는 원자재인 땅밖에 없는 세계이다. 농장으로 가는 짐은 인간의 지배가 미치지 않는 세상으로 들어가는 기분을 느낀다. 그 세상은 지금까지 알던 자신의 존재를 완전히 지워버리는 느낌을 주는 곳으로 돌아가신 부모님의 영혼마저 따라 올 수 없는 낯선 곳이다.

짐의 할아버지는 말수가 적고 매우 신중하며 위엄이 넘치는 인물이며, 할머니는 다정하고 쾌활한 성격으로 부모를 여읜 짐의 부모 역할을 한다. 블랙 호크에 온 지 이틀 후 짐은 할머니와 함께 산책을 나가는데 블랙 호크에 도착한 날 밤에 느꼈던 낯선 기분 대신 힘차게 살아 숨 쉬는 자연 속에서 하나가 됨을 느끼며 행복해 한다. 짐과 같은 기차를 타고 블랙 호크로 이민을 온 안토니아 가족은 보헤미아 출신인데 사기를 당해 동굴에서 생활하는 등 어려움을 겪는다. 활달한 안토니아의 성격으로 짐과 안토니아는 곧 친밀한 사이가 되며 이를 지켜보는 안토니아의 아버지는 짐에게 자신의 딸을 가르쳐 달라고 말한다. 안토니아와 짐이 영어로 어느 정도 의사소통이 됨에 따라 짐은 그녀의 가족에 대해 더 자세하게 알 수 있는데 안토니아의 아버지 쉬메르다 씨가 향수병에 걸려 있음을 알게 된다. 어느 날 짐을 본 쉬메르다 씨는 보헤미아의 귀족으로부터 선물 받은 총을 짐이 더 크면 주겠다는 말을 한다. 안토니아와 같이 지낼수록 한편으로는 좋아하면서도 또 한편으로는 누나 같이 행동하는 그녀를 내심 못마땅해 하던 짐은 어느 날 둘이 산책하다 커다란 늙은 뱀 한 마리를 삽으로 때려 잡게 되는데 그 이후 짐을 대하는 안토니아의 태도는 약간 변한다.

짐이 사는 곳 근처에는 또한 피터(Peter)와 파벨(Pavel)이라는 러시아 이민자가 같은 집에서 살고 있는데 이들은 정착할 때 위크 커터(Wick Cutter)란 사채업자에게 빌린 돈을 갚지 못해 피터의 모든 재산을 저당 잡힌 상태이다. 피터가 빚을 청산하고 난 지 얼마 되지 않아 파벨이 새로

지을 헛간에 쓸 목재를 들어 올리다 큰 부상을 당한다. 상태가 위중해진 파벨이 쉬메르다 씨와 안토니아에게 할 말이 있다는 소리를 들은 짐은 그들과 같이 가겠다고 하고 피터의 집으로 고 파벨과 피터는 러시아에서 겪었던 끔찍했던 이야기를 한다. 추운 겨울의 어느 날 친구의 결혼식에 참석했던 이들은 식이 끝난 후 신랑 및 신랑의 친구들과 여섯 대의 썰매 마차에 나누어 타고 집으로 가는데 도중에 굶주린 늑대 떼의 습격을 받는다. 마차가 하나 둘씩 늑대의 공격을 받게 되고 피터와 파벨, 그리고 신랑과 신부가 탄 마차만 남게 되는데 점차 말들이 지치고 늑대들이 다가오자 마차를 가볍게 하기 위해 실랑이 끝에 파벨이 신랑을 마차 밖으로 밀친 후 뒤이어 신부도 내던져 가까스로 늑대 무리로부터 벗어난다. 그들이 마을로 돌아간 후 마을 사람들의 냉대 속에 그들은 쫓겨나게 되고 어느 곳을 가던지 그 이야기는 항상 그들을 따라다닌다. 미국으로 건너온 후 여러 곳에서 일을 했지만 늘 운이 없던 탓에 네브라스카로 농사를 짓기 위해 온 것이다. 이 이야기를 들려준 뒤 며칠이 지나 파벨은 삶을 마감하게 되고 피터는 블랙 호크를 떠나는데 말이 통하는 친구를 잃은 쉬메르다 씨는 부쩍 외로워한다.

　블랙 호크 지역에서 비교적 여유 있는 생활을 하는 짐에게도 네브라스카의 첫 겨울은 짐으로 하여금 추위는 인간의 가장 큰 적이라고 믿게 할 정도로 매섭기만 하다. 두 주 동안 편도선염에 걸렸던 짐에게 할머니 집의 지하실 부엌은 매서운 겨울 추위로부터 든든하고 아늑하게 지켜주는 천국 같은 곳이다. 겨울동안 짐은 집 안에서 단조로운 생활을 하지만 할머니의 활달한 성격과 자상한 마음씨로 즐거운 시간을 보낸다. 하지만 낯선 곳에서 첫 겨울을 나게 되는 쉬메르다 가족은 말할 수 없는 고통을 겪는다. 쉬메르다 가족을 방문한 할머니와 제이크, 짐은 그들이 처한 곤궁한 상황에 아연실색한다. 크리스마스 날 오후에 쉬메르다 씨가 짐의 집을 방문해

할머니가 방문해 준 것에 대해 감사를 드리며 같이 화목한 시간을 보내는데 어린 짐의 눈에는 오랜만에 안락하면서 편한 가정의 분위기를 즐기는 듯 보인다.

1월 22일 아침 짐의 집은 한바탕 소동에 휩싸이는데 전날 밤 쉬메르다 씨가 자살을 했기 때문이다. 고향에서 안정된 생활을 누리다 낯선 미국 땅에서 농사일에 적응을 하지 못하고, 더욱이 친하게 의지하던 러시아 친구들도 떠나 버린 후 향수병에 걸려 고민을 하던 쉬메르다 씨는 가족들을 남겨 두고 자신의 삶을 마감한다. 장례 일을 도우러 식구들이 모두 집을 비운 동안 홀로 남게 된 짐은 문득 추위와 가난한 삶, 그리고 눈과 싸우다 지친 쉬메르다 씨의 영혼이 자신의 조용한 집에서 편히 쉬고 있으리라 확신한다. 짐은 무섭기 보다는 그의 영혼을 방해하지 않도록 아무 소리도 내지 않고 조용히 부엌으로 내려가 쉬메르다 씨에 대해 오랫동안 생각한다. 종교적인 해석을 떠나 어린 짐에게 쉬메르다 씨는 너무 불행해서 더 이상 이 세상에서 살 수 없었을 것이라고 결론 내린다.

겨울이 지나가고 봄이 오며 땅이 모든 만물의 힘찬 생명의 약동으로 꿈틀거릴 때 쉬메르다 가족은 동네 사람들의 도움을 받아 통나무로 만든 새 집으로 이사를 한다. 쉬메르다 씨가 죽은 후 맏이인 암브로쉬와 큰 딸 안토니아는 억척스럽게 일을 하며 가족을 부양한다. 미국에 온 지 8개월이 지나 막 열다섯 살이 된 안토니아는 남자들처럼 힘들게 농사일을 하느라 말투나 행동이 남자처럼 변한다. 그런 안토니아가 예전의 온순한 태도를 잃고 남자처럼 거칠어질 것이라 내심 못마땅해 하는 할머니와 짐을 보고 할아버지는 사람을 성공시킬 인물이라며 흐뭇해하신다. 짐은 힘든 일을 하는 안토니아를 보고 사람들이 수군거릴 때 짐은 예전에 쉬메르다 씨가 "나의 안토니아"라고 불렀던 말을 떠올린다.

암브로쉬가 제이크에게 빌려간 말고리를 못쓰게 만들어 제이크와 암브

윌라 캐더(Wilella Cather) ••• 145

로쉬가 주먹다짐을 하고 그 후 몇 주 동안 두 집안 사이에는 냉랭한 기운이 감도는데 할아버지가 추수 때 안토니아에게 부엌일을 부탁함으로써 두 집안은 다시 화목하게 지내게 된다. 쾌활하고 눈치가 빠른 안토니아는 짐의 집에서 일하는 것을 좋아하고 짐의 식구들 역시 안토니아를 좋아한다. 천둥소리가 요란하고 곧 비라도 퍼부을 듯 먹구름으로 뒤덮인 어느 여름 날 밤 짐과 안토니아는 닭장 지붕 위로 올라가 여름밤의 경치를 감상한다. 오랜만에 안토니아의 다정한 모습을 본 짐은 왜 지금처럼 항상 다정하지 않고 암브로쉬처럼 되려고 하냐고 묻자 안토니아는 모든 것이 갖춰진 풍족한 짐과는 달리 자신은 처음부터 시작해야 하기 때문에 모든 것이 힘들다고 대답한다. 이 수확의 장면을 끝으로 그들의 유년 시절은 끝난다.

제2부는 "고용살이 하는 처녀들"(The Hired Girls)이라는 제목 아래 이민자 가정의 소녀들에 관한 이야기가 토대를 이룬다. 1권이 주인공들의 소년 시절을 다룬다면 2권은 그들의 성장기인 청소년기를 그리고 있다. 짐이 네브라스카에 온 지 3년이 지난 후 짐의 할아버지와 할머니는 나이가 들어 더 이상 농사일을 하지 못하게 되었고 짐도 열세 살이 되어 학교에 가야 한다고 생각하여 블랙 호크 읍으로 이사를 한다. 새 집은 마을의 북쪽 끝에 있어서 시골에서 읍으로 들어오게 되는 첫 번째 집이었고 시골 사람들이 읍내로 들어올 때 편히 쉴 수 있는 곳이기도 하다. 농장일을 거들어 주던 오토와 제이크는 광산업에 자신들의 운을 맡겨보려 서부로 떠나고 몇 달 뒤 편지 한 통을 보낸 후 영영 소식이 끊긴다. 학교에 다니게 된 짐은 이전과는 완연히 다른 소년으로 성장한다. 스스로도 또래의 소년들로부터 배울 것이 무척 많다고 느끼고 한 학기가 채 끝나기도 전에 또래 친구들과 완벽하게 어울린다. 이제나 저제나 안토니아가 읍내로 들를 때를 기다리는 짐에게 안토니아는 오지 않고 대신 이 농장 저 농장으로 일을 하러 다니며 농부들에게 인기가 좋다는 소식을 할아버지의 농장에 세 들어

사는 스티븐스 미망인에게 듣는다. 짐의 이웃인 노르웨이 출신 할링 가족(the Harlings)은 짐의 할머니가 하느님께 고마워해야 한다고 할 정도로 짐의 식구들과 친하게 지낸다. 할링 씨는 그 지역에서 성공적인 사업가로 곡물업과 가축매매업에 종사하고 할링 부인은 활력이 넘치며 명랑하고 마음이 따뜻한 사람으로 안토니아에게 어머니의 역할을 한다. 큰 딸 프랜시스(Frances)는 아버지 비서 역할을 하는 인물로 아버지를 닮아 사업능력이 출중하며 신용대부에 관한 한 그 지역 어느 누구에게도 뒤지지 않는 뛰어난 능력을 지닌 인물이다. 또한 그녀는 주위 농부들에게 사업적인 관심 이상의 애정을 지니고 있다.

할링 씨 집에서 일하던 덴마크 인 요리사가 떠나게 되자 짐의 할머니는 안토니아를 추천하고 할링 부인과 프랜시스는 안토니아의 집안이 어떤지, 그리고 그녀의 어머니와 입장을 명확히 하기 위해 쉬메르다 씨 집으로 간다. 할링 부인과 프랜시스는 안토니아를 보고 매우 만족해하고, 안토니아는 할링 씨 집에서 일하게 된다. 거친 환경 속에서 엄마와 오빠의 잔소리를 들으며 힘든 삶을 보내던 안토니아에게 할링 집안은 그야말로 천국 같은 곳이다. 할링 부인과 안토니아는 곧 모녀지간처럼 다정한 사이가 되는데, 두 사람은 서로의 취향이 비슷하며 강하고 독립적이며, 무엇보다도 사랑하는 마음을 지녔고 자신들의 삶을 즐길 줄 아는 성격을 공유한다.

겨울이 지나고 봄이 찾아오면서 짐은 자신들이 성장하고 있다는 것을 깨닫는다. 6월에 블랙 호크에는 천막 무용교습소가 세워져 조용하던 마을과 젊은 사람들에게 예전에 보지 못하던 활력이 넘친다. 무용교습을 받으러 온 아이들과 그들을 기다리는 엄마들, 구경꾼들, 장사치들, 그리고 청춘 남녀들로 인해 무용교습소가 차려진 마을 공터는 가장 흥겨운 장소가 되었고, 블랙 호크의 총각들과 이민자 가정 출신의 고용살이 처녀들이 서로의 신분이나 지위의 차이에 관계없이 공평하게 어울리는 장소가 된다.

안토니아는 교습선생인 바니 부인으로부터 마을에서 제일 춤을 잘 추는 아가씨라고 인정을 받지만 동네 사람들의 입방아에 오른다. 어느 날 밤 할링 씨가 집 뒤 현관에서 싸우는 소리와 함께 뺨을 때리는 소리를 듣고 나가보니 안토니아가 흥분해 서 있는 모습을 보게 된다. 월요일에 결혼하기로 되어 있는 마을 청년이 함께 춤을 춘 후 집까지 바래다 준 후 강제로 키스를 하려 하자 그의 뺨을 때린 것이다. 할링 씨는 안토니아를 꾸짖으며 춤추러 다니는 것을 그만두던지 아니면 자기 집에서 나가라고 하던지 선택하라고 한다. 할링 부인과 프랜시스가 설득했지만 안토니아는 무용교습소에 가지 않는다는 것은 상상도 하지 못할 일이라며 반발한다. 할링 부인이 단호하게 선택을 하라고 하자 안토니아는 일을 그만두고 고리대금업자 위크 커터의 집에서 일하겠다고 한다. 놀란 할링 부인은 만일 그 집에서 일한다면 다시는 자기 집에 오지 말라고 하자 자기 같은 애는 즐길 수 있을 때 즐겨야 한다며 결국 둘 사이는 멀어진다.

위크 커터는 마을의 악명 높은 사채업자로 여자들과 추문을 자주 일으키고 부인과도 끊임없이 싸움을 하며 지내는 인물이다. 두 부부가 싸우는 이유 중 하나는 상속문제인데 둘 사이에 아이가 없으므로 커터는 자신이 죽으면 모든 재산이 그가 싫어하는 그녀 친정식구들에게 다 돌아갈게 확실하기에 부인이 일부러 아이를 갖지 않는다고 확신하고, 그녀는 이에 맞서 남편이 생활방식을 바꾸지 않으면 자신이 더 오래 살 거라고 반박한다. 안토니아가 할링 씨 집을 떠나고 바니 부부의 천막 무용교습소 역시 떠나자 짐은 외로움을 느끼며 매주 토요일 밤에 소방서에서 열리는 무도회에 참석하여 안토니아와 다른 고용살이 처녀들과 함께 지내는 것을 유일한 낙으로 삼고 안토니아에게 이성으로서의 감정을 느끼지만 이미 열차 차장과 사랑에 빠진 안토니아는 그저 어린 동생쯤으로 여긴다. 이 시기에 짐은 한 가지 같은 꿈을 자주 꾸게 된다. 수확기에 옥수수 다발이 가득한 들판

누워 있으면 안토니아의 친구인 레나 링가르드(Lena Lingard)가 맨발에 짧은 치마를 입고 구부러진 낫을 든 채 자신에게 와서 옆에 앉고서는 "이제 다 갔으니 너한테 내 맘껏 키스할 수 있어"라고 말하는 꿈을. 짐은 그 꿈에 안토니아가 나타나기를 바라곤 하지만 결코 그런 꿈은 꾸지 못한다. 할아버지와 할머니가 짐이 매주 토요일 밤에 춤을 추러 간다는 사실을 알게 되고 할머니가 울면서 그 얘기를 하자 짐은 다시는 춤추러 가지 않겠다는 약속을 하게 되고 그 이후 지루한 봄을 보내며 가을에는 대학교에 들어가 가능한 멀리 집에서 떠나겠다는 결심을 한다. 짐과 안토니아, 그리고 그들과 친하게 지내는 고용살이 처녀들의 평화스러운 삶은 안토니아가 위크 커터에게 성폭행을 당할 뻔했던 시점에서 끝이 나게 되며 이 사건을 계기로 그들의 삶은 청소년기에서 성인의 세계로 들어가게 된다. 8월 말에 커터 부부는 안토니아에게 집을 맡기고 오마하로 가는데, 그들이 떠난 이튿날 안토니아는 짐의 할머니에게 찾아와 커터 씨가 이상한 행동을 보인 것에 대한 걱정을 털어 놓는다. 집안의 은식기와 귀중한 서류가 든 상자를 안토니아의 침대 밑에 집어넣고는 자신이 없는 사이에 절대 외박하거나 늦게 들어오지 말라는 다짐을 받는다. 여자친구를 데려와 함께 자서도 안 된다고 하며 현관문에 새 자물쇠를 설치해서 안전할 것이라고 말하는 커터 씨를 보고 불안해 한 안토니아를 보고 짐의 할머니는 자기 집에서 자라고 하고 대신 내키지 않아하는 짐을 안토니아 방으로 보낸다. 사흘째 되던 날 밤 부인을 따돌리고 몰래 집으로 돌아온 커터가 안토니아 대신 자고 있던 짐을 폭행하려 하고 짐과 커터는 주먹다짐을 한다. 짐은 가까스로 상대의 손아귀에서 벗어나 상대를 때려눕히고 할머니 집으로 도망간다. 아침에 피투성이가 되어 소파에 누워 있는 짐을 발견한 할머니가 놀라 울며 의사를 부르려하자 짐은 의사를 부르지 말라고 사정하며, 할아버지도 자기 방에 들어오지 못하게 해 달라고 애원한다. 밖에서 안토니아의 흐느끼는 소리가 들리지만 짐은 이처럼 역겨운 상황에 몰아넣은 안토니아를 커터만큼 미워한다. 동네에 자신에 대한 추문이 돌까봐 짐은 걱정을 하는 짐은 할머니에게 다른 사람들이 자신의 모습을 절대 보지 못하게 해 달라고 한다.

제3부는 "레나 링가르드"(Lena Lingard)라는 제목으로 안토니아의 친구인 레나와 대학생이 된 짐 사이의 짧았던 관계에 대해 묘사한다. 링컨 시에 위치한 네브라스카 대학에 진학한 짐은 개스턴 클러릭(Gaston Cleric)이라는 젊고 열의가 넘치는 교수를 만나고 둘은 친하게 지낸다. 이때가 짐에게 있어 가장 행복했던 순간의 하나인데, 클러릭 교수를 통해 짐은 처음으로 "관념의 세계"(the world of ideas)에 입문하여 이전에 알고 지내던 세계가 시들하게 여겨지지만 곧 과거에 존재하던 몇몇 인물들이 새로운 관념의 세계에서도 여전히 자신을 기다리고 있는 듯한 느낌을 갖는다. 짐은 새로운 환경에 적응하며 학업에 열중하지만 사람과 관계없는 문제들에 몰두하지 못하는 자신의 기질로 볼 때 자신은 결코 학자가 되지 못하리라는 점을 잘 인식한다. 짐에게 있어 클러릭 교수가 인도하는 관념의 세계보다는 어릴 때 알고 지내던 사람과 장소에 더 애착을 갖게 되고, 항상 마음과 머리에 그들이 생생하게 살아 있음을 느끼는데 그러던 어느 날 레나가 방문을 한다. 레나는 완연히 도회풍의 여성으로 변했으며 링컨 시에서 양장점을 운영하고 있는데 제법 잘 되어 경제적인 여유를 누리며 자신만의 삶을 영위하고 있다. 짧은 순간이었지만 레나가 머무르다 간 후 짐은 자신의 방이 훨씬 더 아늑해진 듯 느끼고 다시금 과거에 고용살이 하던 처녀들과 즐겁게 지내던 시절을 떠올린다. 짐과 레나는 같이 연극도 보고 레나가 세 들어 사는 집의 주인, 그리고 폴란드 출신 하숙생 등과 즐거운 시간을 보낸다. 레나와 어울리면서 짐은 점차 학업에 소홀하게 되고 이를 눈치 챈 클러릭 교수는 동부로 거처를 옮기는 자신과 같이 가지고

제의하며 짐의 할아버지에게 동의를 구하는 편지를 쓴다. 예상과 달리 할아버지가 동의를 하자 짐은 하버드 대학교로 옮기게 된다. 떠나기 전에 레나를 만난 짐은 애써 그 얘기를 하고 레나는 공연히 자기가 짐을 들뜨게 해서 미안하다며 작별의 키스를 한다. 링컨에서의 짐의 삶은 이처럼 갑자기 막을 내린다. 몇 주 동안 블랙 호크에서 지낸 짐은 버지니아로 가서 친척들을 만난 후 클러릭 교수가 있는 보스턴으로 가는데 이때 짐의 나이는 열아홉 살이다.

제4부의 제목은 "개척자 여성의 이야기"(The Pioneer Woman's Story)로 블랙 호크의 고용살이 처녀 중 하나인 타이니 소더볼(Tiny Soderball)과 결혼에 실패하고 다시 블랙 호크로 돌아온 안토니아의 이야기가 주를 이루는데, 『나의 안토니아』 중 가장 분량이 적다. 고향을 떠난 지 2년 만에 하버드 대학을 졸업한 짐은 법과대학원에 진학하기 전 방학을 보내려고 블랙 호크로 온다. 오랜만에 만난 사람들과 즐거이 얘기하면서 짐은 모든 것이 하나도 변치 않은 듯 느껴지지만 자리에 모인 사람들은 모두 안토니아에 관해서는 이야기를 하지 않는다. 프랜시스와 같이 집으로 오는 길에 프랜시스로부터 "불쌍한 안토니아"라는 말을 듣는 순간 짐은 자신이 얼마나 그녀에게 실망을 하고 있는지 새삼 깨닫는다. 사람들로부터 좋지 않은 말을 듣던 레나와 타이니는 이제 경제적으로 성공해 사람들의 존경을 받는데 자신이 좋아하던 안토니아가 사람들의 동정의 대상이 된 상황을 짐 스스로 용서할 수 없기 때문이다. 타이니는 우연히 한 사업가로부터 자신이 소유하고 있는 시애틀 부둣가의 빈 건물에서 장사를 할 수 있도록 도와주겠다는 제안을 받고 시애틀로 가서 선원들을 상대로 하숙집을 운영한다. 그러던 중 알래스카에서 금광이 발견되고 광부와 선원으로부터 놀란 만한 이야기를 듣게 된 타이니는 하숙집을 팔고 서클 시티(Circle City)로 향한다. 그곳에 사는 인디언들이 찾아와 클론다이크 강(Klondike River) 상류에

풍부한 금광 줄기가 있다는 말을 해 주고 타이니를 비롯한 많은 사람들이 도슨 시티(Dawson City)에 정착한다. 타이니와 함께 온 목수 부부는 금을 캐러 온 사람들에게 음식을 팔기 시작한다. 그해 겨울, 타이니는 동상에 걸린 한 스웨덴 남자를 치료해 주고 동향의 여자에게 보살핌을 받게 된 그 남자는 발을 절단하는 수술을 받던 중 사망하는데 죽기 전 자신이 소유하고 있는 광산의 권리를 그녀에게 양도한다는 문서를 남긴다.

 그 후 타이니는 여관을 판 돈 중 절반으로는 도슨 시티에 대지를 사고 나머지는 자기 소유가 된 광산개발에 투자를 하여 거의 10년을 상당한 재산을 모은 후 샌프란시스코에 정착한다. 짐은 1908년에 솔트 레이크 시티(Salt Lake City)에서 타이니를 만나 그간의 여정에 대해 듣게 되고 레나가 타이니의 권유로 샌프란시스코로 옮겨와 양장점을 하고 있음을 알게 된다. 젊었을 때의 걸린 동상으로 발가락 세 개를 잃은 타이니는 그것에 대해 별 신경을 쓰지 않는데, 짐이 보기에 타이니는 어떤 일에라도 흥미를 느낄 수 있는 능력이 모두 다 닳아버린 사람처럼 보일 뿐이다.

 블랙 호크 집에 도착한 며칠 후에 짐은 할아버지와 할머니와 사진을 찍기 위해 예약을 하려고 사진관으로 갔다가 안토니아의 딸 사진을 보게 된다. 수치스러운 삶을 숨기려 하는 평범한 여자들과는 달리 온 마을 사람들이 다 볼 수 있게끔 딸의 사진을 커다란 금테를 두른 사진틀에 놓고 당당하게 전시한 안토니아의 태도에서 문득 자신도 그녀를 용서할 수 있으리라는 생각이 들어 안토니아를 만날 결심을 한다. 할링 부인이 알려준 대로 할아버지의 옛집에 사는 스티븐스 미망인을 만나서 하룻밤을 묵으며 자세한 얘기를 듣는다. 래리로부터 편지를 받고 덴버로 떠난 안토니아는 곧 결혼하겠다는 편지를 보낸 후 한 달 동안 아무 소식도 보내지 않는다. 식구들이 초조해 하던 어느 날 밤 스티븐스 미망인의 동생인 윌리엄이 집으로 오는 길에 마차를 한 대 보았는데 그 안에 안토니아와 닮은 여자가 타고 있다는 말을 하자 스티븐스 미망인은 다음 날 아침 쉬메르다 집으로 간다. 안토니아는 래리와 결혼도 하지 못한 채 그에게 사기를 당해 가지고 간 돈을 다 써버리고 그가 집을 나가자 할 수 없이 고향으로 돌아왔다고 한다. 그 후 집에서 오빠를 도와 농사일을 거들다 어느 겨울 밤에 혼자 아이를 낳는다. 스티븐스 미망인에게 얘기를 들은 다음 날 짐은 안토니아를 찾아 간다. 짐은 그녀에게 자신이 살아 온 과정을 모두 이야기 해 준 후 자신이 멀리 있을 때도 그 어느 누구보다 안토니아 생각을 많이 했으며 자신이 좋아하고 싫어하는 것, 모든 것들이 그녀의 영향을 받고 있으며 안토니아는 자신의 일부라고 말한다. 짐은 안토니아에게 다시 돌아오리라 약속하고 둘은 어린 시절에 서로 웃으며 거닐 듯 예전의 길을 걷는다.

마지막 5부는 "쿠작네 아들들'(Cuzak's Boys)이라는 제목으로 20년 후의 안토니아와 그녀의 가족에 관한 이야기를 다룬다. 짐은 안토니아가 같은 보헤미아 출신 청년과 결혼했고 무척 가난한 생활을 하며 자식들도 많다는 소식을 가끔씩 듣는다. 직업상 서부로 자주 여행을 가는 짐은 마음만 먹으면 안토니아를 만날 수는 있지만 중년이 되고 세월의 흐름 속에 시달리고 망가진 그녀의 모습을 보기가 두려워 자꾸 만남을 미룬다. 레나의 권유로 결국 20년 만에 안토니아를 찾아간 짐은 세월이 오래 흘러 이제는 영어도 많이 잊어버리고 세파에 시달린 중년 여성의 모습에 놀라지만 레나나 타이니, 그리고 자신에게서는 이제는 찾아볼 수 없는 내면의 불꽃, 그리고 무엇보다도 상상력에 불을 지피는 그 무엇인가를 여전히 간직하고 있음을 발견한다. 안토니아가 사는 쿠작 농장은 읍이나 마을에서 떨어진 곳에 있으며, 안토니아 부부와 10명이 넘는 자식은 그곳에서 보헤미아 식의 생활방식으로 행복한 삶을 영위한다. 생명을 사랑하는 안토니아의 마음이 그녀의 몸에 배어나고 그녀의 아이들이 안토니아가 애써 키운 나무처럼 크고 체형이 바른 것은 짐이 보기에 전혀 놀랄만한 일이 아니며, 짐에게 있어 안토니아는 인류 역사의 초기에 살았던 종족들의 시조처럼 생명의 풍요로운 광산의 모습으로 비친다. 안토니아의 남편 안톤 쿠작(Anton Cuzak)은 쾌활하고 생기가 넘치며 솔직하고 착한 인상을 주는 인물이다. 뉴욕과 플로리다에서 힘든 삶을 보낸 후 사촌을 만나러 네브라스카로 왔다 그가 늘 바라던 여성형인 안토니아를 만나 결혼하는데 아직 시골보다는 도시에서의 삶이 더 어울리는 사람으로 항상 여러 사람들과 어울리며 즐겁게 살아가고 싶어 했지만 안토니아가 그를 다독이며 세상에서 가장 외로운 장소의 하나인 이 농장에 정착하게 한다. 둘은 유머가 넘치는 편한 친구사이 같은 부부이며 안토니아가 추진력이 있다면 안톤은 통제력을 지니고 있어 상호보완적인 관계이기도 하다.

안토니아의 집을 떠나 블랙 호크에서 하루를 보내는 짐은 너무도 낯설게 변한 고향에 실망을 하지만 마을 북쪽에 옛 모습을 지니고 있는 벌판에서 비로소 다시 고향에 돌아온 것 같은 기분이 들고, 쿠작네 아들들과 함께 여행할 생각에 기분이 좋아진다. 벌판을 거닐다 우연히 할아버지의 농장으로 이어지는 신작로를 보게 된 짐의 머리에는 어릴 때의 기억이 떠오르며 자기 자신으로 돌아온 듯한 느낌을 가진다. 그 길은 안토니아와 자신에게는 운명의 길이었으며 이제 다시 그들을 이어주고, 또한 그 길로 인하여 안토니아와 자신 사이에 말로는 표현하지 못하는 소중한 과거를 함께 간직하고 있음을 깨닫게 되며, 이 장면으로『나의 안토니아』는 끝을 맺는다.

문학사적 의의

『나의 안토니아』는 19세기 말부터 20세기 초반까지의 미국 서부 사회를 다양한 소재를 통해 그린 작품으로 비평가들로부터 찬사와 비난을 동시에 받고 있다. 찬사를 보내는 비평가들은 이 작품만큼 미국의 사회를 목가적으로 그린 작품이 드물다는 평을 내리며, 온갖 역경을 극복하는 과정에서 보여주는 불굴의 의지, 강인한 생명력, 생명을 사랑하는 모습 등에서 안토니아를 신화에 나오는 대모신(大母神)에 비유하기도 한다. 반면 헤밍웨이 같은 작가는 이 책이 그리는 바로 그러한 목가적이고 낭만적인 미국 사회의 모습 때문에 "캐더스럽다"(Catherized)라는 말까지 만들며 캐더를 도피주의자 혹은 과거를 그리는 향수병자라고 폄하한다. 그렇다면 과연 어떤 점이 이처럼 상반된 반응을 불러일으킬까.

『나의 안토니아』는 미국 사회가 가장 극적인 변화를 겪었던 시절을 그리고 있다. 이 시기의 미국 사회는 건국 초기부터 줄기차게 추진해왔던 서진운동(westward movement)이 끝나는 것을 지켜보았고, 남북 전쟁 이후 가속화된 산업화로 기본적인 경제구조의 변혁을 경험한다. 이런 격변 속에서 미국인들의 경제활동 무대는 농촌에서 도시로 바뀌고 그동안 미국인들의 뇌리에 깊은 영향을 주던 자연이라는 존재는 급속하게 도시, 공장, 건물, 사무실 등 갇힌 공간으로 대체된다. 또한 계속 유입되는 이민자들은 미국 사회에 여러 영향을 주게 된다. 이 책이 나온 때는 전 세계가 1차 세계 대전의 소용돌이에 휩싸인 때로 미국 사회는 이 시기에 애국주의가 고양되고 점차 이민자들에 대한 반감이 고조되는 시기이기도 하다. 더욱이 1차 세계 대전 이후 미국 문단은 개척시대의 유산과 미국 문화의 여성화에 대해 전례 없이 비판의 날을 세우던 때다. 이러한 때에 캐더의 작품은 개척자와 강한 여성을 다루고 있기에 특히 비판의 표적이 된다.

이런 사회 분위기에서 나온 『나의 안토니아』는 당시 미국 사회가 겪고 있는 흐름과는 상당히 다른 시각에서 미국 사회가 당면한 여러 사회 변화를 다룬다. 가장 특이한 점은 작품 속의 주요 무대를 도시가 아닌 농촌, 더 넓게 말하면 자연으로 설정한다는 점이다. 또한 작품의 주인공을 백인이 아닌 이민자 여성, 더욱이 앵글로 색슨 계통과는 다른 동유럽 보헤미아 출신 여성으로 내세우는 점, 백인 남자가 한 이민 여성의 일생을 독자에게 전달하는 형식 등도 주류 미국인들의 시각에서 볼 때 상당히 색다른 점이다. 구조적으로 볼 때도 하나의 일관된 주제로 엮여진 것이 아니라 여러 개의 에피소드로 이루어져 탄탄한 구조적 연결을 볼 수 없다는 점 역시 주목의 대상이 되어왔다. 무엇보다도 『나의 안토니아』는 마지막 부분으로 인해 논란을 불러 일으켜 왔다. 안토니아가 낯선 땅에 와서 온갖 고난을 이겨내고 대자연의 품에서 10여 명이 넘은 자식과 함께 행복한 삶을 누리는 과정을 짐은 의지, 생명력, 개척 정신, 미국의 꿈을 실현하는 강인한 인간, 더 나아가 모든 인류의 시원으로까지 치켜세운다. 이러한 안토니아의 이미지는 현대화된 미국 사회에서는 실현될 수 없는, 이미 사라져버린 과거의 모습일 뿐이며, 산업화되고 물질주의가 팽배한 당대의 모습과는 동떨어진 장면이기에 많은 비평가들로부터 이민자, 빈부의 격차, 자본의 집중, 기존 질서체계의 붕괴, 노동운동, 인종문제 등 심각한 현실 속의 문제를 외면했다는 평을 받는다.

그러나 『나의 안토니아』에 등장하는 안토니아와 주변 인물들이 살아온 과정을 살피면 캐더 역시 당대 미국 사회가 직면한 여러 문제들에 관심을 갖고 있으며, 미국 사회에 팽배한 물질주의와 상업주의를 신랄하게 비판하고 있음을 알 수 있다. 더 나아가 캐더는 동시대 미국인들에게 미국적인 가치가 무엇인지에 대해 질문을 던진다. 캐더는 이민자들이 미국, 그리고 미국인이라는 정체성 형성에 필수적이라는 요소임을 진작부터 간파한다. 이러한 배경에는 유럽의 전통을 지닌 이민자가 신세계에 정착해서 살아가는 과정이 곧 미국의 건국 과정을 그대로 재현한다는 캐더의 믿음이 깔려 있다. 캐더가 어린 시절을 보낸 네브라스카는 이미 정착한 사람들보다 이민자들의 수가 훨씬 더 많았으며 캐더는 이들 이민자들과 어울리며 자연스럽게 그들의 문화를 접하게 되었고, 이는 훗날 그녀가 미국 남서부 지역의 스페인-멕시코 문화와 미국 원주민(인디언) 문화에 관한 소설을 쓰게 되는 동기가 된다. 2부에서 짐이 미국인 가정의 소녀들과 고용살이 생활을 하는 이민자 출신 처녀들을 비교하면서 고용살이 하는 처녀들이 훨씬 더 육체적, 정신적으로 강인하고 건전하다고 여기는 점 역시 이미 개척정신을 상실하고 사회적 관습과 예절이라는 굴레에 갇혀 진취적인 기상을 상실한 미국인들의 태도를 간접적으로 비판한 것으로 해석할 수 있다.

이러한 활력과 진취적 기상, 강인한 정신력의 부재는 도시와 자연과의 대조를 통해서도 드러난다. 인간의 문명이 발달 할수록 자연은 점점 더 사라져가고 그 자리에 도로와 건물, 그리고 사람들로 채워진다. 이 책에서 자연은 때로는 사람들의 목숨을 앗아갈 정도로 냉혹하지만 짐과 안토니아에게는 생명의 근원으로써 무한한 가능성과 삶의 영속성을 지닌 존재로 묘사된다. 이와는 반대로 도시에서의 삶은 산업화, 근대화라는 흐름으로 인해 물질적 풍요로움을 가져다주며 물질적인 성취가 성공의 기준이 되지만 그 대가로 사람들은 삶의 불꽃(fire of life)을 상실한다. 짐과 레나, 타이니는 도시적인 기준으로 볼 때 물질적으로 풍요롭고 안락한 생활을 영위하고 세속적인 성공을 이루었지만 이미 그들에게서는 삶의 열정이 사리진지 오래이다. 특히 이들은 전통적인 가정이라는 측면에서 볼 때 실패한 삶을 살고 있기도 한데, 짐은 자식도 없이 행복하지 않은 결혼 생활을 하고 있고, 레나와 타이니는 독신으로 살아간다. 안토니아의 삶은 이들과는 정반대의 모습을 보이지만 그녀는 낙천적이면서 동시에 적극적인 태도를 지녔기에 물질적인 풍요로움 없이도 행복한 삶을 누린다. 또한 이러 저리 옮겨 다니는 그들과는 달리 안토니아는 덴버에서 겪은 시련 이후 자신의 자리는 바로 자연 속에 있음을 깨닫고 자신과 딸에 대한 책임감을 느낀다. 이러한 각성은 안토니아로 하여금 자신의 진정한 모습이 무엇인지, 이 세상에서 자신의 역할이 무엇인지를 알게 해 준다. 캐더는 자연과 도시의 대조적인 삶을 통해 미국인 뿐 아니라 보편적인 인간의 삶에 있어 필요한 것이 무엇인가를 묻는다. 이처럼 자연은 안토니아가 보여주는 모든 힘과 덕목의 원천으로 존재하며, 환경에 굴하지 않는 강인한 정신과 삶에 대한 열정의 토대가 된다. 짐 역시 안토니아가 살고 있는 농장을 방문한 후 이러한 사실을 깨닫는다.

짐과 안토니아가 서로 결합하지 못하는 것 역시 이러한 연장선에서 이해할 수 있다. 그들이 남남으로 남는 것을 인종적인 관점에서도 논할 수 있지만 그 내면을 들여다보면 그들은 각각 현대화된 삶과 전통적인 삶을 대표하고 있다. "명백한 운명"(Manifest Destiny)이라는 기치 아래 발전을 지상 과제로 삼는 당시 주류 미국 사회의 관점에서 볼 때 안토니아는 시대의 흐름에 역행하는 존재이기에 짐과 안토니아는 결코 양립할 수 없다. 이들의 관계를 통해 캐더는 미국 사회가 건국 초기에 보여 주었던 이질적인 존재들의 수용성을 이미 상실했으며 배타적인 사회로 나아가고 있다고 비판을 한다.

안토니아가 미국의 주류 사회로 편입되지 못하고 자신의 농장에서 사는 것은 캐더의 입장에서 볼 때 미국화(Americanization)가 배타적인 방향으로 흘러가고 있음을 의미하며, 다원주의적인 입장을 배격하는 강경파의 입장을 간접적으로 비판한다. 작품의 초기에 안토니아가 영어를 배우는 장면은 미국화의 첫 걸음이라 할 수 있는데, 영어를 능숙하게 구사할수록 이민자들의 삶의 수준이 나아지며 주류 사회로의 접근성 역시 높아짐을 알 수 있다. 하지만 그녀가 도시에서 적응하지 못한 점, 같은 나라 출신 이민자와 결혼한 점, 그리고 마을로부터 떨어진 곳에 자리잡은 농장에서 사는 점 등은 미국 사회가 모든 이질적인 요소들을 완전히 포용하지 못함을 알려 준다. 또한 안토니아의 아버지가 과거의 삶에 미련을 두어 미국 사회에 적응하지 못했듯이 안토니아 역시 안톤 쿠작을 만남으로써 과거의 유산, 즉 보헤미아의 문화 전통 속으로 돌아간다. "미국화에 대한 열정은 치명적인 병"이라고 스스로 말하듯이 캐더는 배타적인 사회의 위험을 경고하고 다원적인 사회에 대한 희망을 이 작품을 통해 드러낸다. 물론 캐더 역시 다원적인 사회의 중심은 북유럽 출신 백인이라는 한계를 보이지만, 안토니아라는 이민 여성을 주인공으로 삼아 당대 미국 사회에서 찾아볼 수 없는 소중한 가치를 그리고 있는 것은 보다 더 포용적인 태도가 필요함을 독자에게 알려주기 위한 의도라 할 수 있다.

이처럼『나의 안토니아』는 보는 시각에 따라 의미가 달라질 수 있지만 한 인간이 보여주는 삶에 대한 치열한 도전정신과 정열, 그리고 생명을 사랑하는 마음은 시공을 초월하여 모든 이에게 감동을 주는 요소임을 캐더는 보여준다.

▶▶ 더 읽을거리

Bloom, Harold. *Modern Critical Views: Willa Cather*. New York: Chelsea House Publishers, 1985.
Carlin, Deborah. *Cather, Canon, and the Politics of Reading*. Amherst: Massachusetts UP, 1992.
Reynolds, Guy. *Willa Cather in Context*. London: MacMillan Press LTD, 1996.
Stouck, David. *Willa Cather's Imagination*. Lincoln: Nebraska UP, 1975.
Woodress, James. *Willa Cather: A Literary Life*. Lincoln: Nebraska UP, 1987.

▌이 승 복 (숭실대학교)

윌리엄 포크너
William Faulkner

작가 소개

윌리엄 포크너(William Faulkner)는 1897년 미국 미시시피 주의 뉴알바니(New Albany)에서 맏아들로 태어났다. 5살 때 그의 가족들이 그곳에서 멀지 않은 옥스퍼드(Oxford) 읍으로 이사를 한 뒤, 그는 삶의 대부분을 이곳에서 보낸다. 포크너는 자신이 평생 살아온 이곳을 모델로 하여 그의 작품세계 속에 등장하는 상상의 지역인 요크나파토파 군(Yoknapatawpha County)과 그 중심지인 제퍼슨(Jefferson)을 창조하게 된다.

포크너의 증조할아버지 윌리엄 커스버트 포크너(William Cuthbert Falkner: 후일 포크너가 자기의 성에 u자를 집어넣었음)는 19세기 전반부에 사우스캐롤라이나에서 북부 미시시피로 이주한다. 그는 이곳에서 맨손으로 귀족가문을 일으킨 신화적인 인물로 존경받았다. 그는 남북전쟁에 참전하여 영웅 대접을 받았고, 전쟁 후에는 철도를 건설하고 변호사로서 지방 정치에 참여하고 문인으로도 활동했다. 그는 작가 포크너의 상상력에 상당한 영향을 끼쳤으며, 후일 포크너의 작품에 사토리스 대령(Colonel

Sartoris)이라는 인물로 등장하게 된다. 포크너의 할아버지도 사업과 정치를 병행하며 선친에 버금가는 활동을 하였다. 그러나 포크너의 아버지 대에 와서는 가세가 급격하게 기울어져 갔다.

학업에 흥미를 느끼지 못한 포크너는 1914년 고등학교를 자퇴한다. 그러나 그는 어려서부터 어머니의 영향으로 많은 고전들을 읽어 문학적 바탕을 쌓았고, 자퇴를 전후해서 알게 된 고향선배 필 스톤(Phil Stone)은 평생 동안 그의 삶과 작품 활동에 많은 영향과 도움을 주었다. 예일대학 법대를 졸업하고 잠시 고향에 내려와 있던 스톤은 당시 유럽에서 널리 알려진 수많은 작가들의 명작들을 포크너에게 소개해 주었다. 포크너는 스톤과 독서와 토론을 통해 문학적 소양과 비판력을 축적하였던 것이다.

어려서부터 사귀어온 에스텔 올드햄(Estelle Oldham)이 부유한 집안의 아들과 결혼하게 되자, 포크너는 군에 갈 결심을 한다. 원래 미국 공군에 입대하려 했지만 왜소한 체격으로 불합격되자, 그는 캐나다의 토론토에 소재한 영국 공군에 지원하여 입대하게 된다. 그러나 훈련도 마치기 전에 세계1차 대전이 끝나는 바람에 전쟁터에 나가보지도 못하고 고향으로 돌아온다. 당시 제대 군인에게 주어지는 특전으로 미시시피 대학에 입학하지만, 그는 곧 흥미를 잃고 대학을 중퇴한다. 스톤의 권고로 1921년 가을에 뉴욕에 도착한 포크너는 잠시 뉴욕에서 책방 보조원으로 생활하게 된다. 여기서 그는 소설가 셔우드 앤더슨(Sherwood Anderson)의 아내가 될 책방주인 엘리자베스 프롤(Elizabeth Prall)과 교분을 쌓게 된다. 얼마 후 옥스퍼드로 돌아온 포크너는 미시시피대학 우체국에서 일하다가 1924년 가을 음주문제로 해고당한다. 해고 후 그는 유럽으로 가는 배를 타기 위해 뉴올리언즈(New Orleans)로 가게 되는데, 이곳에서 프롤의 소개로 앤더슨을 만나게 된다. 앤더슨의 권유로 포크너는 자기가 즐겨 써오던 시를 포기하고 소설로 전향하여 그의 첫 번째 소설『병사의 보수』(Soldier's Pay)를 쓴다. 출판사로부터 선불로 받은 돈으로 그는 1925년에 수 개월간 유럽여행을 한다.

포크너는 1929년 『사토리스』(*Sartoris*)를 출판하면서 본격적으로 소설가로 활동한다. 그해 6월 이혼한 과거의 연인 에스텔과 결혼한 뒤 그는 작가로서의 전성기를 맞는다. 『고함과 분노』(*The Sound and the Fury*)로 시작하여 『내가 누워 죽어갈 때』(*As I Lay Dying*), 『팔월의 빛』(*Light in August*), 『앱살롬, 앱살롬!』(*Absalom, Absalom!*), 『모세여 내려가라』(*Go Down, Moses*), 『마을』(*Hamlet*) 등의 명작들을 연이어 집필한다. 그는 1950년 노벨 문학상을 받으면서 인간은 연민과 희생과 인내의 정신을 갖고 있기 때문에 불멸의 존재라는 내용의 명연설을 한다. 이후 그는 1957년 『읍내』(*The Town*), 1959년 『저택』(*The Mansion*)을 써서 이미 출판된 『마을』과 더불어 스노웁스(Snopes) 삼부작을 완성시킨다.

포크너는 1930년대에 MGM 계약 작가로 영화계에 몸담기도 했다. 그는 인종문제와 관련된 연설들을 하면서 상반된 입장을 취하기도 하여 흑백 양측으로부터 비난도 받았다. 그러나 그는 백인작가로서 흑인에게 애정을 갖고 백인의 행위에 대해 반성적인 입장을 취하고 있는 작가로 평가받고 있다. 1957년 버지니아 대학의 거주 작가로서 몇 달 동안 강의를 했고, 노년에는 승마에 매료되어 여러 번의 낙마로 병원 출입이 잦았다. 그리고 1962년 7월 6일 심장마비로 생을 마감한다.

고함과 분노
The Sound and the Fury

작품 줄거리

『고함과 분노』는 남부의 귀족 콤슨(Compson) 가문의 몰락을 그리고 있다. 대농장의 소유주로 행세했던 콤슨 집안은 후대로 가면서 그 가세가 기울어져 간다. 현재의 가장인 콤슨 씨는 이러한 현실을 타개할 의욕을 잃고 술로 현실을 도피하고 냉소적이며 운명적인 태도로 살아간다. 콤슨 부인도 남부의 귀부인이란 허상에 빠져 무기력한 남편을 멸시하고 콤슨 집안의 몰락을 신의 저주라고 생각한다. 이들은 네 명의 자녀에 대해서도 따뜻한 애정을 쏟지 않는다. 요컨대 콤슨 부부는 가문의 전통 회복이나 부모로서의 역할을 방기한 채 생중사의 삶을 살아가고 있다. 포크너는 이러한 내용을 4명의 화자를 통해 이야기한다.

1. 벤지 장(1928년 4월 7일 부활절 전날 벤지의 눈에 비친 이야기)

서른세 번째 생일날인 4월 7일 오후, 벤지는 흑인소년 러스터(Luster)에게 이끌려 집안을 거닐다가 울타리 밖에서 골퍼들이 "캐디"를 부르는 소리를 듣고 칭얼거리기 시작한다. 러스터는 그날 밤 읍내에서 열리는 서커스 구경을 가기 위해 할머니 딜지(Dilsey)에게서 얻어낸 25센트 동전을 잃어버려 그것을 찾고 있는 중이었다. 그는 칭얼거리는 벤지를 달래면서 개울가로 더 나가 보려 한다. 그곳으로 가기 위해 울타리 구멍을 빠져나가다 벤지의 옷이 못에 걸린다. 그 순간 벤지의 마음속에 다정했던 누나 캐디(Caddy)와 같이 울타리를 빠져나갔던 옛날의 장면이 스쳐간다. 개울가에 도착하자 러스터는 벤지를 남겨 놓고 동전을 찾으러 더 멀리까지 나간다. 혼자 있던 벤지는 숲속으로 들어가게 되는데, 그곳에서 캐디의 사생아인 미스 퀜틴(Miss Quentin)과 서커스단 청년이 서로 끌어안고 있는 광경을 보게 된다. 그 때 벤지의 마음속에 캐디가 찰리(Charlie)와 키스할 때 자기가 칭얼거리고 울었던 장면이 스쳐간다. 이어서 개울가에서 놀다 캐디의 팬티가 흙투성이가 된 것을 보고 울었던 일, 배나무위에 올라가 할머니 장례식을 창문너머로 보고 내려온 캐디의 품안에 안겨 잠들었던 일, 자기의 이름이 벤지로 바뀌게 되어 울던 일, 캐디가 처음으로 화장을 하기 시작하자 울었던 일, 캐디가 처녀성을 잃었을 때 칭얼거리며 그녀를 욕실로 밀어 넣었던 일, 캐디가 결혼하는 날 그녀의 옷차림을 보고 울부짖던 일, 퀜틴(Quentin)의 장례식에서 슬피 우는 딜지의 모습을 보고 따라 울던 일, 아버지의 죽음을 감각적으로 느끼면서 울던 일 등이 그에게 계속 스쳐지나간다.

벤지를 혼자 두고 돌아다닌다고 미스 퀜틴에게 꾸지람을 들은 러스터는 주워온 골프공마저 알지도 못하는 사람에게 빼앗긴다. 화가 난 그는 화풀이를 하기 위해 벤지의 귀에다 "캐디"라는 말을 속삭인다. 벤지는 울부짖기 시작한다. 울음소리를 들은 딜지는 이들을 집으로 불러들이고 벤지의 생일케이크를 준비한다. 딜지가 부엌에서 나가자, 러스터는 벤지를 불가로 데리고 가 손을 데게 한다. 딜지는 벤지에게 약을 발라주며, 그를 달래기 위해 캐디의 슬리퍼를 건네준다. 벤지는 난로 앞에서 슬리퍼를 만지면서 조용해진다.

저녁식사 때 러스터가 25센트를 달라고 간청하자 제이슨은 이를 매정하게 거절하고, 미스 퀜틴에게 서커스단 사내놈과 만나지 말라고 경고한다. 그녀가 대꾸하자 제이슨은 그녀를 조롱한다. 이에 격분한 그녀는 물 잔을 집어던진다. 벤지는 러스터와 같이 잠자리에 들다가 그녀가 집 밖으로 몰래 나가는 것을 목격한다.

2. 퀜틴 장(1910년 6월 2일 퀜틴의 의식세계에서 일어난 이야기)

하버드 대학생 퀜틴은 이날 아침 늦게 잠에서 깬다. 룸메이트인 슈리브(Shreve)가 채플시간에 늦지 않게 서두르라고 그를 재촉한다. 퀜틴은 아버지로부터 물려받은 회중시계의 째깍 소리를 멈추게 하려고 유리를 깨고 바늘을 떼어내다가 손가락을 다친다. 그는 새 옷으로 갈아입고 유서를 쓰고 나서 그것을 아버지 앞으로 부친다. 그는 수업을 빼먹고 전차를 타고 보스턴으로 나가 거리를 거닐다가 시계방으로 들어가 시계를 보면서 자살할 시간을 결정한다. 자살할 때 자신의 몸에 매달 다리미를 철물점에서 구입하여 케임브리지로 가는 전차를 탄다. 흑인 옆에 앉게 된 퀜틴은 남부와 흑인의 관계에 대한 생각을 하면서 고향에서 있었던 일들을 회상한다. 찰스강가에서 하차한 그는 다리 난간에 기대어 강을 내려다보며 삶이 무의미하다는 생각에 잠긴다. 때마침 동료 제럴드(Gerald)가 강에서 배를 젓는 모습을 본 퀜틴은 달톤(Dalton)과 허버트(Herbert)를 떠올리며 캐디의 결혼과 관련된 일들을 회상한다. 그는 다시 전차를 타고 학교로 돌아온다.

얼마 후 그는 다시 시내로 나가 배회하다 정오가 지나자 교외로 가는 전차로 바꿔 탄다. 차창으로 강물을 내려다보며 캐디의 결혼에 대한 생각, 제럴드와 그의 어머니 브랜드(Bland) 부인을 생각하다 찰스강가에 하차한다. 다리 쪽으로 걸어가면서 그의 의식은 점점 과거의 세계로 빠져 들어간다. 그는 자신이 캐디를 지키려고 품행이 나쁜 허버트와의 결혼을 막으려고 했던 일을 회상하면서, 여자의 순결은 자연에 거슬리는 일이기 때문에 결코 여자란 순결할 수 없다는 아버지의 말을 생각한다. 전차에서 내린 퀜틴은 자살한 뒤에 자신과 캐디가 지옥의 불속에 빠지는 장면을 상상한다. 그는 시계탑이 있는 교회 쪽으로 올라가는 도중에 기차의 기적소리와 주머니 속에 있는 시계소리를 듣는다. 그 순간 제럴드의 배 젓는 모습과 캐디와 허버트의 생각이 교차되면서 퀜틴의 의식 속에 캐디에 대한 여러 가지 상념들이 떠오른다. 예들 들면, 캐디의 처녀성 상실의 장면, 여동생 캐디와 근친상간을 범했다고 아버지에게 거짓으로 말하는 장면 등을 떠올린다.

 허기를 느낀 퀜틴은 빵집에 들어간다. 그는 그곳에서 한 소녀에게 빵과 아이스크림을 사준다. 잠시 그는 이 소녀를 캐디와 혼돈하기도 한다. 빵집에서 나온 뒤 소녀는 계속해서 그를 따라온다. 이 광경을 본 소녀의 오빠는 퀜틴을 유괴범으로 생각하고 그와 싸움을 벌인다. 마침 그곳을 지나가던 경찰이 퀜틴을 경찰서로 끌고 간다. 경찰이 혐의를 묻자 그는 어이가 없어 미친 듯이 웃지만, 치안판사에게 벌금형을 받는다. 슈리브가 벌금을 물어주어 풀려난 퀜틴은 피크닉을 가는 제럴드 일행을 만나게 되어 이들과 합류한다. 바람 끼가 있는 제럴드와 만나면서 그는 캐디의 순결을 지키기 위해 달톤에게 덤벼들었다가 자신이 실신했던 과거의 상념에 시달린다. 이때 제럴드가 여성들의 순결에 대해 나쁘게 말하자, 퀜틴은 그에게 덤벼든다. 그에게 얻어맞고 코피를 흘리면서 퀜틴은 저녁 무렵 혼자 기숙사로 돌아온다. 그는 다시 새 옷으로 갈아입고, 아버지가 물려 준 시계와 슈리브에게 보내는 편지를 방에 남겨놓고 인간은 허무한 존재라고 생각하며 자살하러 나간다.

3. 제이슨 장(1928년 4월 6일 성금요일 제이슨에게 일어난 이야기)

 아버지가 돌아가시자 제이슨은 집안의 가장의 역할을 하게한다. 그러나 그는 어머니의 기대를 저버리고 자신의 이익만을 위해 행동한다. 캐디의 파혼으로 허버트로부터 약속받았던 은행원 자리를 잃게 된 제이슨은 이를 보상받기 위해 캐디가 딸 퀜틴의 양육비로 매달 어머니에게 보낸 돈을 15년간 갈취한다. 어머니가 타락한 딸이 보내는 돈을 받지 않겠다고 하자, 그는 가짜 수표를 만들어서 어머니가 보는 앞에서 태워 버리고 진짜 수표는 자기가 챙겼던 것이다.

어머니는 제이슨이 동업을 할 수 있도록 철물점에 투자를 한다. 그러나 그는 어머니 몰래 그 지분을 팔아 자동차를 산다. 그는 동업자인척 가장하기 위해 그 가게에서 점원으로 계속 일을 한다. 그는 주식에 투자해 돈을 벌어보려고 했으나 성공하지 못한다. 미스 퀜틴을 감시하기 바빠서 주식에 신경을 쓸 수 없었기 때문이었다. 주가가 출렁이는 4월 6일 당일에도 그는 그녀가 서커스단 청년을 만나지 못하도록 차로 그녀의 뒤를 쫓고 있었다. 결국, 제이슨은 조카딸을 잡지도 못하고, 주식매도의 기회마저 놓쳐 막대한 손실을 입게 된다. 저녁식사를 하면서 제이슨은 그녀의 성적문란을 문제 삼아 그녀에게 화풀이를 한다.

제이슨은 다른 인종에 대해서도 반감을 갖고 있다. 그는 유대인들이 주식시장을 좌우한다고 그들을 혐오하며, 흑인하녀 딜지가 콤슨 가문에 끼어들어 자신의 삶을 망친다고 흑인들을 증오한다. 러스터가 서커스 구경을 가기 위해 그에게 입장권 한 장만 달라고 애원한다. 그러나 제이슨은 돈을 내고 사라고 한다. 더 이상 장난을 치지 말라는 딜지의 간청을 무시한 채, 그는 러스터를 더 약 올리다 끝내는 입장권을 난로 불에 집어넣는다.

4. 딜지 장(1928년 4월 8일 부활절 주일 딜지가 바라 본 이야기)

쓸쓸하게 안개비가 내리고 있는 부활절 아침 딜지는 벤지를 챙기면서 아침식사를 준비한다. 주방에서 고장 난 시계가 다섯 번 울리자 딜지는 여덟시라고 말한다. 러스터가 벤지에게 음식을 먹여주고 있을 때 콤슨 부인과 제이슨이 식탁으로 내려온다. 미스 퀜틴이 안보이자 제이슨은 자기 방으로 올라간다. 그는 자기가 숨겨 놓았던 돈 전부가 사라진 것을 알고 그녀가 돈을 훔쳐 서커스단 청년과 같이 달아났다고 확신한다. 집안에 난리가 난다. 집안 분위기가 달라지자 벤지는 계속 칭얼거린다. 딜지는 벤지를 데리고 흑인교회로 가서 부활절 예배에 참석한다. 흑인목사의 설교에 감동한 딜지는 집으로 돌아오면서 예언자처럼 자기는 콤슨 집안의 "처음과 끝을 모두 보았다"고 말한다.

한편 제이슨은 보안관에게 달려가 도움을 청한다. 보안관이 증거가 불충분해 미스 퀜틴을 추격할 수 없다고 하자, 그는 혼자 차를 몰고 그녀를 찾으러 간다. 휘발유 냄새 때문에 그는 두통에 시달린다. 내연녀인 로레인(Lorraine)과 같이 보내려고 했던 계획이 무산되고 조카딸을 잡으러 간다는 생각을 하자 그의 두통은 더 심해진다. 서커스단에 도착하자 늙은 요리사에게 그들이 있는 곳을 대라며 신경질적으로 주먹을 휘두른다. 영문도 모른 체 얻어맞은 요리사는 광분하며 그를 주먹으로 팬다. 기력을 잃은 제이슨은 흑인에게 돈을 주고 대리운전을 시켜 집으로 돌아온다.

딜지는 울부짖는 벤지를 달래기 위해 읍내에 있는 가족묘지로 데려 가기로 결정한다. 벤지는 손에 수선화를 들고 마차를 타면서 조용해진다. 갑자기 러스터가 묘기를 보이려고 마차를 급하게 반대쪽으로 돌린다. 벤지는 마차가 낯선 방향으로 달리자 다시 울부짖기 시작한다. 마침 침울한 상태로 돌아오던 제이슨이 이 소리를 듣고 마차를 세우고 러스터와 벤지를 두들겨 팬다. 마차가 원래 방향으로 되돌아서자 벤지는 울부짖음을 멈춘다. 그는 부러진 수선화를 들고 푸르고 고요한 눈빛으로 공허하게 앞을 바라본다.

문학사적 의의

『고함과 분노』는 내용과 형식에 있어서 모더니즘 문학의 특성이 잘 드러난 작품이다. 그 내용은 제퍼슨 읍에 살고 있는 남부의 귀족 콤슨 집안의 비극적인 역사를 통해 삶의 허무를 다루고 있고, 그 형식은 관점이 서로 다른 4개의 파편화된 서술격자로 구성되어 있다. 처음 세 장은 콤슨 집안의 삼형제들 즉 감각적인 벤지와 지성적인 퀜틴 그리고 현실적인 제이슨이 직접 서술하고 있는 내면독백으로 되어 있고, 마지막 장은 흑인하녀 딜지의 이야기가 전지적인 작가의 시점으로 마무리 된다.

포크너가 파편화된 서술격자와 복수 관점을 사용하고 있는 이유는 스타인(Stein)과의 인터뷰에 잘 드러나 있다. 인터뷰에 따르면, 포크너는 그의 마음속에 떠오른 흙 묻은 속옷을 입고 배나무 위에 앉아 있는 작은 소녀의 이미지에서 이 소설을 구상했고, 그녀가 어떠한 사건을 통해서 이러한 모습을 보이게 되었는가를 단편소설로는 설명하기가 불가능해 장편소설에 담기로 했다는 것이다. 처음에 그는 벤지의 눈을 통해 이야기를 했는데 이것을 제대로 전달하지 못했다는 생각이 들어 똑 같은 이야기를 각각 퀜틴과 제이슨의 눈을 통해 전달했고 그것도 만족하지 못해 포크너 자신이 이 세 부분을 다 모아 직접 대변인이 되어 모자라는 부분을 채워 넣었다는 것이다.

이처럼 콤슨 집안의 외동 딸 캐디가 이 소설 구상의 출발점과 이야기의 중심 대상이다. 따라서 캐디의 역할은 이 작품의 구조와 주제를 이해하는 데 중요한 열쇠가 된다. 그런데 이 소설에서 캐디는 그녀 스스로 자기의 삶에 대해 이야기하지 않고, 벤지와 퀜틴 그리고 제이슨의 이야기를 통해서만 그녀의 삶이 드러나고 있다. 벤지는 캐디를 냄새와 이름으로만 감각적으로 감지하고, 퀜틴은 그녀를 고귀한 처녀성을 지닌 이상적인 인물로 인식하며, 제이슨은 음탕한 창녀로 생각하는 것이다.

제1장은 백치 벤지의 장이다. 33살이나 된 벤지는 시간의 흐름을 인식하지 못하기 때문에 과거와 현재를 구분할 수 없다. 그래서 그가 단편적으로 떠올리는 과거에 대한 모든 기억은 모두 현재로만 나타나고, 그의 언어는 미분화된 것이므로 그는 세계를 단지 자신의 감각을 통해서만 인식할 뿐이다. 따라서 벤지는 캐디가 집을 떠난 뒤에도 그녀의 존재가 항상 그의 의식의 전경 속에 남아있어 캐디의 형상을 일관된 모습으로 반복해서 그려내고 있다.

벤지 장이 첫 번째에 나온다는 사실은 이 소설의 내용과 구성에 관련하여 상당한 의미를 갖는다. 우선, 이것은 이 작품의 제목과 깊은 관계를 갖고 있다. 고함과 분노라는 제목은 멕베스(Macbeth)의 제5막 5장에서 따온 것이다. 멕베스의 독백에 따르면 "삶은 한낱 걷고 있는 그림자"에 지나지 않고, 인간은 "가련한 광대"이기 때문에 인간의 삶이란 "백치가 아무런 의미도 없이 떠들어대는, 고함과 분노로 가득 찬 이야기"일 뿐이다. 『고함과 분노』에서도 첫 장부터 백치인 벤지가 의미 없는 고함과 분노를 외쳐대고 있는데, 이것은 이 작품 전체에 좁게는 콤슨 가문의 삶이, 넓게는 남부인을 포함한 모든 인간의 삶이 지닌 허무적인 분위기를 조성해 준다.

백치의 의식 속에는 30년에 걸친 콤슨 집안의 역사가 동시에 공존하고 있기 때문에 이 장은 작품의 내용을 파악하는데 결정적인 역할을 한다. 특히 1900년의 개울가 장면은 콤슨 집안의 아이들이 지닌 성격과 그들이 장차 맞이하게 될 운명을 예측할 수 있게 해준다. 이를테면 캐디의 진흙 묻은 속옷은 그녀가 성장한 뒤에 문란한 성생활을 할 것임을 암시해 주고, 캐디에 대한 지나친 관심과 자기의 그림자를 밟고 있는 퀜틴의 모습은 그가 강박관념에 사로잡혀 자살할 것임을 암시하며, 항상 주머니에 손을 넣고 다니는 모습과 캐디의 물장난을 아버지에게 고자질하는 제이슨의 행위는 성인이 된 뒤에 나타날 그의 비겁함과 이기적인 탐욕을 암시해 준다.

소설의 첫 부분에서부터 벤지는 골프장에서 들려오는 "캐디"라는 말에 무엇인가 불편함을 느낀다. 그 이유는 어머니를 대신하여 그에게 편안함과 사랑을 주었던 캐디가 지금 그의 옆에 없기 때문이다. 벤지는 그의 의식 속에 시간이 정지되어 있으므로 30년 전에 캐디와 있었던 여러 가지 일들을 현재 속에서 일어나는 것으로 느끼고, 그녀의 실재를 그녀의 냄새와 헌 슬리퍼 소리에 의해 환기시킨다. 특히 그는 풍요롭고 따뜻한 자연의 모습과 같은 캐디에게 두 가지 형태로 반응을 보인다. 그녀가 순수하고 깨끗한 상태일 때에는 항상 나무 냄새가 난다고 느낀다. 반면에 그녀에게 나무 냄새를 맡지 못할 때에는 항상 울음을 터뜨림으로써 그의 불편한 감정을 드러낸다. 이러한 이유 때문에 그는 캐디가 향수를 뿌렸을 때와 첫 키스를 했을 때 그리고 처녀성을 잃었을 때 울음을 터뜨렸던 것이다.

제2장을 이루는 퀜틴의 독백은 더욱 복잡해진다. 그의 독백은 그가 자살하는 날에 일어나는 사건을 서술하는 부분과 과거의 경험을 회상하는 부분으로 되어 있다. 전자는 독자가 쉽게 이해할 수 있는 말투로 쓰인 반면, 후자는 의식의 흐름 기법으로 쓰여 있다.

캐디의 실체를 감각적으로만 느끼는 벤지에 비해 퀜틴은 캐디를 순결한 인물로 추상화시키고, 오직 그녀의 순결이라는 추상적인 관념만을 사랑한다. 그래서 그는 캐디가 처음으로 관계를 가진 달톤이나 약혼자 허버트에게 반감을 갖는다. 허버트에 대한 반감은 허버트의 부도덕함에서 비롯된 것처럼 보이지만, 사실은 캐디에 대한 퀜틴의 지나친 집착에서 비롯된다. 이것은 물리적인 힘이나 사회적인 도덕성으로 캐디를 지킬 수 없다고 깨달은 그가 그녀를 자신의 의식 속에 영원히 간직하려고 아버지에게 캐디와 근친상간을 저질렀다고 거짓말하는 장면에서 선명하게 드러난다. 퀜틴이 이러한 생각을 한 것은 캐디를 남부의 순결한 숙녀로 이상화시켜 그것이

남에게 파괴되는 것이 싫었기 때문이었다. 이러한 심리상태를 정확하게 파악한 콤슨 씨는 지나치게 순결을 강조하는 것은 자연법칙에 어긋나는 일이라고 그를 설득한다. 그러나 캐디의 처녀성 상실이 가문의 명예와 전통의 상실, 더 나아가 인간 삶의 의미와 가치가 상실되는 것이라는 강박관념에 빠져 있는 퀜틴은 아버지의 말을 이해하지 못한다.

이러한 강박관념은 퀜틴이 우연히 빵집에서 이태리 소녀와 만나는 장면에서 더욱 심해진다. 그 소녀는 퀜틴의 의식 속에 캐디에 대한 기억을 불러일으킨다. 그는 어린 시절 나탈리(Natalie)와 키스를 하다가 캐디에게 들키자 캐디의 몸에 진흙을 발랐던 일을 회상한다. 캐디의 몸에 진흙을 바르는 행위는 근친상간에 대한 그의 욕망을 상징적으로 표현한 것이다. 그는 이 수치스러운 기억에서 벗어나려고 이태리 소녀에게서 도망치다가 산림지 담장에 이르자 인동덩굴과 자신의 그림자를 보게 된다. 그는 캐디의 처녀성 상실에 대한 강박관념에 사로잡힐 때마다 항상 인동덩굴의 지독한 냄새를 맡고 역겨워했었다. 요컨대 인동덩굴 이미지는 퀜틴이 이러한 강박관념에서 벗어나지 못하고 있음을 상징적으로 나타내고 있는 것이다. 또한 자신의 그림자를 밟고 있는 그림자 이미지 역시 맥베스의 독백처럼 캐디의 처녀성 상실이 퀜틴의 삶의 가치 상실과 동일함을 상징적으로 나타내고 있다고 볼 수 있다.

퀜틴은 시간에 대한 강박관념에도 시달리고 있다. 이 강박관념은 그가 아버지의 시간관과 대조적인 입장을 취하고 있는 장면에서 잘 나타난다. 아버지는 시간이란 "모든 희망과 욕망을 묻은 묘지"(76)라고 하면서 인간이 시간을 정복하려는 것은 어리석은 짓이라고 말한다. 그러나 캐디의 처녀성의 상실로 가문의 명예와 삶의 가치가 상실되었다고 생각하는 퀜틴은 이러한 것들을 지키기 위해 흘러가고 있는 현재의 시간을 정지시켜 영예로웠던 과거의 시간 속에 몰입하고자 한다. 시간에 대한 이러한 도전은 삶의 마지막 날 퀜틴이 기숙사에서 회중시계를 부셔버리는 행위에서 잘 드러나고 있다. 그의 행위를 베르그송(Bergson)의 용어를 빌려 말하자면, 퀜틴은 기계적이고 물리적인 시간을 거부하고 심리적인 시간, 즉 순수지속의 영원한 시간의 세계에서 살려고 하는 것이다. 그는 억지로 자신의 시계바늘을 부셔버리고 끝내 자살함으로써 영원의 세계 속에 자신을 가두어 버린다.

제3장은 제이슨의 독백을 통해 주로 물질지상주의적인 그의 삶의 모습을 그리고 있다. 여기서 제이슨의 지각은 철저하게 현실적인 물질세계에 근거를 두고 있다. 그의 독백 가운데 나오는 과거의 시간은 아버지의 장례식과 미스 퀜틴을 데려오는 것뿐이며, 나머지 서술들은 모두 1928년 4월 6일 현재의 물질적인 문제와 관련된 것이기 때문에 시간의 연속성에 따라 사건이 기술되고 있다. 그럼에도 불구하고 제이슨의 서술격자 안에서는 제이슨의 삶의 모습과 미스 퀜틴의 삶의 모습이 동시적으로 드러나고 있을 뿐만 아니라, 제이슨 장 그 자체가 이 소설의 전체적인 틀 속에서 하나의 서술관점으로 병치되어 있다. 요컨대 이 장은, 감각적인 벤지의 장이나 관념적인 퀜틴의 장과 서로 대조적으로 병치됨으로써 현실세계에서 물질만을 추구하는 인물인 제이슨의 왜곡된 삶의 모습을 더욱 뚜렷하게 부각시키고, 이를 통해 콤슨 가문의 처절한 몰락, 더 나아가서는 현대인의 비인간성을 극적으로 드러내주는 효과를 가져다준다.

제이슨은 퀜틴과는 달리 가문의 혈연과 명예에는 관심을 갖지 않고, 오로지 물질적인 가치를 추구한다. 배금주의 사상에 물들어 있는 그에게는 캐디의 존재가 물질세계에 대한 그의 집착을 상시시켜 주는 대상일 뿐이다. 그는 캐디의 파혼이 자신의 출세를 망쳐 놓은 것으로 생각하고 캐디에 대한 증오심에 불탄다. 그래서 그는 자기에게 경제적인 손실을 가져다준 미스 퀜틴을 자신의 적대자로 여긴다. 그의 물질만능주의 태도는 그의 비인간적 행위에서도 뚜렷하게 드러난다. 이를테면 그는 캐디가 보내오는 조카딸의 양육비를 어머니를 교묘하게 속여서 가로 채고, 로레인과의 성관계를 돈으로 환산하며, 증권의 가격 등락에만 모든 관심을 쏟는다. 이처럼 제이슨의 세계는 돈이라는 매개를 거쳐야만 비로소 의미를 가지는 세계이다. 이러한 배금주의 사상은 제이슨의 인간성 상실을 의미하며, 그의 비인간적인 잔인성은 러스터가 보는 앞에서 서커스 입장권을 불태워 버리는 장면에서 절정을 이룬다. 볼프(Volpe)는 이러한 제이슨의 비인간적인 행위를 "전통적인 인본주의적 가치를 내버린 현대사회가 낳은 마지막 산물"로 파악한다.

그의 배금주의 사상은 그의 시간관과도 밀접한 관계가 있다. 그는 시간을 돈으로 환산할 수 있는 물질적인 것으로 생각한다. 그래서 그는 시간을 낭비하지 않기 위해 끊임없이 미래에 대한 계획을 세우는데, 이것은 겉으로 보기에 상당히 정상적인 인간의 행동처럼 보이지만, 사실은 역설적으로 그가 시간에 얽매여 살아가고 있음을 보여주는 증거이다. 이러한 면에서는 제이슨도, 그 성격은 다르지만, 퀜틴에 못지않게 시간에 대한 강박관념을 갖고 있다고 볼 수 있다. 퀜틴이 시간의 흐름을 정지시켜 피안의 세계에 안착하려고 노력하는데 반해, 제이슨은 시간이 자신의 경제적 발전을 가져다준다고 믿으면서 철저하게 시간의 노예로 전락하고 만다.

지금까지 살펴보았듯이 캐디의 형상은 삼형제 각각의 의식 안에 추상적으로 고정되어 있다. 그러나 이 소설 세계에 대한 총체적인 비젼은 이들의 주관적인 견해들을 어느 정도 객관적으로 통합하고 있는 제4장인 딜지 장에서 구체화된다. 포크너는 앞에서 삼형제의 주관적인 내면독백으로 펼쳐 놓았던 과거의 사건들을 딜지의 시각을 통해 정리하고, 이들의 삶에서 빚어진 결과를 객관적으로 묘사함으로써, 콤슨 가문의 몰락상을 독자들에게 구체적으로 알려 주고 있다.

일반적인 견해에 따르면, 딜지는 흑인하녀에 불과하지만 콤슨 집안의 사람들과는 달리 사랑과 연민 그리고 인내심을 갖고 아이들을 돌보고 있는 이상적인 모성애를 지닌 인물인 동시에 시간의 흐름에 대해서도 정확하게 판단하는 사람이다. 심지어 브룩스(Brooks)와 같은 비평가는 딜지가 기독교적인 비젼도 갖고 있기 때문에 그녀의 삶이 인간 구원의 가능성에 대한 빛을 던져주기까지 한다고 본다.

그녀는 벤지와 함께 부활절 설교를 들으면서 인간은 주님의 보혈로 속죄를 받을 수 있다는 하나님의 고귀한 사랑에 대한 비전을 깨닫는다. 이때 그녀는 사랑의 부재로 빚어진 콤슨 집안의 역사를 한 눈에 투시한다. 그녀는 그 비극적인 역사에 대해 "나는 처음을 보았고, 이젠 종말을 본다"(297)라고 말한다. 그러나 여기에서도 그녀는 하나님과 자신 사이의 간극을 인정하면서 하나님 앞에 죄인으로서 삶을 견디어 나갈 뿐이지 콤슨 집안 사람들에게 하나님의 사랑을 적극적으로 전도하여 이들의 삶에 변화를 가져다주지는 못한다. 요컨대 딜지는 콤슨 집안의 비극적인 역사를 직시하긴 하지만, 자신의 퇴락해가는 삶을 수동적으로 견디어 나가기만 할 뿐, 이 세계를 사랑을 통한 구원의 세계로 바꾸기에는 너무나 나약한 존재이다.

여기서 우리는 포크너가 딜지가 처해 있는 황량하고 음산한 삶의 공간인 제퍼슨 읍을 수직적인 배경이 없는 평면적인 공간 이미지로 묘사함으로써 그녀를 폐허의 초상으로 그려내고 있는 점을 주목할 필요가 있다. 포크너가 서술기법으로 공간 이미지를 사용하고 있는 점은 아른하임(Arnheim)이 말하는 "최소한의 기본적인 구조적 요소만을 이용함으로서…사물을 이미지화시키는" 방법과 비슷하다. 포크너는 이러한 기법을 통해 이 작품의 주제인 인간 삶의 허무성을 극화시키고 있다. 바로 이러한 점 때문에 『고함과 분노』는 내용과 형식 모두에서 모더니즘 문학의 특성이 잘 드러난 작품으로 평가할 수 있는 것이다.

▶▶ 더 읽을거리

Cleanth Brooks, "William Faulkner, Vision of Good and Evil." *William Faulkner: Four Decades of Criticism.* Ed. Linda Welshimer Wagner. East Lansing: Michigan State UP, 1973. 121.

Edmund L. Volpe, *A Reader's Guide to William Faulkner.* New York: Octagon Books, 1978. 122.

James B. Meriwether and Michael Millgate, eds., *Lion in the Garden: Interviews with William Faulkner 1926-1962.* Lincoln: U of Nebraska P, 1980. 245.

Rudolf Arnheim, *Art and Visual Perception: A Psychology of the Creative Eye.* Berkeley: U of California P, 1954. 144.

William Faulkner, *The Sound and the Fury.* New York: Vintage International, 1990. 297.

▮ 최 수 연 (경성대학교)

어니스트 헤밍웨이
Ernest Hemingway

작가 소개

　어니스트 헤밍웨이(Ernest Hemingway)는 일리노이 주 오크 파크(Oak Park)에서 1899년 7월 21일에 태어났다. 그는 2남 2녀 중 두 번째로 태어났는데 위로 누나가 있었다. 헤밍웨이는 어린 시절을 의사인 아버지와 캠핑, 사냥, 낚시 등을 하며 보냈고, 오크 파크 공립 고등학교 재학 시 학교신문사의 기자로 활동하였다. 헤밍웨이는 특히 스포츠에 많은 관심을 가졌고 고등학교 시절에는 마을의 미식축구팀의 일원으로 활동했고, 야영, 카누를 즐겼다. 16살 때에는 권투에 전념하기도 했다.

　그는 고교졸업 후 대학에 진학하지 않고 ≪캔자스 시티 스타≫(Kansas City Star)의 수습기자로 취업하여 사회에 첫발을 내디뎠다. 그 후 미국이 독일을 상대로 선전포고를 하자 군 입대를 희망했으나 나이가 어리다는 이유로 아버지가 심하게 반대를 해서 결국 입대하지 못했다. 1918년 적십자사의 구급차 운전사로 이탈리아에 가서 1차 세계대전에 참전 중 박격포탄에 중상을 입게 되었다. 1919년에 전쟁이 끝나자 그는 귀국하여 그 후로 해외 특파원을 지내기도 하였다.

헤밍웨이는 4번 결혼을 하였는데 1921년 해들리 리처드슨(Hadley Richardson)과의 결혼이 첫 번째였다. 1928년 헤밍웨이의 아버지가 지병과 땅 투기로 인해 자살을 하였는데 이는 헤밍웨이의 여러 작품에서 죽음과 자살의 주제와 연결된다. 헤밍웨이의 인생은 다양한 장소와 관련을 맺고 있는데 그는 프랑스, 스페인, 스위스, 남미, 터키, 중국, 독일, 쿠바, 이탈리아, 아프리카 등지를 두루 여행하였고 여러 번 전쟁에 참여하였다. 43년 동안 44회를 여행한 그의 세계여행은 많은 작품에 고스란히 반영되어 있다.

1951년에는 그의 어머니 그레이스가 사망하였고, 『노인과 바다』(*The Old Man and the Sea*)를 출간한 1952년에 퓰리처상을 수상하였고, 1954년에는 노벨문학상을 수상하였다. 1954년 두 번의 비행기 사고로 중상을 입기도 한 그는 1959년 아이다호 주의 캐첨(Ketchum)에 저택을 구입하여 그 곳에서 생활하다가 1961년 7월 2일 캐첨의 자택에서 가정 문제와 지병, 우울증, 문학적 재능을 상실한 것 등의 이유로 자살을 해 생을 마감하였다.

무기여 잘 있거라
A Farewell to Arms

작품 줄거리

『무기여 잘 있거라』(1929)는 헤밍웨이가 작가로서 첫 상업적 성공을 이룰 수 있게 한 작품으로 출판 후 첫 4개월 만에 8만부가 판매되기도 했다. 5부로 이루어진 이 소설은 헤밍웨이가 1차 세계대전에서 입은 부상으로 밀라노 적십자병원에 입원해서 아그네스 폰 커로우스키(Agnes Von Kurowsky)라는 자기보다 일곱 살이나 연상인 미국 간호사를 만난 일이 소설화되어 있다. 또한 1928년 제왕절개 수술로 태어난 헤밍웨이의 둘째 아들 패트릭(Patrick)의 출산 상황도 이 작품 속에 반영되어 있다. 그리고 이 작품이 다루고 있는 시기는 1915년 늦여름부터 주인공의 아내가 출산 중 사망하는 1918년 3월까지이다. 이 소설의 중심 주제는 전쟁의 환멸과 상흔, 남녀 간의 사랑, 인류애에 바탕을 둔 이타주의적 행동, 상흔의 치유, 사랑하는 사람의 죽음, 대자연의 치유력 등이다.

1부 1장에서는 콜레라로 군인 7천명이 사망했다는 이야기가 나오며 작품 전체를 지배하고 있는 죽음에 대한 언급이 시작된다. 계절적 배경은 늦여름, 가을, 그리고 비 내리는 겨울이다. 주인공의 부대가 주둔하고 있는 장소는 고리지아(Gorizia) 남쪽의 작은 소도시 근처이다. 1부에서는 이탈리아

육군에 배속된 20대 초반의 미국출신의 중위 프레더릭 헨리(Frederic Henry)와 영국 출신 간호사 캐서린 바클리(Catherine Barkley)가 군의관인 리날디(Rinaldi) 중위의 소개로 만나게 되는 일이 자세하게 묘사된다. 리날디는 이 소설에 등장하는 군종신부와 더불어 프레더릭에게 있어 허물없는 친구와 같은 존재들이다. 캐서린은 프랑스의 솜므(Somme) 전투에서 8년간 사권 약혼자를 잃은 일을 프레더릭에게 이야기 한다. 1부에서 가장 큰 사건은 프레더릭이 세 명의 운전병과 함께 이손조(Isonzo) 강가 북쪽 피아브(Piave) 마을 근처 참호에서 포격으로 인해 다리와 무릎에 중상을 입게 되는 것이다. 이 소설에서 부상과 죽음은 계속해서 등장하는데 프레더릭은 처음으로 전쟁에서 많은 피를 흘리게 되고 비극적인 군인들의 죽음을 목격하게 된다. 프레더릭은 박격포탄의 유산탄이 다리에 박히는 부상을 입고 야전병원에 입원해 있다가 밀라노에 있는 미국병원으로 이송되게 된다. 프레더릭은 부상을 입고 다친 군인들을 보살핀 것으로 인해 은훈장을 받기도 한다.

  2부는 밀라노에 도착해서 미군 병원으로 이송된 이후의 일들이 소개된다. 프레더릭은 두 시간 반 동안 수술을 받고 점차 건강을 되찾게 되고 밀라노 병원으로 전출된 캐서린과의 사랑이 깊어져 캐서린은 프레더릭이 자신의 종교이자 전부라고 말한다. 프레더릭 자신도 처음에는 장난삼아 시작한 캐서린과의 관계가 진지하게 되자 이런 사랑을 하게 되리라고는 상상도 하지 못했다고 회고하기도 한다. 부상에서 점차 회복 되던 프레더릭은 캐서린이 근무하는 동안 혼자 휠체어를 타고 생활하기도 한다. 프레더릭은 클럽에서 만난 한 영국군 소령으로부터 바인시차(Bainsizza) 고지와 산 가브리엘레 전투에서 이탈리아 군이 15만 명의 병력을 잃었다는 것과 여러 지역의 전황에 대한 소식을 접한다. 여름이 지나고 가을로 접어들자 군대에서 공문이 프레더릭에게 도착하는데 3주간의 요양 휴가를 보내고 전선으로 복귀하라는 명령이었다.

2부에서 프레더릭은 캐서린이 임신한지 3개월이 되었다는 사실을 알게 된다. 프레더릭은 자신을 2할 3푼은 치지만 그 이상은 칠 수 없다는 사실을 알고 있는 야구선수와 같다고 말하며, 자신이 전선에서 오래 지내는 동안 그런 사실을 깨닫게 되었다고 캐서린에게 말한다. 그리고 캐서린과 여행을 떠나려고 계획을 세우던 중 황달이 걸려 휴가를 가지 못하게 된다. 그는 호텔에서 캐서린과 함께 밀라노 병원 입원기간의 마지막 저녁을 보내고 기차를 타고 전선으로 복귀한다. 2부에서 프레더릭은 다리 수술을 받으면서도 계속해서 술을 먹는데 간호사가 술병들을 발견해서 약간의 소동이 벌어지기도 한다. 프레더릭은 술에 대해서 나쁜 일을 모두 잊게 해주기에 좋다고 평하는데 이는 전쟁의 참상과 상흔을 술로 달래야 하는 군인들의 현실을 반영하는 것이다.

3부는 전쟁에 복귀한 주인공의 부대 탈출의 과정과 개인적인 평화추구의 여정이 다루어지고 있다. 3부는 이손조 강가에서 일어난 카포레토(Caporetto) 퇴각을 다루고 있다. 헤밍웨이는 억울한 총살형을 피하기 위해 프레더릭이 탈리아멘토강(Tagliamento River)으로 뛰어 들어 탈출하는 장면에서 명분이 흐려진 전쟁의 참혹상을 부각시키고 있다. 1917년 10월 말 이탈리아군의 카포레토 후퇴 때 프레더릭과 다른 구급차 운전병들은 이 대열에 참여했다. 특히 3부에서 비가 많이 내려 구급차가 진흙길 때문에 움직일 수 없자 걸어서 후퇴를 하게 되는데 그때 철로를 횡단하려던 아이모(Aymo)가 총에 맞아 죽게 된다. 헤밍웨이는 비를 맞고 있는 아이모의 시체를 남겨두고 퇴각해야 하는 비통한 프레더릭 중위의 모습을 통해 전쟁의 잔인함과 허망함을 상징적으로 보여주고 있다. 헌병들은 이탈한 소령이상 계급들을 즉석에서 재판을 하고 처형을 하는데, 퇴각대열에서 적발된 간부급 군인들은 비를 맞으며 죽음을 기다린다. 프레더릭은 살기 위해서 강물로 뛰어 들어 나무토막에 몸을 의지해 극적으로 살아남아 밀라노로 가는 화물열차에 몸을 싣고 다음 날 아침에 밀라노에 도착하게 된다.

　3부에서 강물로 뛰어드는 프레더릭의 제스처는 전쟁과 영원히 이별하는 "단독강화"(separate peace)의 행동이자 무기와 영원히 작별을 고하는 결단을 나타낸다. 3부에서 프레더릭은 2부에서 자신의 현재 모습에 한 발 더 다가선 것처럼 실제로 자신의 눈으로 신성한 것을 본 것이 없다고 말하며 전쟁에서는 영광스럽다고 말하는 것조차 사실은 별 볼일 없는 것이라고 말한다. 희생에 대해서도 고깃덩어리를 매장하는 것에 지나지 않고, 시카고의 도살장과 다를 바 없다고 말하며, 온갖 미사여구로 포장하는 명예나 용기, 신성 등의 추상적인 말보다 도로 번호, 강 이름, 날짜의 숫자 같은 구체적인 이름이 더 가슴에 와 닿는 것이라고 말한다. 3부에서 독특한 점은 후퇴를 하면서 군인 위안소의 여성들을 트럭에 태우는 일과 차에 태워준 상사가 겁을 먹고 도망을 가자 프레더릭이 권총으로 그 사람을 쏘아 쓰러뜨린 일이다. 부대 이탈 죄로 장교를 즉결 처형하는 모습에 강으로 뛰어든 프레더릭은 분노가 강 속에서 씻겨 내려갔고, 의무는 헌병이 자신의 멱살을 잡을 때 사라져 버렸다고 말한다.

　4부에서 프레더릭이 탈출에 성공해 밀라노에 있는 미군병원으로 캐서린을 만나러 간다. 하지만 그곳에서 그는 캐서린이 그녀의 친구 헬렌 퍼거슨(Helen Ferguson)과 함께 스트레사(Stresa)로 휴가를 갔다는 말을 듣고 그곳으로 이동한다. 그리고 성악을 공부한 친구 시몬즈(Simmons)의 집으로 가서 도움을 받는다. 이 시점에서 프레더릭은 신문을 읽지만 전쟁관련 기사는 읽지 않으면서 전쟁을 잊으려고 노력한다. 특히 4부에서 작가는 위험에 처한 프레더릭을 조건 없이 돕는 호텔 바텐더 에밀리오(Emilio)를 통해 이 소설에서 가장 인간적인 등장인물을 소개시키고 있다. 에밀리오는 사람들이 아침에 프레더릭을 체포하러 올 것이라고 말하면서 스위스로 피신하라고 말하며 프레더릭 부부가 탈출할 수 있도록 보트와 샌드위치, 브랜디와 포도주를 제공하는 인물이다. 에밀리오는 감사를 표하고 싶다는 프레더릭에게 그들 부부가 무사히 스위스에 도착하면 5백 프랑을 보내달라고 말을 한다. 그들은 밤새도록 노를 저어 다음 날 아침 스위스의 브리사고(Brissago)에 도착한다. 그곳에서 그는 타고 온 보트는 몰수당했지만 자신들이 관광 겸 겨울 스포츠를 즐기기 위해 이곳에 왔다고 변명을 하고 몽트뢰(Montreux)의 마을 뒷산 중턱에 집을 빌려 생활한다. 4부에서 중요한 것은 프레더릭을 대하는 캐서린의 태도이다. 캐서린은 탈영한 프레더릭에 대해 비겁한 군인이라고 조롱하지 않고 프레더릭이 탈영한 부대가 이탈리아 군이라는 점을 강조하며 남편을 이해한다. 4부에서는 각박한 군대를 배경으로 벌어지는 죽음대신 오스트리아와 이탈리아 양국 외교관을 지낸 아흔네 살의 그레피(Greffi) 백작과의 낚시, 바텐더의 우정, 무사히 스위스에 도착하는 일련의 일이 소개되면서 희망적인 미래를 암시하고 있다. 이 작품에서 그레피 백작은 프레더릭에게 아버지와 같은 역할을 하는 인물이자 헤밍웨이가 구현하고자 하는 성숙한 남성성을 소유한 인물이다.

  5부는 스위스의 멋진 자연 경치를 배경으로 스키를 즐기며 전쟁의 상흔을 치유하는 주인공들을 묘사하고 있다. 시간적인 배경은 겨울과 봄이지만 계속 비가 내린다. 어떤 때는 4일 동안 계속 비가 내리기도 했다. 5부에서 프레더릭과 캐서린은 더욱 서로를 정열적으로 사랑하게 되고 캐서린은 너무나 프레더릭을 사랑한 나머지 둘이 아주 완전히 섞여 버리기를 소망하고 프레더릭이 머리를 조금 기르고 자신이 머리를 짧게 자르면 머리색은 서로 다르겠지만 서로 닮을 것이라고 이야기하기 까지 한다. 프레더릭과 캐서린은 캐서린의 출산일이 다가오자 제네바 호수(Lake Geneva)의 동쪽 끝의 몽트뢰에서 로잔(Lausanne) 행 열차를 타고 로잔에 와서 호텔에

3주간 머물기도 한다. 그러는 사이에 프레더릭은 아케이드 안에 있는 체육관으로 가서 운동 삼아 권투를 하고, 때로는 사범과 연습 시합을 해서 사범을 놀라게 하기도 한다. 권투 시합은 헤밍웨이의 자전적 내용이 소설 속에 등장하는 부분이기도 하다. 캐서린이 갑자기 고통을 호소해서 새벽 3시경에 병원으로 가고, 정상 분만이 힘들게 되자 의사는 제왕 절개를 권유하게 된다. 5부의 마지막 장면은 헤밍웨이 문학의 전형적인 요소를 보여주는 부분으로 태어난 아기가 죽고 캐서린도 과다 출혈로 인해 죽음을 맞게 되는 상황을 헤밍웨이는 감정의 동요 없이 보여준다. 사랑하는 부인과 아기의 죽음 앞에 오열하지 않는 주인공은 조각상을 보고 마지막 인사를 나누는 듯 아내에게 작별을 고하고 빗속을 걸어서 호텔로 돌아온다. 이렇게 소설은 사랑하는 아내와 아기를 잃은 프레더릭의 절망적인 모습과 함께 끝난다.

문학사적 의의

『무기여 잘 있거라』는 1928년 3월 파리에서 기고되어, 1929년 9월 27일에 초판으로 3만 천부가 출판되었고, 4개월 동안 약 8만부나 팔렸다. 그 이후 독자들의 꾸준한 사랑을 받아오고 있고 같은 이름의 영화로 제작되기도 했다. 특히 이 작품이 다루고 있는 전쟁의 참상, 상흔, 그리고 불안은 인간의 역사와 함께 계속 거듭되고 있기에 이 작품은 전쟁과 내전, 테러의 공포가 계속되는 현대에도 여러 각도로 읽히고 있으며 연구되고 있다.

이 작품의 중요성은 "잃어버린 세대"(Lost Generation)를 대변하는 작가인 헤밍웨이가 작품을 통해서 보여주는 전쟁의 환멸, 전쟁의 상처로부터 회복되기, 인간의 의지 등의 주제와 연결되어 있으며, 헤밍웨이는 이 작품을 통해 비정적 문체(hard-boiled style)의 절제미를 보여주고 있다. 지금까지 『무기여 잘 있거라』에 대한 분석은 주제 및 상징기법 연구, 독자반응 이론을 적용한 연구, 정신분석학적 연구, 전기적 연구, 실존주의 철학, 종교적, 인종차별적, 페미니즘, 생태학적 연구, 퀴어 이론을 적용 시킨 연구 등 다양하고 꾸준하게 연구되어 오고 있다. 특히 헤밍웨이의 작품을 집중적으로 다루는 ≪헤밍웨이 리뷰≫(The Hemingway Review)는 헤밍웨이 작품 연구의 초석이 되고 있다. 국내에서도 헤밍웨이 학자들의 단행본들이 몇 권 나와 있으며, 헤밍웨이에 관한 논문들도 계속 발표되고 있다.

『무기여 잘 있거라』에서 가장 두드러진 등장인물들은 전쟁의 허무감 속에서 사랑하며 살아가는 프레더릭과 캐서린이다. 이들은 절망적인 환경 속에서도 서로 사랑하며 전쟁의 상흔이 자신들을 괴롭히자 스위스의 고지로 도피하여 목가적 은둔(idyllic hibernation)을 하기도 한다. 이 작품에서 캐서린은 프레더릭이 군대를 탈영하지만 그 행위에 대해 비난을 하기보다는 그의 결정을 이해하고 그와 함께 탈주를 감행한다. 이는 헤밍웨이가 프레더릭의 탈영을 비겁한 도망으로 인식하기보다는 생존을 위한 탈출로 제시하는 것과 관련이 있다.

이 작품에서는 1차 세계대전 이전의 가치관이 전도되어 제시되는데, 이와 같은 요소는 술에 대한 등장인물들의 태도와도 관련이 있다. 이 작품에서 많은 등장인물들을 음주를 통해 미쳐버릴 것 같은 현실에 맞서고 있다. 주인공을 비롯한 많은 군인들이 술을 찬양하는 것은 술을 먹으면 비참한 현실을 망각할 수 있기 때문이다.

이 작품 전체를 통해 헤밍웨이는 비정적 문체와 객관적 상관물을 소개하고 있다. 헤밍웨이는 오랜 기간의 기자생활을 통해 간결한 문체를 익혔고 다양한 유럽문화를 체득하고 파리에서 셔우드 앤더슨(Sherwood Anderson), 에즈라 파운드(Ezra Pound), 프랜시스 스콧 키 피츠제럴드(Francis Scott

Key Fitzgerald), 거투르드 스타인(Gertrude Stein) 등과 교류하기도 했다. 그는 이들로부터 많은 영향을 받았으며 폴 세잔(Paul Cezanne)의 회화에 관심을 가졌고 세잔으로부터 영향을 받기도 했다. 그는 사진적사실주의 기법에서 벗어나려고 노력하였고 현대회화기법을 소설에 접목시켜 소설을 통해 빙산이론(Iceberg Theory)을 소개하였다. 헤밍웨이는 바다위에 떠 있는 빙산은 1/8을 물 위에 드러내고 나머지 7/8은 수면아래에 있듯이, 자신의 소설에서 사용되는 간결하고 수식어가 제거된 문체는 독자들의 상상력을 자극하여 더 깊은 울림을 줄 수 있다고 생각했다.

『무기여 잘 있거라』의 마지막 장면은 헤밍웨이의 빙산이론의 정점을 감상할 수 있는 대목이다. 아내의 죽음을 접한 프레더릭의 행동은 이상하리만치 냉정하며 마지막 호흡을 뒤로하고 사망한 아내에 대해 "곧 그녀는 숨을 거두었다. … 마치 조각된 동상에게 작별하는 것 같았다. 잠시 후 나는 병원 밖으로 나왔다. 그리고 호텔을 향해 비속을 걸어갔다."라고 표현한다. 일부 독자들은 이 소설의 결말에 대해 불평을 늘어놓기도 하지만 이같은 헤밍웨이의 문체는 부인의 주검을 붙들고 울고 불며 소리치는 남편을 묘사하는 것보다 더 강한 슬픔과 유한한 인간의 삶을 부각 시킬 수 있는 것이다.

이 소설에서 헤밍웨이는 객관적 상관물을 지속적으로 사용하고 있는데 가장 자주 나오는 상관물은 비이다. 이 작품에서 비는 재앙, 전쟁, 그리고 죽음을 상징하고 있다. 주인공의 아내가 죽던 날도 비는 내렸고 작품의 마지막 장면에서도 주인공은 호텔을 향해 비속을 걸어간다. 비는 이 작품의 중요한 순간-전쟁터, 퇴각, 국경 탈출 등-에 계속 내리면서 이 작품 전체를 표상하는 날씨가 되고 있다. 한편 이 소설에서 산과 고원지대는 평화를 상징하는 긍정적인 상징물로 사용되고 있다.

헤밍웨이는 이 작품에서 극한의 상황에 처한 프레더릭의 탈출을 돕는 바텐더의 숭고한 인간애를 통해 절망적인 환경 속에서도 꺼지지 않는 희망을 강조하고 있다. 호텔 바텐더인 에밀리오는 프레더릭 부부에게 도망갈 길과 보트, 샌드위치, 브랜디, 포도주가 든 바구니와 돈을 제공하며 프레더릭과 캐서린이 스위스로 무사히 도망갈 수 있게 한다.

이는 전쟁과 같은 한계적인 상황에서 종교, 애국심, 도덕과 같은 전통적인 가치관이 아무 쓸모가 없게 되었을 때 남녀 간의 사랑이나 이웃이 베풀어주는 사랑이 더 현실적인 도움이 됨과 동시에 치유책이 된다는 사실을 강조하는 것이다. 전쟁의 비극 속에서 인간의 존엄성이 박탈당한 상황에서 추상적인 이념이나 도덕과 전통적으로 중요시 되던 것들은 모두 의미를 잃고 주인공에게 아무런 위안이 되지 못한다. 헤밍웨이는 종교나 애국주의가 아닌, 신체적 접촉, 이타주의, 자연으로의 적극적 도피가 오히려 허무한 삶을 사는 사람들에게는 생존과 치유에 필수적이라는 사실을 이 소설을 통해 강조하고 있다.

헤밍웨이는 『무기여 잘 있거라』를 통해 그의 이중적인 인생관을 피력하고 있다. 참전중인 프레더릭은 최선을 다하지만 총살당할 위기를 맞게 된다. 헤밍웨이는 자신의 의지와 상관없이 죽음을 직면해야 한 프레더릭을 통해 인생 자체가 비극과 모순에 지나지 않는 다는 점을 강조하고 있다. 또한 이와 비슷하게 삶의 의미를 상실한 전후 세대와 그 이후의 독자들에게 에밀리오의 조건 없는 인간애를 통해 절망 속에 피어나는 희망을 제시하고 있으며, 극한의 상황으로 몰아넣는 군대와 사회를 등지고 자연으로 탈주하는 프레더릭 부부의 모습과 자연 안에서 치유되는 그들의 삶을 통해 자연의 치유력을 다시 강조하고 있다. 헤밍웨이는 프레더릭의 탈주에 대해 책임과 의무를 묻기 보다는 생존과 치유를 위한 어쩔 수 없는 선택이었다는 점을 강조하고 있다.

이 작품의 지배적인 분위기는 허무주의적이다. 헤밍웨이는 『무기여 잘 있거라』전체에 걸쳐 종교와 애국심, 도덕적 불감증을 극복할 수 있는 대안적인 치유책으로 술, 자연, 남녀 간의 성 관계, 인간애 같이 구체적이고 직접적으로 등장인물들에게 빠르고 쉽게 영향을 줄 수 있는 것들을 제시한다. 헤밍웨이가 그런 대안적인 해결책을 제시하는 이유는 소설에 등장하는 여러 등장인물들이 기존의 관념이나 도덕, 법질서로 설명 될 수 없는 환경 속에서 생존을 해야 하는 상황에 처해 있음을 강조하는 것이다. 전쟁에서 후퇴를 하고 있을 때 장교들이 처형되는 장면은 『무기여 잘 있거라』에서 볼 수 있는 가장 부조리한 장면이다. 헌병들은 전쟁의 상흔 속에서 죽이지 않아도 되는 아군을 희생양처럼 총살 시킨다. 이 장면은 전쟁이라는 부조리한 상황을 감당하지 못한 군인들의 정신분열을 보여줌과 동시에 프레더릭이 도망치는 상사를 총으로 쏘고 보넬로(Bonello)가 쓰러진 상사를 다시 총으로 쏘아서 죽이는 장면을 상기시키기도 한다. 후퇴하는 아군을 즉결재판에 회부하고 처형하는 극단적인 행위와 도망치는 아군을 죽일 수밖에 없었던 상황은 전쟁터에서 어쩔 수 없이 생기는 상황이라는 점을 헤밍웨이는 상기시키며 전쟁 자체가 혼돈과 파멸, 그리고 부조리로 점철되어 있음을 강조하고 있다.

  이 작품의 결말은 비와 함께 절망적으로 끝난다. 헤밍웨이는 다양한 등장인물들이 전쟁의 참상 속에서 위안을 발견하는 모습을 통해 극한의 상황에서도 인간은 일말의 희망을 가질 수 있음을 강조하고 있다. 프레더릭과 캐서린은 사랑을, 군종신부는 자신이 믿는 신을, 리날디 중위는 술과 여자를 통해 위안을 찾는다. 하지만 이들의 위안은 일시적이며 다른 사람에게 큰 영향을 주거나 그들이 처한 고통을 치유시키지 못하고 있다. 프레더릭과 캐서린의 사랑은 캐서린의 죽음으로 끝나고 리날디는 성병에 걸리며 군종신부는 다른 이들에게 자신이 믿는 신의 희망을 전하지 못하고 있다.

헤밍웨이의 『무기여 잘 있거라』는 전쟁을 다루는 소설이지만 전쟁 영웅이나 승전의 기쁜 소식을 다루기보다는 대량 무기로 대량 학살을 초래하는 전쟁이 각각의 등장인물의 삶에 어떤 영향을 주고 있는지에 대해 전쟁의 허망함과 전쟁의 파괴성을 많은 군인들의 전사와 함께 제시하고 있다. 하지만 헤밍웨이는 작품의 전반적인 암울한 스토리 전개 속에서도 자신만의 위안을 찾는 등장인물과 인간애, 참된 사랑, 대자연의 치유력을 번갈아 제시하면서 인류의 역사는 전쟁이 끝나도 계속 이어질 것이며 치열한 삶은 계속될 것이라는 점을 강조하고 있다.

▶▶ 더 읽을거리

김유조. 『어네스트 헤밍웨이』. 서울: 건국대학교출판부, 2003.
소수만. 『어니스트 헤밍웨이: 그의 인생과 작품세계』. 서울: 도서출판 동인, 2007.
한국영어영문학회 편. 『헤밍웨이』. 서울: 민음사, 1979년.
Broer, Lawrence R. & Gloria Holland, eds. *Hemingway and Women: Female Critics and the Female Voice*. Tuscaloosa: U of Alabama P, 2002.
Oliver, Charles M. *Critical Companion to Ernest Hemingway: A Literary Reference to His Life And Work*. New York: Facts on File, 2007.
Owens-Murphy, Katie. "Hemingway's Pragmatism: Truth, Utility, and Concrete Particulars in *A Farewell to Arms*." *The Hemingway Review* 29.1 (2009): 87-102.
Tyler, Lisa, ed. *Teaching Hemingway's A Farewell to Arms*. Kent: Kent State UP, 2008.

┃신 진 범 (서원대학교)

조라 닐 허스턴
Zora Neale Hurston

작가 소개

　조라 닐 허스턴(Zora Neale Hurston, 1891-1960) 만큼 작가적 위상의 굴곡이 컸던 작가도 미국문학계에서 드물다. 네 권의 소설, 민담집 두 권, 자서전, 수많은 단편소설과 에세이 그리고 다수의 미출판 희곡을 남긴 허스턴은 1930년대에 가장 왕성하게 활동하던 흑인작가였으나 사망 직후 문학사에서 오랜 시간 동안 자취를 감추었다. 그러다가 앨리스 워커(Alice Walker)가 허스턴을 기리는 「조라 닐 허스턴을 찾아서」(In Search of Zora Neale Hurston)를 ≪미즈지≫(Ms., 1975)에 실은 이후 허스턴은 일약 흑인 여성작가들의 대모로 복원되었다. 지금은 허스턴 축제, 재단, 학회, 학술지 등을 포함한 일명 '허스턴 산업'(Hurston Industry)이라 지칭될 만큼 활발한 허스턴 연구가 진행되고 있다. 허스턴의 대표작 『그들의 눈은 신을 보고 있었다』는 2005년 오프라 윈프리가 제작자로 나서 할리 베리 주연으로 TV 영화로 제작되어 이천 오백만 명의 시청자를 자랑하기도 했다. 굴곡이 컸던 만큼, 허스턴을 둘러싼 논란의 목소리도 줄어들 기세가 아니다. 살아

생전 흑인남성 지식인들에게 노골적인 비판을 서슴지 않을 만큼 솔직한 발언으로 많은 사람들을 당혹하게 했던 허스턴은 당시에도 자유분방하고 호방한 삶을 살았으며 지금까지도 비평가들 사이에 논란의 대상으로 남아 있다.

뉴욕으로 이주한 후 할렘 르네상스의 주역이 되기까지의 허스턴의 삶은 단편적으로밖에 알려져 있지 않다. 허스턴 본인이 주장하는 자신의 출생 연도는 1901년이지만, 실은 1891년 1월 5일 노타쑬가(Notasulga) 알라바마(Alabama)에서 태어난 것으로 추정된다. 이 때문에 허스턴의 일대기를 논할 때 실제 나이와 공식적인 나이와의 간극을 늘 염두하고 허스턴의 행적을 평가해야 하는 점도 어려움으로 남아있다. 1893년 허스턴 가족은 이튼빌로 이주하게 되는데, 허스턴의 전기를 논할 때 가장 큰 특징으로 꼽히는 것이 바로 허스턴이 유년기를 보냈던 이튼빌(Eatonville, Florida)이라는 공간이다. 이튼빌은 당시로는 매우 예외적인 흑인자치구역(1887년 창시)으로서 허스턴의 독특한 세계관을 형성하는데 결정적인 역할을 했다고 여겨진다. 20세기 초 남부에서 북부로 흑인인구가 대거 이동함에 따라 미국의 도시지형을 뒤흔들어 놓았던 '민족의 대이동'(The Great Migration)은 할렘이라는 독특한 공간을 만들어냈고 할렘 중심으로 일어난 르네상스 예술운동이 발현되었을 당시 대다수의 작가들은 도시에서의 삶에 천착하여 흑백간의 갈등에 초점을 두는 작품 활동을 전개했다. 반면, 허스턴은 도시에서 활동하면서도 매우 드물게 남부흑인들의 삶에 집중하였는데 이튼빌이 이러한 허스턴 작품의 소재적 특징에 큰 영향을 끼쳤다.

허스턴은 대가족의 막내로 태어나 9살 때 어머니를 잃고 어린 나이에 가정부로 일하다가 14살에 가출을 감행한 후 유랑극단에 의상담당으로 취직을 하는 등 파란만장한 삶을 살다가 우여곡절 끝에 모간 아카데미(Morgan Academy)에 입학한 후(1917) 졸업을 하게 된다. 이어서 명문 하워드 대학(Howard University)에 입학하여 준학사학위(associate degree)를 수여받고 1924년까지 수학했다고 기록되어 있다. 학생신분으로서도 극심한 생활고를 겪은 허스턴은 매니큐리스트로 일하거나 워싱턴의 중상류층 흑인 가족의 가정부로도 일하는 등 온갖 허드레 일을 경험하게 된다.

하워드 대학에 수학하면서 쓴 글「빛에 물들어」(Drenched in Light)가 1924에 ≪어퍼튜니티≫(Opportunity)지에 실리게 되며 편집장 찰즈 존슨(Charles Johnson)의 관심을 받게 되는 허스턴은 1925년 단돈 $1.50을 가지고 작가가 되고자 하는 꿈을 품고 뉴욕에 도착한 후 일약 스타덤에 오르게 된다. 허스턴은 이후 주요 할렘 르네상스 작가로 활약하게 되지만 자서전『길 위의 흙 자국』(Dust Tracks on a Road)에서는 할렘에 관한 소개에 단 2쪽을 할애한다. 그렇기 때문에 이 당시의 허스턴에 관해 우리가 알고 있는 사실들은 거의 다른 작가들의 자서전이나 전기 등을 토대로 한 것이며, 허스턴의 이 당시 삶에 대한 평가는 다양한 사람들의 시각에 의존할 수밖에 없다.

본격적으로 할렘 르네상스 문인들과 활발한 교류를 시작하며 할렘 르네상스 주역으로 떠오른 허스턴에게 두 가지 중요한 사건이 생긴다. 하나는 후원자들과의 만남이다. 허스턴은 1927년부터 1932년까지 백인 후원자들에게 큰 도움을 받게 되는데, 당대 미국의 가장 유명한 여류문인이었던 패니 허스트(Fannie Hurst)와 우정을 쌓기도 하고 가장 중요한 후원자였던 샬롯 오즈굿 메이슨(Charlotte Osgood Mason) 여사에게 한 달에 200불을 받고 작품들의 소유권을 넘겨주는 형식의 계약을 2년간 맺게 된다. 이로 인해 허스턴은 랭스튼 휴즈(Langston Hughes)와 같은 당대 흑인문인들에게 비굴한 흑인상을 재현한다는 비판을 받기도 했다. 이러한 허스턴의 이중성은 아직 까지도 비평계에서 논란의 대상으로 남아있다. 또한 1925년에서1928년까지 장학생으로 바나드 대학(Barnard College)에서 수학하며 저명한 인류학자 프란즈 보아스(Franz Boas)의 사사를 받게 된다. 인류학자로서 허스턴이 남긴 족적은 허스턴 작품의 형식이나 내용 면에서 지대한 영향을 끼치게 된다. 허스턴은 미국 남부의 흑인민담을 모으는데 애를 쓰며 더 나아가 1925년부터 1940년까지 바하마, 하이티, 자메이카, 혼두라스 등을 두루 답사하기에 이른다. 이러한 흑인 민담채집은 허스턴 작품세계의 가장 핵심적인 근간을 이룬다. 흑인 민담에 대한 허스턴의 애정과 관심은 주요한 연구들로 이어지게 되고, 소설, 에세이, 자서전, 희곡 등 작품 전면에 걸쳐 주요한 형식과 내용, 기법에 큰 영향을 미친다.

대공황이 시작된 이후 1930년대는 허스턴이 남긴 대부분의 저서가 집필된 시기이다. 『그들의 눈』은 1937년 민담을 모으기 위해 하이티에 체류하면서 쓴 소설이며 이 외에 『요나의 박 덩굴』(*Jonah's Gourd Vines*), 가장 대표적인 흑인민속연구집인 『노새와 인간』(*Mules and Men*, 1935), 『내 말에게 말하라』(*Tell My Horse*) 등을 집필하였다. 당시 허스턴은 로즌월드 재단 장학금과 구겐하임 장학금을 잇달아 수상하면서 바하마, 자메이카, 하이티 등을 연구차 방문할 수 있었다. 또 한편으로 허스턴은 대공황기의 정부의 문화사업(FTP, FWP)에 종사하면서 흑인극 발전에도 심혈을 기울였다. 허스턴은 연극에 지속적으로 관심을 가졌고 "진정한 흑인 예술극"(real Negro art theatre)을 만들기 위해 혼신의 힘을 다했지만, 본인의 기대에 미칠만한 업적은 남기지 못했다.

이처럼 다작을 집필하며 활발하게 활동을 했던 허스턴은 1940년, 50년대를 거치며 서서히 문학계에서 잊혀져갔다. 흑인극에 대한 허스턴의 관심은 영화로도 옮겨가 허스턴은 잠시 할리우드를 방문해 자문역할을 하며 할리우드 데뷔를 꿈꾸기도 했지만 결실을 맺지 못했다. 자서전도 1940년대에 발간되어 오천부가 팔리기도 하지만 대체적으로 혹평을 받았다. 개인적으로는 1931년 첫 남편 허버트 쉰(Herbert Sheen)과의 결혼생활이 종결된 이후 1939년 두 번째 남편인 프라이스(Price)과 결혼을 하지만 일 년도 안 되어 결혼 생활은 끝난다. 이 당시 무엇보다도 가장 충격적이고 허스턴 인생에 가장 큰 타격을 준 사건이 일어난다. 허스턴은 1948년 아동 성희롱 혐의로 기소되면서 크나큰 치욕을 느끼고 회복하기 힘든 상처를 받게 되고 또 한편으로는 표절 시비에 휘말리게 된다. 이후 1950년대에 60세가 되는(대외적으로는 50대) 허스턴은 플로리다 주로 이주하여 집안일을 하고 정원을 가꾸며 소일한다. 작은 집(Eau Gallie cottage)을 세내어 6년을 살면서 생활고로 인해 가정부, 사서, 임시교직, 정치에세이 기고 등 다양한 일들을 하며 근근이 생계를 이어간다. 성희롱 사건으로 흑인사회에 배신감을 느낀 허스턴은 백인 친구 한명에게 정서적인 위안을 얻으며 지금은 잘 알려지지 않은 작품들을 간간이 집필했다. 또한 1954년 브라운 판결을 반대하는 입장을 표명한 허스턴은 정치적으로 보수화하였고 이러한 정치적 입지는 아직까지도 논란이 되고 있다. 1959년 10월에 뇌출혈로 쓰러져 입원한 허스턴은 건강을 회복하지 못하고 플로리다의 세인트 루시 카운티 요양원(St. Lucie County Welfare Home)이라는 복지수용소에서 조용히 생애를 마감하였다. 흑인여자로서 당대의 여러 금기를 깨고 종횡무진하며 흑인민담을 채집하고 토속문화를 발굴하며 할렘 르네상스의 주역으로 범상치 않은 삶을 살았던 허스턴의 마지막 순간은 쓸쓸하기 짝이 없었다.

그들의 눈은 신을 보고 있었다
Their Eyes Were Watching God

작품 줄거리

『그들의 눈』은 제이니 크로포드(Janie Crawford)라는 한 여인이 16살 때부터 40대가 될 때까지 만나는 세 명의 남편과의 관계를 통해 성장하고 자아를 실현하는 과정을 그리고 있다. 1920년대 미국 남부 플로리다 주를 배경으로 흑인마을인 이튼빌의 다양한 흑인마을 사람들과 밸 글레이드 (Belle Glade)의 진흙땅에서 일하는 노동자들이 등장하는 이 소설은 자신만의 "지평선"에 도달하게 되는 제이니의 여정을 추적한다. 이 소설의 독특함은 흑인구술전통문화의 다양한 요소들과 허스턴의 고유한 흑인방언의 구사법에 있다. 삼인칭 서술자와 제이니의 목소리가 섞이기도 하고 분리되기도 하면서 전지전능한 삼인칭 서술자는 제이니와 흑인마을공동체 목소리 사이에 적절한 균형을 취하며 표준영어와 아름다운 흑인방언을 자유롭게 구사하며 이야기를 넘나든다. 이 소설은 서정적인 문체를 바탕으로 흑인 전통문화를 반영하는 특이한 방언을 구사하며 고유한 소설의 영역을 개척하기도 했다. 궁극적으로 이 소설은 제이니의 정체성 탐색 뿐 아니라 흑인노동자들의 문화와 독특한 언어구사법에 대한 깊은 애정을 가지고 흑인노동계층의 삶과 문화 속에서 흑인 공동체의 정체성을 모색하고 있다.

　티케일의 장례가 끝나고 동네로 돌아온 제이니. 해질 무렵 삼삼오오 사람들이 모여들고 제이니가 왜 돌아왔는지 동네 사람들이 입방아를 찧으며 고단한 하루의 노동이 끝난 후의 여유를 즐긴다. 사람들은 질투와 호기심이 섞인 눈으로 제이니를 바라보지만 제이니는 아무 말 없이 집으로 향하고 20년 지기인 피비는 제이니 집으로 음식을 가지고 간다. 피비는 티케일이 죽었다는 사실을 알게 되고 제이니는 그간의 이야기를 사랑하는 친구 피비에게 허물없이 털어놓는다.

　제이니는 남플로리다 주에서 할머니 손에 길러졌다. 할머니가 하인으로 일하는 백인 주인집 아이들과 어울려 지내던 제이니는 여섯 살이 되어서야 자신이 흑인이라는 사실을 알게 되고 충격을 받는다. 제이니가 자신이 흑인이라는 사실에 주눅이 들자 할머니는 따로 작은 집을 마련하여 이사를 간다. 제이니는 피비에게 자신의 삶의 첫 의미심장한 사건을 열여섯 살 때 일이라고 설명한다. 삼일 간 배나무 아래에서 인생의 신비에 대해 사색을 하다가 배나무 꽃 아래에서 벌 한 마리가 꽃의 꿀을 빨아 먹는 장면을 보며 자연의 합일에 전율을 느끼게 된 순간이 제이니의 의식을 일깨우는 순간으로 기술된다. 제이니의 할머니는 제이니가 조니 테일러와 키스하는 장면을 목격하고 제이니를 보호해야겠다는 생각으로 제이니를 결혼시키기로 결심한다. 할머니는 로건 킬릭스(Logan Killicks)라는 육십 에이커를 소유한 나이가 꽤 든 남자를 제이니 신랑감으로 적격이라 생각하지만 제이니는 킬릭스를 떠올리며 배나무 꽃의 정신을 훼손하는 일이라 생각한다. 하지만 노예주의 아이를 낳아 노예주의 부인에게 혹독한 시련을 당한 후 도망가 자식만을 위해 산전수전 겪다가 자신의 귀한 열 일곱 살짜리 딸의 강간을 경험한 할머니 내니(Nanny)는 노예제를 겪으며 흑인여성들이 "세상의 노새"라는 비참한 사실을 뼈저리게 느끼며 살아왔기 때문에 손녀딸은 백인남성들의 노리개가 되지 않도록 보호하기 위해 "괜찮은 신랑감"을 찾아 결혼시키려고 한다. 할머니는 손녀딸에게 간곡하게 킬릭스와의 결혼을 권하고 제이니는 이에 순종한다. 결혼을 하면 사랑이 싹 트이라 막연히 생각하며 결혼생활을 하던 제이니는 남편을 사랑하지 않는다고 할머니에게 호소를 하고, 할머니는 손녀딸의 말을 듣자마자 쓰러져 세상을 떠난다. 그리고 1년이 흐른 후 킬릭스는 더 이상 제이니를 사랑의 대상으로 보지 않고 노새 한 마리를 더 사서 자신과 같이 밭에서 일을 하도록 강요한다. 이즈음 조지아 주 출신 조 스탁스(Joe Starks)라는 멋쟁이 신사 차림의 남자가 나타나 제이니에게 구애를 한다. 제이니처럼 아름다운 여인이 그런 힘든 노동을 하는 것은 말도 안 되는 일이라 속삭이며 조는 플로리다 주의 작은 마을로 가서 큰일을 벌려 성공할 거라고 제이니에게 떠벌린다. 제이니는 꽃가루를 상상하며 꽃가루가 흩날리는 행복이 아니라 하더라도 새로운 지평선은 적어도 꿈꿀 수 있다고 여기며 조와 떠나 결혼을 한다.

제이니는 처음에는 자신만만하고 거침없이 자신의 계획대로 행동하며 "부자 백인네들"처럼 행세하는 조를 자랑스럽게 생각한다. 조는 이튼빌이라는 곳으로 제이니를 데려가 단 시간 내에 땅을 사고 동네 중심부에 가게를 열어 사업을 시작하기도 하고 동네를 개발하며 마을 사람들 위에 군림하게 된다. 급기야 조는 마을의 시장으로 선출된다. 조가 자신의 지위를 과시하듯 백인 노예주들 저택과 같은 큰 저택과 그 주위에 하인들 집처럼 작은 집들을 지으며 백인 농장주나 부자들처럼 행세를 하자 마을 사람들은 불평을 하면서도 그 권위에 굴복한다. 마을사람들은 조를 점점 더 두려워하게 되고 동시에 제이니는 점점 더 동네 사람들과 멀어지고 소외된다. 또한 조의 힘에 밀려 제이니는 말수가 없어지고 조그마한 실수에도 남편에게 지나친 비판을 받으며 소극적으로 변해간다. 동네 사람들은 제이니가 어떻게 그렇게 순종하며 아무 말 없이 사는지 모르겠다고 수군거린다. 실제로 소설의 5장부터는 제이니의 목소리는 사라지고 조의 말과 동네 사람들의 흑인방언이 주를 이룬다. 동네 사람들의 대화는 희극적인 효과를 낳기도 하는데 과장법이라든지 서로 장난을 치며 험담을 하는 언어유희(the dozens)가 마을 공동체의 목소리로 등장한다.

    제이니는 주로 가게에서 물건을 팔며 소일하는데, 제이니의 유일한 낙은 사람들이 "언어유희"를 통해 재미난 이야기를 주거니 받거니 하는 장면을 구경하는 것이다. 그 이야기를 허스턴은 "생각의 그림"(pictures of their thoughts) 이라고 부른다. 예컨대 맷 보너의 노란 노새가 이야깃거리로 등장하곤 하는데, 샘과 리지와 월터 모두 합세하여 누가 더 심한 말장난을 하며 맷의 노새를 놀릴 수 있는지가 관건이 되는 게임을 한다. 고도의 언어기교를 필요로 하는 이 놀이는 단순한 오락이 아니라 흑인공동체가 생존해 나가는 일종의 중요한 생존전략이자, 선조들의 슬기를 담아내는 전통문화이자 소일거리고 소통의 방법이다. 반면 말라비틀어지고 늙어 쓸모없어진 노새를 제이니는 불쌍히 여기고 조는 노새를 사서 해방을 시켜준다. 노새는 곧 죽고 마을사람들과 조는 노새를 위해 거창한 장례식을 거행하고 일종의 공동체적 의식을 치른다. 제이니는 이러한 마을의 의식에서 소외되고 조의 장식물로 전락하여 점점 더 깊은 외로움에 빠진다. 조는 더욱 권위적이고 폭력적으로 변하고 제이니 음식 솜씨가 형편없다고 하며 제이니를 때린다. 제이니는 조가 자기 자신이 만들어 낸 꿈을 덧입힌 형상에 불과했다고 깨닫게 되고 그 순간부터 "안과 밖"의 자신을 구분하고 자신의 내면을 철저히 숨기고 겉으로만 아내 역을 하며 산다.

    형식적인 부부생활을 하며 제이니는 껍데기뿐인 자기 자신이 일상생활을 하며 조디 발 앞에 엎드려 절하는 모습과 또 다른 분리된 자아 즉 머리카락과 옷을 휘날리는 바람이 부는 그늘진 나무 아래 앉아 있는 모습을 본다. 제이니의 영혼과 마음은 다른 곳에 존재하게 된다. 나이가 들어가는 조는 점점 더 제이니에게 더욱 가학적이 되어 가고 한 번은 사람들 앞에서 심하게 면박을 준다. 침묵을 지켜오던 제이니는 드디어 입을 열어 "당신도 나이가 들어 보인다"고 하며 말을 받아 치자 조는 일시에 자신의 남성성이 침해되는 것을 느끼고 충격을 받는다. 사람들 앞에서 벌거벗겨졌다고 느끼며 치욕감을 느끼는 조는 제이니에게 폭행을 가한다.

조는 급속도로 쇠약해져 부두교 의사를 불러 제이니가 자신을 해하려 한다고 의심하며 경계한다. 제이니는 조가 돌팔이 의사한테 속아 건강이 점점 더 악화되는 것을 안타까워 하지만 조의 상태는 점점 더 악화된다. 제이니는 마지막으로 조를 찾아가 그동안 조가 자신이 만든 물건과 세상을 경배하느라 서로 진정한 관계를 만드는 데 실패했다고 말하며, 이제 조가 곧 죽게 될 거라고 말해준다. 조는 죽음에 직면한 현실을 받아들이지 못하고 세상을 떠난다.

조의 장례식이 끝나고 제이니는 머리 스카프를 푼 것 외엔 예전과 다름없이 일상을 살아간다. 주위의 많은 남자들이 이런 저런 핑계를 대며 재력과 미모를 지닌 미망인에게 접근하지만 제이니는 간혹 피비와 만나 낚시를 하는 일 외엔 특별한 일 없이 자유를 즐기며 산다. 제이니는 할머니가 자신을 사랑한다는 미명하에 수평선 대신 결혼시장에 자신을 팔아 넘겼다고 생각하며 할머니에 대한 원망이 마음속에 쌓여 있음을 깨닫게 된다. 이제는 그 수평선을 찾아 살리라 다짐한다.

그러던 어느 날 가게에 티케잌(Tea Cake의 본명은 Vergible Woods) 이라는 젊은이가 나타난다. 제이니는 열두 살이나 어린 티케잌의 자연스러움과 스스럼없는 성격에 끌리게 되지만, 어떤 사람인지 모른다는 마음에서 그런 마음을 지운다. 하지만 제이니와 티케잌은 점점 더 가까워지고 동네사람들은 가진 거라고는 아무 것도 없는 티케잌이 돈 많은 미망인에게 접근하다고 못마땅하게 생각한다. 남편을 묻은 지 9개월 밖에 안 된 제이니가 근사하게 차려입고 교회도 나가지 않고 젊은 남자와 돌아다니는 것을 본 마을 사람들은 제이니를 질시하고 험담을 늘어놓는다. 마을 사람들은 노골적으로 티케익이 돈 많은 여자 제이니의 돈을 노리고 제이니를 낚아채려 한다고 생각한다. 샘 왓슨은 아내 피비에게 제이니에게 이야기를 해 보라고 하지만, 제이니는 피비에게 티케익과 자신은 서로를 순수하게 사랑하는 관계라고 설명한다. 제이니는 오히려 마을 남자들이 마을에 미망인이 세 명이나 더 있음에도 불구하고 자신에게 구애하는 걸 보면 그 사람들이야 말로 돈에 눈이 어둡고 마을 사람들의 염려가 위선적이라고 말한다.

티케익은 결혼을 준비하러 잭슨빌로 먼저 떠나고 제이니는 이백 불을 옷 속에 숨기고 십 불만 가지고 티케익과 결혼하러 동네를 떠난다. 티케익과 제이니의 사랑은 결혼한 직후 시험대에 오르게 된다. 제이니는 아침에 일어나 티케익이 이백 불을 가지고 사라진 것을 발견하고 젊은 남자들과 즐기다가 사기꾼에게 속아 전 재산을 날린 타일러 부인을 떠올리고 갈등을 하지만 그런 생각보다는 티케익의 안전을 걱정하며 기다린다. 티케익은 아무 일도 없었다는 듯 장난을 치며 나타나는데, 티케익은 이백 불이라는 큰 돈을 보고 인근 지역에 가서 신나게 잔치를 하고 사람들에게 호의를 베풀었다고 제이니에게 설명한다. 자신이 어울리는 사람들이 제이니의 격에 맞지 않는 노동자 계층의 사람들이라 제이니가 싫어할까봐 제이니를 데리고 가지 않았다고 설명한다. 또 돈 걱정은 말라면서 자신이 타고난 뛰어난 도박꾼이라고 설명하며 돈을 다 벌어오겠다고 한다. 공언한대로 티케익은 삼백 불 넘게 도박장에서 벌어오지만 그 과정에서 사람들의 공격을 받아 상처를 입는다. 이를 본 제이니는 놀라 울며 티케익을 돌보고 부부는 서로의 사랑을 확인한다.

어떠한 삶이든 티케일과 함께 하겠다는 제이니는 티케일을 따라 에버글래이드로 떠난다. "진흙땅"(the Muck)이라고 불리는 이 곳은 플로리다 주 남부의 비옥한 농작지다. 수확철만 되면 줄기콩과 사탕수수가 풍성하게 나는 이곳으로 일용직 노동자들이 떼를 지어 일을 찾아온다. "진흙땅"은 낮에는 사람들이 진흙과 엉겨 붙어 한 덩어리가 되어 일하다가 밤에는 사랑을 나누고 도박을 하고 춤을 추며 놀이로 열정적인 날들을 지새우는 새로운 세상이다. 9월에 노동의 계절이 시작되는데, 티케일은 제이니와 함께 이 계절이 시작되기 2주 전에 먼저 가서 일하기 가장 좋은 자리를 잡고 집을 구한다. 일을 시작하기 전인 2주 동안 티케일은 제이니에게 사냥을 가르쳐주기도 하는데, 제이니는 명사수가 되어 악어를 잡아 가죽과 이빨을 팔기도 한다. 일과 노동이 분리되지 않은 형태의 삶은 이 새로운 세계가 제이니에게 가르쳐주는 새로운 삶의 방식이다. 동서남북 온 사방에서 가난에 지친 사람들이 냄비와 살림살이를 들고 돈을 벌기 위해 이곳으로 몰려든다. 제이니는 처음에는 집에서 살림을 하며 티케일을 위해 음식을 하고 빨래를 하며 기다리지만, 곧 티케일과 "함께" 진흙땅에서 일하며 같이 생활하기로 한다. 제이니가 진흙땅에 나타나자 사람들은 처음에는 제이니가 자신들과 다른 삶을 살던 여자라 거부감을 갖지만 곧 재미난 얘기를 할 줄 아는 제이니는 인기를 얻게 된다. 제이니는 작업복을(overall) 입고 일하고 놀고 사랑하며 살아가는 이 새로운 공동체에서 입담을 과시하며 "언어유희"(the dozens)에 적극적으로 참여한다. 진흙땅에서의 삶은 티케일의 정체성과 긴밀히 닿아 있는 흑인민담이 살아 숨쉬는 흑인민중의 삶의 본연지이기도 하다. 그러한 점에서 티케일의 삶의 방식은 제이니의 이전 남편들과 대비되는 한 남자의 삶의 방식을 대변하기 보다는 티케일이 속해 있는 흑인민중의 삶을 대변한다. 킬릭스와 스탁스가 백인중심적인 삶의 방식을 살아간다면 티케일은 이와 확연하게 구별되는 삶을 살며 백인사회의 가치관에서 빗겨나 있기도 하다. 이러한 점은 터너부인이란 인물을 통해서 더 확연하게 드러난다. 제이니가 잠시 만나게 되는 터너부인을 통해 허스턴은 백인을 추종하는 터너부인과 같은 인물을 비판하며 흑인들의 "웃고 떠드는" 건강성을 옹호한다. "백인주의"(caucasioinism)를 비판하며 오히려 농을 즐기고 노래와 춤을 즐기는 흑인상을 옹호하는데, 할렘 르네상스의 정신이 그러한 "구흑인"의 상투형을 타파하려고 하는 "신흑인"을 창조하는 사회문화운동이었다는 점에서 허스턴이 구축하자고자 하는 흑인상은 논란의 소지가 될 수밖에 없었다. "웃고 떠드는" 흑인의 상투형을 옹호함으로써 구흑인상을 긍정적으로 평가하기 때문이다.

어느 날 인디언들과 뱀, 토끼 등 동물들이 동쪽으로 이동하기 시작하고, 티케일과 제이니는 인디언들과 바하마 사람들에게 태풍이 온다는 소식을 전해 듣지만 그 말을 믿지 않고 그곳에 남기로 한다. 곧 태풍이 불어 닥치고 티케일과 제이니는 바람과 빗속에서 안간힘을 다해 동쪽으로 이동하기 시작한다. 집들이 떠밀려 내려와 둥둥 떠다니고 죽은 가축들이 하나 둘씩 떠다니기 시작한다. 둑이 터지고 호수가 범람하여 티케일과 제이니는 죽을 고비에 처하지만 티케일이 지친 제이니를 지키며 마른 육지를 찾아 간다. 하지만 둥둥 떠다니는 잡동사니와 가축 사이에 광견 한 마리가 제이니를 공격하고 티케일은 칼로 개를 찔러 제이니를 구하는 중에 얼굴을 물린다. 티케일과 제이니는 팜 비치(Palm Beach)에 간신히 도착하고 살아남는다.

태풍이 지나가고 티케일과 제이니는 진흙땅으로 돌아온다. 티케일은 제이니가 준 물을 마실 때도 독극물이 들어갔다고 의심하고 목이 졸리는 통증을 느끼는 이상한 증상을 보이게 되고 의사한테 진찰을 받는다. 의사는 광견병이 이미 악화되어 티케일이 곧 죽음을 맞게 되리라고 제이니에게 말하며 티케일이 이상한 증상을 보일 때는 가까이 있지 말라고 경고한다.

제이니는 의사의 말을 듣지 않고 티케익을 극진히 간호하지만 티케익의 증상은 악화되고 "살인 충동을" 느끼는 지경에 이른다. 티케익은 제이니를 향해 총을 겨누는데 제이니는 자기방어를 위해 총을 쏘게 되고 티케익은 죽는다. 티케익을 아꼈던 사람들은 법정에 선 제이니를 보고 수군거리지만 결국 제이니는 무죄 판결을 받는다.

티케익의 장례를 성대하고 치르고 난 후 이야기는 소설의 첫 장면으로 다시 돌아온다. 피비는 제이니의 이야기를 듣고 자신의 삶을 다시 반추하게 되었다고 하며 집으로 조용히 돌아간다. 제이니는 집에서 티케익의 흔적을 느끼며 지평선 너머의 기억을 어깨에 감싸고 자신의 영혼을 부른다.

문학사적 의의

앨리스 워커의 노력에 힘입어 1970년대 흑인여성문학의 대모로 복원된 이후 허스턴은 이제 미국대학 교과과정에서 가장 널리 읽히는 미국문학의 주요 작가의 반열에 들어섰다. 『그들의 눈』은 미국을 대표하는 백 권의 소설에도 포함이 될 뿐 아니라 각종 교양과목에서도 필독서로 읽히고 있다. 하지만 "허스트니즘"(Hurstonism)이라고 두씰(Ann DuCille)이 지적하듯,『그들의 눈』의 정전화는 단일한 흑인문화의 고착으로 이어질 수 있다. 그러므로 허스턴의 미출간 단편소설이 하나 둘씩 새로이 발견되고 있는 지금 허스턴에 대한 다각적인 비평 작업이 마땅히 계속적으로 이루어져야 한다.

『그들의 눈』에 대한 비평의 큰 갈래를 살펴본다면 1937년 리처드 라이트(Richard Wright)를 필두로 하여 지금까지 흑인민중의 희극적 형상화를 비판적으로 보는 흑인비평계 내부의 시각이 있고, 또 한편으로는 헨리

루이스 게이츠(Henry Louis Gates Jr.)를 중심으로 흑인민족주의 시각에서 흑인민중의 구술전통 및 민중언어를 통해 허스턴이 흑인여성의 목소리를 탁월하게 구현하고 있다고 높이 평가하는 상반된 시각이 있다.

흑인학계를 이끌어 가는 수장 역할을 하는 게이츠의『그들의 눈』작품해설은 여전히 지배적인 비평적 관점을 제시한다. 게이츠는『그들의 눈』을 흑인문학의 가장 대표적인 "말하는 텍스트"(speakerly text)로 본다. 특히 이 소설이 흑인문학전통과 문화를 관통하는 구술전통과 흑인방언을 빼어나게 구사하며 흑인문학만의 고유한 기법을 사용하고 있다고 주장한다. 삼인칭 서술자와 일인칭 화자의 목소리가 섞여 전개되는 소설의 서술방식이 흑인문학에 내재하는 이중적 목소리(double voice)를 효과적으로 보여주는 자유간접화법(free indirect discourse)이라고 보는 게이츠는 더 나아가 그러한 이중적 목소리가 근대성을 경험하는 중산층 흑인여성의 언어(표준영어)와 흑인민중(folk)의 목소리를 동시에 발화하는 매우 독특한 흑인고유의 화법이라 설명한다. 어떤 고유한 "흑인성"을 전제로 하는 흑인민족주의적 시각이 적극 개입된 이러한 게이츠의 허스턴 읽기는 허스턴의 초기 비평의 초석이 되어 지금까지도 하나의 유효한 독법으로 비평계를 지배하고 있다. 이와 비슷한 맥락에서 마이클 오커드(Michael Awkward) 역시『그들의 눈』이 흑인여성전통을 담아내고 계승하는 역할을 하며 흑인여성문학의 고유한 미학적 틀을 탁월하게 빚어낸 소설이라고 평한다. 메리 헬렌 워싱턴(Mary Helen Washington)이『그들의 눈』을 흑인여성의 입장에서 주체적으로 목소리를 낸 소설이 거의 없었던 당시 "흑인 여성의 자아실현"을 보여준 선구자적인 작품으로 칭송한 이후 게이츠와 오커드가『그들의 눈』을 흑인방언과 이중적 목소리라는 독특한 기법을 사용한 일종의 흑인문학의 원전(ur-text)로 평하면서 이 소설이 정전화의 길로 접어든 것이다.

헤이즐 카비(Hazel Carby)는 바로 그러한 흑인 민족주의적 시각에 입각한 "흑인민중"의 형상화를 문제 삼는다. 라이트는 『그들의 눈』이 "주제도 메시지도 생각"도 없고 백인들이 흑인들에 대해 가지고 있는 선입견과 부정적인 상투형(darkie)을 공고히 하는 소설이라고 신랄하게 비판한 바 있다. 라이트의 혹독한 평가는 남성 중심적이기도 하고 무엇보다 저항소설을 우위에 두고 허스턴의 소설을 평가절하 하는 면도 없지 않다. 하지만 라이트가 지적한 흑인민중의 형상화 문제는 여전히 논란의 여지로 남아 있다. 카비는 라이트처럼 단순히 상투적인 흑인형상화만을 문제 삼기보다는, 『그들의 눈』이 "흑인민중"을 "농촌의 민중"(the folk as a rural people)으로 고착화시킨 점과 흑인남부를 유토피아적 공간으로 그리면서 당대의 도시화와 산업화라는 역사적 맥락에서 분리해서 그린 점을 특히 문제 삼는다. 또한 『그들의 눈』을 흑인문학의 대표작으로 내세우는 현재의 커리큘럼의 정치적 함의가 무엇인지 조심스럽게 반문한다. "『그들의 눈』이 가장 많이 읽히는 흑인여성 소설이라는 이유가 흑인민중이 늘 즐겁고 건강하다는 확신을 주는 기제로 작동하고 있기 때문은 아닌지"(90) 즉 흑인방언이야 말로 "흑인성"을 가장 잘 드러내주는 언어로 규정하는 게이츠와 오커드 식의 비평이 "진정한" 흑인문화란 마치 "농촌의 민중"의 문화와 전통에 내재한다는 식의 본질주의에 함몰될 수 있는 위험성을 지적한 것이다. 또한 게이츠가 뛰어나다고 평가하는 소설의 서술기법이 민중의 담론을 개인의 자율성으로 환치시킨다고 카비는 비판한다. 결국 이러한 면에서 카비의 문제의식은 라이트의 문제의식과 닿아 있으며 "허스트니즘"에 대한 비판을 제기한 두씰과도 일맥상통한다. 흑인들은 항상 "웃고 떠드는" 즐거운 삶을 사는 존재라는 흑인 상투형을 재생산할지 모른다는 라이트의 우려는 예컨대 『그들의 눈』이 "신선하게도 이데올로기가 부재한" 소설이라고 칭송한 헤롤드 블룸(Harold Bloom)의 예에서도 볼 수 있듯 어느 정도 타당성이 있는 비판이라고 여겨진다.

그럼에도 불구하고 『그들의 눈』은 인류학자 허스턴이 민담 채집을 통해 흑인방언과 부두교 등 서인도제도와 플로리다 주의 흑인전통문화를 깊이 연구하며 새로운 기법을 선보인 탁월한 성취임에는 틀림없다. 또한 노예제라는 흑인역사의 질곡을 경험하였기 때문에 새로운 시대에도 수동적인 삶을 강요한 할머니 내니(Nanny)의 삶을 거부하고 성(sexuality)을 자신의 정체성의 중요한 부분으로 끌어안는 제이니의 삶의 여정은 흑인여성문학의 새로운 지평을 열었다. 최근 도시를 소재로 한 허스턴의 단편들이 ("Monkey Junk", "The Back Room") 발견되면서 허스턴의 작품세계 전반에 대한 재조명이 이루어져야 한다고 주장하는 일부 평자들이 있는데, 페미니즘, 남부흑인토속문화, 정치적 보수성 등 하나의 잣대로 허스턴을 평가하는 것을 경계하면서 허스턴의 작품세계 전반을 아우르는 비평작업이 앞으로도 이어질 것으로 기대된다. 토속문화의 대변자나 정치적 보수주의자라는 오명을 넘어서서 허스턴은 계속해서 새로이 읽히고 재해석되며 현재의 독자들과 만나는 작가로 남을 것이다.

▶▶ 더 읽을거리

Awkward, Michael, ed. *New Essays on Their Eyes Were Watching God*. Cambridge: Cambridge UP, 1990.

Davis, Cynthia and Verner D. Mitchell, eds. *Zora Neale Hurston: An Annotated Bibliography of Works and Criticism*. Plymouth, UK: Scarecrow Press, 2013.

Fradin, Dennis Brindell and Judith Bloom Fradin. *Zora!: The Life of Zora Neale Hurston*. New York: Clarion Books, 2012.

Gates Jr., Henry Louis and K.A. Appiah, eds. *Zora Neale Hurston: Critical Perspectives Past and Present*. New York: Amistad, 1993.
Hemenway, Robert E. Zora. *Neale Hurston: A Literary Biography*. Urbana: U of Illinois P, 1977.
King, Lovalerie. *The Cambridge Introduction to Zora Neale Hurston*. Cambridge: Cambridge UP, 2008.
Plant, Deborah G., ed. *"The Inside Light": New Critical Essays on Zora Neale Hurston*. Santa Barbara: Praeger, 2010.

■ 안 지 현 (서울대학교)

존 스타인벡
John Steinbeck

작가 소개

　존 스타인벡(John Steinbeck, 1902-68)은 1902년 캘리포니아 살리너스(Salinas)에서 태어났다. 이 지역은 사회적·경제적·자연적 어려움으로 고통받는 농민과 노동자들의 삶을 묘사한 그의 소설들의 주요 무대가 된다. 스탠포드 대학 영문학과를 중퇴하고 작가로 성공하기 전까지는 일용노동자로 일하곤 했다. 전체 27권의 저서 중에 『또르띠야 플랫』(*Tortilla Flat*, 1935)은 작가가 처음으로 비평적으로 주목받고 상업적으로도 성공을 거둔 작품으로 제1차 세계대전 직후에 인생과 음주를 즐기는 마치 편력기사 같은 일단의 무리들에 대한 이야기이다. 당시 대공황의 깊은 우울에 대해 반가운 해독제 역할을 했다고 여겨진다.

　대공황 동안에 보통사람들이 처하는 어려움을 그린 '캘리포니아 소설들'이 있는데, 여기에 『의심스러운 싸움』(*In Dubious Battle*, 1936), 『생쥐와 인간』(*Of Mice and Men*, 1937), 『분노의 포도』(*The Grapes of Wrath*, 1939) 가 포함된다. 이 중 『분노의 포도』는 전미도서상(National Book Award),

미국서점협회(American Booksellers Association)가 꼽은 가장 좋은 소설, 퓰리처상을 받았다. 헨리 폰다(Henry Fonda)가 톰 조드(Tom Joad)의 역을 연기한 존 포드(John Ford) 감독의 1940년작 영화는 미국 영화사의 탁월한 작품으로 남아 있다. 그 밖의 작품으로는 『에덴의 동쪽』(East of Eden, 1952) 등이 있다.

'공감하는 유머와 날카로운 사회적 인식을 결합한 리얼리즘적 창작'을 수행해왔다는 이유로 1962년 노벨문학상을 받았다. 스타인벡은 자신이 최고로 좋아하는 작가와 작품들로 '헤밍웨이의 단편소설들과 포크너의 모든 소설'을 꼽았다. 1967년 ≪뉴스데이≫(Newsday) 잡지의 요청으로 스타인벡은 보도 차 베트남으로 갔다. 그는 베트남전쟁을 영웅적인 모험이라고 생각했기 때문에 강경파로 여겨지기도 했다. 1968년 66세의 나이에 심장병으로 죽었다.

분노의 포도
The Grapes of Wrath

작품 줄거리

   작가는 이 소설에서 이중적인 구성을 취한다. 전체 30장으로 이뤄진 작품에서 한편으로 작가는 비교적 긴 챕터들의 이야기를 통해 조드 가족(the Joads)의 이야기를 추적하면서 다른 한편으로는 조드 가족과 같은 수많은 가족들이 처한 당대의 제반 환경과 맥락을 전달하는 짧은 장들을 배치하여 서쪽으로 이동 중인 이주 농민노동자들의 행렬을 에워싸고 있다. 이런 형식으로 인해 작가는 다양한 스타일의 글들을 다채롭게 시험할 수 있었다. 때로는 서정적이고 시적인, 때로는 신문기사와 같이 군더더기 없이 '사실'(fact)에 집중한, 또 때로는 마치 와자지껄한 장터의 다성적(多聲的) 목소리들을 직접 생중계하는 듯한 다양한 스타일의 글들을 주로 홀수인 짧은 챕터들을 통해 보여주고 있다.

   예컨대, 1장은 오클라호마 농장들이 1933년 이래 수년에 걸쳐 지속된 '먼지모래폭풍'(Dust Bowl) 속에서 시들어 죽어가고 이렇게 죽어가는 곡식을 멍하니 바라볼 수밖에 없는 농부들의 타들어가는 심정을 강렬하고 인상적인 그림처럼 보여준다. 2장은 1장에서 묘사한 황폐한 시골의 장면에 맥알레스터 주립감옥에서 막 출감한 톰 조드(Tom Joad)가 입장하여 가족을 찾아가는 장면이 서술된다. 그리고 3장에서는 다시 톰 조드의 이야기로부터 눈을 돌려 뜨거운 땡볕 아래 땅거북(land turtle) 한 마리가 달궈진 고속도로를 위태롭게 가로질러 건너는 상징적인 장면이 묘사된다. 거북의 느린 움직임과 고속도로 차량들의 질주가 대비되면서 위태로움이 극화된다. 간신히 죽을 고비를 넘긴 거북이 마침내 도로를 건너 느리게 자신의 길을 계속 나아가는 것을 묘사함으로써 농민노동자들의 고난에 찬 행렬을 상징적으로 보여준다. 이렇듯 작가는 1장에서 시선이 따라가지 못할 정도로 넓고 넓게 펼쳐진 광경을 광대한 화면으로 담았다가 3장에서는 그 광대한 화면 안의 작은 생명의 아주 작은 움직임을 근경으로 포착한다. 이런 구성을 염두에 두면서 줄거리를 따라가면 더 작품의 내용이 더 생생하리라고 생각된다. 앞으로 소개할 줄거리 사이에 이런 장면들이 배치된다는 점을 기억할 필요가 있다.

톰은 먼지이는 길을 걷다 땅거북을 발견하고 코트에 감싸 가져간다. 톰은 누더기 꼴의 짐 케이시(Jim Casy)를 만난다. 케이시는 어린 시절 톰에게 세례를 해준 전도사였으나 성적인 욕망과 종교적 책임감 사이에서 갈등하다 설교를 그만두었다. 성스러움을 경험하기 위해서 꼭 전도사가 될 필요는 없으며 동료인간들과 동등한 일원이 되어 하나가 된다는 것 자체가 성스럽다는 것이 그의 생각이다. 그에게는 단결과 동지애가 실용성보다는 물론이고 그 무엇보다도 중요한 원리이다. 톰은 술자리 시비 끝에 과실치사로 감옥에 간 이력을 털어놓는다. 케이시의 요청에 따라 동행한 두 사람은 톰의 집으로 향하나 농장은 버려져 있다. 트랙터로 경작된 땅에서는 목화가 자라고 있다. 톰은 이웃 뮬리 그레이브스(Muley Graves)로부터 조드의 가족 역시 엉클 존(Uncle John)의 집에서 임시로 머물면서 캘리포니아 행 여비를 마련하고 있다는 말을 전해 듣는다.

지주와 은행이 고수익이 불가능해진 소작제도 대신 기계화 농경을 시작하자 트랙터에 내몰린 채 삶의 터전을 송두리째 빼앗겨 갈 곳이 없는 소작농들은 이제 광고전단지의 문구로 부풀려진 캘리포니아로 향한다. 작가는 어떤 한 집단이 아니라 모든 사람들이 자신들이 통제할 수 없는 커다란 괴물같은 경제체제에 묶인 희생자들이며 바로 이 체제가 그 아래에서 희생되는 사람들을 서로 반목시키고 있다고 말한다. 그런 한편, 작가의 공감은 조드 가족에게 향해 있으며 비교적 사려깊은 성격, 진실된 말, 관대한 성격 등으로 묘사되는 톰 조드에게 도덕적 권위가 부여되고 그 언어적 표현이 케이시를 통해 이뤄진다. 케이시의 철학을 장차 톰 조드가 몸으로 살아갈 터이다.

엉클 존은 아내가 복통을 호소했음에도 불구하고 자신이 의사를 부르지 않은 탓에 결혼 몇 개월 만에 맹장염으로 죽었다는 자책으로 이제는 이웃에 마구 퍼주면서 사는 인물이다. 아버지는 생각에 잠길 때면 쭈그리고 앉아 흙바닥에 뭔가 끄적거리는 버릇이 있다. 이처럼 투박하고 감상적일지도 모르나 생생한 묘사를 통해 등장인물들이 소개된다. 할아버지, 할머니, 아버지, 어머니, 형 노아(Noah), 철없는 코니(Connie)와 막 결혼하여 임신한 18세 여동생 로즈오브샤론(Rose of Sharon), 톰을 존경하는 16세 남동생 앨(Al), 여동생 루시(Ruthie), 윈필드(Winfield) 등이 가족의 구성원이며 이들을 이끄는 중심에 성채같은 어머니 '마'(Ma)가 있다.

캘리포니아 행 농민들이 넘쳐나면서 중고자동차 등 준비물품들의 가격이 터무니없이 뛰는 한편, 자신들의 소중한 삶이 깃든 물건들은 형편없이 급처분된다. 어쩔 수 없이 받아들여야 하는 이 상황에는 실망, 분노, 아쉬움, 두려움 등이 담겨 있다. 작가는 이들이 처한 극한의 물질적 난관에도 불구하고 이들의 선함, 도덕적 확고함 등을 선명하게 부각시킴으로써 이들을 서사시적인 지평에 놓고자 한다. 사람들이 모든 사람을 위해 행동하지 않고 자신의 협소한 자아와 자신의 소유에 집착할 때 공동의 삶의 지반이

축소되고 종국에는 자신의 존립근거마저 사라진다는 믿음이 케이시 등의 인물을 통해 지속적으로 환기된다.

일자리 광고전단지를 놓고 회의를 한 끝에 케이시를 포함한 조드 가족은 모든 것을 처분하고 캘리포니아로 갈 것을 결정한다. 이들이 떠나고 난 들판에서 누군가가 여전히 일할 것이지만 이제는 땅과의 진정한 유대가 사라져간다. 그 땅 위에서 일하고 그 땅의 품에서 휴식하며 잠드는 기존 농부들의 삶의 방식은 아스라이 사라진다. 그 대신 기업에 속한 농장노동자들이 낮동안 트랙터로 일하고 밤에 자신의 집으로 돌아가면 들판은 '빈' 들판이 된다. 이제 들판은 출퇴근하는 '공장'이 된다. 아직 허물어지지 않은 농가들은 밤이면 야생동물들의 거처가 되었다가 서서히 먼지와 바람 속에 풍화되어 간다.

66번 국도는 캘리포니아로 향하는 긴 차량으로 들어찬다. 이들은 뒤에 남겨두고 떠나온 황폐한 농장과 장차 닥칠 험난한 난관 사이에 위치한 채 조금씩 나아갈 수밖에 없다. 차량이 언제 고장이 날지 모르는 불안감 속에서 겨우 겨우 다음 휴게소까지 나아간다. 이들이 처한 어려움은 거친 날씨와 물질적 빈곤만이 아니라 탐욕에 따라 움직이는 인간들이다. 이런 이기심이 인간들을 반목시키고 서로에 대해 경계심과 적개심을 품게 한다. 사람들은 캘리포니아가 농부들이 믿고 있듯 그들 모두를 품어줄 만큼 넓지 않다고 말한다. 역경은 사람들 사이에 분리와 차별을 만들어내지만 반면, 성차에 개의치 않고 케이시가 마 조드의 식사준비를 돕는 것처럼 기존의 분리와 차별의 요소를 지우기도 한다. 이들의 고난의 길에서 고귀한 도덕과 인간정신의 힘을 증거하는 작은 에피소드들은 이들의 궁극의 지향점에 대한 잠재적인 이정표가 된다.

앞날에 대해 아무 것도 알지 못한 채 조드 가족은 불시의 자동차 고장에 대비한 앨의 주의깊은 운전에 의지하면서 하루의 여정을 끝낸다. 고향에

남고자 했던 그램파(Grampa)는 뇌졸증으로 죽고 길에서 장례를 치르게 된다. 조드 가족은 죽기 전의 그램파에게 자신들의 텐트를 내주었던 윌슨(Wilson) 부부와 동행하여 길을 떠난다. 서부의 사람들은 오클라호마와 중서부에서 일어난 일을 이해하지 못하고 이주노동자들을 두려워 하며 날카로운 각을 세운다. 이제 이주노동자는 작은 물결이 아니라 거대한 홍수처럼 되었다. 길가마다 가족들의 캠프가 세워진다. 이주하는 농민가족들에 대한 편견은 이들이 연료를 비롯해 기타 물건들을 구걸할까봐 경계하고 적대하는 주유소의 직원들의 태도를 통해 잘 드러난다. 그런 한편, 누더기꼴의 사내와 아이들에 대한 점원 매(Mae)의 태도가 경계와 냉랭함을 풀고 누그러지고 여기에 트럭운전사들의 선의가 더해지면서 잔혹하고 추한 현실상황과 보듬고 긍정하는 삶의 아름다움이 대비된다.

셋째 날, '마'는 가족이나 구성원이 흩어지는 것을 두려워한다. 그녀는 코니와 로즈오브샤론처럼 앞날의 계획에 따라 자신들의 삶을 따로 개척하려는 경우에도 가족이 흩어진다는 이유로 반대한다. 심지어 그녀는 중간에 고장난 윌슨 부부의 차를 뒤에 남아 수리하고 따라가겠다는 아들들의 제안까지도 반대하고 모두 지체하면서 늦더라도 다함께 가기를 고집한다. 국도가에 임시로 이뤄진 군집 캠프에서 '파'(Pa) 조드의 낙관적 희망이 무색하게 캘리포니아에 일이 없다는 말을 그곳에서 돌아오는 이를 통해 듣는다. 부유한 농장주가 8백 명의 노동자가 필요하면 5천 장의 광고전단지를 만들고 이것을 2만 명이 보고 몰려든다는 것이다. 하지만 이들 가족은 계속 나아가는 것 외에 달리 대안이 없다. 이들은 이제 언제라도 돌아갈 곳이 있는 농부가 아니라 한곳에 머물 수 없는 '이주노동자'가 된다. 캠프에서 스무 가족이 하나의 큰 가족을 이루는 것과 같은 공동체의 경험은 소중하지만 극히 한시적이다.

뉴멕시코와 애리조나 사막을 지나 드디어 캘리포니아에 도착하지만 여전히 그들이 기대한 향기 그윽한 계곡은 보이지 않는다. 오직, 생계유지가 불가능해 되돌아오는 사람들로부터 듣는 어두운 소식들뿐이다. 노아는 더 동행하지 않고 강가에 머무르겠다고 결정한다. 냉혹한 경찰은 이들 '오키'(Okie) 가족들이 한곳에 멈춰 있을 수도 없게 계속 이동할 것을 재촉한다. 건강이 급속히 나빠져 결국 죽고만 그랜마(Granma)를 싣고 조드 가족은 밤새 계속 이동한다. 캘리포니아는 기회의 땅이기보다 갈등과 적의의 땅으로 보인다. 가족의 해체는 불안을 가중시킨다. 그런 반면, 다른 이주노동자 가족과 희망을 나누려고 노력한다.

캘리포니아는 원래 멕시코에 속해 있었다가 무단 점유한 뒤 자신들이 경작했으니 자신들의 것이라고 주장한 백인들에게 넘어갔다. 이제 부농이 된 이들은 사설경비와 경찰력을 동원하여 땅을 지키고 낮은 임금을 통해 부를 지킨다. 조드 가족은 큰 규모의 더럽고 북적대는 캠프인 후버빌(Hooverville)에 머물게 된다. 플로이드 노울즈(Floyd Knowles)라는 젊은이가 톰에게 경찰과 마주치면 '위협적이지 않은 바보'처럼 행동하고 말해야 한다고 충고한다. 왜 지주들에게 대항하여 조직화하지 않느냐며 궁금해 하는 톰에게 플로이드는 그런 가능성을 논의만 해도 "빨갱이"(red) 딱지가 붙여져 경찰에 끌려가고 "블랙리스트"에 올라간다고 말한다.

굶주린 애들 투성이인 이곳에서 '마'는 얼마 안 되는 음식이나마 남은 것을 애들에게 준다. 과일 따는 인부를 구하러 온 도급업자(contractor)에게 계약서와 고정급료를 요구한 노울즈는 위조혐의로 경찰에 체포되는데 실랑이가 벌어진 틈에 달아나던 노울즈를 겨냥한 총알이 여인의 손을 관통한다. 톰이 발을 걸어 넘어뜨린 경찰을 케이시가 뒤에서 때려눕힌다. 케이시가 자청해서 체포되고 이 캠프 전체가 불태워지게 된다. 코니가 말없이 떠나고 난 뒤 로즈오브샤론은 대도시에서 꿈꾸던 매력적인 삶에 대한 미망에서 벗어난다. 캠프를 떠난 조드 가족은 마을자경단들의 경고와 위협으로 아예 마을 안으로 진입할 수 없는 상태에 이른다. 한때 그들 자신이 광란적일 지경으로 굶주린 사람들이었다가 이제는 얼마간 재산을 소유한 캘리포니아인들은 이주노동자들의 눈에 스민 섬광같은 갈망을 알아보고 두려워한다. 캘리포니아의 소농들 역시 폐업상태에 이르면서 생계유지의 어려움을 겪고 있다.

조드 가족이 도착한 위드패치(Weedpatch) 캠프는 캠프매니저 짐 롤리(Jim Rawley)에 의해 관리되는 어느 정도 제대로 된 정부운영 시설이며 부패한 경찰력이 미치지 못하는 이주노동자들의 질서 잡힌 자치구역이다. 톰이 이른 아침에 만나 식사초대까지 받게 된 티모시(Timothy)와 윌키(Wilkie)라는 형제 덕분에 소개받은 농장주 토머스 씨(Mr. Thomas)는 농장주연합의 요구 때문에 시급을 더 주고 싶어도 못주는 상황이라고 말한다. 토머스 씨에 따르면, 농장주연합이 위드패치를 '빨갱이 선동자들'의 소굴로 여겨 위드패치의 토요일 행사 때 매수된 사람들을 보내 폭동을 일으키고 경찰력을 진입시켜 결국 그곳이 폐쇄되도록 획책하고 있다. 캠프 댄스파티가 있던 당일 밤, 캠프의 자치위원회장인 에즈라 휴스턴(Ezra Huston)은 스무 명의 남자들을 써서 경계를 서도록 하여 폭동획책을 사전에 봉쇄한다. 위드패치에서의 이와 같은 일련의 과정을 통해 톰은 좀 더 정치적인 참여로 향하게 되며 성격 역시 현재에 집중하던 과거와 달리 미래의 가능성들에 눈을 돌리기 시작한다.

캘리포니아의 봄은 아름답지만 홍수같이 몰려든 '오키'들이 아니고도 그 내부사정은 그곳의 소농들에게는 참혹할 따름이다. 통조림공장을 유지할 자본이 없는 캘리포니아의 소농들은 낮아지는 과일가격을 감당하지 못해 대지주와 은행들에게 농장을 잃고 일자리를 찾아 국도의 행렬에 끼인다.

'마'의 결정에 따라, 거의 한 달 가량을 머물던 위드패치를 떠난 조드 가족은 복숭아 따는 일거리를 얻어 약 56킬로미터 떨어진 농장에 도착한다. 농장에 이르는 길가에서는 성난 군중들이 상자당 5센트밖에 주지 않는다고 구호를 외치고 있지만 절망적인 상황에 놓인 조드 가족은 그 일을 받아들인다. 온 가족이 하루를 일해 번 1달러는 그들의 저녁 한끼 식사비용밖에 되지 않는다. 오면서 목격한 길가의 상황이 궁금한 톰은 그날 밤 몰래 바깥으로 나갔다가 텐트 야영을 하던 짐 케이시를 만난다. 감옥에서 나온 케이시는 이제 이주노동자들을 조직하는 일을 하고 있다. 케이시에 따르면 농장주가 상자당 임금을 2.5센트로 내리려고 해서 자신들이 파업 중이며 지금 파업을 깨려고 새로 고용한 조드 가족과 같은 사람들 역시 내일이 되면 2.5센트밖에 받지 못할 것이라고 한다. 그때 플래시를 들고 나타난 경찰들이 케이시가 지도자임을 알아보고 공산주의자라고 부른다. 그들은 굶주린 아이들을 도울 뿐이라며 항변하는 케이시의 두개골을 곡괭이자루로 부순다. 분노한 톰은 그 자루로 경찰을 죽이고 자신도 부상을 입은 채 달아나 가족에게로 돌아간다.

다음날 상황을 알게 된 '마'는 떠나겠다는 톰을 만류하고 가족전체가 복숭아농장을 떠나 면화농장으로 이동한다. 톰은 면화농장 근처의 지하배수로에 숨는다. 면화 따는 임금은 괜찮은 편이지만 이 작업에 필요한 면화 담는 자루 등의 도구들에 대한 비용을 노동자들이 치러야 하고 이런 비용 자체가 임금을 종종 넘어선다. 지주들이 면화 재는 저울의 눈금을 속이기도 하고 노동자들이 이에 맞서 면화자루에 돌을 집어넣기도 한다. 조드 가족은 면화농장에서 박스카(boxcar)를 제공받아 웨인라이트(Wainwright) 가족과 같이 쓴다. 다른 여자애와 싸우다 화가 나서 '우리 오빠는 두 사람을 죽이고 지금 숨어 있다'고 말해버린 루시의 철없는 자랑질로 톰의 안위가 걱정된 '마'는 그를 떠나보낸다. 톰은 케이시가 해준 말, '모든 사람의 영혼은 커다란 하나의 영혼의 작은 조각들일뿐'이라는 케이시의 말을 '마'

에게 전하며 자신이 이제 노동자를 조직하는 일을 떠맡겠다고 한다.

비축된 것이 없는 상황에서 우기의 폭우가 시작되어 강이 범람하고 사람들은 음식을 구걸하거나 훔친다. 사람들의 두려움은 분노로 변화한다. 사흘 째 되는 날, 로즈오브샤론은 산고를 치른다. 범람하는 물길에 맞서 세운 임시 댐이 무너진다. 로즈오브샤론은 박스카에서 사산아를 낳는다. 폭우 여섯째 날, 홍수가 덥치기 전 박스카를 떠나 걸어서 피신하던 조드 가족은 헛간을 발견한다. 거기에는 자기 아들을 먹이느라 6일 동안 아무 것도 먹지 못한 남자가 단단한 음식은 소화시킬 수도 없을 지경의 아사 상태에 놓여 있다. '마'의 눈빛과 찰나적으로 교감한 로즈오브샤론은 사람들을 헛간에서 나가게 한 뒤 굶어 죽어가면서도 마다하는 남자에게 자신의 젖을 물린다.

문학사적 의의

『분노의 포도』는 대공황과 먼지폭풍 등 사회적·자연적으로 초극단적이고 초대형인 재난 속에서 출간 직후 바로 논란의 중심에 놓였다. 논란은 전국적인 규모로 벌어졌는데 찬반으로 갈려 뜨겁게 논쟁하는 과정에서 순식간에 베스트셀러가 되었고 1939년에 출간 한 지 1년도 안돼 43만권이 팔렸다.

논란의 핵심은 우선 '사실성' 여부였다. 작품에 묘사된 이주농민 '오키'들이 캘리포니아에서 겪는 극한적 상황이 사실이 아니고 추잡한 거짓이라며 캔사스시 교육위원회는 관할 도서관들에 금서령을 내리고 보관중인 도서를 태우라는 지시를 내리기까지 하였다. 설령 얼마간 사실이라고 하더라도 문제의 핵심은 인력수급이 극도로 탄력적일 수밖에 없는 캘리포니아의 과일농경이라는 객관적 상황이며 또한 국가적인 노력에 충분히 호응하지 않은 '오키'들의 조악한 개인주의라고 주장되기도 하였다.

그런 한편, 비록 이 작품의 사실성에 대한 반발들에 일말의 근거가 있기는 하지만 당시 캘리포니아지역의 '농장주연합'이나 공권력의 부적절절한 대응과 조치, 1937-8년 홍수로 인한 참상들, 그밖에 당시 미국의 분위기 등 전반적으로 작품이 당시의 사실을 견실하게 반영하고 있는 것으로 평가된다. 당시 뉴딜정책을 통해 대공황기의 난관을 헤쳐가려고 노력한 루스벨트(F. D. Roosevelt) 부부 역시 『분노의 포도』를 옹호한 것은 이 작품이 당대의 실상에 대한 진실한 기록이라는 점을 널리 알리고 싶었기 때문이라고 할 수 있다.

문학비평에서의 논란으로는 작품의 감상성, 과장성 그리고 이에 바탕한 선정성에 대한 문제제기를 들 수 있다. 예컨대 레슬리 피들러(Leslie Fielder)는 『분노의 포도』의 감상적이고 과장된 측면을 비판했고 해럴드 블룸(Harold Bloom)은 이 작품이 두 번 읽을 가치는 없다고 잘라 말했다. 프로파간다적이며 지나치게 단순화되고 정형화되었다는 것이 주된 이유였다. 실제로 작품을 읽다보면 이주농민노동자들의 어려움이 강조되는 과정에서 이들이 자신들의 앞날에 대해 너무 대책없이 당하면서도 자신이 옳다고 주장하는 꽤나 미련하고 고집스러운 인상을 줄 우려가 없지 않다. 결말의 로즈오브샤론의 수유 장면 역시 감상성의 기미에 대한 문제제기로부터 완전히 벗어나 있다고 보기는 어렵다. 이밖에도 전체적인 인상을 말해보자면, 지식인인 작가가 민중들의 삶의 억울함을 편들어주고 정당화해주는 과정에서 고난에 대한 상징과 비유가 너무 멋지고 과한 점이 없지 않다. 이런 경우에, 듣는 이가 잠깐 기분이 좋을지는 몰라도 깊은 반성이 있어야 할 고난에 훈장을 달아주고 미화하는 셈이 되어 오히려 깊은 성찰과 함께 도모되어야할 진정한 문제해결이 더 더뎌지는 것은 아닐까 하는 우려가들 수도 있다.

그럼에도 불구하고 많은 비평가들은 여전히 이 작품의 독창성과 선구성을 받아들인다. 미국의 경우는 그 정착기 이래 계약노동자, 소작농, 공장노동자, 사무노동자 등 시대와 지역을 달리하며 사회의 주요한 모순들이 드러났듯이, 여전히 전 세계적으로 오늘의 현실 세계는 계급문제를 비롯한 온갖 모순들을 내장한 복잡한 갈등 속에 위치해 있는 것이다. 지금 우리의 세계는, 『분노의 포도』의 유명한 구절처럼 탐스럽게 익어가는 포도송이가 사방에 주렁주렁 달려 있고, 또 버냉키(Ben Bernanke)의 말을 빌리자면 그야말로 '글로벌 과잉저축'(global saving glut)의 시대이다. 하지만, 이런 축적이 더 널리 보람있게 쓰여지는 도상에 있지 못한 오늘날은 '아직도 분노의 포도'라는 표현이 어울리는 시대라는 인상을 불러일으킬 법도 하다. 오늘날에도 연 2백만 권 정도의 매출을 올리며 미국 고등학교와 대학교의 문학과 역사 수업에서 널리 읽혀지면서 토론되고 있는 데에는 그만한 이유가 있다고 할 수 있다.

▶▶ 더 읽을거리

신문수. 「20세기 미국문학개관」. 『영미문학의 길잡이 2』. 창작과비평, 2001.
신현욱. 「아직도 '분노의 포도': 『분노의 포도』와 끝나지 않은 길」. 『안과밖』 37호, 2014.
조철원. 「『분노의 포도』: 존 스타인벡의 공동체의식」, 『안과밖』 5호, 1998.
Meyer, Michael J., ed. *The Grapes of Wrath: A Reconsideration*. Amsterdam/New York: Rodopi, 2009.
Murray Davis, Robert., ed. *Steinbeck: A Collection of Critical Essays*. NJ: Prentice-Hall, 1972.

Wyatt, David., ed. *New Essays on The Grapes of Wrath*. Cambridge: Cambridge UP, 1990.

▌신 현 욱 (한국방송통신대학교)

랠프 엘리슨
Ralph Ellison

작가 소개

　랠프 엘리슨(Ralph Ellison, 1914-94)은 1914년 3월 1일 오클라호마주 오클라호마 시티에서 루이스 알프레드 엘리슨(Lewis Alfred Ellison)과 아이다 밀샙 엘리슨(Ida Millsap Ellison) 사이에서 둘째 아들로 태어났다. 미국문학의 거장 랠프 왈도 에머슨(Ralph Waldo Emerson)의 이름을 딴 엘리슨은 세 살 때 아버지를 여의었다. 사회의식과 예술적 성향이 강했던 어머니의 영향을 강하게 받은 엘리슨은 어릴 때부터 폭넓은 독서를 하였다.
　음악에 관심이 많아 블루스와 재즈를 좋아했고, 특히 트럼펫 연주와 지휘에 두각을 보였던 엘리슨은 최우수 성적으로 프레드릭 고등학교를 졸업한 후 1933년 장학금을 받고 앨라배마 소재 터스키기 대학(Tuskegee Institute) 음악학과에 입학하여 본격적으로 음악을 공부하였다. 터스키기 대학은 1881년 흑인 교육자 부커 T. 워싱턴(Booker T. Washington)이 건립했으며 『보이지 않는 인간』(*Invisible Man*)에서 주인공이 다니는 학교로 등장한다. 1935년 음악학과에서 영문학과로 전과한 엘리슨은 앨버트 머레이(Albert

Murray)와 친교하여 평생의 친구로 지내게 된다. 듀크 엘링턴과 같은 재즈 음악가의 영향을 많이 받은 엘리슨은 모더니즘 문학에 많은 관심을 보였는데, 특히, T. S. 엘리엇과 에즈라 파운드의 시를 읽고 많은 영감을 받았으며 모더니즘 시와 재즈 음악과의 연관성에 대해 공부하였다.

1936년 대학 3학년을 마치고 조각과 사진을 공부하기 위해 뉴욕으로 가서 랭스턴 휴즈, 알레인 로크 등과 교류한 엘리슨은 좌파 진보 잡지 ≪새로운 대중들≫(New Masses)에 실린 리처드 라이트의 시를 읽고 감화를 받아 뉴욕으로 향하여 1년 뒤 휴즈의 도움으로 라이트를 만날 수 있었다. 당시 라이트는 도로시 웨스트와 함께 좌파 잡지 ≪새로운 도전≫(New Challenge)을 편집하고 있었으며, 엘리슨은 라이트의 결정적 도움과 권유로 여러 잡지에 서평과 단편소설을 쓸 수 있었다. 그 해 10월 엘리슨의 어머니가 오하이오주 데이튼에서 죽는다.

대공황 이후 흑인문예활동에 대한 백인의 후원이 중단되자 연방작가 프로젝트가 설립되었고 엘리슨을 포함한 흑인 작가들이 작품 활동을 지속할 수 있는 무대가 되었다. 1938년 배우이자 무용수인 로즈 포인덱스터(Rose Poindexter)와 결혼한 엘리슨은 본격적으로 사회성이 있는 글을 발표했으며 ≪새로운 대중들≫과 같은 잡지에 서평을 자주 발표하였다. 엘리슨이 1940년 제 3차 전국 흑인 대회에 참석한 후 실은 보고서는 ≪새로운 대중들≫의 표지를 장식하기도 했다. 라이트(Richard Wright)의 소설『토박이』(*Native Son*, 1940)가 발표되었을 때 엘리슨은 서평에서 "흑인에 의해 씌여진 최초의 철학적 소설"이라고 찬사를 보냈다. 2차 세계대전 중에는 해군 선단에서 복무하기도 한 엘리슨은 병가를 얻은 후『보이지 않는 인간』을 쓰기 시작하였다. 1944년에 ≪내일≫지에 <빙고 게임 왕>을 발표했는데 엘리슨은 이 작품을 최초의 원숙기에 이른 단편 소설이라고 여긴다. 1945년 포인덱스터와 이혼한 엘리슨은 이듬해 도시연맹(Urban League)에 근무하던 패니 멕코넬(Fanny McConnell)과 재혼하게 된다. 멕코넬의 7년 간의 뒷바라지와 고젠월드 재단 기금으로 소설에 집중한 엘리슨은 1952년 『보이지 않는 인간』을 완성하여 랜덤하우스에서 출판한다. 16주 동안 베스트셀러 목록에 오르게 되는 영광을 안은 엘리슨은 이듬해 『보이지 않는 인간』으로 흑인으로는 최초로 전미도서상을 수상하게 되고, 처음으로 윌리엄 포크너와 만난다. 그 외에도 엘리슨은 이 작품으로 시카고 디펜더상, 러스웜상, 전국신문 출판인상, 자유의 메달, 국가예술메달 등을 수상하였다. 1955년에서 1957년까지 미국학술원 초빙교수로 이탈리아 로마에 거주하기도 한 엘리슨은 1957년 수필 『신 남부의 수확』(A New Southern Harvest)을 출간하였다. 1960년 미완성인 두 번째 소설 중 일부인 『그리고 힉맨이 도착한다』(And Hickman Arrives)를 런던의 문학잡지 ≪노블 세비지≫(Noble Savage)에서 출간하였다. 1964년 미국학술원 회원으로 선출된 엘리슨은 럿거스대, 예일대, 뉴욕대, 바드대, 뉴욕주립대(스토니 브룩), 콜롬비아대, 브라운대, 시카고대, 피스크대 등에서 강의를 하였고, 다수의 대학으로부터 명예박사학위를 수여하였다.

엘리슨은 1964년도에 수필집 『그림자와 행동』(Shadow and Act)을 출판하였고, 1986년도에는 『변방을 향하여』(Going to the Territory)를 출판하였다. 할렘에서 40년을 넘게 살아온 엘리슨은 1994년 4월 16일 80세를 일기로 그의 두 번째 소설 『준틴스』(Juneteenth)가 완성되기 얼마 전에 별세하였는데, 그의 사인은 췌장암이었다.

그의 두 번째 소설 『준틴스』는 1958년도에 집필을 시작하여 2000페이지가 넘는 방대한 소설이었지만 1967년 주택 화재로 많은 분량이 유실되고 사후 존 캘러헌(John Callahan)에 의해 368페이지로 축소되고 편집되어 출판되었다. 『보이지 않는 인간』 이후 엘리슨이 흑인의 종교와 정치에 대해서 꾸준히 관심을 가지고 작업해온 결실이 바로 『준틴스』이다. 준틴스란

1865년 6월 19일 텍사스 일부지역, 루이지애나, 아칸소, 오클라호마의 해방일을 매년 축하하는 기념일로서 소설에서는 재즈 트롬본 연주자인 힉맨(Daddy Hickman) 목사와 그의 양자이며 나중에 인종차별주의자 상원의원이 되는 블리스(Bliss)목사와의 이야기가 다루어지고 있다. 사후 1996년 단편소설 모음집인 『고향을 향한 비행과 기타 단편들』(*Flying Home And Other Stories*)이 출판되었고, 2010년도에는 2000페이지가 넘는 그의 글들이 『총격 사흘 전』(*Three Days Before the Shooting*)이라는 제목으로 출판되었다.

보이지 않는 인간
Invisible Man

작품 줄거리

프롤로그와 에필로그를 제외하고 총 25장 580페이지로 구성된 『보이지 않는 인간』은 미국사회에서 남부 출신의 한 흑인청년이 할렘에 와서 경험하는 사건들을 파노라마처럼 다루고 있는 일종의 성장소설이요, 흑인의 천로역정이다. 작품은 노예제부터 재건시대, 그리고 할렘 르네상스와 할렘 폭동과 공산주의 등과 같은 미국 주요 역사의 장면들이 이름 없는 주인공의 삶과 함께 펼쳐진다. 즉, 할아버지 유언을 통한 노예제의 잔재, 흑인 대학 교장인 블렛소 박사(Dr. Bledsoe)와 바비 목사를 통해 나타난 백인 이데올로기의 추종, 학교 노턴(Norton) 이사를 통한 백인의 박애주의의 허상, 잭과 형제단을 통한 공산주의의 공허함, 그리고 파괴자 라스를 통한 흑인 과격 민족주의에 대한 비판 등이 총 망라되어 나타난다. 이와 같은 역사적 격동기를 통해 주인공은 흑인 지식인으로 자신의 진정한 정체성이 무엇인가를 진지하게 탐색하고 있다.

주인공 화자는 20여 년 전, 즉 1920년대 후반으로 돌아가서 자신의 이야기를 전개한다. 프롤로그에서 화자는 자신을 보이지 않는 인간이라고 하는데, 이와 같은 그의 불가시성(invisibility)의 이유는 자신이 백인 중심의 인종차별적 세상에 살아가는 흑인이기 때문이라고 한다. 즉, 주인공은 애드가 앨런 포의 소설이나 할리우드 영화에 나오는 유령도 아닌데도 사람들이 그의 존재를 제대로 보려고 하지 않음으로 인해 보이지 않는 인간이 된 것이다. 화자는 지하에 살면서 전기회사에서 전기를 훔쳐 1369개의 전구에 불을 환하게 밝히고 있다. 화자가 듣고 싶어하는 루이 암스트롱의 블루스 곡 "내 무얼 했길래 그처럼 검은 우수에 젖었나"(What did I do to be so black and blue?)는 인종차별주의 속에서 살아가는 흑인의 존재론적 고뇌를 잘 대변한다. 그러므로 이 소설은 시작과 끝이 맞닿아 있는 순환구조, 또는 끝이 시작으로 되돌아 와서 서로 연결되는 부메랑 구조를 이루고 있다고 하겠다.

화자는 평범하게 살면서 별 문제를 일으켜 본 적이 없는 할아버지가 죽기 전에 행한 유언, 즉 자신은 평생 적의 땅에서 반역자였고 스파이였으며, 백인에게 순종하지 말고 싸워야한다는 수수께끼 같은 말에 대해 그 의미는 잘 모르지만 새겨듣는다. 고등학교 졸업식에서 졸업생 대표 연설을 하는 화자는 연설 전에 마을의 백인 명사들 앞에서 눈을 가린 채 흑인 친구들과 링 위에서 권투를 해야 하는 배틀 로열(Battle Royal)에 참여하게 된다. 싸우기 전에 그들은 나체의 백인 여성을 보게 되는데 그녀는 흑인청년들에게는 가지지도 못하는 욕망의 대상에 불과한 것이다. 배틀 로열이 진행된 후 백인들은 흑인 학생들에게 수고비로 동전을 줍게 하는데 백인 구경꾼들은 학생들이 전기에 감전되어 고통스러워 펄쩍 뛰는 모습을 보고 쾌감을 즐긴다. 이 장면은 백인들이 구경꾼으로 즐기고 흑인들은 놀이의 대상이 되는 흑과 백의 관계를 적나라하게 드러낸다. 이윽고 연설에서 자신을 부커 T. 워싱턴이라고 생각하는 화자는 "사회적 책임"이라는 말 대신 "사회적 평등"이라는 말을 실수로 하게 되어 백인들에게 사과를 해야할 지경에 이른다. 흑인대학 장학금과 가방을 받은 화자는 그날 밤 꿈에서 할아버지가 가방을 열어보라고 하는데 그 속에는 "관계자에게, 이 흑인 소년을 계속 뛰게 하시오"라는 메시지가 있었다.

3년이 지나 흑인대학에 입학한 화자는 교장 블렛소 박사의 명령으로 노턴이라는 대학설립자를 안내하는 일을 하는데 노턴의 청에 의해 학교 근처의 흑인지구에 사는 짐 트루블러드(Jim Trueblood)의 집을 방문한다. 자신의 딸을 임신시킨 흑인 소작농 트루블러드는 꿈과 현실 사이에서 행한 딸 매티 루와의 성관계에 대한 금기 이야기를 하는데 그는 가히 뛰어난 이야기꾼이라 할 정도로 흥미진진하고도 담담하게 자신의 이야기를 풀어낸다. 이야기를 들은 노턴은 충격에 빠지지만 트루블러드에게 수고비로 100달러를 준다. 트루블러드는 주위로부터 손가락질을 당했지만 근친상간 사건 이후 자신이 블루스 가수가 되었다고 설명한다. 최근에 죽은 딸에 대해 근친상간 욕망을 가졌던 노턴은 트루블러드를 만난 후 충격과 혼란에 빠져 술을 찾게 되고 화자는 노턴을 골든 데이(Golden Day)라고 하는 흑인 전용 술집으로 데려간다. 1차 대전에 참전하여 정신적, 육체적 상처만 입은 퇴역군인들이 우글거리는 골든 데이에서 노턴은 흑인들과 충돌하고 또 다른 혼란을 경험한다. 한 퇴역군인은 노턴과 화자가 사물의 진실을 제대로 보지 못하고 있다고 말하고 특히 화자를 자동로봇이라고 부른다.

대학에 돌아와서 화자는 호머 바비(Homer A. Barbee)라는 흑인 목사의 설교를 듣고 감명받는다. 앞이 보이지 않는 바비는 그 대학의 설립자를 신격화하고 블렛소 박사의 삶을 미화하는 연설을 한다. 호머라는 이름에서 보듯이 엘리슨은 흑인 지도자를 일방적이고도 맹목적으로 찬양하는 경향을 비판한다. 노턴은 블렛소에게 트루블러드를 만난 것과 골든 데이에 다녀온 것을 이야기한다. 흑인의 좋은 점을 보여주지 않고 나쁜 점을 노턴에게 보여주었기 때문에 자신에게 피해가 될지 모른다는 생각으로 화가 난 교장은 주인공을 심하게 꾸짖고 뉴욕으로 보내는데 그 추천서에는 채용에 부정적인 말, 즉 "이 흑인 소년을 계속 뛰게 하시오"라는 내용이 적혀져 있다. 대학 교수나 직원이 되고 싶어 했지만 대학 3학년 때 중퇴를 해야하는 화자는 흑인을 위해 일한다는 블렛소 교장의 위선적인 모습에 분개하고 그에 대한 복수심을 가진다.

뉴욕의 할렘으로 가는 길에 주인공은 퇴역 군인과 크렌쇼(Cranshaw)를 만나는데 진실을 말하는 힘을 가진 퇴역군인은 화자에게 할렘에서 너무 지나친 꿈을 가지지 마라는 충고와 함께 백인 중심의 사회를 한 번 더 꼬집는다. 화자는 커다란 포부를 가지고 할렘에 도착하여 흑인인구가 많은 점에 놀라고 또 흑인경찰관이 신호를 하고 백인 운전자가 따르는 것을 보고 경이롭게 생각한다. 흑인지도자 라스의 연설을 잠시 듣기도 하는 화자는 노동자 숙소에 도착한다. 화자는 피터 윗스트로(Peter Wheatstraw)라는 사람을 만나는데, 그는 트릭스터(trickster)와 같은 인물로서 화자가 흑인의 유산을 부인하려하자 화자에게 브레아 베어(Brer Bear) 혹은 브레아 래빗(Brer Rabbit)과 같은 흑인 민담 문화와 전통을 강조한다. 할렘에서 일자리를 찾던 중 흑인 대학 후원자인 에머슨(Emerson)의 아들과 만나는 화자는 캘리머스 클럽(Calimus Club)에 대해서 설명을 듣고 에머슨의 아들이 허클베리 핀이라는 말을 듣는다. 동성애자인 에머슨의 아들이 주인공에게 블렛소 박사의 추천서에 부정적인 내용이 가득 차 있다고 말하자 주인공은 충격을 받는다. 주인공은 에머슨의 아들이 캘리머스 파티에 오라고 하며 그의 시종이 되어달라는 부탁도 거절한다. 그 대신 주인공은 에머슨의 아들을 통해 롱 아일랜드에 있는 리버티 페인트 제조공장에 취직하게 된다. 그 공장은 순백색의 페인트를 생산하는 곳으로서 그 공장의 슬로건은 "리버티 페인트로 아메리카를 순수하게"(Keep America Pure with Liberty Paints)이다. 길거리를 걸으면서 자신의 처량한 신세를 깃털 뽑힌 불쌍한 올새에 비유하는 주인공은 블렛소 박사를 죽이고 싶은 마음에 사로

잡힌다. 그리고 에머슨의 아들은 누구인지 심지어 자신이 누구인지에 대한 근원적 질문을 하며 정체성 혼란에 빠진다. 리버티 페인트 제조 공장에서 감독 킴브로(Kimbro)는 화자에게 페인트 섞는 법을 가르쳐 주는데 화자는 배합을 잘 못해서 페인트를 망치게 되어 혼이 난다. 나중에 주인공은 키가 작고 나이가 많지만 "눈에 확 띄는 흰색"을 만드는 방법을 아는 루시우스 브록웨이(Lucius Brockway)라는 사람의 조수로 일하게 되는데, 그는 혹시 화자가 자신의 일자리를 뺏으러 온 것이 아닌가 의심한다. "눈에 확 띄는 흰색이라면, 그것은 진정한 흰색"이라는 슬로건의 의미는 "백인이면 뭐든지 옳다"라는 남부 경구를 떠 올린다. 화자는 보일러 폭발 사건으로 의식을 상실하게 되는데 깨어 보니 공장 병원에서 전두엽절제수술을 받고 있었다. 화자는 인간 모르모트로 백인 의사의 실험 대상이 된 것이다. 의사는 화자에게 "당신은… 누구인가?" 라고 묻지만 화자는 자신의 이름을 기억하지 못한다. 어떤 의사는 화자를 거세해 보자고 제의하지만 의사들은 화자에게 전기 충격요법만 하기로 한다. 전기충격을 가하자 화자는 춤추는 듯한 경련을 일으키고 이에 백인 의사는 화자가 뛰어난 리듬 감각이 있다고 여긴다. 수술 후 화자는 상징적 재생을 하게 됨으로써 새로운 사람으로 태어난다. 백인의사들은 화자를 수술함으로써 사회가 화자로 인해 고통받을 일이 없다고 말하며 그들의 수술을 정당화한다. 화자는 의사들에게 노턴과 블렛소를 아느냐고 물어보지만 그들은 모른다고 한다. 수술 후 쇠약해진 몸으로 할렘에 도착하여 헤매던 중 메리 람보(Mary Rambo)라는 과부 흑인여자를 만나 숙소를 제공받게 되고 흑인의 정체성을 다시 생각하게 된다. 할렘 거리에서 고구마(yam)를 사 먹으며 흑인의 뿌리와 정체성에 대해서 생각하는 화자는 "고구마가 곧 나다"(I yam what I am/I am what I yam)라고 외친다.

우연히 할렘 가를 지나다가 87세의 흑인 일용직 노동자 노부부가 아파트에서 강제로 쫓겨나는 것을 보고 즉석에서 백인의 법과 흑인의 삶에 대한 훌륭한 연설을 한 주인공은 주변의 사람들에게 호응을 받고 선동가로서의 길에 들어서게 된다. 그의 연설에 깊은 인상을 받은 형제단(Brotherhood) 회원에 의해 주인공은 형제단에 가입하도록 권유받는다. 형제단은 백인과 흑인이 함께 인권활동을 하지만 획일화된 사고와 행동을 요구하여 형제를 돌보기는커녕 형제를 무시하는 공산주의의 이중성을 비판하는 이름이다. 주인공은 형제단의 지도자 잭 동지(Brother Jack)에게 전화를 하게 되고 잭은 주인공에게 방세로 300달러, 주급으로 60달러를 준다고 하며 제2의 부커 T. 워싱턴이 되어달라고 주문한다. 화자는 메리 아주머니 하숙집에서 나와 시내로 숙소를 옮기며 본격적으로 형제단 일원이 되어 이론공부를 하며 연설을 시작한다. 주인공은 메리 집 문 근처에서 흑인인형을 발견하고 메리 아주머니가 그런 모욕적인 것을 가져다 놓은 것에 화를 낸다. 신문기사에 자신이 '민중 선동가'로 표현되고 "할렘 강제 퇴거시행에 대한 격렬한 항의" 기사의 중심인물이 된 것을 발견한 화자는 자신이 중요한 인물이나 된 것처럼 느낀다.

형제단에서 공산주의 이론가 함브로 동지(Brother Hambro)로부터 연설하는 법을 혹독하게 전수받고 활동하던 화자는 잘생기고 똑똑해 보이는 흑인 동지 토드 클리프턴(Tod Clifton)을 만난다. 화자는 또한 카리브해에서 온 흑인 민족주의자 훈계자 라스(Ras the Exhorter)를 만나는데 그는 백인사회에 저항하는 인물로 당시 흑인 지도자 마커스 가비(Marcus Garvey)를 떠올리게 한다. 토드와 라스는 대립을 하게 되는데 라스는 토드에게 왜 같은 피부색 검은 흑인과 일하지 않고 백인을 형제라 부르며 흑인민족을 배신하느냐고 호통친다. 한편, 화자는 형제단에서 잘 대처하라는 익명의 편지를 받게 되고 흑인 형제단 일원인 레스트럼(Wrestrum)은 화자를 개인의 발전을 위해서 형제단을 이용한다며 헐뜯는다. 형제단 위원회는 그 혐의를 조사하고 화자를 여성의 권리를 담당하는 자리로 자리를 옮기게 한다. 어느 날 저녁 연설 후 화자는 자신을 성적 목적으로 이용하는 어느 백인 여자로부터 유혹을 받는다.

그러던 중 형제단은 화자를 다시 할렘으로 보내게 되는데 그곳에서 클리프턴이 길거리에서 나태와 굴종을 상징하는 샘보 인형을 팔고 있는 것을 발견하고 충격을 받는다. 꼭두각시 같은 인형을 팔고 있는 그의 처지가 이해되지 않는 주인공은 결국 클리프턴과 경찰관이 대치하다가 총격으로 클리프턴이 죽는 것을 목격한다. 주인공은 클리프턴의 장례식을 성대하게 해 주려고 하지만 잭은 형제단의 허락 없이 클리프턴을 위한 장례식과 즉석연설을 거행하는 것에 대해 격분하여 화자를 심하게 꾸짖는다. 형제단의 이데올로기에 대해서 강변하는 도중 잭의 유리알 눈이 눈에서 빠져 나온다. 그리고 잭은 화자를 다시 함브로 형제에게 보내 할렘에서의 새로운 전략에 대해서 배우게 한다.

화자는 분노하여 잭과 형제단에 복수를 결심한다. 라스와의 충돌 속에서 화자는 검은 안경과 모자를 쓰고 변장하여 다니는데 사람들이 그를 도박장 운영자, 도박꾼, 뇌물공여자, 연인, 설교자 등의 여러 가지 정체성을 가진 인물로 알려진 초현실주의적 인물 라인하트(Rineheart)로 오인한다. 마침내 화자는 함브로 형제를 찾아가고 함브로는 화자에게 형제단은 흑인을 위한 조직이 아니었다고 설명한다. 화자는 당에 대해서 더 알기 위해서 당 간부와 친밀한 시빌(Sybil)이라는 한 여인을 유혹하는데 시빌은 형제단에 대해서 아는 게 없이 단지 흑인에 대한 성적 판타지만 가지고 있는 여인이었다. 시빌과 아파트에 있는 가운데 전화연락을 받고 할렘으로 간 화자는 라스가 주동하는 폭동이 할렘에서 일어나는 것을 보고 가담한다. 흑인추장 복장을 한 라스는 화자를 배신자라고 하며 린치하라고 하지만 화자는 도망가다가 가방을 약탈품을 넣은 것으로 오인한 경찰을 만난다.

도망가다가 화자는 맨홀뚜껑 아래로 빠지게 된다. 깜깜한 석탄 더미위에 떨어진 주인공은 학교에서도, 회사에서도, 할렘의 형제단에서조차도 지금처럼 늘 "보이지 않는 인간"에 불과했음을 깨닫는다. 그리고 그곳에서 자신과 흑인종에 대해서 반추하는 기회를 가진다. 그는 다시 지하에서 나와 재도약을 할 준비를 하고 있다.

문학사적 의의

『보이지 않는 인간』은 흑인 문학사에서 기념비적 작품일 뿐만 아니라 미국 문학사에서 가장 중요하면서도 문제작으로 여겨지는 작품으로 항의 소설로서의 흑인문학에서 탈피하여 수준 높은 문학성을 지닌 작품으로 평가받고 있다. 이 작품은 1965년도 작가, 비평가를 대상으로 한 독서 주간(Book Week) 투표에 의해, 그리고 1978년 영문학 교수를 대상으로 한 ≪윌슨 쿼털리≫(Wilson Quarterly)의 여론조사에서 2차 대전 이후 출판된 작품 중 가장 훌륭한 작품으로 선정되었다. 즉, 이 작품은 한 흑인 청년의 딜레마를 미국 내 인종관계의 틀 속에서만 두고 이야기 하는 것이 아니라 억압적 상황에서 분투하는 보편적 인간의 고뇌로 승화시켜 시공을 초월하여 독자의 공감을 얻고 있다.

『보이지 않는 인간』은 흑인문학 비평가 휴스턴 베이커(Houston Baker, Jr.)가 말한 통합의 시학의 시대, 즉 민주주의적 다원주의가 강조되던 시기인 1950년대에 출판되었다. 에릭 선퀴스트(Eric Sundquist)가 말한 대로 "엘리슨은 현대 흑인역사를 요약하기 위해서 문학적 모더니즘의 기교를 사용하였다"(v)라고 할 정도로 이전의 흑인문학과는 다른 기법을 활용하며 흑인문학의 가치를 드높였다. 넓게 말하면 미국문학 전통 속에서 개인과 집단의 자유의 문제와 자아의 탐구라는 문제를 다루는 『보이지 않는 인간』은 미국문학에서 내려오는 아메리칸 아담을 다룬다고 볼 수 있다, 내티 범포, 허클베리 핀에서부터 개츠비까지 계속되는 아메리칸 아담의 전형으로 볼 수 있는 주인공은 흑인의 문제를 다루지만 흑인의 문제라는 특수성에서 탈피하여 개인의 자유의 문제로 나아감으로써 인종을 초월한 보편적 개인의 문제로 나아간다는 점에서 라이트와 같은 선배 작가와는 차별점이 있다. 엘리슨은 작품을 통해서 인간을 목적을 위한 수단으로만 활용하는 공산주의에 대한 비판과 함께 백인 사회 지도자들의 위선을 고발할 뿐만 아니라 흑인 공동체에서 폭력을 통한 사회변혁을 추구하는 민족주의자들과 백인 문화에 편승하려는 흑인 지도자의 위선까지도 동시에 비판하고 있다.

『보이지 않는 인간』이 발표되었을 때 찬사와 비난이 쏟아졌는데, 이를테면, 소울 벨로우와 같은 작가를 포함한 많은 작가들이 칭찬을 하였지만, 또 어떤 비평가들은 백인 우월주의를 추종하고 백인 지배이데올로기에 순응 및 동화하는 소설이라고 비난했다. 이를테면, 흑인예술운동의 기수 래리 닐과 에디슨 게일은 엘리슨의 동화주의적 색채 때문에 불만을 표시하기도 하였는데, 그들은 엘리슨이 흑인으로서가 아니라 흑인 세상과 백인 세상에 모호하게 매달려있다고 파악하였다. 환언하면, 라이트처럼 리얼리즘에 바탕을 둔 저항소설이라기 보다는 상징과 은유가 많은 모더니스트 기법이 동원된 작품이기 때문에 직접적 설득력이 부족하다고 본 것이다. 이런 이유로 해서 1960-70년대 흑인예술운동(Black Arts Movement)의 시대에는 『보이지 않는 인간』이 평가절하를 당한 적도 있었다. 하지만 시간이 흐를수록 복잡한 방법으로 인간의 문제를 다룬 이 작품에 대한 평가는 긍정적으로 변화하였다. 즉, 닐은 1970년대에 들어와 엘리슨을 새롭게 평가하였는데 "엘리슨의 주트 수트"에서 『보이지 않는 인간』을 "세계 명작

소설중의 하나"라고 재평가 하며 "모든 흑인 예술가들이 엘리슨에게 특별한 감사를 드려야 한다"고 역설하였다.

엘리슨은 「세상과 항아리」(The World and the Jug, 1964)에서 어빙 하우(Irving Howe)가 엘리슨의 문학적 선조는 리처드 라이트(Richard Wright)라는 주장에 대해 자신의 문학적 선조는 라이트 혹은 휴즈가 아니라 헤밍웨이(Ernest Hemingway), 엘리엇(T. S. Eliot), 말로(Andre Malraux), 도스토예프스키(Fyodor Dostoevski), 포크너(William Faulkner)라고 주장한다. 엘리슨은 라이트와 휴즈를 문학적 친척으로 보는데, 이 점은 그만큼 엘리슨이 자신의 뿌리를 흑인보다는 미국 문학 전통 속에서 위치시키고자 하는 점이고 이는 백인 동화주의적으로 보이지만 인종을 넘어서고자 하는 그의 의지를 보여주는 것이다. 엘리슨은 라이트를 포함한 흑인 소설가들이 자연주의 혹은 사실주의에 바탕을 두어 흑인의 복잡한 삶을 제대로 표현하는데 실패하였다고 보았던 것이다. 따라서, 라이트가 문학, 즉 소설을 사회 개혁을 위한 무기로 파악했다면 엘리슨은 복잡한 인간의 삶을 축복하는 것이고 진정한 예술은 현실로부터의 도피가 아니라 삶의 복잡성을 인정하면서 종합적 시각으로 세상을 표현해야 한다고 보았다.

『보이지 않는 인간』은 어려움 속에서도 참된 자아를 창조해 낸다는 점에 있어서 제임스 조이스(James Joyce)의 『젊은 예술가의 초상』(*A Portrait of the Artist as a Young Man*, 1916)의 주인공 스티븐 디덜러스를 연상시킨다. 그 자아는 고정적 자아가 아니라 재즈처럼 즉흥적이고도 유동적인 자아이며 민주주의적 자아라고 할 수 있다. 또한 주인공이 공산주의에 대한 관심과 염증에 대한 것으로는 도리스 레싱(Doris Lessing)의 『황금 노트북』(*The Golden Notebook*, 1962)과 상호 텍스트성을 이룬다. 그리고 흑인 작가들과 관련하여서는 진 투머(Jean Toomer)의 『사탕수수』(*Cane*, 1923)의 영향을 받았으며 이후 이슈마엘 리드(Ishmael Reed)의 포스트모더니즘 작품의 등장에 영향을 끼쳤다. 몇몇 페미니스트들은 『보이지 않는 인간』의 메리 람보, 시빌, 엠마 등은 남성 인물들과 비교할 때 목소리나 역할이 크지 못하다고 주장하며 소설 속에 제대로 발전된 여성인물이 없다고 비난한다. 그럼에도 불구하고 엘리슨의 소설은 토니 모리슨(Toni Morrison)과 토니 케이드 밤바라(Toni Cade Bambara)와 같은 흑인여성작가들의 작품에도 많은 영향을 미쳤다. 흑인여성비평가 클로디아 테이트(Claudia Tate)는 여성인물들이 자유를 향한 행보와 그들의 공통적 고난을 주인공이 인식하는데 도움이 되고 있다고 긍정적으로 평가한다. 비록 『보이지 않는 인간』이 타 흑인 작가들의 작품에 비해 흑인 여성의 고통이 깊이 있게 다루어지고 있지 않는 것은 사실이지만 트루블러드 에피소드에서 보여지는 매티 루의 처지는 모리슨과 같은 작가에게 근친상간의 모티프를 제공해 주었다. 그런 점에서 마이클 오크워드(Michael Awkward) 같은 비평가가 모리슨의 『가장 푸른 눈』(*The Bluest Eye*, 1970)에서 촐리 블리드러브의 근친상간이 엘리슨의 트루블러드 이야기를 여성적 관점에서 새로이 썼다고 주장하는 점은 의미가 있다.

　『보이지 않는 인간』은 흑인 후배작가에게 만큼이나 많은 백인 작가들에게도 지대한 영향력을 행사했다. 주인공과 같은 아메리칸 아담의 인물은 그 후에도 계속 나오는데 예를 들면 소울 벨로우(Saul Bellow)의 『우왕 헨더슨』(*Henderson the Rain King*, 1959)의 유진 헨더슨, 조셉 헬러(Joseph Heller)의 『캐치-22』(*Catch-22*, 1961)의 존 요사리안, 켄 케이지(Ken Kesey)의 『뻐꾸기 둥지로 날아간 사나이』(*One Flew Over the Cuckoo's Nest*, 1962)의 브롬덴 추장, 커트 보네것(Kurt Vonnegut)의 『제5 도살장』(*Slaughterhouse-Five*, 1969)의 빌리 필그림 등이 있다. 『보이지 않는 인간』의 영향을 받은 비평서로는 이합 하산(Ihan Hassan)의 『과격한 순진함』(*Radical Innocence*), 조나단 바움바크(Jonathan Baumbach)의

『악몽의 배경』(*The Landscape of Nightmare*, 1965), 토니 태너(Tony Tanner)의 『언어의 도시』(*City of Words*, 1971) 등이 있다. 엘리슨의 영향을 받은 대표적 흑인 비평가로는 베이커와 헨리 루이스 게이츠(Heny Louis Gates, Jr.)를 들 수 있는데, 베이커는 『블루스, 이데올로기, 그리고 흑인문학: 토속 이론』(*Blues, Ideology, and Afro-American Literature: A Vernacular Theory*, 1984)에서, 게이츠는 『말장난하는 원숭이: 흑인문학 비평이론』(*The Signifying Monkey: A Theory of African-American Literary Criticism*, 1988)에서 엘리슨을 본격적으로 다루고 있다. 특히, 베이커는 『보이지 않는 인간』의 트루블러드 에피소드를 새롭게 분석하고 있으며, 게이츠는 『말장난하는 원숭이』에서 엘리슨이 라이트의 리얼리즘의 문학 구성을 차이와 반복을 통해 패러디하는 말장난(signifying)을 했다고 진단한다. 그리고 게이츠는 이슈마엘 리드가 『멈보 점보』(*Mumbo Jumbo*, 1972)에서 다시 엘리슨의 모더니즘 작품을 개작하는 과정을 통해 흑인문학 전통을 더욱 더 풍부하게 하였다고 한다.

아놀드 램퍼새드(Arnold Rampersad)는 2007년도 엘리슨에 대한 전기에서 『보이지 않는 인간』의 문학사적 의의에 대해 1. 흑인문학의 보편적 가치 획득, 2. 영어의 토속어 사용의 확대, 3. 작가로서 지식인의 역할 확대, 4. 통합주의적 의식 표현 등을 들고 있다. 『보이지 않는 인간』의 또 다른 의의는 흑인민담이 빈번히 사용되고, 문학과 재즈의 음악적 요소가 접목되어 텍스트의 의미가 풍부하게 되었다는 점일 것이다. 따라서 『보이지 않는 인간』은 그 의미가 열려진 소설로서 어떠한 비평이론으로도 접근이 가능한 다층적 텍스트로 시공을 초월하는 초정전(hypercanonization)으로 그 의미를 가진다고 볼 수 있다고 하겠다.

▶▶ 더 읽을거리

Butler, Robert J., ed. *The Critical Response to Ralph Ellison*. Westport: Greenwood, 2000.

Nadel, Alan. *Invisible Criticism: Ralph Ellison and the American Canon*. Iowa City: U of Iowa UP, 1988.

Posnock, Ross, ed. *The Cambridge Companion to Ralph Ellison*. Cambridge: Cambridge UP, 2005.

Rampersad, Arnold. *Ralph Ellison: A Biography*. New York: Vintage, 2007.

Sundquist, Eric J. *Cultural Context for Ralph Ellison's* Invisible Man. Boston: St. Martin's P, 1995.

Watts, Jerry Gafio. *Heroism and Black Intellectual: Ralph Ellison, Politics, and Afro-American Intellectual Life*. Chapel Hill: U of North Carolina P, 1994.

▌한 재 환 (경북대학교)

블라디미르 나보코프
Vladimir Nabokov

작가 소개

　블라디미르 나보코프(Vladimir Nabokov 1899-1977)는 1899년 러시아의 상테스부르그에서 귀족 가문의 장남으로 태어났다. 그의 조부는 제정 러시아의 법무장관을 지냈고 부친은 정계에서 개혁을 위해 노력한 정치가였다. 볼세비키 혁명이 일어나기 직전 러시아는 정치적 혼란에 휘말렸고 부친은 자주 집안에서 정치적 집회를 가지고 왕정의 부패를 개혁하고 민주화를 위해 노력했다. 나보코프는 태어나 영어와 프랑스어를 가정교사로부터 배웠고 많은 하인과 거대한 저택에서 살았다. 해마다 여름이면 도시에서 떨어진 영지에 가서 자연을 즐기고 나비를 비롯한 동식물을 관찰하였다.

　성인이 되기도 전에 그는 외가 쪽으로부터 거대한 주택을 상속받았다. 그러나 부와 지위를 누리던 귀족 가문은 사회주의 혁명으로 하루아침에 처형의 대상으로 전락한다. 1917년 크리미아를 거쳐 그리스로 탈출한 가족은 유럽의 떠돌이 망명인들로 오해와 빈곤과 가난 속에 살게 된다. 그는 영국 케임브리지 대학에서 프랑스와 러시아 문학을 전공하고 부친은 베를린에 정착하여 러시아 이민을 위한 신문을 발행하였다. 나보코프는 이 신문에 러시아어로 초기 작품들을 발표하였다. 『루진 방어』(*Luzhin Defense*), 『절망』(*Despair*) 등이 이 시기 주요 작품들이다. 당시 유럽도 나치가 전세를 불려가던 혼란기였다. 부친은 정치 집회에서 우익 인사로 오인되어 총에 맞아죽는다. 그리고 그가 사랑했던 남동생은 호모섹슈얼, 영국 간첩 등으로 오인되고 나치수용소에서 굶어죽는다. 이런 환경에서 그는 고향에서 알았던 베라와 결혼하여 아들을 얻는다. 훗날 평생 나보코프의 글쓰기와 나비 채집을 도왔던 베라는 유태인이었다.

  나보코프가 어떤 정치적 이념도 강경히 거부한 것은 이런 부친의 비극적 운명과 유럽에서 자신이 처한 위험한 신분 탓이기도 했다. 물론 그 이전에 그는 자유와 예술을 사랑한 시인이었다. 나치를 피해 파리로 왔으나 파리가 공격받으면서 나보코프 가족은 미국망명의 길을 택한다. 비자도 배에 탈 돈도 없는 그를 도운 것은 미국에 망명한 유태인들이었다. 아버지가 유태인 평등을 주장하는 법을 통과시키려 애쓴 것을 그들이 기억했기 때문이다. 나보코프 가족이 출발한 직후에 그들이 살았던 아파트는 나치 폭격으로 파괴되었다.

  미국에 도착한 후 이곳저곳에서 강사로 일하며 생계를 꾸리던 그가 포기하지 않았던 일은 나비 수집과 관찰, 그리고 보관이었다. 그는 나비 채집과 소설쓰기를 같은 즐거움으로 삼았는데 생물학과 문학, 혹은 과학과 예술은 하나라는 융합을 믿었기 때문이다. 만일 혁명이 일어나지 않았으면 그는 나비 학자가 되었을 것이라고 회고했다.

  코넬 대학은 그에게 이 두 가지 일을 잘할 수 있는 기회를 준다. 대학에서 프랑스 문학과 러시아 문학을 가르치면서 그는 『서배스천 나이트의 진짜 인생』(*The Real Life of Sebastian Knight*, 1940)를 기점으로 그토록 사랑한 모국어를 버리고 대신 영어로 글을 쓰기 시작하였다. 그러나 1955년 『롤리타』(*Lolita*)가 출판되기 전까지 그의 여러 작품들은 현실감이 결여된 것으로 낙인찍히면서 제대로 인정받지 못하였다. 『롤리타』는 포르노라는 오해 속에 우여곡절을 겪으며 출판되었고 그를 세계적으로 유명하게 만들었다. 그는 인세 덕에 교직을 그만두고 평생 그리던 유럽으로 돌아갔다. 고국이 아니라 스위스 호텔에 방을 빌려 살았다. 그리고 1977년 가벼운 병세로 입원하여 숨을 거둔다. 러시아, 유럽, 미국, 그리고 다시 유럽으로 그의 떠돌이 삶은 고국을 떠난 후 단 한 칸의 집도 소유하지 않은 것과 함께 고향과 어린 시절에 대한 비대해진 그리움으로 『롤리타』에 반영되어 있다.

롤리타
Lolita

작품 줄거리

　나보코프는 『롤리타』의 원고가 미국의 출판사에서 유아성범죄 소설이라는 오명으로 거절되자 원고를 마당 한 모퉁이에서 불태웠다. 그나마 생계의 근거인 코넬 대학 일자리마저 잃을까 두려웠기 때문이다. 아내 베라가 숨겨놓았던 원고는 친구의 충고에 의해 프랑스의 삼류 출판사에서 나왔다. 그녀는 남편의 모든 원고들을 타이핑했고 조언을 아끼지 않았다. 어떻게 오늘 날 세계적 고전이 당시에는 포르노로 오해받고 사라질 뻔 했을까. 그만큼 『롤리타』는 속임수에 가득찬 복잡한 기법의 소설이다. 겉으로는 어린 유아를 사랑하는 중년사내의 범죄 참회록이지만 몇 겹의 다른 해석들이 가능한 예술작품이다. 유아성범죄 소설이 명작이 되는 과정을 살펴보자.

　소설은 존 레이라는 정신분석가의 서문으로 시작한다. 살인자가 옥중에서 재판을 앞두고 쓴 고백록을 자신이 편집했다는 것이다. 그는 고백록의 인물과 내용을 실제 일어난 일들로 해석하고 주인공들이 현재 어떻게 살고 있는지 서술한다. 그리고 이 글을 정신분석의 뛰어난 사례연구라고 평가한다. 이런 서문이 끝나고 배심원들과 독자들에게 보내는 험버트의 수기가 시작된다. 그는 멋진 산문 스타일을 위해서는 살인자가 되어야한다는 이상한 글귀를 시작으로 과거를 회상한다. 롤리타를 사랑하게 된 그의 죄는 먼 옛날, 어릴 적 유럽의 어느 해변 가에서 시작된 아나벨과의 첫사랑에서 비롯된다. 그녀의 사망으로 첫사랑은 좌절되었고 24년이 지난 후 그녀의 화신인 롤리타를 발견한다. 그러므로 험버트는 중년이고 롤리타는 아나벨의 나이에 머물러있다. 그는 정신분석을 전공했으나 재능이 없어 영문학을 가르치는데 프루스트적 주제에 관심이 많다고 언급한다. 정신분석의 트라우마를 연상시키면서 그는 님펫을 소개한다. 보통 10년 이상 나이 차이가 있어야 하고 현재는 30년에서 40년 나이 차가 있어 중년남자가 딸과 같은 12살 소녀를 사랑하는 것이다. 이런 사랑은 악마 같은 힘으로 그를 사로잡는다. 치명적인 짝사랑이다. 그는 어딘지 어린애 같아 결혼했던 발레리와의 파경을 언급하며 자신이 성에 어리숙하다는 것을 드러낸다. 러시아를 떠나기 직전 발레리가 택시운전사로 변장한 남자와 도망갈 때까지 그는 그녀의 남자를 전혀 몰랐다고 털어놓는다. 지금 이 사랑도 성적인 것은 아니라는 암시다.

 소설은 매끄러운 회상이 아니라 여러 가지 현실감 없는 이야기와 자료가 뒤섞여 있다. 예를 들면 감옥의 도서관 자료 가운데 사전에 "퀼티"라는 항목이 있다. 퀼티는 극작가로 비비안 다크불룸과 공저로 『어린 님펫』이라는 책을 썼다. 블라디미르 나보코프의 철자를 뒤섞어 Vivian Darkbloom이라 적어놓았으니 그야말로 단어 게임이다. 퀼티는 후에 롤리타를 빼앗은 죄로 살해당하는 험버트의 라이벌이다. 그러므로 그와 공저로 이 소설을 쓴 것이라는 암시는 이 소설이 단순한 유아성범죄를 다룬 사실주의 작품이 아니라는 뜻이다. 롤리타를 얻지 못한 그에게 남은 것은 단어 게임의 소설쓰기 뿐이었다.

 험버트는 하숙집을 구하던 중 지인의 소개로 램즈데일의 어느 소박한 집에 들렀다가 우연히 롤리타를 발견한다. 그녀의 어머니 헤이즈 부인은 지극히 보수적이고 관습적인 여자로 남편을 잃고 어린 딸과 단 둘이 살고 있었다. 그녀는 중년남자가 자신의 어린 딸에게 열정을 느끼리라고는 전혀 눈치 채지 못하기에 변덕스럽고 잔인한 악마처럼 구는 어린 딸을 그에게서 계속 떼어 놓으려 하고 이것이 가면을 쓴 험버트의 속마음과 달라 코믹한 서술이 이어진다. 자신의 감정을 숨기고 딸과 어머니 사이에서 연기를 하는 험버트의 사랑은 사회적으로 용납되지 않기에 더욱 절실하다. 연인이란 언제나 짝사랑하는 사람에게 잔인하고 변덕스러운 악마다. 딸과 같은 님펫은 그에게 부드럽고 꿈같은 어린애이면서 동시에 천박하고 변덕스럽고 유행에 민감하고 나이 어린 요부와 같았다. 어머니는 험버트의 위장 아래에 숨은 정욕을 눈치 채지 못하지만 어린 님펫은 그럴수록 더 험버트에게 천진한 요부처럼 굴었다. 님펫은 환상 속에서 더 리얼하기에 험버트는 그녀의 순결을 지켜주려 애쓴다. 그 사랑은 롤리타의 학교 반애들의 이름을 다 외울 정도로 절실하고 간절했다.

　이런 가운데 결정적인 사건이 일어난다. 롤리타가 <캠프 큐>에 가느라 집을 비우고 그 사이에 헤이즈 부인이 험버트에게 사랑을 고백한 것이다. 교회에 충실하고 사회적 관습에 철저한 그녀는 험버트에게 결혼하여 롤리타의 아버지가 되어달라고 간청한다. 그렇지 않으면 집을 나가달라는 것이다. 집에서 나가면 롤리타를 영원히 볼 수 없다. 그러므로 그녀와 결혼하는 길 외에는 달리 방법이 없다. 그녀의 청을 받아들인 험버트는 이제 롤리타를 곁에 둘 수 있게 되었다. 그런 가운데 어느 날 헤이즈 부인은 험버트의 일기를 우연히 읽게 되고 그동안 험버트가 딸을 사랑해왔다는 사실에 놀라고 흥분한다. 충격으로 집을 뛰쳐나간 그녀는 집 앞에서 차에 치어 죽는다. 이 사건으로 험버트는 고아가 된 롤리타의 아버지가 되어 그녀를 데리러 캠프 큐로 간다. 그리고 남들에게는 아버지와 딸이지만 실제로는 가망 없는 짝사랑에 빠진 두 남녀의 긴 여행이 시작된다.

여행길 이야기를 다루는 제2부로 넘어가기 전에 여기에서 한 가지 중요한 사실이 등장한다. 제29장이다. 이들의 은밀한 여행의 시작에서 어떤 일이 일어날까. 과연 험버트의 사랑은 롤리타의 순결을 지켜줄 수 있을까. 독자의 흥미를 고조시키면서 드디어 이들의 첫날밤이 펼쳐진다. 그리고 독자의 우려를 뒤엎으며 순결은 오히려 롤리타의 유혹에 의해 무너진다. 험버트는 말한다. 섹스는 자신의 관심사가 아니라고. 그의 관심은 다른 것에 있었다. 신비하고 부드러우면서도 무심하고 토라지고 가장 값싸고 천박한 유혹자인 님펫의 마술은 무엇인가. 이것을 포착해보려는 꿈이 그의 관심사였다. 아버지뻘 되는 그를 육체적으로 유혹한 님펫은 이미 캠프 큐에서 더럽혀진 몸으로 순결하지 않았다. 그러기에 험버트에게 롤리타는 여전히 풀지 못하는 수수께끼였고 그의 갈증은 조금도 해소되지 않았다. 캠프 큐는 무엇을 상징하나?

여행은 미국의 모텔을 전전하면서 남들에게는 부녀처럼 보이고 실제로는 어린 님펫에게 질질 끌려 다니는 중년남자의 관계로 묘사된다. 롤리타를 빼앗길까봐 두려워 그는 한 순간도 감시를 늦출 수 없었고 질투를 피할 수 없었다, 그럴수록 그녀는 잔인하고 변덕스럽게 굴었다. 그는 돈으로 해결할 수 있는 모든 것을 그녀에게 베풀었지만 밤마다 그녀는 울었다. 그럴 때마다 험버트는 자신을 짐승처럼 느끼면서 잠이 든 척 할 수밖에 없었다. 도대체 정욕의 희생자는 롤리타인가 아니면 험버트인가. 이를 분간하지 못할 정도로 험버트의 열정은 비참하다. 예를 들어 그녀는 한번 안아보는데 몇 달러를 받는다. 험버트는 풍족하지 않아도 돈을 아끼지 않는다. 다만 돈을 모아 그녀가 도망치면 어쩌나 두려워한다. 가장 힘든 것은 아버지로서 그녀를 학교에 보내고 정상적인 그 또래 애들과 어울리는 것을 바랄 수도 거부할 수도 없는 난감한 입장이다. 물론 롤리타는 정상적인 삶을 살 수 없었다. 거짓과 위장이 그들의 삶이었다. 누가 더 위장하는가. 험버트 같지만 사실은 롤리타였다. 그녀가 그 또래 아이들과 어울리지 않는 이유는 험버트 때문이 아니었다. 퀼티가 연출하는 연극에 출연하는 것이 그녀가 가장 원하는 것이었다.

험버트가 죄의식 속에 살면서 롤리타를 애타게 사랑하는 것에 비해 그녀는 가볍게 그를 배반한다. 전화로 누군가와 대화를 한 이후 그녀는 학교와 연극을 그만두고 다시 여행을 떠나자고 조른다. 이번에는 그녀가 길을 선택한다. 마침내 어느 모텔에서 그가 먹을 것을 사러 나가 이발소에 들린 사이 롤리타는 누군가와 만났고 그 배반의 흔적을 감지한 예민한 연인은 질투로 그녀를 다그친다. 그리고 곧 빨간 무개차를 타고 누군가 두 사람을 추적하기 시작한다. 험버트를 보면 축 늘어진 나른한 자세로 투정을 일삼던 롤리타는 이제 볼이 발그레해지고 활력이 넘쳐 보인다. 그들을 뒤쫓는 사람은 클레어 퀼티인가? 추적 속에서 롤리타는 병원에 입원하고 하룻밤 자고 병실에 오니 그녀가 사라졌다. 간호원은 추적자와 한 통속인 듯 환자의 행방을 잡아뗀다. 롤리타는 도망쳤고 험버트는 그녀를 찾기 위해 그들이 머문 곳마다 찾아다닌다. 모든 곳을 다 뒤져도 그녀의 행방은 묘연했다. 고뇌 속에서 그는 글을 쓴다. <흉내내기와 기억>(mimicry and memory)이라는 글이다. 내용은 아주 복잡하여 도저히 짐승 험버트의 글이라고 믿기지 않는다. 마치 작가 나보코프가 그의 자리를 대신한 것처럼 의식과 예술을 이야기한다. 그가 잃어버린 롤리타는 그가 추구하는 예술, 유용성과 아무 상관없는 예술의 기쁨(non utilitarian delight) 그 자체를 의미한다. 그녀는 프루스트 적이고 프로크러스트 적인 환상이었다. 프루스트는 잃어버린 과거를 기억의 마술 속에서 재현한 작가였고 프로크러스트는 신화 속의 괴물로 자의적인 척도를 상징한다. 둘 다 기억이 자의적이고 속임수에 가득 찬 환상으로 결코 포착될 수 없다는 것을 의미한다.

롤리타 찾기를 거의 단념하고 몇 년이 지난 후 험버트는 우연히 메일함에서 한 통의 편지를 발견한다. 그녀가 보낸 편지였다. 스킬러 부인이 되어 임신한 그녀는 지금 궁색한 삶에 돈이 필요하니 수표를 보내 줄 수 없느냐는 내용이었다. 수표가 문제가 아니었다. 망설이는 듯한 그 글귀는 그를 재촉하여 그녀의 집으로 향하게 한다. 그녀는 더 이상 옛날의 화려하고 나른한 님펫이 아니었다. 여행길에서 두 사람을 추적하던 퀼티는 그녀를 험버트에게서 빼앗았다. 그리고 성적인 대상으로 삼아 포르노 영화에 이용하고 버린다. 현재 결혼한 스킬러는 그녀 또래의 순진한 청년이었으나 돈을 많이 벌지 못했다. 창백하고 배는 임신으로 불룩한 롤리타는 더 이상 어린 님펫이 아니었다. 험버트는 변함없는 열정으로 다시 구애할 것인가 아닌가.

험버트는 간절히 묻는다. 그곳에서 한 발자국만 앞으로 걸어 나와 함께 가지 않겠느냐. 독자의 기대를 뒤엎고 그는 여전히 사랑을 구한다. 그러나 롤리타는 냉정히 거부하며 말한다. 그녀가 사랑하는 오직 한 사람은 퀼티이며 언젠가는 그에게 돌아갈 것이라고.

이 부분에서 독자는 험버트의 열정이 단순한 정욕이 아니라 사랑이라는 것을 깨닫는다. 한번 사랑은 영원한 사랑이었다. 그것이 이 괴상한 소설에서 단 하나 리얼한 감정이었다. 어린 소녀의 행복을 유린한 후회와 참회의 눈물을 흘린 후, 험버트는 퀼티를 찾아가 권총으로 쏘아 죽인다. 살인범이 되어 경찰차에 쫓기는 그는 길가에 멈추어 먼 산 아래에서 들리는 소리에 잠깐 귀를 기우린다. 저 아래 어느 마을에서 아이들의 웃음소리가 들린다. 그때 그는 가슴이 무너지는 슬픔을 느낀다. 롤리타가 더 이상 그의 곁에 없어서가 아니라 그 아이들의 웃음소리 속에서 더 이상 그녀의 음성이 들리지 않는다는 아픔이었다. 살인범의 옥중 수기는 여기에서 끝난다.

문학사적 의의

　이 소설의 끝에는 작가의 후기가 붙어있다. 작품의 배경과 동기는 동물원의 우리에 갇힌 원숭이를 달래어 그림을 그리게 했는데 바로 자신이 갇힌 우리의 철창이었다는 것이다. 나보코프는 인터뷰에서 후기를 반드시 포함하여야 한다고 강조한 적이 있다. 앞에 붙인 존 레이의 서문과 후기는 내용이 어긋난다. 고백록을 쓴 살인범은 험버트이고 이를 편집한 사람은 정신분석가이고 마지막 후기를 쓴 사람은 작가 나보코프이다. 이런 특이한 형식은 무엇을 의미하는가?

　부도덕한 내용을 다루었다 하여 거절한 미국의 출판사들이나 프랑스에서 출판된 후 다시 미국으로 건너와 베스트셀러가 되었을 때, 독자는 말할 것도 없이 대부분의 비평가들은 서문이나 후기에 큰 관심을 보이지 않았다. 예를 들면 코넬 대학의 어느 학부형은 나보코프라는 괴상한 작가를 염려하여 자녀가 밤에 학교 골목을 다니지 말라고 타일렀다고 한다. 일찍이 작품성을 인정한 라이온 트릴링(Lionel Trilling) 조차 이것을 사랑이야기로만 읽었다. 그는 미국의 1955년 판 책의 표지 뒷면에서 이렇게 말했다. "『롤리타』는 섹스에 관한 이야기가 아니라 사랑에 관한 이야기다. 거의 매 페이지마다 에로틱한 감정이 펼쳐지고 에로틱한 행동이 넘치지만 그래도 여전히 섹스에 관해서가 아니라 사랑에 관한 것이다." 분명히 이룰 수 없는 애절한 사랑이야기임에 틀림없고 그것이 베스트셀러가 된 이유가운데 하나일 것이다. 그런데 왜 매끄러운 사실주의가 아니고 수수께끼 같고 모호한 표현들이 많은가. 예를 들어 험버트가 마지막에 퀼티를 죽이는 장면 역시 코믹하고 전혀 사실감이 없다. 다음과 같은 표현은 무엇을 의미하나? "나는 그를 덮쳐 굴렀다. 그는 우리 위에 굴렀다. 그들은 그의 위에 굴렀다. 우리는 우리들 위에서 굴렀다." 나는 험버트이고 그는 퀼티다. 이것은 분명하다. 그런데 그들은 누구이고 우리들은 왜 우리들 위에서 굴렀나. 나와 퀼티는 누군가 다른 사람, 예를 들면 서문의 정신분석가와 후기의 나보코프가 위장한 인물들인가. 나보코프는 험버트로, 정신분석가는 퀼티로 위장하여 롤리타를 놓고 경쟁을 벌인 것인가. 정신분석가는 유아를 성적 대상으로 이용하고 버린다. 그러나 험버트는 실체를 포착할 수 없는 환상 속에서 그녀를 가망 없이 사랑했고 결국 퀼티에게 빼앗기는 대신 살인자가 되어『롤리타』라는 예술작품을 쓴다. 등등, 의문은 꼬리를 문다.

이런 의문점들이 많기에 롤리타를 비롯한 나보코프의 작품들은 끊임없는 평론을 불러일으켰다. 당대의 도덕적 평론가 에드먼드 윌슨(Edmund Wilson)과 나보코프 사이에 오고간 서신들은 둘 사이의 불협화음을 잘 말해주고 있다. 윌슨은 러시아 망명작가에게 제발 헨리 제임스(Henry James)와 윌리엄 포크너(William Faulkner)처럼 현실에 바탕을 둔 리얼한 작품을 쓰라고 충고했고 나보코프는 이것에 동의하지 않는다. 그는 제임스는 성적인 무능(impotent)이고 포크너는 목사라고 조크 섞인 발언으로 답한다. 위장과 게임, 속임수로 가득 찬 그의 작품에서 현실이나 도덕은 의미가 없었다. 윌슨은 롤리타를 읽고 끔찍스럽거나 비극적이기에는 우스꽝스럽고, 재미있기에는 기분이 안 좋다고 표현했다. 선과 악의 경계가 모호할 뿐 아니라 저자와 인물의 경계도 모호한 작품에 대한 그 나름의 표현이다.

윌슨은 또한 나보코프가 최초로 영어로 쓴 작품,『서배스천 나이트의 진짜 인생』에서 "리얼"(real)이라는 단어가 전혀 리얼하지 않게 느껴진다고 말한다. 유명한 작가였던 죽은 형의 전기를 쓰기 위해 동생이 형의 친구들과 연인 등, 생전에 알던 사람들을 찾아다니면서 자료를 수집한다. 그런데 그 자료들은 모두 전달하는 사람들의 사적인 이익에서 나온 견해일 뿐 객관적인 사실과 거리가 멀었다. 그리고 마지막에 형의 죽음의 침상에서 동생은 듣는다. 서배스천이 나이고 나는 서배스천이다, 그리고 우리

둘 다 모르는 누군가이다. 작중인물들은 저자 나보코프가 움직이는 체스의 말들이고 게임은 저자와 상대 적장 사이에서 벌어진다.

『롤리타』에서도 "리얼"이라는 개념은 패러디의 대상이다. 험버트가 아무리 애를 써도 그녀는 잡히지 않는 수수께끼였다. 오직 퀼티만이 그녀를 소유한다. 그는 인터뷰에서 이렇게 말한 적이 있다. 평범한 사람의 눈에 비친 백합꽃과 시인의 백합꽃, 그리고 식물학자의 백합꽃은 다르다. "리얼"이란 끝없는 차이들로 이루어진 복합적 개념일 뿐 하나로 정의할 수 없다. 이것이 그가 어떤 이념이나 개념이나 정치적 주장 등 총체성을 강렬히 거부하고 전통적 사실주의를 인정하지 않는 이유였다.

1950년대에『롤리타』는 독자에게는 강렬하고 괴상한 사랑이야기로, 그리고 평론가들에게는 모호하고 위장과 퍼즐로 가득 찬 기법으로 알려진다. 1960년대 포스모더니즘은 "리얼"을 패러디하는 반사실주의를 선호한다. 모더니즘의 난해한 기법과 현실 반영에 대한 저항으로 시작된 포스트모더니즘은 초기에 강렬한 실험들로 나타났다. 특히 저자가 작품 속에 뛰어들어 사실과 허구의 경계를 무너트리거나 현실과 환상의 경계가 무너지고 현실을 객관적으로 반영할 수 없다는 반사실주의는 나보코프를 새롭게 조명한다. 폴 부러스(Paul Bruss)는 이런 경향을 저자가 더 이상 현실을 재현할 수 없다는 전략으로 독자와 게임을 하거나 독자에게 글쓰기를 열어놓는 소위 <독자참여소설>이라 부른다. 그는 작품대신 텍스트(text), 그리고 "텍스츄얼 전략"(textual strategy)이라는 용어를 제안한다. 래리 맥커퍼리(Larry McCaffery)는 이런 소설을 <소설에 관한 소설>이라 하여 메타 픽션(metafiction)이라 부르면서 나보코프의 경우는 자의적이고 반사실주의 소설이 인간 상황의 깊은 이해를 표출하는 고귀한 작품이라 언급했다.[1]

1 Paul Bruss. Victims: *Textual Strategies in Recent American Fiction*. New Jersey:

저자 자신이 작품 속에 들어와 저자는 현실을 객관적으로 재현할 수 없다고 말하는 소설에 관한 소설, 혹은 텍스트, 메타픽션 등의 이름으로 나보코프의 작품이 이해되고 분석되던 1960, 70년대를 지나 80년대에 이르면 그동안 간과되어왔던 중요한 경향이 부상한다. 『롤리타』의 서문에 나오는 정신분석가의 정체다. 사실 나보코프 작품에서 정신분석이나 프로이트가 서문에 언급되는 것은 이미 유럽에서 쓰인 러시아어 작품부터였다. 『루진 방어』, 『절망』의 서문에도 프로이트가 언급되고 작품 안에서도 정신분석가가 등장한다. 프로이트에 대한 나보코프의 언급은 단순히 표피적 언급이거나 조크가 아니라 그 이상 깊숙이 연루되어 있었다. 이런 적대감을 비평가들은 비로소 1980년대에 이르러 주목하기 시작했다. 제니퍼 수트(Jenefer Shute)는 나보코프가 이것을 그의 주요작품들 속에서 얼마나 줄기차게 암시하는지 자세히 살펴보았고 제프리 그린(Geoffrey Green)은 1988년 드디어 프로이트와 나보코프를 본격적으로 파고들어 한 권의 책으로 펴냈다. 그러나 그는 둘의 관계를 적대적인 관계라기보다 둘 사이의 공통점에 더 주목하여 문제를 회피한 느낌을 주었다.

사실 나보코프를 정신분석의 관점에서 읽는 유혹은 그린의 문제만이 아니었다. 대부분의 정신분석 비평가들은 프로이트의 사상이나 <오이디푸스 콤플렉스>와 같은 용어가 『롤리타』에서 어떻게 반영되는지 살펴본다. 롤리타를 둘러싼 험버트와 퀼티의 삼각관계를 아들이 어머니를 사랑하는 근친상간 무의식으로 읽는 것이다. 퀼티는 아버지, 롤리타는 어머니, 그리고 험버트는 아버지의 여자를 짝사랑하는 아들로 보는 것이다. 적대감을 수용하는 비평은 제프리 버어먼(Jeffrey Berman)의 혜안과 2000년대에

Associated University Press, 1981; Larry McCaffery. *Metafictional Muse*. Pittsburgh: University of Pittsburgh Press, 1982.

이르러 드 라 듀란티예(Leland de la Durantaye)의 분석에 이르러서다. 이들의 글에서 프로이트에 대한 적대감은 근친상간 모티프 뿐 아니라 <울프 맨 분석>에서도 찾아진다. 나보코프가 영국 케임브리지 대학에서 공부하던 시절에 이미 정신분석은 영국과 공산주의 러시아에서 열풍을 일으켰다. 많은 지성인들, 정치가들이 분석을 받으려고 몰려들었다. 나보코프는 당시에 프로이트가 혁명으로 망명한 러시아 귀족, 소위 울프 맨으로 불리는 세르게이에 관한 분석을 보고 분노했을 것이다. 정신분석의 일반화는 모든 이념, 특히 공산주의 이념의 총체성만큼 거짓이라고 그는 느꼈을 것이다.

1990년대에 이르러 포스트모더니즘이 퇴조하고 다윈의 생물학과 뇌과학이 등장하면서 인문학과 자연과학의 융합이 새로운 패러다임으로 떠오른다. 나보코프는 평생 소설쓰기 만큼 나비를 채집하고 분류한 과학자였다. 만일 혁명이 일어나지 않았으면 자연과학자가 되었을 것이라고 공언한 그에게 나비 연구와 소설쓰기는 하나였다. 보이드(Brian Boyed)를 비롯한 나보코프 비평가들은 나비에 관한 작가의 관심과 업적에 초점을 맞춘 연구서들을 펴내기 시작하였다. 과학자이면서 동시에 작가로서 나보코프이다. 특히 인간을 포함한 동식물의 특성들 가운데 <흉내내기>(mimicry)라는 전략에 나보코프는 은밀히 관심을 드러냈다.

흉내내기란 생물이 주변의 환경과 닮은꼴로 위장하여 적을 피하거나 조롱하는 현상이다. 나보코프는 특히 나비가 아름답게 위장하여 사람의 눈을 속이는 전략에 관심을 둔다. 혹시 프로이트에 대한 그의 적대감은 이런 흉내내기 전략과 연관되는 것은 아닌가. 프로이트의 일반화와 윌리엄 제임스의 기억의 원리를 대조하면서 나보코프는 자신으로 위장한 인물과 프로이트로 위장한 인물사이의 게임을 통해 일반화에 저항하고 돌아갈 수 없는 어린 시절을 <유아기 성>이 아닌 마술적 기억으로 형상화한 것은 아닌가. 다시 말하면 롤리타는 퀼티에게 유아기 성을 의미하고 험버트에게는 돌아갈 수 없는 어린 시절에 대한 기억이라는 해석이다. 나보코프에게 님 펫은 부드럽고 잔인한 마술과 같은 환상으로 결코 포착할 수 없는 어린 시절의 기억이었다. 존 레이라는 정신분석가의 서문을 나보코프가 후기로서 물리치는 것도 같은 맥락이다.

지금까지 살펴본 것처럼 명작은 시대의 패러다임과 맥을 같이 하면서 해석이 달라진다. 바로 그것이 『롤리타』를 영원히 포착할 수 없는 고전으로 만드는 이유일 것이다.

▶▶ 더 읽을거리

Alexandrov, Vladimir E., ed. *The Garland Companion to Vladimir Nabokov.* New York: Garland Publisher, 1995.

Brian Boyed & Robert M. Pyle, eds. *Nabokov's Butterflies: Unpublished and Uncollected Writings.* Trans. by Dmitri Nabokov. Boston: Beacon Press, 2000.

De la Durantaye, Leland. *Style Is Matter: The Moral Art of Vladimir Nabokov.* Ithaca: Cornell UP, 2007.

Evreinoff, Nicolas. *The Theatre in Life.* Ed. & Trans. by Alexander I. Nazaroff. New York: Brentano's, 1927. Reprint: Mansfield Centre, CT Martino Publishing, 2013.

Grayson, Jane. *Nabokov's World: The Shape of Nabokov's World.* Vol.1. Arnold McMillin, & Priscilla Mayer. New York: Palgrave, 2002,

Green, Geoffrey. *Freud and Nabokov.* Lincoln: U of Nebraska P, 1988.

Karlinsky, Simon, ed. *The Nabokov-Wilson Letters.* New York: Harper and Row, 1979.

Kwon, Teckyoung. *Nabokov's Mimicry of Freud: Art as Science.* Lanham,

Maryland: Rowman & Littlefield, 2017.

Rorty, Richard. "The Barber of Kasbeam: Nabokov on Cruelty." *Contingency, Irony, and Solidarity*. Cambridge: Cambridge UP, 1989. 141-68.

▌권 택 영 (경희대학교)

토머스 핀천
Thomas Pynchon

작가 소개

　현존하는 작가 중에서 토머스 핀천(Thomas Pynchon, 1937-)만큼 넓고 깊게 비평적·학문적 조명을 받아온 미국 작가를 찾기는 쉽지 않다. 핀천은 과작(寡作)이지만 작품을 발표할 때마다 평단과 학계의 비상한 주목을 받아 왔다. 그는 1963년 처녀 장편 『브이』(*V.*)로 그 해 발간된 처녀장편에 수여되는 윌리엄 포그너 상, 『제49호 품목의 경매』(*The Crying of Lot 49*, 1966)로 미국 예술원에서 수여하는 로젠솔 상, 『중력의 무지개』(*Gravity's Rainbow*, 1973)로 미국 최고의 문학상인 내셔널 북 어워드를 수상하는 등 미국 내 주요 문학상의 수상자로 선정되었다.

　이러한 관심에도 불구하고 핀천은 자기 자신을 공식적 외부 세계로부터 은닉시켜왔다. 그는 어떠한 공식석상에 나타난 적이 없었으며 자신의 사진을 공개하지도 않았다. 그는 대부분의 미국작가들처럼 인터뷰에 응한 적도 없고, 심지어 자신에게 수여되는 시상식에도 나타나지 않았으며, 한 잡지사가 찾아낸 소년시절 사진 이외에 어떠한 그의 사진도 알려져 있지 않다.

따라서 우리가 핀천에 관해 알 수 있는 것은 그에 관한 객관적 기록에서 뿐이다. 그는 뉴욕 주 롱아일랜드에서 출생했으며 오이스터베이 고등학교를 2등으로 졸업한 후 코넬대학교 공업물리학부에 입학하였다가 이후 영문과로 전과한 것으로 되어 있다. 2학년말 해군에 입대하여 통신부대에 근무했으며 이후 영문과에 복학한 후 1959년 우수한 성적으로 졸업한 것으로 기록되어 있다.

핀천은 학창시절 대학 문예지 ≪코넬 작가≫(The Cornell Writer)의 편집위원으로 있으면서 작품을 쓰기 시작하여, 졸업하기 전에 벌써 몇 편의 단편을 발표하였다. 졸업 후 이런 저런 진로를 모두 뒤로 하고 뉴욕에 머물며 장편 집필을 시작한 핀천은 2년 반 동안 시애틀의 보잉 항공사 근무 이후 캘리포니아에 거주하며 1963년 마침내 처녀장편 『브이』를 발표하고 비평계의 주목을 받게 된다. 1966년 두 번째 장편 『제49호 품목의 경매』의 출간으로 증폭된 비평적·학문적 관심은 1973년 발표된 기념비적 대작 『중력의 무지개』에 이르면 최고조로 분출하게 된다. 이후 큰 기대에도 불구하고 핀천은 초기 단편들을 엮은 『늦게 깨닫는 사람』(*Slow Learner*, 1984)을 출간하였을 뿐 오랜 공백기를 보낸다. 따라서 새로운 장편 『바인랜드』(*Vineland*, 1990)와 『메이슨과 딕슨』(*Mason & Dixon*, 1997)의 출간이 비평계의 관심을 불러 모았던 것은 어쩌면 당연한 일이라고 할 수 있다. 또한 이후 선보인 『그날에 대비하여』(*Against the Day*, 2006), 『고유의 결함』(*Inherent Vice*, 2009), 『블리딩 에지』(*Bleeding Edge*, 2013)의 출간은 핀천의 건재함을 보여주었다.

제49호 품목의 경매
The Crying of Lot 49

작품 줄거리

『제49호 품목의 경매』는 시간적으로는 에디파 마스(Oedipa Maas)가 옛 애인이자 재벌총수였던 피어스 인버라리티(Pierce Inverarity)의 유산 유언 집행인으로 임명되었다는 서신을 받을 때부터 트리스테로(Tristero)의 위조 우표가 경매에 부쳐지기 직전까지의 "수 주간"(178)의 기간을 사건들 사이의 큰 공백 없이 시간의 흐름에 따라 순서대로 담아내고 있다. 공간적으로도 그녀의 유언 집행 업무가 진행되는 L.A. 근방의 샌 나르시소, 트리스테로에 관한 정보를 얻기 위해 찾아가는 버클리와 샌프란시스코 그리고 L.A.와 샌프란시스코 중간에 위치하고 있는 그녀의 원거주지 키너렛(Kinneret) 등 캘리포니아 일대를 벗어나지 않는다. 따라서 확대된 시공간을 무대로 스펙터클하게 펼쳐지는 『브이』나 『중력의 무지개』의 플롯에 비해 상대적으로 단순한 구조를 취하고 있다고 할 수 있을지 모르지만, 그 안에 함축되어 있는 의미까지 단순한 것은 결코 아니다.

인버라리티의 유언에 의해 모험으로 나서기 이전의 에티파는 전형적인 미국 중산층의 일상, 즉 모든 나날들이 요술쟁이의 카드처럼 아주 똑같이 보여 단 한 하루라도 이상하게 보이면 금방 눈에 뜨일 것처럼(11) 획일화된

하루하루를 보내고 있는 것으로 묘사되고 있다. 그녀가 처해 있는 이러한 획일화된 "공화국의 삶"은 바로(Varo) 그림의 소녀들처럼 자아의 탑에 갇혀 있는 감금상태(21)이기도 하다.

이런 점에서, 에디파의 모험이 시작되는 도시의 명칭이 샌 나르시소(San Narciso)이고 숙박하게 되는 모텔의 상호가 에코 코트(Echo Court)라는 것은 그 의미가 작지 않다. 두 명칭은 희랍 신화의 주인공인 나르시서스(Narcissus)와 에코(Echo)를 연상시키며, 자아도취적인 공식적 미국을 상징적으로 드러내면서, 그 영역에 거주하고 있는 에디파 역시 그들처럼 자아의 탑에 감금되어 있을 것임을 암시하고 있다. 말하자면 그녀의 모험은 자아를 가두는 빗장이 드리워진 상태에서 시작되고 있는 셈이다. 그러나 이제 에디파는 "구원의 기사"(22)를 기다리는 대신, 자신을 가두는 "그 형태 없는 마술"을 조사하려는 "본능적 두려움과 여성적 영리함"으로 그녀의 모험을 감행하게 된다(21).

자아의 탑에서 벗어나 공식적 미국의 이면에 숨겨져 있는 타자와의 조우 가능성이 시사된다는 점에서 에디파의 모험은 주목할 만하다. 에디파가 공식적 차원 이면의 타자를 발견하게 되는 것은 "계시"(24)를 담은 "상형문자"(52)처럼 그녀 앞에 다가온 트리스테로에 대한 추적을 통해서이다. 에디파는 공식적 차원의 이면에 숨어 있는 은밀한 지하우편체제로서의 트리스테로의 존재를 확인하기 위해 그것의 역사를 추적해 가는데, 이 과정에서 이전까지는 접할 수 없었던, 소외된 채 배제되어 있는 타자들의 존재를 실제로 목격하게 된다. 즉, 그녀는 트리스테로 추적과정에서, 얼굴이 일그러진 용접공, 각기 다른 이유로 여러 번의 "유산 의식"(rituals of miscarriage)을 치러 낸 흑인 여자, 로션, 공기청정제, 직물, 담배, 밀랍 등을 받아들이도록 위를 훈련시킨 아이보리 비누를 갉아먹는 나이 든 야경꾼(123) 그리고 여러 명의 술주정뱅이, 부랑자들, 행인들, 동성연애자들,

창녀들, 산책 나온 정신병자들을(129) 마주치게 되면서, 이전까지의 일상에서는 드러나지 않았었던 새로운 세계에 눈뜨게 된다. 무엇보다, 그녀는 이러한 소외된 사람들의 은둔에는 언제나 "한번 매듭지어진"(75) 우편 나팔과 WASTE라는 표시가 함께 있다는 사실을 알게 된다.

에디파가 우연히 목격한 한 우표에 쓰여 있듯이 WASTE가 "우리는 조용한 트리스테로 제국을 기다린다"(We Await Silent Tristero's Empire, 169)는 모토를 의미한다고 할 때, 트리스테로는 역사의 이면으로 숨어 들어가긴 했지만 WASTE 체제를 유지하며 언젠가는 역사의 전면으로 부상할 그들 제국의 도래를 여전히 기다리고 있는 것으로 이해될 수 있다. 에디파가 트리스테로를 추적하던 중 확인할 수 있었던 WASTE 체제로 상호 교신하던 소외된 타자들은 무초(Mucho)의 중고차 판매장에 아무렇게나 쌓여 있던 낡은 차들처럼 문자 그대로 '버려진' 존재들이라고 할 수 있다. 즉, 그들은 표면적 미국을 구성하는 인버라리티식의 자아 중심에 의해 실체는 공식적 차원의 이면으로 '폐기'되고 그 영상만이 표면에 남아 자아의 반영물을 담고 있는, 말하자면 자아의 '그림자'들인 셈이다. 그런데 이러한 '그림자'들이 실체화되어 그들의 "그림자 나라"로부터 '역사의 전면으로 부상'할 가능성이란 곧 자아와 그것의 반영으로서의 그림자들로만 구성되던 태피스트리의 세계가 각 개체간의 주체적인 만남이 이루어지는 살아 있는 공간으로 입체화될 가능성을 의미하는 것이기도 하다. 사실, 자연에 실제로 벌어지는 것은 일방적인 소비와 폐기가 아니라 견고하게 연결된 "생태적 연결망"에 의해 이루어지는 각 개체간의 물질적 순환 이동이라면, 새로운 WASTE의 의미가 함축하듯 '그림자'로서의 타자가 하나의 실체로 주체화된다는 것은 자아 중심이 견지됨으로써 와해되었던 "생태적 연결망"이 다시 복원되어 그것의 역동적인 생명력이 되살아나는 것을 의미할 수 있다.

이런 점에서, 이 작품의 곳곳에 에디파의 모험이 일종의 생명 잉태 과정으로 이해될 가능성을 암시하는 단서들이 발견되고 있다는 것은 의미심장하다. 주점 스코웁에서 에티파에게 비공식적 우편 제도에 관한 단초를 제공함으로써 그날 그녀가 처음 발견하게 되었던 WASTE 기호만큼이나 전격적으로 그녀를 새로운 '영역'으로 인도했던 청년의 이름이 팰로피언(Fallopian)이어서 임신을 가능케 하는 '나팔관'을 상기시킨다거나, WASTE 기호를 그리다가 에디파를 만났던 요요다인(Yoyodyne)의 젊은 기사의 이름이 여성 생리대의 상표에서 따온 코텍스(Koteks)로 되어 있는 것은 WASTE와 트리스테로에 관한 그녀의 추적이 생명을 잉태하는 과정일 수 있음을 강하게 시사한다. 말하자면, 스팀슨(Stimpson)이 지적하고 있듯이, 트리스테로가 WASTE 체제를 통해 '배달'하는 "어떤 신성한 발아"가 에디파 안에 수태되어 있는 것인지 모른다(44).

실제로, 트리스테로의 추적이 막바지에 이르렀을 때 그녀는, 느닷없이 들이닥쳐 오 분에서 십 분 가량 그녀를 심하게 괴롭히다가 흔적 없이 사라지는 구토증이나 두통 같은 임신 증상을 경험하게 된다(171). 이런 증상이 계속되자 그녀는 어느 날 L.A.로 차를 몰고 가 전호번호부에서 아무 의사나 찾아낸 다음, 그 의사에게 가서 그녀가 임신한 것 같다고 말하고 임신여부 검사를 받을 약속을 정하게 된다. 그러나 에디파는 정작 검사 받기로 약속된 날 그녀는 병원에 나타나지 않는다. 그녀가 수태하고 있는 "발아"가 "신성함의 현시"로 구현되어 생명의 복원을 가능케 할 수 있을 것인지는 의사의 검사로 확인될 수 없는 셈이며, 따라서 에디파는 산부인과 대신, 49호 품목이 "소리 질러"질 경매장으로 향하게 되는 것이다.

작품의 마지막 장면에서 경매인이 "소리 지르기" 직전 들어 올리는 두 팔의 동작이 "하강하는 천사"를 받아들이는 "제사장"의 동작처럼 묘사되고 있으며, 무엇보다 그 품목이 제49호로 되어 있다는 것은 예수가 부활하고

49일 째 되던 날 제자들에게 찾아왔던 계시를 기리기 위해 부활절 이후 7번째 일요일에 거행되는 성령강림제(Pentecost)를 상기시키기에 충분하다(Sacred 134-35). 결국, 예수 부활 49일 후 성령의 계시가 제자들에게 찾아왔듯이, 49호 품목의 "소리지름"과 함께 "진리의 말씀"과 "생명"이 "하강하는 천사"처럼 에디파에게 다가와 "신성함의 현시가 충족될" 가능성이 강하게 시사되고 있는 셈이다(Sacred 119).

그러나 작품의 마지막까지 어떠한 트리스테로의 '사자'도 그 정체를 드러내지 않았으며, 따라서 아직 어떠한 '계시'도 에디파에게 "진리의 말씀"과 "생명"을 가져다주지 않았다는 점이 주목될 수 있다. 말하자면, 작품을 장식하는 최후의 구절이 상징적으로 보여주고 있듯이 결국 이 작품에서 이루어진 것은 "49호 품목의 경매" 그 자체가 아니라 그것에의 "기다림"(to await)이라고 할 수 있다.

문학사적 의의

『중력의 무지개』 출간 이전의 초기 핀천 비평은 작품의 주제와 원전에 관련된 연구가 주류를 이룬다. 이 시기의 주목할 만한 성과로는 핀천 작품의 인물, 역사, 지리적 배경 등을 검토한 데이빗 영(David Young), 주인공 에디파 마스(Oedipa Maas)에서 맥스웰 요정의 비유를 찾아내어 『제49호 품목의 경매』를 엔트로피 이론과 관련시킴으로써 이후 핀천 비평 내의 엔트로피 논의의 물꼬를 튼 앤 맨절(Anne Mangel), 핀천에 대한 나보코프(Vladimir Nabokov)의 영향을 추적하고 서구 문화와 철학의 실패 및 그 결과로서의 핀천 문학의 '태피스트리적' 면모를 지적한 로저 헨클(Roger Henkle), 그리고 핀천 작품을 관통하고 있는 엔트로피와 편집증 주제를 통찰력 있게 간파하여 이후 핀천 비평의 전범이 된 토니 태너(Tony Tanner) 등의 연구를 꼽을 수 있다.

『중력의 무지개』 출간 이후 몇 년간의 핀천 연구도 주제 중심의 접근이라는 큰 테두리를 벗어나지는 못하지만, 이전보다는 양적, 질적으로 확대 심화된 양상을 보인다. 『중력의 무지개』 출간 이듬해 조셉 스레이드(Joseph Slade)가 선보인 『토머스 핀천』(*Thomas Pynchon*, 1974)은 이전까지의 핀천에 관한 여러 연구를 토대로 하여, 초기 단편부터 『중력의 무지개』에 이르기까지 핀천의 전 영역을 일관성 있게 다룬 최초의 단행본 규모의 연구서라는 점에서 당시 불모지와 다름없던 핀천 비평을 개척한 기념비적 성취라 할 만하다. 그러나 브라이언 맥해일(Brian McHale)이 지적하고 있는 것처럼, 스레이드의 '개척'은 안락함에의 욕구에 부응해 핀천 특유의 "고분고분하지 않음"을 너무 쉽게 제거해 버렸다는 비판을 받을 만하다(McHale, Slade Revisited 144).

텍스트의 확정적 의미의 발굴에 종사하는 또 다른 비평가에 더글러스 파울러(Douglas Fowler)가 있다. 그가 확신컨대, 핀천의 작품들에는 논리와 합리성의 우리 세계와 그것을 관통하고 위협하는 악몽의 세계(10), 즉 생명을 긍정하는 선의 편과 살의를 품은 악의 편 사이의 명확한 구분이 존재하며, 양자간의 전쟁에서 항상 "우리 왕국"의 수호가 성공하지 못하게 된다(129). 핀천의 작품 내에 합리성을 벗어나는 '다른 세계'가 존재하고 있다는 이러한 발견 자체는 매우 값진 성과이다. 그러나 두 세계가 정말 전쟁 중인지 그리고 그 '다른 세계'가 정말 살의를 품은 악의 세력이 장악한 악몽의 세계인지의 여부는 파울러 식의 추측을 토대로 한 일반화 대신 구체적이고 세심한 검토가 요구된다.

반면, 조지 르바인(George Levine)의 핀천 읽기는 핀천 텍스트의 다양성을 관례적인 일관성으로 환원하는 주제적 독서를 경계한 후, 핀천의 작품은 언어로 되어 있으면서도 언어가 부과하는 패턴을 벗어나는 순수한 경험의 순간, 즉 일종의 무정부주의적 순간을 담고 있다는 통찰을 보여준다(Risking 113-14). 그러나 혼란스럽게 보이는 표면적 서술 양식에만 집착하여 심층 구조를 간파하지 못한 판단일 수 있다는 점에서 비판 받을 소지가 없지 않다.

이러한 문제점은 『중력의 무지개』를 『신곡』(*Divine Comedy*), 『돈키호테』(*Don Quixote*, 1605), 『파우스트』(*Faust*), 『백경』(*Moby Dick*, 1851), 『율리시즈』(*Ulysses*, 1922) 등으로 이어지는 백과사전적 서술로 설명함으로써, 전통과 혁신이라는 이분 구도를 벗어나 핀천의 서술 양식을 해명하고 있는 에드워드 멘델슨(Edward Mendelson)의 작업에 의해 해결의 실마리가 제공된다. 그러나 『중력의 무지개』를 분석하며 보여주었던 멘델슨의 균형감각이 『제49호 품목의 경매』에서는 수미일관하게 적용되지 못하는 아쉬움을 남긴다. 멘델슨은 그의 논문 「신성함, 세속성, 그리고 『제49호 품목의 경매』」(The Sacred, the Profane, and *The Crying of Lot 49*)을 통해, 실제 세계에서 은밀하게 작동하고 있는 커뮤니케이션 체제에 대한 에디파의 발견이 "초월적 의미"로의 접근을 가능케 하며, 이러한 발견이 작품의 플롯이 진행됨에 따라 꼬리를 물고 이어져 결국 작품의 말미에 이르러서는 "신성함의 현시"가 충족된다고 주장한다(113-19). 그러나 이 논문에 대한 공개 반박문("Open Letter in Response to Edward Mendelson's" The Sacred, the Profane, and *The Crying of Lot 49*)을 통해 토머스 샤웁(Thomas Schaub)이 반박하고 있듯이, 멘델슨이 『제49호 품목의 경매』에서 읽어내는 이러한 초월적 의미는 이 작품이 환기시키는 여러 구조 중의 하나의 가능성에 불과하다고 해야 할 것이다. 샤웁에 따르면, 작품의 마지막까지도 트라이스테로(Tristero)에 대한 어떤 확정적 진실을 만나지 못한 채 여전히 '0'과 '1'들 사이에서 단지 그것을 기다리고 있을 뿐인 에디파처럼,

독자들도 이 작품의 어떤 단일한 확정적 의미를 포착하지 못한 채 끝내 모호성의 와중에서 벗어날 수 없는 것이기 때문에, 이 작품의 '의미'가 어떤 하나의 구조에 현존하는 것으로 파악하려는 유혹을 물리쳐야 한다는 것이다(99-101).

핀천 텍스트가 안고 있는 의미의 모호성에 주목하는 샤웁의 이러한 입장은 이후 그의 대표적 연구서인 『핀천: 모호성의 목소리』(*Pynchon: The Voice of Ambiguity*, 1981)와 같은 해에 발표한 평문 「어디까지 왔고, 어디로 향하고 있나: 핀천 비평의 회고」(Where Have We Been, Where Are We Headed: A Retrospective Review of Pynchon Criticism)로 이어지고 무르익어, 핀천 비평의 방향을 전환시키는 결정적인 분기점이 된다. 샤웁은 핀천의 작품들은 일관된 패턴의 부과에 저항하고(Review 5), 의도적 모호성을 위해 고안된 문체상의 균형에 의해 작품의 사상과 비전이 해답 대신 단서를 북돋우며, 단순한 사실이라기보다는 빛나는 가능성으로 남아 있기 때문에, 핀천 작품의 매개에 대해 주목하지 않은 채 그것의 '메시지'만을 채취하려는 무모한 접근 대신 핀천 작품의 "문학적 특성"에 대한 더 세심한 연구가 요청된다고 주장한다(Ambiguity 4-20). 샤웁의 이러한 비평적 입장은 그 자체로도 견고하고 설득력이 있어 대다수 비평가들의 동조를 받게 될 뿐 아니라, 당시의 해체 비평 열기와 맞물리면서 핀천 비평을 새로운 국면으로 진입시키는 원천이 된다.

핀천 텍스트는 그 자체 내에 의미의 모호성을 함축하고 있기 때문에 무엇보다 그것의 "문학적 특성"에 대해 주목할 필요성이 있다는 샤웁의 문제제기는 문학 이론, 보다 구체적으로는 해체 이론을 핀천의 텍스트에 적용하는 방법론으로 이어지게 된다. "해체주의자로서의 소설가"(The Novelist as Deconstructionist)라는 부제로 핀천의 새로운 면모를 드러내고 있는 카힉 톨로랸(Khachig Tölölyan)의 「핀천에 관한 일곱 가지 논점」

(Seven on Pynchon, 1983), 궁극적 의미로서의 '신성한 중심'은 부재하며 단지 수많은 국지적 의미들만이 공존한다고 주장하는 몰리 하이트(Molly Hite)의 『핀천 소설의 질서 개념』(Ideas of Order in the Novels of Thomas Pynchon, 1983), 그리고 기표(signifier)의 임의성을 그 자체로 받아들일 것을 강조하는 알렉 맥하울(Alec McHoul)과 데이빗 윌즈(David Wills)의 『핀천에 관한 글쓰기』(Writing Pynchon, 1990)는 이러한 접근을 대표하는 저작이라고 할 수 있다.

해체 이론의 관점에서 핀천을 읽어내려는 이러한 접근들은, 핀천이 전하는 어떤 확정적 메시지가 존재한다는 믿음 하에 표면에 드러난 하나의 의미를 텍스트 전체의 의미로 대체하는 피상적 독서와는 달리, 핀천 텍스트가 내재적으로 지니고 있는 불안정성과 다층성을 포용함으로써 단순성에서 벗어나, 보다 복합적·심층적으로 핀천을 이해할 수 있는 새로운 지평을 열었다는 점에서 큰 의의를 지닌다. 그러나 이처럼 텍스트의 불안정성과 의미의 모호성에 주목하는 독서는 핀천을 획일적인 편협성으로부터 다양한 잠재성으로 개방시킬 가능성과 함께, 스스로 파놓은 불안정성과 모호성의 늪에 함몰할 위험성에도 노출되어 있다고 할 수 있다. 사실, 의미의 모호성에 주목하는 독서가 지난한 탐색이 제거된 채 그 명제 자체에 안주하는 한, 핀천 텍스트가 분명히 어떤 방향으로 분출하고 있는 역동적 에너지를 읽어내지 못할 가능성은 그만큼 높다고 하겠다.

애초에 제기된 문제의식의 중요성에도 불구하고, 핀천의 해체적 읽기가 자유로운 언어의 유희가 만들어내는 무한한 불확실성을 지나치게 강조하는 방향으로 진행됨에 따라, 이러한 독법에 대한 반동으로, 핀천 작품이 드러내는 의미의 틀에 주목함으로써 핀천 작품의 의미가 무한대로 발산하는 것이 아니라 일정한 방향성을 갖는다는 점을 해명하려는 일군의 비평가들이 등장하게 된다. 구체적 디테일에 입각한 연대기적 재구성을 통해 작품이 지니고 있는 만다라의 4분원 구조를 밝히는 스티븐 와이전버거(Steven Weisenburger), 신비적, 신화적 원형을 추적함으로써 궁극적 합일(ultimate Oneness)의 비전을 읽어내는 토머스 무어(Thomas Moore), 신화의 구조주의적 연구 방법론에 의거해 작품의 표면적 혼돈의 이면에 잠복해 있는 신화적 구조를 드러내는 캐쓰린 흄(Kathryn Hume) 등의 논의는 모두 이러한 비평 경향을 반영하는 성과이다. 이들은 핀천 작품을 단일한 의미로 환원하는 것에는 동의하지 않지만, 이와 동시에 작품이 내포하고 있는 일정한 틀을 상정함으로써 무한한 의미의 허용에도 반대하는 입장을 보이고 있다.

그러나 단일한 의미로 환원하는 것에 반대하려는 그들 자신의 의도와는 달리, 그들의 책읽기는 기존 신화 구조에 너무 의존함으로써 자주 작위적인 해석에 이끌리게 된다. 특히, 그들이 핀천 작품의 신화 구조로부터 희망과 구원의 주제를 발견했다고 말할 때 그 작위성은 보다 뚜렷해진다. 이들의 이러한 접근은 희망에 대한 그들 자신의 소망이 앞선 나머지 핀천의 의미를 너무 쉽게 희석하는 견강부회적인 책읽기의 소산인 면이 없지 않다.

결국, 해체 비평이 남겨 놓은 '의미의 모호성에의 안주'라는 문제는 신화 비평에 의해 해결되지 못한 채 그대로 남아 있는 셈이다. 이런 점에서, 초기 기독교 시대에 번성했던 노스티시즘(Gnosticism)과 관련하여 핀천의 작품 세계를 이해함으로써 핀천 텍스트에 대한 새로운 접근 가능성을 열어 놓고 있는 드와잇 에딘스(Dwight Eddins)의 연구(*The Gnostic Pynchon*, 1990)는 주목할 만하다. 에딘스는 세계를 지식과 사랑이 아니라 맹목적 의지와 악의적 힘이 지배하는 낯설고 어두운 공간으로 이해하는 노스티시즘의 우주론을 논의의 출발점으로 삼는다. 노스티시즘적 추구가 인간으로 하여금 원초적 자연과의 일체성에 접근해가는 대신 인위적 리얼리티로 원초적 자연을 대체함으로써 오히려 일체성으로부터 멀어지게 되는 반면,

핀천 텍스트의 경우 노스티시즘적 언어가 만들어내는 자기 최면으로부터 살아있는 신비한 대지(the Earth)로의 귀환을 향한 끊임없는 지향을 보여준다는 것이 에딘스의 분석이다. 따라서 핀천의 언어는 노스티시즘과는 대조적으로, 언어 이전의 자연과의 일체성을 담아내려는 계속적인 시도를 멈추지 않으며, 이를 위해 부단히 기존 언어의 전복을 꾀한다는 것이다 (131-32, 151-54). 핀천 텍스트에서 언어로 언어를 벗어나려는 지향을 읽어내는 이러한 통찰은 핀천 텍스트에 내재된 의미의 모호성을 설명하는 핵심적인 단서를 제공한다. 핀천 텍스트는 기존 언어의 틀에서 벗어나 존재의 신비를 담으려는 지향을 보여주지만 그 스스로도 언어라는 수단을 사용하지 않을 수 없다는 역설이야말로 텍스트 내에 의미의 모호성을 배태시키는 원천이 되기 때문이다.

기존의 틀에 의해 구획되지 않을 원초적 리얼리티를 향한 지향이 아무리 지난하고 치열하다고 해도 그것이 문학 텍스트인 한, 언어에 의해서만 가능하다고 할 때, 기존 언어로 언어 이전의 상태를 담아내려는 노력이 치열하면 할수록 의미의 모호성과 난해성은 그만큼 증대되게 마련일 것이다. 핀천 텍스트가 의미의 모호성과 난해성을 노정할 수밖에 없는 것도 바로 이러한 이유 때문이라고 하겠다. 결국, 핀천 텍스트의 의미의 모호성은 의미의 모호성이라는 안락한 결론에 안주함으로써 이룩하는 임의적인 언어의 유희가 아니라, 제한된 틀에 의해 구속되지 않는 진정한 의미를 찾기 위한 지난한 움직임이 만들어 놓은 불가피한 궤적, 즉 절대적 리얼리티의 부재가 아니라 기존 언어로 언어 이전의 리얼리티를 담아내려는 시도의 결과로 이해될 수 있을 것이다.

▶ ▶ 더 읽을거리

Eddins, Dwight. *The Gnostic Pynchon*. Bloomington: Indiana UP, 1990.

Fowler, Douglas. *A Reader's Guide to Gravity's Rainbow*. Ann Arbor: Ardis Publications, 1980.

Henkle, Roger B. "Pynchon's Tapestries on the Western Wall." *Pynchon: A Collection of Critical Essays*. Ed. Edward Mendelson. Englewood Cliffs, N. J.: Prentice-Hall, 1987.

Hite, Molly. *Ideas of Order in the Novels of Thomas Pynchon*. Columbus: Ohio State UP, 1983.

Hume, Kathryn. *Pynchon's Mythography: An Approach to* Graivity's Rainbow. Carbondale: Southern Illinois UP, 1987.

Levine, Geroge. "Risking the Moment: Anarchy and Possibility in Pynchon's Fiction." *Mindful Pleasures*. Eds. Geroge Levine and David Leverenz. Boston: Little, Brown, 1976.

_____. "V-2." *Pynchon: A Collection of Critical Essays*. Ed. Edward Mendelson. Englewood Cliffs, N. J.: Prentice-Hall, 1987.

Mangel, Anne. "Maxwell's Demon, Entropy, Information: *The Crying of Lot 49*." *Mindful Pleasures*. Eds. Geroge Levine and David Leverenz. Boston: Little, Brown, 1976.

McHale, Brian. "Slade Revisited, or, The End(s) of Pynchon Criticism." *Pynchon Notes* 26-27 (1990): 139-52

McHoul, Alec, and David Wills. *Writing Pynchon: Strategies in Fictional Analysis*. Urbana: U of Illinois P, 1990.

Mendelson, Edward. "Gravity's Encyclopedia." *Mindful Pleasures: Essays on Thomas Pynchon*. Eds. George Levine and David Leverenz. Boston: Little, Brown, 1976.

_____. "Pynchon's Gravity." *Thomas Pynchon: Modern Critical Views*. Ed. Harold Bloom. New York: Chelsea House Publishers, 1986.

_____. "The Sacred, the Profane, and *The Crying of Lot 49.*" *Pynchon: A Collection of Critical Essays.* Ed. Edward Mendelson. Englewood Cliffs, N. J.: Prentice-Hall, 1987.

_____, ed. *Pynchon: A Cllection of Critical Essays*. Englewood Cliffs, N. J.: Prentice-Hall, 1987.

Moore, Thomas. *The Style of Connectedness:* Gravity's Rainbow *and Thomas Pynchon.* Columbia: U of Missouri P, 1987.

Keesey, Douglas. "Essaying Pynchon's Politics." *Pynchon Notes* 50-51 (2002): 166-73.

Pynchon, Thoams. *V.* London: Jonathan Cape Ltd., 1963. Rpt. London: Pan Books Ltd, 1975.

_____. *The Crying of Lot 49.* Philadelphia: Lippincott, 1966.

_____. *Gravity's Rainbow.* Harmondsworth: Penguin, 1973.

_____. *Slow Learner: Early Stories.* Boston: Little, Brown, 1984.

_____. *Vineland.* New York: Penguin, 1990.

_____. *Mason & Mixon.* New York: Henry Holt and Company, 1997.

_____. "A Journey Into The Mind of Watts." *The New York Times Magazine,* June 12, 1966.

Slade, Joseph W. *Thomas Pynchon.* 1974.; New York: Warner Paperback Library; New York: Peter Lang, 1990.

Schaub, Thomas H. "Open Letter in Response to Edward Mendelson's 'The Sacred, the Profane, and The Crying of Lot 49'" *Boundary* 2 5.1 (1976): 93-101.

_____. *Pynchon: The Voice of Ambiguity.* Urbana: U of Illinois P, 1981.

_____. "Where Have We Been, Where Are We Headed?" *Pynchon Notes* 7 (October 1981): 5-21.

Tanner, Tony. "Patterns and Paranoia or Caries and Cabals." *Salmagundi* 15

(1971): 78-99.

_____. *Thomas Pynchon*. New Yok: Methuen. 1982.

Tölölyan, Khachig. Rev. "Seven on Pynchon: The Novelist as Deconstrctionist." *Novel: A Forum on Fiction* 16.2 (Winter 1983): 165-72.

Weisenburger, Steven. Gravity's Rainbow *Companion: Sources and Context for Pynchon's Novel*. Athens: U of Georgia P, 1988.

Young, James Dean. "The Enigma Variations of Thomas Pynchon." *Critique* 10.1 (Fall 1968): 69-77.

▌강 규 한 (국민대학교)

존 바스
John Barth

작가 소개

존 바스(John Barth, 1930-)는 미국 메릴랜드주 케임브리지에서 태어났으며, 줄리아드 음대에서 오케스트라 이론을 공부하다가 존스 홉킨스대에 입학해 1951년에 학사학위를, 1952년에 석사학위를 취득했다. 이어 바스는 펜실베이니아 주립대 교수(1953-65)와 버펄로 소재 뉴욕 주립대 교수(1965-73)를 거쳐, 존스 홉킨스대 교수(1973-95)로 재직하다가 1995년에 은퇴해 현재는 메릴랜드의 교외에서 저술에만 전념하고 있다.

미국 포스트모더니즘 문학의 원조인 바스는 전통적인 모더니즘 소설과 구텐베르크식 활자소설의 가능성이 고갈되고, 새롭게 등장한 영상매체와 전자매체에 의해 문자문학이 속절없이 밀려나 '소설의 죽음'이 선언되던 1960년대와 1970년대에 픽션 메이킹(fiction-making)에 대해 치열하게 천착하고 고뇌했던 작가였다. 아르헨티나의 선배작가 보르헤스로부터, "문학의 모든 가능성이 고갈된 극한상황에서 그 극한을 역이용해 새로운 가능성을 찾는 방법"을 배운 Barth는 당시 미로에서 길을 잃고 헤매고 있는 작가들에게 출구를 안내하는 새로운 형태의 소설쓰기에 전념했고, 그 결과 죽어가던 문학을 소생시킨 중요한 작가라는 평을 받게 되었다.

1967년 ≪애틀랜틱 만슬리≫(The Atlantic Monthly)에 발표한 기념비적인 글 <고갈의 문학>(The Literature of Exhaustion)에서 바스는 전통적인 소설의 가능성은 모두 고갈되었다고 선언하며, 작가들은 이제 미로에서 벗어나기 위해 새로운 시대에 부응하는 새로운 형태의 소설을 창조해내어야만 한다고 주장해, 포스트모던 시대를 대표하는 작가로 문단과 학계의 비상한 주목을 받았다. 이 글에서 바스는 현대 작가들은 변신의 명수이자 고정된 모습이 없는 프로테우스를 꽉 붙잡고 길을 가르쳐줄 때까지 놓지 않았던 메넬라우스처럼, 그리고 미궁 속에서 출구를 찾아 전진했던 테세우스처럼 과감하고 용기 있게 새로운 형태의 소설창작을 시도해보아야만 한다고 주장한다.

1980년 같은 잡지에 발표한 <소생의 문학>(The Literature of Replenishment)에서 바스는 죽어가는 문학을 다시 살려낼 수 있는 가능성을 포스트모더니즘에서 발견한다. 이 유명한 글에서 바스는 "올바른 포스트모더니즘이란 단순히 모더니즘의 연장도 아니고 모더니즘의 한 양상에 대한 강조도 아니며, 또한 반대로 모더니즘이나 혹은 내가 프리모더니즘이라고 부르는 것, 즉 '전통적'인 의미의 부르주아 리얼리즘에 대한 도매금식의 거부나 전복을 의미하는 것도 아니다.…포스트모더니스트 소설의 가치는 바로 그러한 대조 항목들, 즉 모더니즘 소설과 프리모더니스트 소설의 상반된 점들을 종합하거나 초월하는데 있다. 내가 아는 한, 이상적인 포스트모더니스트 작가는 20세기 모더니스트 부모이거나 19세기 포스트모더니스트 조부모이거나 간에 그들을 단순히 모방하지도 않으며 또 단순히 거부하지도 않는다."라고 말한다. 이어 바스는 포스트모더니즘이 "모더니즘 다음으로 좋은(the next best thing)이 아니라, 모더니즘에 이어 등장한 가장 좋은 사조(the best next thing)가 되기를 바란다고 말하면서, 포스트모더니즘 소설에 대한 자신의 기대를 표명한다.

바스는 미로에서 길을 잃은 현대작가들이 당면한 딜레마의 해결을 위해 소설의 근원으로 되돌아가 볼 것을 제안한다. 그리고 소설의 시작과 기원 속에 이미 내재되어 있던 소설장르의 문제점들을 탐색하고, 미로의 출구를 열 수 있는 지혜의 열쇠를 과거에서 찾아보자고 주장한다. 그러므로 바스에게 있어서 과거는 동경과 숭배의 대상이 아니라, 현재 우리가 당면한 문제점의 근원을 찾아볼 수 있는 심문의 대상이 된다. 바스가 자신의 작품 속에서 독자들을 과거로 그리고 신화의 세계로 자주 데리고 가는 이유도 바로 거기에 있다.

미로에서 길을 잃고
Lost in the Funhouse

작품 줄거리

　새로운 시대에 맞는 새로운 형태의 소설쓰기를 다양한 방법으로 시도하고 있는『미로에서 길을 잃고』(*Lost in the Funhouse*, 1968)는 제목에서부터 바스의 미로의식이 잘 나타나 있는 작품이다. Barth가 보기에 당시 문학은 미로에서 길을 잃고, 살아남기 위해 방황하며 치열하게 출구를 찾아 헤매고 있었다. 바스가 보는 포스트모던 시대의 예술가는 조이스가 보았던 모더니즘시대의 예술가와는 전혀 다른 상황에 처해 있었다. 조이스의 어린 예술가 스티븐 대덜러스는 조국이 강요하는 경직된 종교적 독선과 극단적 정치이데올로기와 맹목적인 애국심으로부터 떠나 더 큰 유럽대륙으로 탈출하기만 하면 되었다. 그러므로 당시 예술가에게 필요했던 것은 그러한 탈출의식과 용기, 그리고 보다 더 큰 세상으로 날아갈 '날개' 뿐이었다. 다시 말해, 예술가 스티븐에게는 미궁을 벗어날 출구가 이미 존재하고 있었다는 것이다.

　그러나 바스의 어린 예술가 앰브로스는 보다 더 근본적인 문제에 봉착해 있었다. 앰브로스는 아리아드네의 실마리가 없어 출구를 찾을 수 없는 미궁에 갇힌 예술가이자, 거울에 비친 자신의 모습을 바라보며 미로 속에서 방황하는 포스트모던 시대의 작가이다. 앰브로스의 고민은 그러한 상황에서 작가는 과연 '무엇을 어떻게 써야만 하는가?'로 확대된다. 그러므로 앰브로스의 고뇌는 스티븐의 고뇌보다 훨씬 더 복합적이고 난해하며 고차원적이라고 할 수 있다. 평자들이 바스의 『미로에서 길을 잃고』를 조이스의 『젊은 예술가의 초상』(*A Portrait of the Artist as a Young Man*, 1916)의 신랄한 패러디로 보는 이유도 바로 거기에 있다. 포스트모던 시대의 작가는 태어날 때부터, 그리고 성장과정에서도 모더니즘 시대의 작가보다 훨씬 더 복합적인 상황 속에서 살고 있기 때문이다.

그러므로 모두 14편의 작품이 수록되어 있는 『미로에서 길을 잃고』는 단순한 단편모음집이 아니라, 픽션메이킹에 대한 일종의 시리즈여서 순서대로 읽어야만 한다. 맨 처음 이야기인 「프레임 테일」(Frame Tale)은 뫼비우스의 띠를 오려붙여, "ONCE UPON A TIME THERE WAS A STORY THAT BEGAN ONCE UPON A TIME THERE WAS A STORY THAT BEGAN"이 끝없이 계속되도록 만든 작품으로, 액자소설의 원형인 『아라비안나이트』와 모든 스토리텔러들의 원조인 셰헤라자드를 연상시킨다. "프레임 테일"(frame tale), 즉 "액자소설"은 물론 모든 문학작품의 상호텍스트성과, 과거와 현재의 연관, 그리고 삶과 예술의 원형적 반복을 의미한다. 그러면서 그것은 또한 스토리텔러의 원형인 셰헤라자드가 잘 보여주고 있듯이, 새로운 이야기를 만들어내지 못하면 죽임을 당하는 포스트모던 작가의 딜레마를 상징하기도 한다. 과연 『아라비안나이트』에서 전개되는 수많은 액자소설들은 모두 재미있는 이야기를 만들어내지 못하면, 폭군에게 죽임을 당하는 셰에라자드의 상황을 은유적으로 반영하고 있다.

예컨대 츠베탕 토도로프는 <내러티브-인간>이라는 글에서, "『아라비안나이트』는 현기증 날만큼의 삽입/삽화(프레임 테일)의 예를 보여주고 있다."고 지적한다.

> 세헤라자드는 말하기를
> 야퍼는 말하기를
> 양복 재단사는 말하기를
> 이발사는 말하기를
> 그의 형제(그에겐 여섯 형제가 있다)가 말하기를……

다섯 개의 이야기가 중첩되고 있는 이 액자소설들에서 각 스토리텔러들은 재미있는 이야기를 하지 못하면 죽임을 당한다. 그럼으로써 그들은 독자들에게 매스터 스토리텔러인 세헤라자드의 딜레마를 부단히 상기시켜 준다. 그리고 때로는 앞의 이야기들은 잊혀 지기도 하지만, 대부분은 모든 이야기들이 서로 긴밀히 연관되어 있는 경우가 많다.

두 번째 이야기인 「밤바다 여행」(Night-Sea Journey)의 화자는 아버지를 떠나 목적지의 위치가 분명치 않은 곳, 그러나 자신을 기다리고 있는 난자가 있으리라고 생각되는 해변, 즉 어머니의 자궁을 향해 풍랑을 헤치고 어두운 밤바다를 헤엄쳐 가고 있는 정자이다. 그는 과연 자신의 거친 풍랑 속 항해가 성공할 수 있을 것인지, 그리고 수백만의 경쟁자들을 물리치고 자신이 무사히 난자를 만나 새로운 생명으로 태어날 수 있을 것인지, 불확실한 상황가운데 밤바다를 헤엄치고 있다. 세계지도를 보며 더 넓은 세상으로의 비상을 꿈꾸기만 하면 되었던 조이스의 모던 예술가와는 달리, 바스의 포스트모던 예술가는 이렇게 태어나면서부터 익사의 위험이 도사리고 있는, 그리고 목적지가 불확실한 거친 풍랑 속 항해를 시작해야만 한다. 폭풍우 속을 헤엄치면서 정자는 이렇게 반문한다―"나는 과연 존재하는 것인가? 아니면 이게 꿈인가? 때로 나는 의문을 갖는다. 그리고 만일 내가 존재한다면, 나는 과연 누구인가? 내가 운반해야하는 유산은 또 무엇인가? 문제는 내게 확신이 없다는 점이다."

세 번째 이야기 「앰브로스의 표시」(Ambrose His Mark)에 오면 밤바다

여행을 떠났던 정자가 드디어 어머니의 난자를 만나 예술가로 태어나게 된다. 그러나 태어나보니, 아버지는 정신병원에 입원해 있었고(아버지는 태어난 아이가 자기 아들이라는 사실을 부인한다), 딸을 기대했던 어머니는 실망해서 아들의 이름을 지어주려고 하지도 않는다. 이는 곧 아버지와 단절되어 정신적인 고아가 된, 그리고 이름조차 없어 정체성이 모호한 포스트모던 시대의 예술가의 딜레마를 은유적으로 잘 보여주고 있다. 그러다가 어린아이의 입에 꿀벌들이 모여들자, 바스의 예술가는 영생을 가져다주는 신의 꿀 또는 신의 술이라는 의미의 '앰브로스'라는 이름을 얻게 된다. 중세의 성(聖) 앰브로스는 위대한 웅변가여서 어린 예술가 앰브로스도 위대한 작가가 될 수 있으리라는 암시가 주어진다. 그러나 꿀벌들이 아이의 눈과 귀에 모여들었다고 주장하는 사람들도 있어서, 어린 예술가는 장차 위대한 예지자이자 청취자가 될 것이라는 암시도 주어진다. 그러한 설정은 곧 전자매체가 활자매체를 대체하는 포스트모던시대의 작가는 언어의 대가여야 할 뿐 아니라, 청각적 음향도 중요시하고 영상매체도 포용해야만 한다는 사실을 은유적으로 시사해주고 있다.

네 번째 이야기인 「자서전」(Autobiography)은 테이프로 듣도록 의도된 실험소설로서, 자신의 부모를 비난하는 화자의 이야기로 되어 있다. 오이디푸스 콤플렉스에 시달리는 화자에 의하면, 자기 어머니는 녹음기이고 아버지는 작가 바스이며, 부모가 원하지 않은 자식으로 태어난 자신의 정체성에 대해 불만을 토로하고 있다. 화자는 내가 태어났을 때, "나에게는 적절한 이름도 주어지지 않았다"고 불평하며, "이제는 내가 나 자신을 만들어 나가야만 한다."고 말한다. 화자는 특히 자신에게 아무것도 물려주지 않았을 뿐 아니라, 자신을 부정한 아버지에 대한 불만이 많은데, 이는 아버지와도 같은 모더니즘을 비판하고 극복하면서 태어난 포스트모던 작가의 고아의식을 잘 시사해주고 있다. 이 작품에서 바스는 이제는 글로 쓰는 원고지 시대가 끝나고 오디오와 비디오테이프의 시대가 시작되었다는 사실을 인정하면서, 독자가 청자로 바뀐 상황에서 저자/청자/텍스트의 새로운 상호관계를 성찰하고 있다.

다섯 번째 이야기인 「워터 메시지」(Water-Message)에는 성장한 앰브로스가 등장한다. 사춘기에 접어들어 성에 눈뜨게 되었지만 아직은 혼란스러워 하는 앰브로스는 어느 날 강물에 떠내려 온 편지가 들어있는 병을 건진다. 여기서 물은 물론 모든 것의 원천이자 생명의 근원이며, 풍요, 정화, 무의식 등을 상징하고 있다. 그 병 속에는 누군가가 작가 앰브로스에게 보내는 메시지가 들어 있어야만 하는데, 막상 병을 열어보니 거기에는 "TO WHOM IT MAY CONCERN"이라는 서두와 YOURS TRULY라는 인사말만 있을 뿐, 막상 그 사이에는 아무런 내용이 없었다. 아버지로부터도 아무런 도움을 받지 못하고, 자신의 미래를 가르쳐줄 아무런 메시지도 받지 못한 앰브로스는 이제 작가로서 스스로의 운명을 개척해나가야만 하게 된다. 그래서 어린 예술가 앰브로스는 메시지의 비어 있는 공간을 채워 넣어야만 하는 사람은 바로 자기 자신이라는 사실을 깨닫게 된다.

여섯 번째 이야기 「호소문」(Petition)은 자기를 죽이려고 하는 쌍둥이로부터 자기 몸을 떼어달라고 태국 왕에게 호소하는 샴쌍둥이의 이야기다. 호소문에 의하면, 이 쌍둥이들은 서로 정 반대의 속성과 기질을 갖고 있어서, 도저히 하나가 될 수 없는, 그래서 갈라져야만 하는 사이이다. 이 샴쌍둥이처럼 우리 모두는 내부에 서로 정 반대되는 속성을 갖고 있다. 그것은 작가나 문학도 마찬가지여서, 새로운 문학을 탄생시키기 위해서는 문학이나 작가가 정 반대의 속성을 갖고 있는 자신의 분리된 자아(divided self)를 극복해야만 한다. 샴쌍둥이는 작가가 성장과정에서 필히 극복해야만 하는 바로 그 '분열된 자아'의 상징으로 제시되고 있다.

일곱 번째 이야기인 「미로에서 길을 잃고」(Lost in the Funhouse)는 열

세 살이 된 앰브로스가 2차 대전 중 7월 4일에 부모와 형 피터, 칼 삼촌, 그리고 14세난 이웃집 소녀 마그다와 같이 놀이공원에 놀러가서 '도깨비 집(Funhouse)'에 들어가 길을 잃고 방황하는 이야기이다. 미로에서 출구를 찾아 헤매면서 앰브로스는 과연 어느 것이 사실이고 어느 것이 허구인지 혼란을 느끼게 되고, 미로 속 거울에 비친 자신의 모습을 바라보게 된다. 그는 이제 비로소 예술가로서의 소외와 고독을 깨닫게 되고, 자아반영과 자기성찰의 과정을 겪으면서, 이제는 자기도 다른 사람들을 위해서 자신만의 '펀하우스'(미로/재미있는 구축물/픽션/소설)를 만들어보겠다는 결심을 하게 된다.

여덟 번째 단편 「에코」(Echo)는 자신의 원래 목소리는 사라지고 남의 말만 따라서 할 수 있는 에코처럼, 테이프에 녹음한 후 재생해서 들도록 쓰여 진 작품이다. 이 작품에서 에코는 티레시아스와 나르시서스가 하는 이야기를 되풀이 하고 있는데, 에코는 목소리가 없는 요정이고, 티레시아스는 장님이지만 미래를 내다보는 예언자이며, 나르시서스는 눈은 있으되 사물의 본질을 통찰하지 못하는 존재라는 점이 상징적이다. 이 작품에서 독자/청자는 과연 에코가 티레시아스와 나르시서스의 이야기를 제대로 전달하고 있는지, 또는 이야기 속에 자신의 감정을 이입하고 있는지, 아니면 저자 바스에 의해 조종당하고 있는지 알 수가 없다. 그녀는 다만 녹음된 목소리에 불과하기 때문이다. 이 작품에서 바스는 활자의 세계를 떠나, 오디오/비주얼한 세계, 즉 음향과 영상의 세계를 탐색하며 눈멂과 통찰의 주제를 천착하고 있다.

아홉 번째 이야기인 「두개의 명상」(Two Medications)은 짧은 두 개의 문단으로 되어 있는데, 이 작품에서 바스는 나이아가라 폭포와 이어리 호수에 대한 명상을 통해 다시 한 번 오이디푸스 신화를 불러와 포스트모던 시대 작가의 딜레마를 다루고 있다. 바스가 보는 포스트모던 작가의 가장 기본적인 상황은 부모가(특히 아버지가) 부재한 고아상태이며, 부친살해나 아버지와의 관계단절로부터 자신의 작가경력을 시작하는 것이다. 그러므로 바스의 작품에서는 어디에서나 아버지의 부재와 부자사이의 갈등이 부단히 반복되고 있다.

열 번째 작품인 「타이틀」(Title)에서 바스는 새로운 글쓰기/픽션메이킹에 대해 고뇌하는 화자의 모습을 다각도로 보여주고 있다. 자기가 포스트모더니즘의 시효라고 생각하고 존경하는 보르헤스, 베케트, 나보코프의 전략과 지혜를 차용해 바스는 보르헤스의 미로의식, 베케트의 침묵, 그리고 나보코프의 게임 및 유희전략을 성찰하고 있다. 이 작품에서 바스는 관습적인 기승전결이 사라진 우연과 불확실성의 시대에 빈 공간을 채워 넣어야 하는 포스트모던 작가의 고민을 토로하고 있다. 이 작품의 화자는 "더 이상 할 말이 없다. 도대체 새로운 것이 무엇이 있다는 말인가? 아무것도 없다"라고 불평한다. "거울로 된 미로에서 빠져나오는 유일한 방법은 눈을 감고 손을 내미는 것이다. 그리고 직유 같은 빼어난 메타포에 몸을 맡기는 것뿐이다." 그러나 이 작품의 화자는 절망적이지는 않는다. 그는 "길의 끝은 또 다른 길의 시작이 될 수도 있다."고 말함으로써 새로운 가능성을 탐색할 것을 독자들에게 권유한다.

열두 번째 이야기인 「방언」(Glossolalia)은 여섯 명의 신화적/성서적 인물들이 마치 성령을 받아 종교적 황홀경에서 말하는 듯, 각기 한 문단 씩 방언처럼 말하는 것으로 되어 있다. 열세 번째인 「라이프 스토리」(Life-Story)의 화자는 포스트모던 시대의 글쓰기의 어려움에 대해 불만을 토로하며 명상에 잠겨 있다. 그는 오늘날 작가들은, "소설을 쓰는 작가에 대한 소설을 쓸 수밖에 없다."라고 말하며, 삶과 소설(픽션)의 불가분의 관계에 대해 성찰하고 있다. 바스의 메타픽션론이라고 할 수 있는 이 작품에서 화자는 우리의 삶이 허구적이기 때문에 그 자체가 하나의 픽션 즉 소설이 될 수 있으며, 이 세상이 하나의 커다란 허구여서, 우리가 사는 세상 자체가 하나의 커다란 픽션, 즉 한편의 극적인 소설이 될 수도 있다고 말한다. 이 작품의 화자는 변화하지 않고 있는 독자들도 꾸짖는다: "독자들이여! 이 끈질기고 모욕에도 끄떡없는 활자에만 매달리는 사생아들이여! 나는 지금 당신들에게 말하고 있다. 이 괴물 같은 픽션 속에서 달리 누구에게 내가 말을 하고 있겠는가."

열세 번째 작품 「메넬라우스 이야기」(Menelaiad)는 트로이에 빼앗겼던 아내 헬렌과 연관해 자신의 삶을 되돌아보는 메넬라우스의 이야기이다. 보르헤스의 아이디어를 빌려서 바스는 트로이 전쟁이 끝나고 귀국하는 도중 길을 잃은 메넬라우스가 바다의 노인(the Old Man of the Sea) 프로테우스를 꽉 붙잡고 끝까지 놓지 않음으로써 프로테우스로부터 길을 안내받는다는 상황을 포스트모던 작가의 상황에 비유한다. 오늘날 우리의 리얼리티는 마치 프로테우스처럼 정형이 없고 가변적이지만, 포스트모던 작가는 리얼리티를 꽉 붙잡고 길을 가르쳐줄 때까지 리얼리티와 씨름해야 한다는 것이다.

열네 번째 작품 「무명인의 이야기」(Anonymiad)는 섬에 표류한 음유시인이 모든 가능성이 고갈될 때까지 이야기를 써서 바다에 띄워 보내는 내용이다. 그러던 어느 날, 그는 떠내려 온 병속에 든 메시지를 발견하고, 다른 곳에도 자기처럼 교류를 원하는 사람들이 있다는 사실을 깨닫고 고무된다.

문학사적 의의

바스의 『미로에서 길을 잃고』는 보르헤스의 『미로들』과 로브그리예의 『미로에서』와 더불어 부친인 모더니즘과 단절하고 새로운 세계를 구축해야만 하는, 그러나 아직은 출구를 찾지 못한 포스트모던 작가들의 미로의식을 잘 표출해주고 있는 기념비적인 작품으로 문학사에 기록되어 있다. 이 작품집에서 바스는 리얼리티와 픽션이 명확하게 구분되지 않는 포스트모던 시대에 허구의 구축물인 소설을 써내야만 하는 포스트모던 작가의 고뇌를 여러 각도로 조명하고 성찰하고 있다. 동시에 바스는 마셜 맥루언의 말대로 구텐베르크 식 활자소설이 전자매체/영상매체와 경쟁해야만 하는 이 포스트모던 시대에 작가는 글쓰기에 대해 어떤 고민을 해야 하며, 무엇을 어떻게 써야만 하는가를 『미로에서 길을 잃고』에서 설득력 있게 보여주고 있다. 물론 바스가 이 소설집을 출간한 1960년대 후반에는 아직 PC도 보급되지 않았고 인터넷도 없어서 바스는 겨우 테이프로 녹음해서 들려주는 소설을 혁신적인 새로운 형태의 소설로 보고는 있지만, 그래도 당시만 해도 『미로에서 길을 잃고』는 작가들과 독자들 모두에게 커다란 충격으로 다가왔던 작품이었다.

바스는 『미로에서 길을 잃고』를 출간하기 전부터, 또 다른 시각으로 역사를 재조명하는 포스트모던 역사소설인 『연초도매상』(*The Sot-Weed Factor*, 1960)을 통해 이미 포스트모던 문학을 선도하는 작가로 부상했다. 동명의 시를 쓴 실제 인물인 시인 에베네저 쿡의 일생을 모델로 한 이 포스트모던 역사소설의 주인공은 아버지의 유산인 토지를 상속받기 위해 영국에서 식민지 아메리카대륙으로 건너온 헨리 벌링게임의 파란만장한 이야기다. 헨리는 아름다운 곳으로만 상상했던 아버지의 유산이 사실은 잘못된 역사로 인해 오염된 곳이라는 사실을 발견하고 실망과 환멸에 빠진다. 이 소설에서 바스는 18세기 미국 초기역사를 신랄하게 패러디함으로써 아메리칸드림의 문제점을 폭로함과 동시에, 소설의 기원인 18세기로 되돌아가 오늘날 현대문학이 당면하고 있는 문제점의 근원과 해결책을 탐색하고 있다.

이어 우화소설인 『염소소년 자일스』(*Giles Goat-Boy*, 1966)에서 바스는 자기가 염소인 줄 알았다가 어느 날 자신이 인간임을 발견하고 자신의 근원을 찾아 과거로 되돌아가는 작가의 이야기를 신화의 세계와 컴퓨터의 세계, 동서 냉전이데올로기, 그리고 우주(universe)와 대학(university)을 병치시키면서 독자들에게 들려주고 있다. 자신이 근무했던 펜실베이니아 주립대 캠퍼스를 모델로 한 이 소설에서 바스는 놀랍게도 벌써 매트릭스 이론의 등장을 예시해주고 있다.

내셔널 북 어워드를 수상한 『카이메라』(*Chimera*, 1972)에서도 글쓰기에 대한 포스트모던 작가의 고뇌와 출구 탐색은 계속된다. 용의 머리, 사자의 몸, 뱀의 꼬리를 가졌다는 신화적 괴수처럼 이 작품도 세 개의 중편으로 이루어져 있다. 첫 이야기인 「듀나자드 이야기」(Dunyazadiad)에서는 형 샤리아 왕으로부터 세헤라자드의 이야기를 들어서 이미 다 알고 있는 쟈만 왕이 듀나자드와 결혼 한 다음, 듀나자드에게도 언니 세헤라자드가 그랬던 것처럼 자기에게도 새로운 이야기를 해달라고 부탁한다. 문제는 듀나자드는 이미 모든 가능성이 고갈되어 더 이상 새로운 이야기를 만들어낼 수가 없다는 것이다. 이 에피소드에서 바스는 듀나자드의 딜레마가 곧 오늘날 포스트모던 작가들의 딜레마라고 말한다. 두 번째 이야기인 「페르세우스 이야기」(Perseid)에서는 중년이 되어 비만해지고 몸이 굳어져가는 페르세우스가 과거로 되돌아가 자기가 메두사를 죽일 때 과연 무엇을 잘못했는가를 깨닫게 되는 이야기이다. 추악한 메두사(현실/리얼리티)를 거울방패(예술)로 비추어보고 죽이는 대신(모더니즘 문학관), 그녀(끔찍한 리얼리티)를 정면으로 직시하면서 키스를 했더라면 불멸을 얻을 수 있었을 것이라는 사실(포스트모더니즘 문학관)을 알게 된 페르세우스는 이번에는 메두사에게 키스하는데 성공하고, 그 순간 두 사람은 하늘로 올라가 불멸의 성좌가 된다. 세 번째 이야기인「벨레르폰 이야기」(Bellerophoniad)는 불을 뿜는 산꼭대기에 사는 괴수 카이메라를 죽이는 벨레르폰의 이야기다. 바스는 괴수 카이메라를 죽이는 벨레르폰의 창끝에 납이 달려 있어서 연필을 상징하기 때문에, 벨레르폰의 영웅담은 곧 작가와 글쓰기의 힘을 상징한다고 말한다.

이어 출간된『편지들』(LETTERS, 1979)에서 바스는 다시 18세기 서간체 소설로 되돌아가서 죽어가는 현대소설의 소생을 시도한다. 소설을 살려내려는 바스의 노력은 후기작들인『안식년: 로맨스』(Sabbatical: A Romance, 1982),『타이드워터 이야기』(Tidewater Tales, 1987),『섬바디 세일러의 마지막 항해』(The Last Voyage of Somebody the Sailer),『옛날에: 선상 악극단』(Once Upon a Time: A Floating Opera),『이야기와 더불어』(On with the Story, 1966),『개봉박두: 내러티브』(Coming Soon!!! A Narrative, 2001),『십일야화』(The Book of Ten Nights and a Night: Eleven Stories, 2004),『세 길이 만나는 곳』(Where Three Roads Meet, 2005),『발전』(The Development, 2008),『매 세 번째 생각: 5계절의 이야기』(Every Third Thought: A Novel in Five Seasons, 2011),『마지막 금요일들』(Final Fridays, 넌 픽션, 2012),『존 바스 선집』(Collected Stories, 2015)에서도 계속된다.『미로에서 길을 잃고』는 새로운 형태의 소설을 창조하려는 포스트모던 작가의 고뇌와 실험과 시도를 잘 보여주는 중요한 작품으로 문학사에 기록되어 있다.

▶▶ 더 읽을거리

Harris, Charles B. *Passionate Virtuosity: The Fiction of John Barth*. Urbana: U of Illinois P, 1983.

Morrell, David. *John Barth: An Introduction*. University Park: Pennsylvania State UP, 1976.

Tharpe, Jac. *John Barth: The Comic Sublimity of Paradox*. Carbondale: Southern Illinois UP, 1974.

Waldmeir, Joseph J. *Critical Essays on John Barth*. Boston: G.K.Hall & Co., 1980.

Walkiewicz, E. P. *John Barth*. Boston: G.K. Hall & Co., 1986. Twayne Series.

▌김 성 곤 (서울대학교)

필립 로스
Philip Roth

작가 소개

필립 로스(Philip Roth, 1933-)는 엄격한 유대교를 신봉하는 부친 허만 로스(Herman Roth)와 모친 베스(Bess)의 아들로 1933년 3월 19일 뉴 저지(New Jersey)주의 뉴어크(Newark)에서 태어났다. 그는 뉴어크에서 중·고등학교를 다녔고 1950년에 대학도 럿거스(Rutgers) 대학의 뉴어크 분교에 입학했으나 문학적으로 불모지인 이 대학에 흥미를 잃고 1년 뒤에 펜실베이니아(Pennsylvania) 주에 있는 부크넬(Bucknell) 대학으로 전학을 하게 된다. 이 대학에서 로스는 대학의 문예잡지인 『엣 세트라』(*Et Cetra*)의 편집인으로 일 했으며, 그 대학을 우수한 성적으로 졸업한다. 그는 시카고 (Chicago) 대학 대학원에서 영문학을 전공하여 문학석사학위를 취득하지만, Ph. D. 프로그램에는 실패한다. 로스는 1957년 6월부터 1958년 2월에 걸쳐서 『뉴 리퍼블릭』(*New Republic*)에 텔레비전과 영화 비평을 쓰게 된다.

로스는 1958년 2월에 마가렛 마틴즌(Margaret Martinson)과 결혼한 후, 본격적으로 작가활동에 착수한다. 로스는 1959년에 『콜럼버스여, 안녕』

(*Goodbye, Columbus*, 1959)을 출판한다. 이 작품으로 그는 전미도서상(National Book Award)을 수상한다. 로스는 『콜럼버스여, 안녕』를 통해 현대 미국 사회에서 유대성과 유대교의 문제점들을 지적하고, 유대인으로서 반성이 요구됨을 시사한다. 로스는 1962과 1963년도에 창작담당교수(Winter-in-Residence)의 자격으로 프린스턴(Princeton) 대학에 체제하면서, 최초의 장편소설『해방됨』(*Letting go*, 1962)을 쓰고,『그녀가 좋았을 때』(*When She Was Good*, 1967)도 준비한다.『해방됨』에서 로스는 유대교를 신봉하는 아버지와 당황하고 좌절한 아들과의 관계를 탐색하고,『그녀가 좋았을 때』에서는 술주정뱅이이고 욕설을 일삼는 아버지와 순종적이지만 지나치게 도덕만을 강조하는 기독교를 믿는 딸과의 관계에 초점을 맞춘다. 이 두 작품은 비평가들이나 독자의 관심을 크게 끌지 못한다. 하지만 로스는 1969년에『포트노이의 불평』(*Portnoy's Complaint*)을 출판해 다시 주목 받는다. 로스는 이 작품에서 엄격한 유대교의 계율에 고뇌하는 한 인간의 육체적 불능을 취급하면서, 자신이 속한 사회에 적응하지 못하고 반항하는 왜곡된 한 인간상을 작품화 한다.

『포트노이의 불평』이후 로스는 단순히 유대 가정뿐 아니라 사회적 현실에 매우 민감하게 된다. 로스는 30년대의 경제 공황, 세계 2차 대전, 대학살(Holocaust), 냉전, 매카시즘(McCarthyism), 베트남 전쟁, 60년대와 70년대의 반전시위, 그리고 여권운동 등 제반 사회현실을 직접 경험했다. 따라서 로스로서는 사회적 현실 그 자체를 등질 수 없었다.『우리 패거리』(*Our Gang*, 1971)는 정치적 풍자소설이다. 로스는 이 작품에서 닉슨(Nixon) 행정부의 도덕적 타락, 재집권을 향한 야욕, 국민에 대한 정치인의 거짓과 기만, 전쟁마저도 자기들의 권력유지 수단이 되고 있는 현실, 집권자의 언론조작, 그리고 정치권력이 국민 개개인의 삶을 억압하고 생존마저 위협하고 있는 현실 등을 풍자한다.『위대한 미국소설』(*The Great*

American Novel, 1973)에서 로스는 미국의 유명한 야구팀의 흥망을 그리면서 물질주의로 가득 찬 미국의 사회현실을 풍자한다.

로스는 『사실: 소설가의 자서전』(The Fact: A Novelist's Autobiography, 1988)에서 작가의 개인적 삶을 통해 소설과 삶, 환상과 현실에 대한 탐색을 한다. 『사기』(Deception, 1990)에서는 영국을 배경으로 소설가 필립(Philip)의 사랑이야기가 서술된다. 하지만 이 두 작품은 크게 비평가들이나 독자에게 관심을 끌지 못한다. 1990년대에 로스는 작가적 역량을 재인정받을 수 있는 뛰어난 작품을 내놓는다. 로스의 아버지 허만의 삶과 질병, 그리고 죽음을 다루고 있는 『유산: 진정한 이야기』(Patrimony: A True Story, 1991), 유대 미국작가인 필립 로스가 이스라엘에서 자신의 이름을 사용하고 있다는 소식을 듣고 자신의 더블(double)을 찾으려 여행을 떠난다는 『샤일록 작전: 고백』(Operation Shylock: A Confession, 1993), 중년의 포트노이라고 할 수 있고 섹스와 죽음에 대한 의식에 사로잡혀있는 미키 샤바스(Mickey Sabbath)의 삶이 묘사되는 『샤바스의 극장』(Sabbath's Theater, 1995)이 바로 그것이다. 로스는 『유산: 진정한 이야기』로 전미비평가상(National Critics Circle Award)을, 『샤일록 작전: 고백』으로 펜/포크너(Pen/Faulkner Award)상을, 『샤바스의 극장』으로 전미도서상(National Book Award)을 수상한다.

로스의 많은 작품들은 작품의 화자나 주인공으로 누가 등장하느냐에 따라 대략 두 그룹으로 분류가 가능하다. 첫 번째는 데이비드 알랜 케페쉬(David Alan Kepesh)가 등장하는 작품이고, 두 번째는 네이던 주커만(Nathan Zuckerman)이 등장하는 작품이다. 『유방』(The Breast, 1972), 『욕망의 교수』(The Professor of Desire, 1977), 그리고 『죽어가는 동물』(The Dying Animal, 2001)은 데이비드 알랜 케페쉬(David Alan Kepesh)가 등장하는 작품이다. 케페쉬는 극단적으로 이성과 성적욕망의 내면적 갈등으로 고뇌한다. 『유방』은 뉴욕 주립대학의 문학 교수인 케페쉬가 길이 6피이트, 무게 155파운드나 되는 여자의 유방으로 변신한 내용을 담고 있다. 『욕망의 교수』는 관능적 욕망과 이성적 절제 사이에 생긴 갈등을 문학을 통하여 승화시켜 보려는 케페쉬의 고뇌에 찬 자서전적 이야기이다. 로스는 『죽어 가는 동물』에서 대학교수이자 TV에도 출연하는 저명한 비평가인 케페시와 그의 학생인 콘수엘라 카스티요(Consuela Castillo)의 연애사건을 다룬다. 이 작품은 20세기 미국 문학계를 떠들썩하게 만들었던 『포트노이의 불평』(1969)의 계보를 잇는 작품이다. 이 소설은 처음부터 끝까지(마지막에 딱 한 번을 제외하고) 주인공의 대사만으로 이루어진 작품으로, 『포트노이의 불평』과 유사한 서술 형식을 취한다. 이 작품에서 케페시는 전작 『유방』과 『욕망의 교수』의 주인공과는 달리 70세의 노인으로 등장한다. 로스는 이 작품에서 늙어 간다는 것, 죽는다는 것, 그럼에도 불구하고 여전히 들끓는 인간의 욕망에 대해 성찰한다.

로스는 케페쉬뿐만 아니라 주커만이라는 인물을 작품의 화자나 주인공으로 여러 작품에 등장 시킨다. 물론 주커만이 처음으로 등장하는 작품은 1974에 발표된 『남자로서의 내 인생』(*My Life as a Man*)이다. 하지만 여기서 주커만은 직접적인 화자가 아니라 유대작가 트라노폴(Tranopol)이 쓴 단편소설 속 주인공으로 나온다. 1979년에 출판된 『유령작가』(*The Ghost Writer*, 1979)때부터 주커만은 직접적인 화자이자 주인공으로 등장한다. 이후 30여 년간, 주커만은 『무책임한 주커만』(*Zuckerman Unbound*, 1981), 『해부학 수업』(*The Anatomy Lesson*, 1984), 『프라그의 야단법석』(*The Prague Orgy*, 1985), 『카운터라이프』(*The Counterlife*, 1986), 『미국의 목가』(*American Pastoral*, 1997), 『나는 공산주의자와 결혼했다』(*I Married a Communist*, 1998), 『인간의 오점』(*The Human Stain*, 2000), 『유령 퇴장』(*Exit Ghost*, 2007)까지 총 9편의 작품에 등장한다. 로스는 이 9편을 묶어 '주커만 시리즈'(Zuckerman Books)라 명명한다.

로스는 『유령작가』, 『무책임한 주커만』, 『해부학 수업』을 각각 따로 출판했다가, 1985년에 끝 맺는글(에필로그)로 『프라그의 야단법석』을 첨가하여 『책임있는 주커만: 삼부작과 끝맺는 글』(*Zuckerman Bound: A Trilogy and Epilogue*, 1985)로 출판한다. 이 작품에서 주커만은 부모와의 갈등, 사회의 냉대, 그리고 주변사람들의 편협한 사고로부터 심한 중압감을 느끼고, 작가로서 자신이 겪는 소설쓰기의 고뇌를 피력한다. 주커만은 현실세계와 개인적 경험을 문학 작품 속에서 조화시켜 의미를 부여하는 문제, 실재와 상상의 세계에서 생겨나는 괴리감, 순수문학과 일상경험과의 거리 등의 문제를 탐색한다.

로스의 상상력과 소설의 기법에 대한 실험은 『카운터 라이프』(*The Counterlife*, 1987)에 이르러 절정에 달한다. 제목 자체가 시사하고 있는 바와 같이, 『카운터 라이프』에서는 실제 삶과 다르거나 대응되는 가상의 삶, 혹은 현실에서 이루어지지 못해서 타인의 삶을 통해 거꾸로 비춰보는 삶이 다루어진다. 로스는 메타 픽션적인 서술 기법을 활용하여 '자아'를 새롭게 변화시키는 방법을 찾고자 한다.

로스는 『미국의 목가』을 시작으로 『나는 공산주의자와 결혼했다』와 『인간의 오점』으로 이어지는 '미국 3부작'을 발표하며, 유대인이라는 민족적 정체성을 뛰어넘어 가장 미국적인, 즉 미국 사회와 역사를 주 배경으로 보편적 인간의 삶의 문제를 다룬다. 로스는 『미국의 목가』으로 풀리처상(Pulitzer Prize)을, 『나는 공산주의자와 결혼했다』로 앰버세더 상(Ambassador Book Award of the English-Speaking Union)을, 그리고 『인간의 오점』으로 펜/포크너 상을 수상함으로써 현대 미국소설의 최고 작가로서 위치를 확고히 한다.

로스는 『미국의 목가』에서 1960년대의 급격한 사회변화가 뉴 저지의 한 가정에 미친 영향을 그리면서 완강한 테러리스트(terrorist)인 딸을 가진 아버지의 고통을 묘사 한다.『나는 공산주의자와 결혼했다』에서는 1950년대를 배경으로 매카시즘의 희생자의 삶을 묘사한다. 이 작품은 매카시즘 시대의 마녀 사냥을 둘러싼 인간적 진실이 얼마나 추악한 것인가를 생생하게 보여준다. 즉, 로스는 숭고함이나 국가를 내세우는 이념이나 이데올로기의 본질에는 실제로 그것을 이용해 권력을 얻으려는 자들의 추악한 욕망이 자리 잡고 있다고 판단한다. 더 나아가 로스는 마녀사냥이 대중매체와 결합하고 있는 양상을 파악한다. 로스는 미국을 모든 개인이 스스로를 자유롭게 정의할 수 있는 나라로 묘사하면서도, 정치꾼들, 밀고자들, 언론이라는 광대들 때문에 실제로는 변덕스러운 운명이 인간성을 제약할 수 있음을 보여준다. 로스는 추악함과 우스꽝스러움의 결합이 현대 미국 사회의 본질이 되고 있음을 날카롭게 비판한다.『인간의 오점』에서는 빌 클린턴(Bill Clinton) 대통령과 모니카 르윈스키(Monica Lewinsky)의 섹스 스캔들을 배경으로 아테나 대학 고전문학 교수인 콜먼 실크(Coleman Silk)에 대한 사회의 도덕적 규탄이 다루어진다. 로스는『인간의 오점』에서 편협한 가치관, 획일적인 규범만을 강조하는 사회와 자율적인 삶을 살기를 원하는 개인과의 갈등문제, 더 나아가 인종과 사회계층의 구조적 갈등 문제에 천착한다.

미국 삼부작을 통해 변화하는 미국 사회와 개인의 삶을 관계를 탐색한 로스는『미국에 대한 음모』(*The Plot Against America*, 2004)에서 가상의 역사를 상상하면서, 그 역사 속에서 삶을 영위하는 개인, 또는 한 유대 가정의 수난과 역경의 삶을 묘사한다. 로스는 이 작품에서 1940년 미국 33대 대통령 선거에서 공화당 후보인 찰스 린드버그(Charles Lindbergh)가 프랭클린 루스벨트(Franklin Roosevelt)를 누르고 대통령에 당선되었다 한다면 미국의 역사는 어떻게 전개되었을까를 가정한다. 로스는 이 작품에서 역사와 개인, 유대인이면서 미국인으로 산다는 것이 무엇을 의미하는가를 점검한다. 이 작품의 출판으로 로스는 "2003-04년 미국을 테마로 한 뛰어난 역사소설"이라는 평가를 받으며 미국 역사가협회상(Society of American Historians' Prize)을 수상한다.

주커만이 등장하는 마지막 작품은 『유령퇴장』(*Exit Ghost*, 2007)이다. 이 작품은 『유령작가』와 여러모로 쌍둥이 같은 작품이다. 『유령 퇴장』에서 주커만은 50여 년 전 이. 엘. 로노프(E. L. Lonoff)와 에이미 벨레트(Amy Bellette)와의 짧은 만남을 회상한다. 『유령작가』에서 주커만은 유대인의 전통에 대해 비판적인 시각을 담은 단편을 발표한 후 아버지와 불화를 겪게 되고, 정신적 지주를 찾아 로노프를 방문했다. 그리고 그곳에서 총명하고 아름다운 27세 유대 여인 에이미를 만나고, 상상 속에서 그녀를 안네 프랑크(Anne Frank)로 둔갑시켜 그녀와 결혼함으로써, 가족에게 유대의식을 가진 작가로서 자신의 정당성을 인정받고자 했다. 그러나 그것은 단 하룻밤의 일에 지나지 않았고, 주커만은 이후 로노프와 에이미가 어떻게 살았는지 모른다. 이제 『유령 퇴장』에서 50년 만에 주커만과 에이미가 늙고 병든 채 조우한다. 에이미는 뇌종양 수술을 받아 머리에 흉측한 흉터를 갖고 있었고, 뇌종양 때문에 기억력과 판단력이 온전치 못한 여인이 되어 있었다. 에이미는 주커만에게 로노프가 평생 철저히 숨겨온 비밀, 즉 이복누이와의 근친상간을 폭로하는 전기를 클리먼(Kliman)이 쓰고자 하며, 악의적 의도를 가진 클리먼을 막아달라고 간청한다. 주커만은 에이미의 부탁을 들어주기 위해 클리먼을 만나지만, 그를 설득하지 못한다. 오히려 그 자리에서 오랜 세월 알고 지내온 또 다른 지인의 죽음에 대한 소식을 듣고 충격 받는다. 주커만은 클리먼의 젊음 앞에 노쇠한 자신이 얼마나 무력한가를 깨닫는다. 로스는 이 작품을 통해 작가로서의 삶, 순수문학과 상업성 문학의 갈등, 그리고 죽음을 앞 둔 인간 실존 문제 등을 성찰한다.

로스의 후기의 작품들, 즉 『에브리맨』(*Everyman*, 2006), 『울분』(*Indignation*, 2008), 『전락』(*The Humbling*, 2009), 그리고 『네메시스』(*Nemesis*, 2012)는 모두 예기치 않은 불운으로 인한 죽음을 맞이했거나, 몰락을 하게 된 인생에 대한 깊은 성찰이다. 로스는 『에브리맨』에서 늙고 병들어 죽어가는 한 남자의 이야기를 그린다. 이 소설은 삶과 죽음, 나이 듦과 상실이라는 문제에 대한 예리한 통찰을 보여준다. 이 작품은 그에게 세 번째로 펜/포크너 상의 영광을 안겨준다. 『울분』에서는 한국전쟁이 한창이던 1950년대 초 미국을 배경으로 한 유대계 청년의 삶을 다룬다. 미국 사회 혹은 역사가 상처받기 쉽고 취약한 개인에게 어떤 영향을 미쳤는가에 대해 끊임없이 탐구해왔던 로스는 이 작품에서도 특정한 역사적 상황에 놓인 한 개인의 비극을 밀도 있게 다룬다. 『에브리맨』에서 '한 노인의 삶'을 통해 나이 듦과 상실, 그리고 죽음에 대해 이야기 했다면, 『울분』에서는 '젊은 청년의 삶'을 통해 삶과 죽음에 대해 고찰한다. 『울분』은 불길한 기운을 예감하면서도 차마 떨치지 못하는 격정, 자기 파멸적인 분노, 그리고 그것을 통제할 수 없는 젊음에 대한 이야기이면서, 논리적으로는 설명할 수 없는 삶과 죽음에 관한 이야기이다.

『전락』은 로스가 일흔 여섯의 나이에 펴낸 서른 번째 책으로, 생에 대한 저자 특유의 비정한 통찰과 사유가 돋보이는 작품이다. 미국 연극계의 전설적인 존재인 사이먼 액슬러(Simon Axler)는 부모를 잃고 상실감에 괴로워하다가도 무대에만 오르면 확고한 존재감으로 단숨에 관객을 사로잡는 배우이다. 예순 다섯 살이 될 때까지 단 한 번도 무대에서 실패해본 적 없던 그에게 어느 날 갑자기 끔찍한 일이 일어난다. 배우로서의 마력, 즉 연기 재능이 사라져버린 것이다. 더 이상 연기를 할 수 없게 된 그는 절망 속에서 자신이 자살을 할지도 모른다는 공포에 휩싸인 나머지 제 발로 정신병원에 입원한다. 그는 정신병원에서 26일 동안 자신의 몰락의 원인을 찾고자 했지만 별다른 이유를 찾을 수 없었고, 단지 자신의 배우 생명이 끝났다는 결론에만 도달한다. 하지만 뜻밖에도 그는 병원에서 시블 밴 뷰런(Sybil Van Buren)을 만나게 된다. 미술치료 시간에 처음 만난 시블은 저녁식사를 함께하자며 접근해오더니 액슬러에게 남편을 죽여 달라고 부탁한다. 시블은 남편이 딸을 성폭행하는 것을 목격했지만, 지역의 유명인사인 남편에 의해 도리어 정신병원에 갇혀버렸다고 자신의 삶에 대해 하소연 한다. 그녀는 2미터에 이르는 거대한 몸집을 가진 액슬러라면 영화 속 킬러처럼 남편을 살해해줄 수 있을 거라 생각한다. 액슬러는 그녀의 부탁을 거절하고, 이 둘의 관계는 여기서 끝나게 된다. 병원에서 퇴원 후 액슬러는 동료 배우의 딸인 페그린(Pegreen)과 사랑에 빠지지만, 동성애자였던 페그린은 다른 여성을 만나게 되자 그를 버리고 떠나게 된다. 삶의 전부였던 연극 재능을 상실하고 사랑에도 실패한 액슬러는 삶의 의미를 찾지 못하고 자살을 선택한다. 이 작품은 연극적 재능을 잃음으로써 존재 이유를 찾지 못한 전 천재 연극배우의 비극적 이야기이다. 『전락』은 창작 능력을 상실한 작가의 종말로도 읽을 수 있다.

『네메시스』는 2012년 돌연 절필을 선언한 로스의 마지막 작품이다. 발표하는 작품마다 꾸준히 주목을 받아왔고, 열렬한 논쟁의 한복판에 서있었던 그는 단호하게 절필을 선언했고, 그 후 그의 말은 번복되지 않았다. 로스는 '네메시스'의 의미에 대해 '운명, 불운, 어떤 이를 골라 희생자로 만드는 극복할 수 없는 힘'이라고 설명하는데, 이 작품의 주인공 버키 캔터(Bucky Cantor) 역시 이 상황에 직면한다. 1944년 여름의 뉴어크, 스물세 살의 버키는 놀이터 감독으로 놀이터에서 아이들을 돌보는 일을 한다. 버키는 체력은 좋았지만 시력이 안 좋아 다른 친구들처럼 전쟁터에 나가지 못한다. 그는 전쟁터에 나가지 못한 자신에 대해 죄책감과 수치심을 느끼지만, 놀이터 아이들을 최선을 다해 헌신적으로 돌봄으로써 아이들의 존경과 선망의 대상이 된다. 그러던 중 폴리오(polio) 유행병이 뉴어크 전역을 장악한다. 아직 폴리오 백신이 개발되지 않았던 시절, 아이들이 하나, 둘 폴리오에 감염돼 병원에 실려 가고, 도시 전체가 불안과 공포에 휩싸인다. 처음엔 그는 아이들을 두고 떠날 수 없다고 생각하지만, 결국 여자 친구 마샤(Marcia)의 권유로 뉴어크를 떠나기로 결심한다. 그는 마샤가 있는 포코노 산맥(Pocono Mountains)의 인디언 힐로 건너가 마샤와의 행복한 결혼을 꿈꾼다. 하지만 그는 자신 역시 폴리오에 감염되었다는 사실을 알고, 사랑하는 마샤를 떠나기로 결심한다. 설상가상으로 뉴어크에서 자신을 따르던 아이들이 더 많이 죽어간다는 소식과 전쟁터에서 친구들의 사망 소식이 들려오자, 그는 홀로 뉴어크에서 탈출한 자신에 대한 지독한 자책과 환멸에 빠져버린다.

로스는 1970년에 국립예술작가협회의 위원에 선출되며, 펜실베이니아(Pennsylvania) 대학을 비롯한 몇 개 대학에 출강한다. 1988년에는 뉴욕시립대학의 헌터 대학(Hunter College)의 교수로 임용된다. 그는 1998년에는 백악관에서 예술가 명예훈장(National Medal of Arts)을 받고, 2002년에는 미국문학에 공헌한 인물에게만 주어지는 전미도서재단의 훈장(National Book Foundation Medal)도 받는다. 그는 전미도서상과 전미도서비평가협회상을 각각 두 번, 펜/포크너 상을 세 번, 미국 역사가협회상을 한번 수상한다. 그는 2006년에는 "불멸의 독창성과 뛰어난 재능을 지닌 작가"에게 수여되는 펜/나보코프 상(PEN/Nabokov Award)을 받고, 2007년에는 "지속적인 작업과 한결같은 성취로 미국 문학에 큰 족적을 남긴" 작가에게 수여되는 펜/솔 벨로우 상(PEN/Saul Bellow Award)을 받는다. 그는 미국 문학의 고전들을 엄선해 출간하고 있는 비영리 출판사인 '라이브러리 오브 아메리카'(Library of America)에서 생존 작가 중 최초로 완전 결정판을 출간한 작가이다. 그는 1959년 등단 이후 반세기 넘게 활동하며 서른 권이 넘는 책을 펴낸 작가로 현존 미국 작가 중 가장 재능 있고, 가장 창의력 있는 작가로서 문학계의 각광을 받고 있다.

포트노이의 불평
Portnoy's Complaint

작품 줄거리

『포트노이의 불평』(*Portnoy's Complaint*, 1969)의 주인공, 알렉스 포트노이(Alex Portnoy)는 33세의 유대인으로, 컬럼비아(Columbia)대학에서 법학을 전공한 후, 25세 때 미국 의회 가정분과(House Subcommittee of United States Congress)의 특별고문이 되고 현재 소수민족 권익을 위해 일하는 뉴욕(New York)시 시민인권 옹호국 부국장(Assistant Commissioner of Human Opportunity)이 되었지만, 지금 섹스 노이로제에 걸려 있다. 그는 자기의 성불능을 치료하기 위해, 환자 의자에 누워 현재 고통의 원인이 된 과거의 사실들을 정신분석 의사인 스필보겔 박사(Dr. Spielvogel)에게 솔직하게 이야기하는데, 이 독백이 『포트노이의 불평』의 주 내용이다.

『포트노이의 불평』는 주인공 포트노이의 어린시절에 대한 회상과 성인이 되는 과정에서의 사회 적응문제, 성, 그리고 가정의 유대민족성에 기인하는 억압적 상황에 대한 포트노이의 대응이 잘 드러나 있다. 포트노이는 유대인의 정신적 유산의 상속을 강요하는 부모의 구속감과 와스프(White Anglo-Saxon Protestant) 사회에서 느끼는 소외감에서 벗어나려는 돌파구로써 성에 대한 지나친 관심과 집착을 갖게 된다. 그에게 "성욕 발산은 자유와 자아실현의 유일한 장"(Baumgarten and Gottfrid 195)이 된다. 그의 성적 편력은 자유를 향한 몸부림이며, 생명력이고, 자신의 존재가치와 의의를 찾는 한 방법이 된다. 하지만 포트노이의 성적 편력은 근본적으로 그의 본능적인 충동과 욕망에 연결되어 있기 때문에 분명히 한계를 갖는다. 이것은 작품 속에서 포트노이가 발기불능이 되는 것으로 상징화된다.

『포트노이의 불평』은 포트노이가 스필보겔 박사에게 자신의 심경을 솔직하게 이야기하는 형식으로 이루어져 있기 때문에, 논리적인 사건 전개나 플롯은 없다. 포트노이의 내적 독백으로 일관된다. 로스가 독백기법을 사용하는 이유를 버너드 로저스(Bernard Rodgers)는 다음과 같이 세 가지로 나열한다. "첫 번째는 포트노이의 심리상태에 현실적인 정당성을 부여해줄 수 있고, 두 번째는 일반 문장에서 용납될 수 없는 언어와 이미지들을 마음대로 사용할 수 있으며, 세 번째는 성적 기억을 서술하기에 용이하다"(87)는 것이다. 즉, 독백기법은 포트노이의 혼란된 내면과 그의 끊임없는 갈등을 의사에게 "툭 털어" 고백하는 내용에 꼭 맞는 형식이라는 것이다. 이 수법에 관해서 로스 자신도 "이 책은 ⋯ <의식의 덩어리>라고 생각하기 시작한 덩어리들을 연결하는 방식으로 진행되며, 그것은 각기 다른 형체와 크기의 소재 덩어리를 연대순보다는 연상에 의해 연결시켜 누적시키는 방식이었다"(Roth, *Reading Myself and Others* 15)라고 언급한다. 『포트노이의 불평』은 연대기적인 서술이나 유기적 연관을 갖는 내용전개라기보다는 의식의 단편을 사용하여 자유연상에 의한 서술로 이루어진다. 외면상 이 작품은 주인공 포트노이의 독백으로 되어 있고, 포트노이의 독백의 청취자가 스필보겔 박사라는 정신과 의사이지만, 독자들도 또 다른 청취자가 될 수 있고, 내면의 억압과 갈등을 겪고 있는 포트노이 자신 일수 있음을 시사한다.

로스가 작품의 서두에서 밝히고 있는 것처럼, "포트노이의 불평"이라는 정신병은 "강한 윤리적 이타적 신념을 가지면서도 종종 비뚤어진 경우가 있는, 극단적인 성욕 때문에 끊임없이 일어나는 심리적 갈등으로 고민하는 병"이다. 또한 스필보겔 박사는 "노출증, 관음증, 페티시즘, 이상 성욕, 구강성교가 빈번한 행위들이고, 환상이나 진정한 성적 만족이 아니라 수치심과 거세라는 형태로 이루어지는 징벌에 대한 두려움에 압도당하는, 환자의 도덕성의 결과로 파생된 병"으로 정의한다. 다시 말해 "포트노이의 불평"이라는 정신병은 성적 욕망과 도덕적 의무감 사이의 갈등으로 인한 죄책감과 비정상적인 성애(性愛)가 증상인 병이요, 또 포트노이가 의사에게 자신의 현재 삶에 대해 퍼붓는 불평이다. "포트노이의 불평"이라는 정신병이 생기는 근본적인 원인은 억압이고, 그 억압 때문에 진정한 자아와 소속처를 찾지 못하는 포트노이의 정체성의 혼란이 그 결과라 할 수 있다. 스필보겔 박사가 파악하고 있는 것처럼 그 억압은 어머니-자녀 관계에서, 다시 말해 가정에서 생긴다. 제퍼슨 체이스(Jefferson Chase)도 "가정에서의 갈등이 젊은 유대계 미국인[포트노이]의 성적, 사회적 좌절의 원인이 된다(42)고 분석한다. 어머니의 유대적 전통을 바탕으로 한 지나친 삶의 규율과 자식에 대한 애정은 포트노이가 한 남자로서 올바른 사회적 성장과 적응을 하는데 장애요소로 작용하며, 정신적 혼란의 원인이 된다.

포트노이는 유대적 가정에서 조상이나 부모로부터 물려받은 유대적 의식과 자유분방한 현대사회에서 살아가기 위해서 습득한 미국적 의식 사이에서 갈등을 겪는다. 포트노이에게 전통적 유대인들이 갖고 있는 유대성에 대한 비판의 눈이 싹트게 된 두 가지 사건이 발생한다. 그 하나는 로널드 님킨(Ronald Nimkin)의 자살 사건이다. 유순하고 착한 15세의 소년 님킨은 부모의 강요에 못 이겨 피아니스트가 되기 위해 강한 훈련을 받는다. 그런데 그는 어느 날 정신적 중압감을 이겨내지 못하고 갑자기 자살해 버린다. 죽는 순간에도 어머니의 친구로부터 온 전화 내용을 외출한 어머니에게 전하기 위해 목을 매어 단 밧줄 위에 메모지를 꽂아 두었다는 이야기는 눈물과 웃음을 동시에 자아내는 에피소드이다.

또 하나의 사건은 포트노이가 10세 때 그의 우상과 같은 존재였던 육상선수 허쉬 해롤드(Hershie Harold)와 이방인 여인인 앨리스 뎀포스키(Alice Demposky)와의 비련이다. "유대인은 반드시 유대인 속에서 살아야 하며 특히 이성간의 교제는 유대인끼리 이루어져야 한다"[1]라고 역설해 온 큰아버지 하이미(Hymie)는 그의 아들 해롤드가 백인 소녀 앨리스와 교제하는 것을 극구 반대한다. 하이미는 해롤드가 앨리스와의 교제를 막기 위해 랍비를 불러들여 설득하지만, 그것이 실패하자 몰래 앨리스를 만나 해롤드가 결혼할 수 없는 불치의 병에 걸렸다고 속이고 돈까지 주어 그를 단념케 한다. 이 사건으로 해서 포트노이의 사촌형 해롤드는 부모와의 갈등을 이겨내지 못하고, 일부러 군에 지원하여 전쟁에 나가 죽고 만다. 유대적이 아닌 것에 대해서는 매우 배타적이고, 자라는 자녀들에게 유대인의 우월성을 불어넣으려는 가정과 주변 지역사회의 노력은 개인의 열망을 질식시키는 유대인의 부정적인 정신적 유산이다.

상기한 두 사건은 유대인의 이민족에 대한 편견과 폐쇄성, 그리고 자기 자식의 천성, 의지 등을 무시하고 무리하게 자신들의 주형 속으로 틀어넣으려는 편집성에서 기인한다는 점을 포트노이는 깨닫게 되고 차츰 전통적 유대성에 반항하기에 이른다. 유대성에 대한 포트노의의 반항은 철저한 유대교 전통의 신봉자인 어머니 소피(Sophie)에 대한 반항에서 시작된다. 소피는 가정에서 선과 도덕성을 판단하고 집행하는 권위적인 유대 어머니로서 포트노이의 유대적 자아(Jewish Self) 형성에 절대적인 영향을 미친다.

---

[1] Philip Roth, *Portnoy's Complaint*(New York: Bantam Books, 1969), 57. 앞으로 이 작품에서의 인용은 괄호 안에 쪽수만 표시함.

모친의 가르침은 무의식중에 포트노이의 모든 윤리의 규준을 형성하게 된다. 모친 소피는 유대교에서 금지되어 있는 식사를 하게 되면 전신의 근육이 경직되어 죽음의 고통을 갖게 된다고 어린 포트노이에게 경고 한다. 어머니의 이런 극성스러움은 사춘기가 된 포트노이에게 죄의식을 형성케 한다. 포트노이는 자위행위를 하루 몇 번씩 되풀이 하면 병으로 남근이 잘라 떨어질 것이라는 거세공포증을 갖게 되고, 또 만약에 이교도 여인에게 손을 대게 되면 곧 악성 성병에 걸려 완전히 폐인이 되어 병원에서 혼자 공을 가지고 놀면서 일평생을 보내지 않으면 안 될 것이라는 공포에 시달리기도 한다.

자식을 소유물로 여겼던 소피는 소년기의 포트노이가 친구들과 어울려 유대인 음식 규율(Kosher)에 어긋나는 햄버거, 프렌치 포테이토를 먹는 등 반항적으로 되자 더욱더 지배적이고 신경질적이 된다. 그래서 포트노이가 순종하지 않거나 식사 때 음식 먹기를 거부하면 문밖으로 내쫓거나 빵 자르는 칼로 위협한다. 포트노이가 무엇을 하든지 간에 그의 어머니의 목소리는 그의 의식을 지배한다. 포트노이는 어머니에 의해 설립된 사회적 책임감과 의무감에서 벗어날 수가 없었다. 소피의 지나친 애정은 포트노이에게는 하나의 억압이 되었고, 소피로 비롯되는 통제와 규제들은 포트노이로 하여금 언제나 불안과 공포로 떨게 만들고 원만한 인격성장에 크나 큰 장애요인이 된다.

어머니는 어린 포트노이에게 가히 거역할 수 없는 전능자에 가까울 정도였지만, 아버지 제이크 포트노이(Jake Portnoy)는 너무나 초라하고 별 볼일 없는 인물이다. 어린 시절, 변비로 고생하고, 일에 시달리는 아버지의 위축된 모습은 포트노이로 하여금 사춘기가 되어서도 남성다움을 확립하지 못하고 소심한 성격을 형성케 하는 원인이 된다. 제이크는 남들이 다 꺼려하는 취약지구인 흑인 빈민지역을 맡아 보험 판매원으로 불평 없이 최선을 다했지만, 유대인은 승진에 한계가 있음을 알게 된다. 제이크는 자신은 성공하지 못했지만 자기 자식은 사회적 부와 명성을 획득하여 자신의 꿈을 대신 이루어주기를 바라는 전형적인 아버지로서 가족을 위해 희생하는 가장이다. 하지만 포트노이는 전통적인 유대가정의 한 남편과 아버지로서 역할을 한다는 것을 견딜 수 없는 고통과 구속으로 생각한다.

부모세대의 전통적인 유대교적 규범과 가치관은 포트노이의 사고와 행동을 제약하며, 미국사회에 대한 적응을 힘들게 만들어 그가 방황하게 되는 주원인이 된다. 유대인들에게 전통적 유대교 계율을 지키는 것은 법률적 보호가 없는 그들의 생활에 질서를 부여하는 것이다. 신앙과 계율은 이교도에 둘러싸인 환경 속에서 견고한 장벽의 역할을 하는 것이다. 그러나 미국사회에서 생활을 해야 하는 현대 젊은 유대인들은 다소의 차이는 있겠지만 그 계율을 지키는 것에 커다란 의문을 갖게 된다. 전통 유대교에서 파생된 규범들은 포트노이에게 단지 행동의 제약이 되고 심리적 압박감으로 작용하게 된다. 미국에서 삶을 영위해야하는 포트노이에게 부모의 세계와 유대교적 전통은 하나의 강박관념으로 작용해 그의 의식과 현실인식에 마비 증세를 일으킨다.

포트노이는 유대교회 예배에 참석하기를 거부하고 종교 자체마저도 부정한다. 그는 신을 믿지 않기 때문에 단 15분도 유대교회에 들어가 있을 수 없다고 고백한다. 또 부모들이 유대교 신년제(Rosh Hashanah) 만이라도 예배 보러 가자고 간청하는데도, 부모가 믿는다고 그 종교를 자기에게 강요하지 말라고 반발한다. 그는 종교적으로 자신이 유대인이라는 것도 거부하고, 심지어 신앙심이 두터운 랍비(rabbi)에 대해서도 노골적인 반감을 표시한다. 랍비 워쇼(Warshaw)도 실존적 고뇌에 처한 인간들에게 아무런 도움을 줄 수 없으면서도 그것을 구실로 생계를 유지하는 "직업적인 사기꾼"(81)이라고 랍비를 매도한다. 이처럼 포트노이는 유대인이기를 거부하고 '유대적인 것으로부터의 탈피 욕구'를 갖는다.

포트노이의 반항은 사춘기에는 주로 자위행위로 그리고 성인이 되었을 때는 신교도 아가씨의 정복으로 이루어진다. 사춘기 때의 자위행위는 정신적으로 그를 완전히 지배하고 있는 부모의 간섭과 너무나 많은 것을 금지하고 있는 유대교식 생활 습관으로부터 벗어날 수 있는 유일한 출구가 된다. 성년이 되었을 때 포트노이는 금발의 백인 여성과의 성적 편력을 통해 자신의 억압된 의식으로부터 해방되고자 한다. 어린시절부터 TV나 라디오 등의 대중매체를 통해 미국의 문화를 공유한 포트노이는 유대성을 고집했던 전 세대와는 달리 동화를 원했다. 유대인 이민 1, 2세대에게 미국은 "길에 깔린 황금"과 "각각의 그릇에 담긴 닭"(164)으로 대표되는, 기회와 물질로 풍부한 생활을 제공해 주는 나라였다면, 이민 3세대인 포트노이에게 미국은 이교도 처녀(shikse)로 대표되는 나라였으며, 이교도 처녀를 포트노이는 미국에 동화하기 위한 한 방법으로 생각한다. 부드러운 금발의 백인 신교도 소녀는 유대인 사회에서는 금기의 여성이었기에 그의 호기심을 더욱 자극하였고, 부모의 간섭에서 벗어나 그의 자유를 은밀히 누릴 수 있는 유일한 대상이라고 그는 생각한다. 즉, 포트노이는 이교도 처녀들을 정복함으로써 미국의 한 부분을 얻을 수 있고, 아버지가 이방인으로서 설움을 받은 사회에 복수를 하는 길이라고 생각한다. 따라서 알렌 구트만(Allen Guttmann)의 "포트노이의 성적 모험은 방탕과 성적 탐닉이라는 개인의 도덕적 차원을 넘어서, [포트노이가 자신의 성적 모험을 미국 사회로의 동화와 미국 사회에 대한 정복의 수단으로 생각하기 때문에] 사회적 의미로 가득 차 있다"(81)는 지적은 설득력이 있다.

포트노이의 억압된 의식은 그의 여성관계에서 자기중심적인 이기적 욕망과 자기보존 본능으로 나타난다. 포트노이는 백인여자들을 하나의 인격체로서 보지 않고 미국의 각 지방 문화를 대표하는 별명으로 부르면서 그들을 비인격적인 대상으로 취급한다. 그는 대학 때 만난 중서부 출신 아가씨인 케이 캠벨(Kay Campbell)을 펌프킨(The Pumpkin)으로, 대학 졸업 후 만난 여성인 뉴 잉글랜드(New England) 출신의 사라 압보트 모울스비(Sarah Abbot Maulsby)를 순례자(The Pilgrim)로, 그리고 32세 때 만난 웨스트 버지니아(West Virginia) 지역의 광부 딸인 메리 제인 리드(Mary Jane Reed)를 멍키(Monkey)로 부르면서, 이들과의 진정한 사랑보다는 성적 쾌락을 추구한다. 이들 여성들은 비유대인으로 미국 각 주를 대표하는 유형들일 뿐 그들의 개성과 인격은 포트노이에게 중요한 것이 아니다. 포트노이에게 이들 여성들은 다만 성적 정복의 대상이며 동시에 미국 정복의 수단으로 이용될 뿐이다.

하지만 포트노이의 자기 반항과 성적 탐닉의 상징으로서 성기는 그가 자유에의 길을 찾아 가는 데 도움이 되지 못한다. 다시 말해 그의 성적 탐닉은 그를 해방시키지 못하고 죄의식에 짓눌린 자아 속에 감금시켜버린다. 포트노이는 어린시절에 가졌던 순수함이 사라지고, 인생의 목표마저 상실해버린 자기의 현실, 집과 가정도 없는 자신의 외로운 처지, 그리고 오로지 감각적인 성에만 몰입하고 있는 자신에 대한 회의 때문에 괴로워한다. 이런 상황에서 포트노이가 선택한 것은 자신의 조국, 이스라엘로의 귀향이다. 포트노이는 유적지를 찾아다니면서 유대인의 수난의 역사를 이해하고 자신은 역시 유대인임을 깨닫지만, 이스라엘에서 자기는 단지 이방인으로 밖에 인정받지 못한다는 것을 나오미(Naomi)와의 관계에서 깨닫는다. 나오미는 유대인 군대의 중위 아가씨로, 붉은 머리의 살찐 여자이다. 그녀는 자신의 양친처럼 건전하고 완고한 시온주의자이다. 포트노이는 그녀의 관능적인 모습에 매혹되고 그녀를 유혹하기에 이른다. 포트노이는 나오미를 자신의 구원자로 인식하고 그녀와 결혼해 이스라엘에 정착할 꿈을 꾸게 된다. 하지만 나오미는 포트노이의 청혼을 거절하고, 포트노이는 나오미와 강제로 성관계를 갖으려 하나 발기불능으로 실패한다.

무수한 여성들과의 성적 편력을 과시했던 포트노이가 왜 갑자기 성적 불능에 빠졌는가? 포트노이는 나오미에게서 자신의 어머니를 떠올리게 된다. 그의 어머니로 대표되는 출생과 환경이 그에게 강요한 여러 유대적 강박관념 때문에 정상적인 성관계를 할 수 없었다. 몸매, 피부색, 체격, 기질마저 포트노이의 모친인 소피와 비슷한 나오미는 또 한 사람의 소피라 해도 과언이 아니다. 포트노이는 자신이 철저하게 말살하려고 노력했고, 또 성공했다고 일시적으로 믿었던 어머니에 대한 이미지를 나오미에게서 보게 된 것이다.

또한 포트노이의 발기불능은 유대인들의 그에 대한 거부를 상징한다. 포트노이는 펌프킨이나 멍키가 유대여자가 아니기 때문에 이들을 받아들일 수 없듯이, 이스라엘의 유대인들은 이미 유대성을 배반하고 비유대적 경향에 탐닉한 포트노이를 거부한다. 즉, 포트노이와 멍키와의 관계는 이곳 유대인들과 포트노이와의 관계와 같다고 할 수 있다. 그에게 멍키가 그랬듯이, 유대인들에게는 그가 방종하며 유치하고 쾌락을 추구하는 이교도에 지나지 않았던 것이며, 그들은 그가 근접할 수 없는 '유대인'이었던 것이다.

『포트노이의 불평』은 포트노이가 나오미에게 버림받은 후 판사 앞에서 그 동안의 성적 편력에 대한 재판을 받는 상상으로 끝난다. 유대 종족의 고향에서마저 홀로 버려진 포트노이는 인간 모독죄로 법정에서 "발기불능"(307)이라는 판사의 판결을 받은 후, 이에 대해 항변을 해본다. 포트노이는 경찰에 포위되어 셋을 셀 때까지 손을 들고 나와야 하는 긴박한 상황에 처한다. 포트노이의 독백은 "경찰이다. 당신은 포위됐습니다, 포트노이 씨. 빨리 나와 사회에 진 빚을 갚으세요"(309)라고 끝난다. 경찰에 포위되어 셋을 셀 때까지 손들고 나와서 사회에 빚을 갚으라는 경고에서 "둘"까지 헤아려진 절박한 소설의 마지막 상황은 그가 어떤 결정적 행동을 취하지 않으면 안 되는 그의 강박관념을 대변해 준다. 이 상황은 적어도 그가 유대적 자아에 의도적으로 반항하지 않을 것이라는 확신을 주며, 의사의 마지막 한마디 "이제 당신은 예라는 말을 시작할 수 있을 것이오"(309)라는 진단은 이제 새로운 생을 시작할 수 있음을 암시한다.

문학사적 의의

로스는 자신의 소설에서 2천년에 걸쳐 박해의 역사를 실감하고 자신들을 선인으로 이교도를 악으로 생각하여 유대 사회를 지키고 스스로의 윤리, 도덕을 구축하려는 전통적인 유대인과 미국이라는 고도로 산업화된 사회 사이에서 동화의 경향으로 치닫는 자유 분망한 유대이민 2, 3세대들의 갈등을 그린다. 다시 말해 로스는 벨로우나 맬러머드가 유대인의 수난을 묘사한 것과는 달리, 민족적으로는 유대인이지만 미국문화에 완전히 동화한 유대인 2세와 3세들이 부친의 편협한 유대주의, 유대적 전통, 유대적 미덕에 반항하는 모습을 그리면서, 빠르게 변화되고 있는 사회 속에서, 그들이 진정한 자아를 찾는데 어려움을 겪는 고통을 묘사한다. 로스는 결코 유대인의 입장을 변명하고 옹호하는 자리에 서지 않고, 유대 사회와 와스프 사회의 부정적인 면과 긍정적인 면을 냉철하고 사실적으로 묘사하면서, 때로는 도덕적인 진지성과 아울러 풍자적인 시각을 보여준다.

로스는 「미국 소설쓰기」(Writing American Fiction) 라는 에세이에서 미국의 현실이 작가를 마비시키고 구토증을 느끼게 하며 분노케 하고, 급기야 작가 스스로 상상력이 너무 빈약하다는 곤혹스러움을 느끼게 만들어 버린다고 말한다(120). 로스는 이런 현실 가운데서 살고 있는 작가의 임무는 현대 미국사회의 부패, 야비함, 배신행위에 상상적 공격을 가하는 것이라고 믿었다. 그래서 그는 자신의 체험을 바탕으로 부모, 종교, 그리고 사회의 탄압의 피해자인 주인공들을 묘사하면서, 그들의 구체적 삶의 현실, 성에 대한 깊은 관심, 그리고 고통과 갈등으로 소용돌이치는 내면세계를 놀라울 만큼 정확히 그려낸다.

『포트노이의 불평』은 비난과 찬사를 동시에 받았던 작품이고, 로스로 하여금 그의 작가적 지위를 확립케 해주었으며, 동시에 베스트셀러의 행운도 안겨준 작품이다. 『포트노이의 불평』을 비난했던 사람들은 눈에 띄게 자주 나타나는 유대인에 대한 부정적 묘사와 외설적 문구 등을 문제 삼는다. 마야 만네스(Marya Mannes)는 이 소설이 "짜증, 정액, 그리고 방종의 혼합물"(39)이라고 평했으며 로스의 작품에 대해 일관되게 혹평을 해온 어빙 하우(Irving Howe)는 "『포트노이의 불평』으로 할 수 있는 가장 잔혹한 일은 이 소설을 두 번 읽는 것"(239)이라고 비난한다. 반면에 그랜빌 힉스(Granville Hicks)는 이 소설을 "걸작에 매우 근접한 소설"(39)이라고 평했으며, 로저스는 "대부분의 비평가들이 이 소설이 10년 동안[60년대]의 문화적 이정표 중 하나라는 것에 동의할 것"(80)이라고 격찬한다. 『포트노이의 불평』은 로스 자신의 분신이라고도 할 수 있는 주인공 포트노이를 통하여, 한 전형적 유대가정의 촉망받는 아들과 유대부모와의 관계에서 생긴 유대 이민 후속세대들의 대표적 외상적 경험을 보여줄 뿐만 아니라, 작가 자신이 겪었던 유대적 어린시절의 모든 경험을 잘 보여준다. 이런 측면에서 존스와 낸시(Jones and Nance)는 "『포트노이의 불평』은 로스의 소설에 있어 정점을 이루며 그 주제를 대변하고 총괄하고 있다"(82)고 격찬한다.

그렇다면 우리는 포트노이라는 인물을 어떻게 판단하고 규정해야 할까? 포트노이는 편협되고 일방적인 종교적 교리와 금기로 가득한 가정과 유대사회를 벗어나 미국이라는 사회 환경에 적응하고자 하나 어려움을 겪는다.

그는 소속감과 확고한 도덕의식도 없이 자아의식의 갈등에 시달린다. 포트노이가 자신의 본 모습을 찾지 못하는 것에 대해 토니 태너(Tony Tanner)는 "포트노이는 다른 소설의 유대인 주인공들처럼 어떤 사회에 소속되지도 못하고 또 그 사회로부터 완전히 벗어나지도 못한 '과도기적 인물'(transitional figure)"(315)이라고 언급한다. 맥다니엘(McDaniel)은 포트노이를 포함한 로스의 소설 주인공들을 "역사적 배경과 문화 또는 도덕적 기반이 없는 심리학적 껍질"(31)일 뿐이라고 평가한다. 이들 비평가들의 견해는 포트노이가 자신의 삶의 탈출구로 자위행위와 백인여자에 대한 성적 탐닉을 택했기 때문에 나온 것이다.

하지만 포트노이의 정신적 혼란과 분열은 현대 미국 사회가 그에게 지어준 운명이라고 보는 견해도 있다. 로저스는 포트노이를 『모히칸족의 최후』(The Last of the Mochicans, 1826)의 호크아이(Hawkeye), 『허클베리핀의 모험』(The Adventures of Huckleberry Finn, 1884)의 허크(Huck)과 비교하면서 현대 사회에서 주인공이 처한 운명에 대해 설명한다(91). 호크아이가 살던 시대에는 광활한 대자연이 미개척지로 남아 있어서 소설 주인공들은 외부 세계의 탐험과 개척을 통해 그들의 의지를 시험하고 문명의 삭막함에서 벗어날 수 있었다. 즉, 호크아이가 살던 시대에는 인간이 외형적 경험을 통해 진정한 자유를 찾을 수 있는 영역이 있었다는 것이다. 하지만 급변하는 사회에서 삶을 영위해야 되는 현대인에게는 상황이 다르다. 다시 말해 자유를 향한 외적 탈출구가 거의 없는 상황에서 혼란과 심적 갈등을 느끼기가 쉽다는 것이다. 포트노이는 허크처럼 문명에 오염되지 않은 청순한 정신을 지니고 외부 환경을 거부한 주인공은 아니다. 오히려 억눌린 자아와 내면의 분열된 욕망으로 억압적인 가정, 규범, 그리고 종교의 규제와 통제에 반항하는 인물이다. 포트노이는 뚜렷한 구원의 길을 찾지 못하는 암울한 이 시대의 주인공이자 바로 보통 사람으로서 우리의 모습이다.

▶▶ 더 읽을거리

장정훈.『중심에선 경계인: 필립 로스의 소설로 읽는 유대계 미국인의 삶』. 서울: 동인, 2011.

Baumgarten, Murray and Gottfried, Barbara. *Understanding Philip Roth*. Columbia: South Carolina UP, 1990.

Chase, Jefferson. "Two Sons of 'Jewish Wit': Philip Roth and Rafael Seligmann." *Comparative Literature* 53.1 (2001): 42-57.

Guttmann, Allen. *The Jewish Writer in America: Assimilation and the Crisis of Identity*. New York: Oxford UP, 1971.

Hicks, Granville. "Literary Horizons." *Saturday Review* 52, February 22 (1969): 38-39.

Howe, Irving. "Philip Roth Reconsidered." *Critical Essays on Philip Roth*. ed. Sanford Pinsker. Boston: Hall, 1982. 229-44.

Jones, Judith P. & Nance, Guinevera A. *Philip Roth*. New York: Ungar, 1981.

Mannes, Marya. "A Dissent from Marya Mannes." *Saturday Review* 52, February 22 (1969): 39.

McDaniel, John N. *The Fiction of Philip Roth*. Haddenfield, NJ: Haddenfield House, 1974.

Rodgers, Benard F., Jr. *Philip Roth*. Boston: Twayne, 1978.

Roth, Philip. *Portnoy's Complaint*. New York: Bantam Books, 1969.

_____. *Reading Myself and Others*. New York: Farrar, Straus and Giroux, 1975.

_____. "Writing American Fiction" in *Reading Myself and Others*. New York: Farrar, Straus and Giroux, 1975. 117-35.

Tanner, Tony. *City of Words*. New York: Harper & Row, 1971.

┃장 정 훈 (전남대학교)

커트 보니것
Kurt Vonnegut Jr.

작가 소개

　제2차 세계대전 이후의 미국 소설가들 가운데 가장 독창적인 작가 중 한 명으로 손꼽히는 커트 보니것(Kurt Vonnegut Jr.)은 1922년 인디애나 주의 독일계 미국가정에서 태어났다. 그의 아버지는 건축가였으며, 어머니는 뛰어난 미인이었다. 그의 부모는 독일어를 유창하게 구사하였으나 제1차 세계대전 직후의 반독일 정서를 의식하여 아들에게는 독일어 가르치기를 꺼렸다. 비교적 유복한 가정에서 자란 보니것은 처음엔 사립학교에 다니다가 1930년대 경제공황으로 가세가 기울면서 공립학교로 옮기게 되고, 고교시절에는 학교신문의 편집을 맡았다. 아버지와 형의 권유로 화학을 전공하기 위해 코넬 대학에 다니게 되지만 별 두각을 보이지 못하다가, 『코넬 데일리 썬』(*Cornell Daily Sun*)에 글을 기고하기 시작하면서 작가로서의 경험을 쌓아갔다. 그러던 중 1943년에 입대하여 세계대전에 참전하게 되고, 최대 격전지 중 하나인 벨기에 아르덴(Ardennes) 지역의 벌지(Bulge) 전투에서 전쟁포로로 붙잡혀 드레스덴(Dresden)에서 포로생활을 하였다. 그가 참전 중이던 1944년에 그의 어머니는 자살로서 생을 마감했다.

전쟁 후 보니것은 결혼을 하게 되고 시카고 대학의 인류학과 석사과정에 진학했다. 같은 기간에 시카고 뉴스 사무국에서 리포터로 활동하기도 했던 보니것은 『이야기에 나타난 선과 악의 변이』라는 제목의 석사논문을 제출했으나 거절당했다. 그러자 뉴욕의 스키넥터디로 옮겨 제너럴 일렉트릭 회사(GE)의 홍보과에서 일자리를 얻었다.

보니것은 1951년에 회사를 그만두고 창작에만 몰두하여, 1952년에 첫 소설 『자동 피아노』(Player Piano)를 출간하였다. 그리고 『타이탄의 마녀』(Sirens of Titan, 1959), 『태초의 밤』(Mother Night, 1962), 『고양이 요람』(Cat's Cradle, 1963), 『신의 축복이 있기를, 로즈워터 씨』(God Bless You, Mr. Rosewater, 1965), 그리고 그의 작품 중에서 가장 유명한 『제5도살장』(Slaughterhouse-Five, 1969) 등의 작품을 써서 커다란 인기를 끌었다.

낙상사고로 뇌를 다쳐 여든넷의 나이로 2007년에 사망하기까지 총 열네 편의 소설을 발표한 보니것의 작품세계는 크게 세 시기로 구분할 수 있다. 『제5도살장』을 기점으로 그 전에 발표된 초기작들이 보니것의 작가로서의 명성과 개성을 알리는 데 크게 기여했다면, 중기에 속하는 『챔피언의 아침식사』(Breakfast of Champions, 1973), 『슬랩스틱』(Slapstick, 1976), 『제일버드』(Jailbird, 1979), 『명사수 딕』(Deadeye Dick, 1982) 등의 작품은 소설 기법의 포스트모더니즘적인 혁신이 두드러진다. 그리고 『갈라파고스』(Galapagos, 1985), 『푸른수염』(Bluebeard, 1987), 『호커스 포커스』(Hocus Pocus, 1990), 『타임퀘이크』(Timequake, 1997)와 같은 후기소설에서는 보니것이 시종일관 다루어온 현대문명에 대한 비판적 풍자와 동시에 치유와 개선의 전망을 함께 제시한다는 점에서 주제상의 변화를 엿볼 수 있다.

소설 외에도 보니것은 위트 있는 산문을 자주 발표했으며 그림에도 조예가 있었다. 생전의 마지막 작품이 된 산문집 『나라 없는 사람』(A Man

Without Country, 2005)은 말년의 베스트셀러가 되었으며, 소설 창작을 그만 둔 뒤에는 아마추어 화가로 활동했다. 그리고 사후에는 생전에 발표되지 않은 글들로 이루어진 『아마겟돈의 회고』(*Armageddon in Retrospect*, 2008)를 비롯해 여러 권의 유고작이 출간되었다.

보니것은 현대 미국작가 중에서도 대중적 사랑과 비평적 관심을 두루 받았던 작가이다. 또한 그는 '20세기의 마크 트웨인(Mark Twain)'으로 불릴 만큼 유머와 풍자를 겸비한 뛰어난 사회비평가이기도 하다. 이성과 과학에 대한 맹신에서부터 개인주의, 물신주의, 인간중심주의, 전체주의 등에 이르기까지 서구 근대의 폐해와 그 안에서 드러나는 인간의 잔악성과 편협함을, 보니것의 소설은 특유의 기지와 유머를 섞어가며 신랄하게 비판한다. 제2차 세계대전의 참상을 소재로 하여 이러한 점을 가장 잘 나타낸 『제5도살장』이 대학생들 사이에서 폭발적인 인기를 끌었던 1960년대 말과 1970년대에 보니것은 베트남 전쟁에 반대하는 반전운동과 대항문화의 기수로서 명성을 떨쳤으며, 부시 정권의 대 이라크 전쟁에 반대하는 최근 시위에서도 그 열기는 계속 이어졌다. 보니것은 또한 과학소설과 본격문학의 경계를 좁힌 작가로서도 의의가 크다. 과학소설적인 상상력과 소재를 즐겨 사용하는 그의 소설은 문학적 진지함과 대중성, 형식 실험과 대중소설의 통속성, 풍자와 유희를 접목한 포스트모더니즘적인 글쓰기의 선례로서 크게 주목을 끌었다. 보니것은 이러한 공적을 인정받아 사후인 2015년에 SF 명예의 전당에 헌액되었다.

제5도살장: 아이들의 행군
Slaughterhouse-Five: The Children's Crusade

작품 줄거리

보니것의 『제5도살장』은 더 이상 "시간에 매이지 않게 되었다"(unstuck in time)는 주인공 빌리 필그림(Billy Pilgrim)의 말처럼 그가 인생의 여러 시기를 종횡무진 넘나드는 시간여행 형식으로 구성되어 있다. 따라서 각 사건들은 선형적이거나 연대기적이기보다는 파편적이며, 시간과 장소의 점프도 심하다. 이처럼 인생의 다양한 순간들을 임의적으로 서술하고 있는 소설의 '줄거리'를 사건이 일어난 순서대로 정리한다는 것은 거의 무의미할뿐더러, 직선적인 시간관을 거부하는 소설의 철학에도 위배된다. 그럼에도, 소설의 내용을 좀 더 쉽게 이해하기 위한 방편으로 그 줄거리를 주인공의 일생 중심으로 살펴보자면 아래와 같이 간추릴 수 있겠다.

빌리 필그림은 뉴욕 주의 일리엄(Ilium) 시에서 1922년에 태어난다. 큰 키에 깡마른 데다 우스꽝스러운 외모를 지닌 빌리는 고등학교 졸업 후 야간 검안학교에 다니던 중 제2차 세계대전에 징집 당한다. 미국 사우스캐롤라이나주에서 원래는 군목병으로 훈련을 받았으나 룩셈부르크의 보병부대로 파견되어 벨기에 벌지 전투에 투입된다. 그러나 투입되자마자 낙오되어 동료 롤런 위어리(Roland Weary)와 함께 전쟁포로로 붙잡힌다.

독일군에 의해 붙잡히기 직전 빌리는 처음으로 시간에서 풀려나는 경험을 하게 되고, 이 사건을 계기로 자신의 인생을 처음부터 끝까지 한눈에 들여다볼 수 있게 된다.

화물차에 실려 포로수용소에 도착한 빌리는 포로로 먼저 붙잡혀온 영국 병사들의 환영을 받는다. 환영파티에서 신데렐라를 소재로 한 촌극을 보던 중 빌리는 너무 웃어서 의무실로 실려가 모핀 주사를 맞고는 다시 시간여행을 하게 된다.

얼마 후 그와 에드가 더비(Edgar Derby)를 비롯한 연합군 포로들은 전쟁의 피해를 상대적으로 덜 받은 아름다운 도시 드레스덴으로 이내 이송되어, 원래는 도살장으로 쓰이던 곳에 배정된다. 낙원을 연상시키는 드레스덴에서 이들은 영양 시럽을 만들거나 목욕하는 처녀들을 훔쳐보면서 잠시나마 목가적인 생활을 한다. 그러던 어느 날 밤, 정확하게는 1945년 2월 13일 밤, 연합군 비행기의 융단폭격이 도시 전체를 초토화시켜 약 십삼만 명의 목숨을 앗아가는 전대미문의 사건이 발생한다. 지하의 고기저장소에 숨어 목숨을 건진 빌리와 동료 병사들은 도시가 달 표면 같은 폐허로 바뀐 것을 발견하고는, 죽은 시신들을 발굴하려고 애를 쓰지만 그 수가 너무 많아 결국 화장할 수밖에 없게 된다. 며칠 후 러시아 군대가 드레스덴을 점령하고, 세계대전은 끝이 난다.

빌리는 일리엄으로 돌아와 검안학교를 졸업하고, 학교 창립자의 딸인 발렌시아 머블(Valencia Merble)과 약혼한다. 전쟁의 충격으로 재향병원에 입원해 치료를 받던 중 킬고어 트라웃(Kilgore Trout)이라는 과학소설가의 작품을 접한다. 퇴원 후 발렌시아와 결혼을 한 빌리는 부자 장인의 도움으로 검안 사업에 착수하여 많은 돈을 번다. 부인과의 사이에 아들딸 둘을 낳은 빌리는, 캐딜락 자동차에 부유한 교외주택, 번창하는 사업, 그리고 라이온스 클럽 회장직에 이르기까지 아메리칸 드림의 성공을 이룬다.

그러다가 열여덟 번째 결혼기념일에 하객으로 온 동료 검안사의 남성 사중창단을 보는 순간 정신적 충격에 빠진다. 그 이유는 드레스덴에서 함께 살아남은 독일호송병과 너무 닮은 사중창단의 모습을 보고 이차대전 당시의 기억이 떠올랐기 때문이다.

1967년 딸의 결혼식이 있던 날 밤에 빌리는 트랄파마도르(Tralfamadore) 행성에서 온 외계인들에 의해 납치된다. 그들은 빌리를 비행접시에 태워 트랄파마도르 행성으로 데리고 가서 이미 납치해온 유명 여배우 몬태나 와일드핵(Montana Wildhack)과 함께 살게 한다. 두 사람은 트랄파마도르인들이 관람할 수 있도록 투명유리집 안에서 기거하게 된다. 트랄파마도르인들은 빌리에게 시간이 어떻게 사차원적으로 존재하는지, 그들의 시간관에 대해 설명해준다. 그들의 설명에 따르면, 누군가 죽더라도 그것은 단지 어느 특정 시간에만 죽어있는 것일 뿐, 실제로는 죽은 게 아니다. 다른 시간, 다른 장소에서는 계속 살아있는 것이다. 사물의 이치란 다 "그런 것이다(so it goes)." 그러므로 한 순간에만 얽매이지 말고, 인생 전체의 모든 좋은 순간들을 보라고 그들은 권고한다.

지구로 돌아온 빌리는 트랄파마도르에 관해서 처음엔 아무에게도 말하지 않는다. 그러다가 1968년 빌리는 몬트리올에서 열리는 검안학술대회에 참석하기 위해 비행기를 타고 가다 비행기가 산으로 추락하는 사고를 당한다. 동료 검안사들 가운데 유일하게 생존한 빌리는 버몬트의 병원에서 뇌수술을 받게 되고, 그를 보기 위해 병원으로 차를 운전해 가던 발렌시아는 교통사고로 목숨을 잃는다. 빌리의 딸은 그를 일리엄의 집으로 데려와 간호사의 시중을 받게 한다. 빌리는 트랄파마도르에서 배운 것을 드디어 세상에 알릴 때가 되었다고 느낀다. 시간여행을 하면서 자신이 비행기사고 당하는 것을 이미 보았기에 그 사실을 사람들에게 전하면 자신의 메시지를 믿어 주리라고 생각한다. 그리고 이러한 생각에서 뉴욕시의 모 방송국

토크쇼에 몰래 들어가거나, 지역신문에 편지를 보낸다. 그러자 딸은 이러한 아버지의 모습에 어찌할 바를 몰라 한다.

이에 아랑곳하지 않고 빌리는 중국이 시카고에 수소폭탄을 투하한 후인 1976년에 자기는 죽게 될 것을 예견하며 자신의 죽음에 관해 녹음을 한다. 자신이 정확하게 어떻게 죽을지 그는 너무 잘 안다. 전쟁에서 알게 된 롤런 위어리가 자기 대신 복수해달라고 부탁한 폴 라자로(Paul Lazzaro)가 쏜 총에 죽는다는 것을 그는 이미 알고 있다. 하지만 그는 죽게 되더라도 인생의 다른 순간으로 돌아올 것이라고 말한다. 트랄파마도르인의 충고대로 죽어도 지금 그렇게 보일뿐 죽은 것이 아니며, 다 "그런 것이기에."

앞서 말했듯이 『제5도살장』은 비연대기적인 서술의 형식을 취하고 있어서 사건이 일어난 순서대로 줄거리를 정리한다는 것은 큰 의미가 없다. 따라서 연대기적 배열보다는 소설을 구성하는 주요 사건들의 모둠에 따라 생각하는 것이 좀 더 효과적일 수 있다. 총 10장으로 이루어진 『제5도살장』의 주요 사건들은 빌리를 중심으로 총 네 개의 큰 모둠, 즉 유년기부터 전쟁에 참전하기까지의 빌리의 청년기, 이차대전의 독일 전쟁터와 드레스덴을 중심으로 한 빌리의 전쟁 참전기, 미국으로 돌아와 검안사로 활동하며 죽음을 예언하기까지의 일대기, 그리고 트랄파마도르에 수시로 납치되어 겪는 체류기의 네 모둠으로 묶을 수 있다. 이 모둠들은 서로 연대기적인 관계에 있는 것처럼 보이지만, 과거, 현재, 미래의 삼차원적 질서를 거부하는 트랄파마도르의 시공간 때문에 반드시 그렇지는 않다. 각각의 모둠 속으로 들어가면 그 자체로 또한 파편적이어서 또 다른 세부 모둠으로 나뉠 수 있다. 즉, 『제5도살장』에서 보니것은 이 모둠들로부터 사건을 자유자재로 끌어와서 위에 간추린 것과 같은 줄거리의 서사를 들려주고 있는 것이다.

문학사적 의의

 보니것의 소설 중에서도 『제5도살장』은 그전까지 그렇게 주목을 끌지 못했던 그의 이름을 널리 알린 가장 대표적인 작품일 뿐 아니라, 그것이 발표된 1960년대 미국의 사회변화, 시대정신, 그리고 당대 미국소설의 새로운 흐름을 가장 잘 반영하는 작품이다. 이러한 점은 아래와 같이 크게 세 가지 면에서 찾아볼 수 있다.

 첫째, 보니것의 『제5도살장』은 전쟁에 항거하는 반전(反戰)소설로서 폭발적인 반응을 불러일으킨 작품이다. 소설이 발표된 1969년 미국은 베트남 전쟁으로 커다란 혼란을 겪기 시작했고, 이에 맞서는 대학생들 중심의 반전운동이 사회다방면에서 기성세대의 권위와 관습에 도전하던 당시 청년세대의 혁명적인 분출을 더욱 가속화시켰다. 작은 문고판 형태로 출간된 『제5도살장』은 당시 젊은 독자들에게는 필독서와도 같은 책이었다. 책이 나오자마자 최고의 베스트셀러가 되었으며, 이와 동시에 보니것은 문화적 아이콘이자 숭배의 대상으로까지 칭송되었다.

 이차대전의 참사를 소재로 한 보니것의 소설이 그렇게까지 큰 관심을 끈 데에는 출판시기의 절묘한 타이밍이 한 몫을 했다. 하지만 출판시기보다 더 중요한 몫을 한 것은 전쟁을 바라보는 작가의 관점이다. 작품소재와 출판시기 사이에 20여년의 시차가 있지만 작가는 두 시기를 동일선상에서 바라본다. 이 점은 소설의 화자가, 베트남 전쟁이 진행되는 현 시점에서 ("매일매일 우리 정부는 베트남에서 군사과학에 의해 초래된 사상자 수를 알려준다.") 이차대전의 참상을 이야기하고 있다는 것에서 확인할 수 있다. 『제5도살장』에서 두 전쟁, 즉 줄거리 차원에서(story time)의 이차대전과 서술 차원에서(narrative time)의 베트남 전쟁은 서로 병렬해있다. 그러한 병렬형식을 통해 보니것은 드레스덴 비극을 폭로하는 동시에 그러한 전쟁의 모순과 부조리함이 계속 되풀이되고 있는 베트남 전쟁의 현실을 동시대 독자들에게 고발하는 것이다.

반전소설로서의 『제5도살장』은, 이 소설을 쓰게 된 배경을 자세히 소개하는 첫 장에서 보니것이 그의 전우 버나드 오헤어(Bernard V. O'Hare)의 부인과 나누는 대화에서 엿볼 수 있듯이, 기존의 반전소설들과는 그 성격과 형식이 많이 다르다. 전쟁의 비극을 다루는 수많은 할리우드 영화와 기존의 반전소설이 전쟁의 폐해를 고발하면서도 여전히 영웅주의에 호소하거나 전쟁을 낭만화하는 경향이 많았다면, 보니것은 어떤 형태로든 전쟁이 이상화되거나 명분의 대상이 되는 것에 반대한다. 근본적으로 보니것에게 전쟁은 고색창연한 대의와 명분을 위해 자행되는 부조리하고 잔혹한 행위일 뿐이다. 그러한 전쟁을 자칫 진지하고 의미심장하게, 혹은 논리적으로 기술하다보면 그것을 오히려 정당화하는 우를 범하기 쉽다. 그래서 보니것이 택한 방법은 전쟁을 그 부조리함 그대로 조리 없게, 즉 부조리하게 서술하여 폭로하는 것이다. 보니것의 이러한 반전통적인 서술방식은 전쟁의 경험을 기존의 사실주의적인 방법으로 묘사하던 관습에서 벗어나 그것을 파편적이며 해체적으로 제시한 팀 오브라이언(Tim O'Brien)의 『그들이 지니고 다닌 것들』(*The Things They Carried*, 1990)이나 마이클 헤어(Michael Herr)의 『급보』(*Dispatches*, 1977)와 같은 베트남 반전소설들과도 통하는 면이 있다.

둘째, 보니것의 『제5도살장』은 사회비판과 풍자에 있어서 독보적인 소설이다. 그의 전작에서 시종일관 나타나는 비판정신은 전쟁에 초점을 맞춘 이 작품에서 특히 돋보인다. 보니것은 이차대전에서 드러난 인간의 잔악성을 신랄하게 풍자하는 가운데 인간이 자부하는 현대문명과 근대(modern)의 진보주의가 얼마나 비극적인 결과를 가져왔으며 부질없는지에 대해 다각적으로 문제를 제기한다. 인간이 이룩한 문명이 얼마나 파괴적일 수 있는지는 더 이상 말이 필요 없을 정도로 이 소설이 전하는 전쟁의 참상을 통해 여실히 드러난다. 보니것은 그러한 파괴에 오히려 기여하는 과학기술을 맹렬히 비판하면서, 또한 과학기술의 발전을 추동해온 서구 근대의 낙관적 신념에 근본적인 의문을 던진다.

보니것이 문제시하는 서구 근대의 신념은 인간이 세계의 중심이 되어 무한한 발전을 이룩할 수 있다고 믿는 진보주의적 세계관이다. 과거보다는 현재가, 현재보다는 미래가 더 나을 것이라고 믿는 직선적 시간관과 사물을 인간의 위치에서 바라보는 원근법, 그리고 그 모든 것을 가능케 하는, 개인으로서의 인간이 지닌 이성과 자유의지에 대한 무한한 신뢰 등은 그러한 인간 중심적 낙관주의를 떠받치는 근대의 기제들이다.

보니것은 이러한 믿음이 오히려 인류와 세계를 위험에 빠뜨리는 현실에 대해 경고하면서 그 믿음의 근거와 타당성에 대해 다시 생각하게 한다. 이 과정은 낯익은 것을 새롭게 다시 보게 하는 '낯설게 하기'의 과정과 흡사하다. 보니것이 이를 위해 동원하는 것은 과학소설의 기법이다. 과학소설에서 흔히 등장하는 지구 바깥에 사는 외계인을 통해 인간이 당연하다고 여겨온 가치관과 신념을 보게 함으로써 인간 스스로에 대한 비판적 거리와 시선을 제공하는 것이다.

외계인으로 등장하는 트랄파마도르인은 인간이 진리처럼 믿어온 신념과 관습들을 여지없이 무너뜨린다. 가장 대표적인 것 중 하나가 근대의 직선적 혹은 삼차원적 시간관이다. 보니것은 트랄파마도르인을 통해 과거, 현재, 미래가 따로 혹은 단선적으로 있는 게 아니라 그 각각의 순간들이 동시에 존재한다는 사차원적 혹은 다차원적 시간관을 제시한다. 이러한 트랄파마도르의 시간관은 세상의 이치란 '그런 것이므로' 현재의 불행이나 죽음을 인내하고 받아들이게 하는 역할을 하는 한편 아인슈타인의 상대성 이론을 연상시키는 새로운 통찰을 제공한다. 또한 이러한 시간관은

커트 보니것(Kurt Vonnegut Jr.)

소설 형식에 대한 고정관념을 깨뜨려서, 기승전결로 구성된 선형적인 (linear) 서사 대신에 트랄파마도르인의 책처럼 다양한 사건들이 콜라주의 동시다발적 형식으로 펼쳐지는 새로운 서사를 제시한다.

이외에도 트랄파마도르인들은 지금까지 "서른한 개 행성을 다녀보고 백여 개 행성에 관한 보고서를 다 뒤져봤지만 자유의지를 운운하는 곳은 지구밖에 없다"며 자유에 관한 언급 자체를 받아들이지 않는다. 납치된 빌리가 왜 "하필 나냐?"고 묻는 질문에 대해서도 참으로 '지구인다운 질문'이라고 지적하면서 인간은 "호박(琥珀)에 갇힌 벌레"와 같은 존재라고 잘라 말한다.

이처럼 보니것은 개인의 자유나 자유의지에 대해서 회의적이다. 이것은 그 자체를 부인한다기보다 그러한 자유주의적, 개인주의적 이상이 전쟁의 대의명분으로 이용된다든가, 그 이상과는 정반대로 인간은 그를 둘러싼 거대한 힘들에 의해 좌지우지되어왔음을 지적하는 것이라고 할 수 있겠다. 이 점에서 보니것은 허무주의적이고 비관론적이며 운명론적이기까지 하다. 사회와 인간에 대한 비판이 비관과 허무로 자주 흐르거나, 트랄파마도르인의 시간관에서 느껴지는, 이미 일어난 것은 어쩔 수 없다는 식의 운명론에서 더욱 그러하다. 특히 삶의 부조리와 우연, 임의성을 즐겨 강조하는 보니것 특유의 냉소적 블랙 유머에서도 이 점은 쉽게 눈에 띤다. 하지만 이러한 블랙 유머의 이면에 따스하고 친근한 웃음을 자아내는 유머와 페이소스가 짙게 흐르고 있음을 강조하지 않을 수 없다. 특히 터무니없을 정도로 우스꽝스러우면서도 동정을 유발하는 빌리의 부조리한 이야기에는 주인공을 바라보는 작가의 연민이 깊게 배어 있어서 이 소설을 단순한 슬랩스틱이나 냉소적 유머 이상의 것으로 느끼게 해준다.

『제5도살장』에 나타난 사회비판적 풍자를 논의할 때 주의깊게 생각해야 할 것은 전쟁과 같은 부조리한 현실에 대한 작가의 태도이다. 기본적으로 풍자는 단순히 비판을 위한 비판이기보다는 개선과 변화를 위한 비판일 때 그 의의를 인정받는다. 그렇다면 보니것의 『제5도살장』 어떠한가. 트랄파마도르의 교훈을 전수받은 빌리의 운명론적 체념, 즉 이미 일어난 것은 어쩔 수 없으며 과거, 현재, 미래 중 어떤 것도 바꿀 수 없다는 태도와 작품의 냉소적인 블랙 유머를 근거로 하여 보니것 소설은 저항과 변화보다는 회의와 비관의 색채에 더 가깝다고 단정할 수 있다. 이러한 해석이 전혀 틀린 것은 아니지만 좀더 유의해서 살펴볼 필요가 있다.

빌리가 작품에서 주된 역할을 하지만 그의 삶과 가치관은 그를 일정한 거리를 두고 바라보는 화자에 의해 전달된다는 점을 간과해서는 안 된다. 드레스덴 대학살에서 살아남은 빌리의 전쟁경험이 작가의 그것과 상당히 비슷하지만 그렇다고 빌리가 곧 보니것인 것은 아닌 것과 비슷한 이치다. 굳이 따지자면 화자가 바로 작가의 소설적 분신이라고 할 수 있고, 실제로 그 화자는 1장 이후의 이야기에서 두어 차례 불쑥 나타나기도 한다. 소설 속 화자가 빌리와 일정한 거리를 유지하고 있다는 사실은 빌리가 사무실 벽에 걸어놓은 아래의 기도문을 바라보는 장면에서 짐작할 수 있다.

"신이시여,
바꿀 수 없는 것을 받아들이는 평온함과
바꿀 수 있는 것을 바꾸는 용기를 주소서. 그리고
바꿀 수 있는 것과 없는 것의 차이를
항상 구별할 수 있는 지혜를 주소서."

이 기도문을 보며 빌리는 과거, 현재, 미래의 그 어떤 것도 바꿀 수 없다는 체념의 입장을 밝힌다. 그런데 이것은 화자가 전하는 빌리의 입장일 뿐 화자 자신의 입장이라고 단정할 수 없다. 화자는 오히려 그 어떤 논평 없이 빌리로부터 거리두기를 하여 독자에게 생각의 여지를 제공한다. 다시 말해서, 보니것의 『제5도살장』은 빌리로 대변되는 입장과 그를 통해 전쟁의 부조리와 모순에 저항하는 작가 보니것의 입장, 즉 모든 것을 체념하고 받아들이자는 입장과 변화를 촉구하는 사회적 비판의 입장이 기도문의 문구처럼 묘한 긴장을 이루며 공존하는 작품이라고 할 수 있다.

셋째, 보니것의 『제5도살장』은 포스트모더니즘 소설로서 주목할 만한 작품이다. 『제5도살장』의 포스트모더니즘적인 측면은 크게 두 가지 점에서 찾을 수 있다. 먼저, 보니것의 소설이 크게 호응을 얻은 것은 사회비판이나 반전소설로서의 주제 못지않게 그의 소설이 지니는 장르적 신선함 때문이다. 비평가 레슬리 피들러(Leslie Fiedler)가 「경계를 가로지르고, 간극을 메우며」(Cross the Border—Fill the Gap)와 같은 논문에서 자주 강조하였듯이, 보니것은 1960년대 미국 신세대 문학의 새로운 정서라고 할 수 있는 저급과 고급, 대중문학과 순수문학의 절충을, 과학소설과 본격소설의 접목을 통하여 이룩한 선도적인 작가이다. 토머스 핀천(Thomas Pynchon)이나 필립 딕(Philip K. Dick)의 소설에서 보듯이, 1960년대로 접어들면서 장르문학에 속하는 과학소설과 본격문학의 간극은 점차 사라졌을 뿐 아니라, 과학소설이 본격문학의 새로운 형식으로 전유되었음은 주지의 사실이다. 특히 보니것은 『제5도살장』뿐 아니라 그의 대부분의 소설에서 과학소설의 통속적이며 유희적인 특성을, 인간사회의 부조리함을 파헤치는 본격소설의 진지함 속으로 가져와서 이 방면의 획을 긋는 작가가 되었다.

『제5도살장』은 장르적 절충 외에도 소설의 서사형식 전반에 걸쳐 포스트모더니즘적이다. 그 중에서도 가장 눈에 띄는 것은 공공연하게 비(非)선형적인 플롯이다. 소설의 창작배경을 술회하는 1장에서 보니것은 드레스덴 사건을 소설로 옮기는 방법에 대해 고민하다가 20여년이 지나서야 근접한 답을 찾게 되었다며, 처음엔 아래와 같은 전통적인 기승전결의 형식을 구상했었다고 전한다.

클라이맥스, 스릴, 인물묘사, 기막힌 대화, 긴장감, 대결을 중개하는 사람으로서 나는 드레스덴 이야기의 개요를 여러 차례 그려보았다. 그 중에서 가장 근사한 것은 내가 벽지의 뒷면에 그린 것이었다.

나는 내 딸의 크레용을 갖고서 각각의 주요 인물들을 색깔이 서로 다른 직선들로 표시했다. 벽지의 한쪽 끝은 이야기의 시작이었고, 다른 한쪽 끝은 이야기의 끝이었으며, 가운데 부분은 모두 이야기의 중간이었다. 그리고 푸른 선은 빨간 선과 이어졌으며 그런 다음 다시 노란 선과 이어졌다. 그런데 노란 선은 그 선이 나타내는 인물이 죽었기 때문에 거기서 끊겼다. 기타 등등. 드레스덴 폭격은 오렌지색의 수직 그물 모양으로 나타냈다. 아직 살아있는 모든 선들은 그것을 통과하여 다른 한쪽 편으로 나왔다.

그러나 보니것은 시작-중간-끝으로 이어지는 순차적이고 통합된 플롯을 거부한다. 논리적으로 설명하거나 도저히 믿을 수 없는 드레스덴 참사의 악몽과 부조리를 합리적으로 재현한다는 것은 그 실재에 부합하는 재현이 아닐뿐더러, 관습적인 형식의 수많은 전쟁소설과 영화들은 전쟁을 오히려 호도하거나 이상화해왔기 때문이다. 또한 기존의 재현 방식대로, 즉 단선적인 진행과 인과론적 질서에 치우쳐 현실을 재현하다 보면 삶의 다양한 경험과 의미를 위계적으로 재단하고 억압하게 된다. 반면에 인간 경험과 실재는 인과관계에 따라 순차적으로 설명될 수 없다. 종전의 믿음과는 달리 변화, 유동성, 상대성, 임의성, 우연성, 동시성 등이 실재의 새로운 측면으로 인식되고, 시간 또한 유동적이며 굴절되기 쉬운 순간들로 파악되는 것은 그러한 연유에서이다.

『제5도살장』에서 보니것은 이러한 견해에 부합하는 새로운 형식의 서사를 실험한다. 흥미롭게도, 새로운 서사의 이상적인 모형이 트랄파마도르인들이 보는 책을 통해서 암시된다. 지구인의 전보처럼 별개의 기호 혹은 상징 덩어리들로 이루어진 트랄파마도르인의 책은 각각의 메시지 사이에 특별한 관계나 "시작, 중간, 결말, 긴장감, 교훈, 원인, 결과 같은 게 [없어서]", 어떤 상황이나 장면을 "하나하나 순서대로 읽는 것이 아니라 모두 한꺼번에 [읽음]"으로써 인생의 심오하고 아름다운 순간들을 관찰할 수 있도록 되어 있다. 이것은 전통적인 서사의 한계를 극복하고 실재의 다차원적 복잡성을 나타내기 위한 가상의 모형이라 할 수 있다. 그런데 이러한 모형은 활자매체로 이루어진 게 아니어서, 보니것으로서는 『제5도살장』의 활자 텍스트를 통해 그것에 가장 근접한 시도를 하고 있는 셈이다.

또한 『제5도살장』의 파편적인 구조는 당시에 급부상하던 뉴미디어를 연상시킨다. 시간 점프를 통해 이야기의 흐름이 무작위로 바뀌거나, 각각의 단락이 중간에 여백을 둔 채 토막들의 배열로 되어 있는 형상은 마치 채널을 임의적으로 바꿀 때의 텔레비전 스크린의 내용이나 텔레비전 뉴스 사건을 배열한 것 같은 느낌을 준다. 이처럼 보니것은 '소설의 죽음'이 여기저기서 거론되던 당대에 다른 매체를 의식적으로 염두에 둔 실험을 통해 소설의 새로운 가능성을 탐구한다.

이러한 시도는 작품의 상호 텍스트적이고 다중적인 특성에서도 확인할 수 있다. 이백 쪽이 채 안 되는 짧은 소설에서 보니것은 종류와 장르, 감각 등에 있어서 다양하고 이질적인 텍스트들을 혼용해서 사용한다. 그 가운데 몇 가지만 열거하자면, 시, 소설, 동화와 같은 문학텍스트, 평전, 전기, 종교사, 전쟁사, 성서와 같은 비문학적 텍스트, 속요, 크리스마스 캐럴, 경구, 과학소설과 같은 대중문화 텍스트, 문어보다는 구어와 속어 중심의 텍스트, 보니것의 이전 소설에 나오는 인물들(하워드 캠벨, 킬고르 트라웃)이 재등장하는 일종의 메타픽션(metafiction) 텍스트, 그리고 이러한 문자 텍스트 외에 그림, 삽화, 캐리커처와 같은 시각 텍스트와 청각적 울림이 강한 텍스트 등등이 이야기 마디마디에 상호적이며 복합적으로 산포되어 있다. 이러한 텍스트와 매체의 다중적인 배합은 독자를 문자와 논리적 일관성에 가두어놓는 활자책의 한계를 극복하기 위한 노력의 일환이라고 할 수 있다.

끝으로 『제5도살장』은 포스트모더니즘 소설에서 자주 발견할 수 있는 메타픽션적인 자의식(self-consciousness)을 잘 보여준다. 보니것의 소설은 바로 위에서 언급한대로 기존 인물들을 재등장하게 할 뿐 아니라, 독자가 읽고 있는 이 작품이 허구임을 의식적으로 드러낸다. 이 점은 작가가 그간의 창작배경을 언급하면서 소설의 이야기를 어떻게 펼쳐나갈지 미리 밝히는 작품의 첫 장에서부터 분명하게 나타난다. 이를테면 '소설에 관한 소설'을 보니것은 가장 바깥의 틀 이야기(frame-tale)에 해당하는 작품의 첫 장에서부터 시도하고 있는 것이다. 그리고 실제로 소설의 사건이 주인공 빌리 중심으로 진행될 때에도 중간 중간에 불쑥 개입하여 화자의 존재를 알린다. 그럼으로써 보니것은 이야기의 사실성과 친밀도를 올리면서, 다른 한편으로는 아이러니하게도 이야기의 허구성을 드러낸다. 즉, 전기와 허구, 실제와 상상의 경계를 흐리게 하고 임의적으로 넘나듦으로써 이야기의 진실성을 담보하는 동시에 이야기에 대한 지나친 감정이입과 환상을 차단하는 것이다. 이처럼 보니것의 『제5도살장』은 작품의 주제, 형식, 사회문화적 시사점 등에 있어 20세기 미국소설을 대표하는 작품이라고 말하지 않을 수 없다.

▶▶ **더 읽을거리**

Allen, William Rodney. *Understanding Kurt Vonnegut*. Columbia: U of South Carolina P, 1991.

Boon, Kevin A., ed. *At Millenium's End: New Essays on the Work of Kurt Vonnegut*. New York: U of New York P, 2001.

Klinkowitz, Jerome. *The Vonnegut Effect*. Columbia: U of South Carolina P, 2004.

___, and Donald L. Lawler, eds. *Vonnegut in America: An Introduction to the Life and Work of Kurt Vonnegut*. New York: Delacorte, 1973.

Lundquist, James. *Kurt Vonnegut*. New York: Ungar, 1973.

┃박 인 찬 (숙명여자대학교)

맥신 홍 킹스턴
Maxine Hong Kingston

작가 소개

　맥신 홍 킹스턴은 1940년 10월 27일 샌프란시스코 시에서 동쪽으로 약 130km 떨어진 곳에 위치한 캘리포니아 주 최대의 내륙항인 스톡턴(Stockton) 시에서 태어났다. 2001년 늦여름 필자가 우연히 그곳을 방문했을 때 수많은 수로가 이색적인 조용한 중소도시라는 인상을 받았었는데, 킹스턴 자신이 그녀의 자전적 소설인 『차이나맨』에서 "태평양 연안에서 세 개의 철도 노선-산타페 철도, 서던퍼시픽 철도, (1870년 센트럴퍼시픽 철도로 흡수된) 웨스턴퍼시픽 철도-이 지나가는 유일한 도시"(126)라고 언급한 만큼 한때 이 도시는 태평양에서 거슬러 올라온 내륙 운하와 대륙을 가로지른 철도망이 서로 만나는 역사적인 교통의 요충지, 즉 온갖 사람이 모이는 곳이었다.

　중국계 미국인 작가의 출생지나 성장지를 소개할 때 빠뜨려서는 안 될 중요한 사항 중의 하나는 바로 그 지역에 뿌리내린 차이나타운(Chinatown)의 역사이다. 미국의 도시 공간의 경제학에서 빼놓을 수 없는 요소인 차이나타운은 입지의 정치학(politics of location)을 정체성의 정치학(politics of identity)과 연루시키는 차이니즈 디아스포라(Chinese diaspora)의 기착지인 동시에 동시대 미국이라는 다문화적 환경 하에서 다양성(diversity)을 거쳐 혼종성(hybridity)을 향해 이미 한 발을 내디딘 새로운 화교 문화의 전초 기지로도 볼 수 있다. 이 복합성에 비추어 차이나타운은 더 이상 차이만을 매매하는 배타적 고립지역(ethnic enclave)이 아니다. 역사적으로 스톡턴의 차이나타운 역시 금산(Gold Mountain), 즉 캘리포니아 지역으로 이주해온 중국의 광산 노동자들과 철도 노동자들이 기착한 장소 중의 하나로서, 1880년경에 이르러 샌프란시스코 차이나타운과 새크라멘토 차이나타운에 이어 캘리포니아 주에서 세 번째로 큰 규모로 급성장하였다.

맥신 홍의 부모는 "금산용사"라 불리는 직전 세대에 이어 차이니즈 디아스포라의 두 번째 물결에 합류해 각각 1924년과 1939년에 뉴욕 시로 입국한 이민 1세대였다. 중국에서 맥신의 아버지는 선비연하는 학교 교사로서 지식층에 속했으며 그녀의 어머니 또한 양의 산과 과정을 이수한 일종의 의료인으로서 짧게나마 전문직 종사자의 길을 걸었던 것으로 알려져 있다. 뉴욕에서 해후한 부부는 곧바로 스톡턴으로 이주했고 이듬해 맥신 홍을 출산했다. 하지만 스톡턴에서 맥신의 부모는 언어와 문화의 장벽에 막혀 중산층 전문직종의 삶을 이어나갈 수 없었다. 그녀의 부모는 그나마 세탁업에 종사하기 전까지 인근의 도박장, 공장, 과수원 등지를 전전하며 가난한 노동자의 고단한 삶을 살았다.

스톡턴에서 태어나 유년기와 청소년기를 보낸 맥신 홍은 캘리포니아 대학으로 진학해 1962년 버클리에서 영문학 학사학위를 받았고, 같은 해 대학 동창인 얼 킹스턴(Earll Kingston)과 결혼했으며, 1964년 둘 사이에서 아들 조세프(Joseph Lawrence Chung Mei)가 태어났다. 그녀는 1965년에 교사자격증을 취득하여 고등학교에서 영어 교사로 일했으며, 1967년 하와이로 이주해 본격적으로 작가의 길을 걷기 시작했다. 맥신 홍 킹스턴은 다산 작가는 아니었다. 그녀는 2편의 자전적 소설, 『여전사』(*The Woman Warrior: Memoirs of a Girlhood among Ghosts*, 1976)와 『차이나맨』(*China Men*, 1980), 그리고 1편의 소설 『여행왕 손오공』(*Tripmaster Monkey: His Fake Book*, 1989)을 발표했고 그 외 대여섯 편의 산문집을 출판했을 뿐이다. 하지만 『여전사』는 그녀의 삶뿐만 아니라 아시아계 미국문학의 지형도를 획기적으로 바꿀 정도로 전미국적인 주목을 끈 작품으로 <전미도서비평가협회상>(National Book Critics Circle Award) 논픽션 부문을 수상했으며, 『차이나맨』 또한 1981년 미국 출판업계 최고의 명예라 불리는 <전미도서상>(National Book Award) 논픽션 부문에 뽑힌 수작이었다.

이후 작가로서의 그녀의 행보에 이정표가 될 만한 업적은 눈에 띄지 않지만, 미군의 이라크 파병을 반대하는 등의 반전·평화 운동에 적극적으로 참여하고 있는 것으로 알려져 있다. 그녀는 현재 캘리포니아 주 오클랜드 시에 살고 있다.

차이나맨[*]
China Men

작품 줄거리

　맥신 홍 킹스턴의 『차이나맨』은 중국계 이민 2세대인 딸의 시점에서 자신의 아버지와 다른 수많은 중국인 남성 이민자들이 미국 시민이 되어가는 (혹은 미국 시민이 되는데 실패하는) 긴 여정을 서술한 역사적·자전적 기록이다. 『여전사』가 출판 당시 논픽션으로 분류되어 서점의 자서전 코너에 진열되었다가 1990년대 이후 아시아계 비평가들에 의해 현실과 허구 사이의 경계를 허문 포스트모던 글쓰기의 전형으로 재평가되고 있는 것과 얼추 유사하게, 『차이나맨』도 한편으로는 논픽션으로 간주되는 동시에 다른 한편에서는 신화와 전설, 민담과 우화, 심지어 꿈과 환상까지 역사적 사실과 절묘하게 배합된 혼종적 장르로 논의되고 있다. 이 책의 목차만 보더라도 복합적인 구조를 미루어 짐작할 수 있다. 이 책은 우선 회고록에 해당하는 여섯 개의 큰 장으로 구성되어 있는데, 각 장의 제목은 알파벳 대문자만으로 인쇄되어 있다. 이 주요 장 전후에 1편 내지 2편의 막간장들이

---

[*]　이 글은 『영미문화』 11권 2호(2011. 8. 31)의 서평란에 실린 「맥신 홍 킹스턴의 『차이나맨』을 찾아서」를 재수록한 것이다.

자리잡고 있는데 이 소품들의 장르는 신화와 전설에서부터 법조문, 신문 기사문, 일기문에 이르기까지 다양하다.

발견(On Discovery)

약 2쪽 분량의 우화적 성격이 짙은 이 짧은 글은 형식적으로 책 전체의 서문 또는 제사의 기능을 한다고 볼 수 있다. 여기서 저자는 당조(Tang Dynasty) 측천무후(Empress Wu) 통치기에 회자되었다고 추정되는 한 토막의 전설을 이야기한다. 이 전설에 따르면, 탕아오(Tang Ao)라는 한 남성이 대양을 건너 황금의 나라(Gold Mountain)를 찾아 나섰다가 여인국(the Land of Women)에 도착해 거기서 얼마간 체류했는데 그 신비의 나라가 오늘날의 북미 대륙에 있었다는 것이다. 이 여행기의 주인공인 탕아오는 19세기 중엽부터 태평양을 건너 금산, 즉 캘리포니아로 이주해온 중국계 남성 노동자들과 그들 중의 한 명인 저자의 아버지의 상징적 원형으로 암시된다.

아버지들(On Fathers)

약 반쪽 분량의 이 소품 역시 구성적으로 또 하나의 서문 격으로 볼 수 있다. 이 두 번째 서문에서 화자는 어린 시절 아버지의 퇴근을 기다리던 짧은 에피소드를 소개하고 있다. 어린 소녀는 종종 다른 중국계 남성들을 자신의 아버지로 오인한다. 이는 아버지라는 존재에 대한 간절한 그리움을 보여줄 뿐만 아니라, 미국 사회에 이주해온 중국계 아버지들이 공통적으로 겪었던 곤경과 애환의 역사를 함축한다.

제1장 : 중국에서 온 아버지(THE FATHER FROM CHINA)

맥신 홍 킹스턴은 잠자리 꼬리에 실을 묶어 장난감 비행기 놀이를 함께 해주던 아버지에 대한 즐거웠던 회상으로 회고록을 시작한다. 하지만 딸의 기억 속에 지배적으로 그려진 아버지의 상은 온종일 세탁소에서 묵묵히 일하는 애잔한 모습이다. 이민 1세대가 지닌 한계인 언어 장벽으로 인해 그녀의 부모 세대가 공통적으로 겪을 수밖에 없었던 손실과 울분을 화자는 생생하게 기억한다.

문화적으로 서툴고 제도적으로 배제된 이국땅에서 고단한 노동으로 일상을 반복하기 오래 전, 킹스턴의 아버지는 중국 광동지방에서 부모의 사랑과 관심을 독차지한 영특한 아들로 태어났다. 그의 어머니, 즉 화자의 할머니 아포(Ah Po)는 위로 태어난 세 형들에게 "막내는 너희와 달라. 이 손을 봐라. 이 아이는 붓을 쥘 손가락을 가지고 태어났어. 우린 막내가 이다음에 과거시험(the Imperial Examination)을 볼 수 있도록 열심히 뒷받침해야 해"(16)라고 말하며 넷째 아들을 특별 대우했다고 한다. 어머니와 형들의 후원에도 불구하고 킹스턴의 아버지는 계속해서 과거에 낙방하고 식년시를 기다리는 동안 훈장 노릇을 하며 그럭저럭 생계를 이어 나갔다. 그는 고향 마을에서 아이들을 가르치는 데에서 즐거움을 찾지 못했다. 오히려 가르치는 일은 그에게서 읽고 쓰는 시간을 앗아갔고 서서히 그의 문재를 망가뜨린다고까지 믿게 되었다. 그렇게 무의미한 나날을 보내던 중 그는 우연히 미국에 가서 돈을 벌어왔다는 사람들에 관한 이야기를 듣게 되고 마침내 과거시험 준비와 훈장일을 그만 두고 이른바 "금산용사"(Gold Mountain Sojourners)의 대열에 합류할 결심을 한다. 그때가 1924년이었다.

도미에 착수한 아버지에 대한 화자의 회상은 합법적인 절차를 밟아

입국한 아버지와 불법이민자로 밀입국한 아버지로 나뉜다. 여기서 킹스턴의 회고록은 그녀 특유의 포스트모던 글쓰기 전략으로 픽션과 논픽션의 경계를 넘나들기 시작하는데, 이 두 부류의 아버지는 킹스턴의 생부와 미국으로 건너온 중국계 이민자 전체를 포괄한다. 당시 미국은 중국인을 포함한 아시아계의 이민을 엄격하게 통제하고 있었기 때문에 대다수의 중국의 아버지들은 밀항을 택해야만 했다. 그들은 마카오나 홍콩에서 출발해 일단 쿠바까지는 합법적으로 배를 타고 왔으나, 쿠바에서 뉴욕, 플로리다 또는 뉴올리언스행 배로 갈아타면서 정상적인 승객이 아닌 궤짝 속의 짐이 되어야만 했다. 선창에 쌓인 통 속에서 "토끼처럼"(51) 웅크린 채 뉴욕항에 도착한 밀입국 차이나맨들은 재치 있는 응수로 백인 세관 검사관을 따돌린 동포 밀수꾼들이 "물 위에 서 있는 거대한 회녹색 여신상"(52)을 가리키며 바로 저것이 "자유라는 이상을 상징한다"(53)는 말을 듣고 나서야 비로소 안도의 숨을 내쉬곤 했다.

한편 다른 한 부류의 중국계 남성들은 합법적인 경로를 통해 미국에 도착했다. 화자가 상상하는 아버지는 이 부류에 속했다. 그는 샌프란시스코 만의 엔젤 아일랜드에 위치한 이민국 사무소에서 입국 수속을 밟았다. 몇날며칠을 지루하게 기다리던 화자의 아버지는 어느 날 밤 대기실 벽에 한시 한 편을 몰래 낙서해 다음 날 아침 동료 중국인들을 놀라게 하기도 했다. 마침내 입국 심사 차례가 돌아왔을 때, 화자의 아버지는 중국계 미국인 통역인을 통해 미리 준비한 답변을 능수능란하게 전달했고 운 좋게도 한번 만에 공식 입국을 허가받았다. 이후 그녀의 아버지는 지체 없이 대륙을 가로질러 "미국의 중심, 뉴욕"(60)으로 향했다.

화자는 자신의 아버지의 뉴욕 체류담을 대신해 뉴욕의 차이나타운을 터전으로 살아가는 네 명의 중국 남성 이민자의 이야기를 들려준다. 에드(Ed), 우드로우(Woodrow), 루즈벨트(Roosevelt), 월드스터(Worldster)로 불리는 이 네 사람의 삶은 중국에 두고 온 처자식을 향한 애잔한 그리움과 백인 지배사회의 차별과 억압에 대한 분노와 하소연으로 점철되어 있지 않다. 그들은 미국 사회에 빠른 속도로 적응하여 독신의 자유로움을 구가하며 서구문명의 이기와 대중문화를 적극적으로 향수한다. 네 명의 중국 남성이 함께 보낸 꿈같은 한 시절은 에드의 아내가 중국을 떠나 미국으로 남편을 찾아옴으로써 끝이 나게 된다. 화자의 부모의 해후를 연상시키는 이 사건을 계기로 네 명의 중국 남성들 간의 우정과 동업관계는 더 이상 유지되지 못하게 된다. 에드와 그의 아내는 씁쓸한 배신감을 뒤로 한 채 뉴욕을 떠나 "진정한 금산"(73)인 캘리포니아로 향한다.

귀신배필(The Ghostmate)

이 막간장에서 화자는 서구의 독자들에게 약간은 이국적인 소재인, 길 잃은 나그네가 산중에서 만나 연분을 나눈 존재가 사실은 오래 전에 죽은 여인의 혼령이었다는 설화를 들려준다. 산 자와 죽은 자의 몽환적 교류는 귀신 이야기에 익숙한 동아시아 독자, 특히 TV단막극 <전설의 고향>을 애청한 경험이 있는 한국인들에게는 너무도 친숙한 제재이다.

제2장 : 샌들우드 산맥의 증조부
(THE GREAT GRANDFATHER OF THE SANDALWOOD MOUNTAINS)

화자의 증조부 백궁(Bak Goong)은 하와이 농업 진흥회의 노동인력 모집 홍보에 응해 국경을 넘어 돈벌이에 나선 최초의 중국계 해외 이주 노동자였다. 그는 책임감이 강한 가장이었으며 중용과 절제의 미덕을 실천하는 도교적 삶을 누렸다. 하와이에서 백궁을 포함한 그들 중국 노동자들 앞에 놓인 일은 비유컨대 산을 깎아 평지를 만드는 작업이었다. 다시 말해,

도끼와 곡괭이, 톱과 들칼(machete)만으로 울창한 밀림을 개간해 사탕수수 농장을 건설하는 중노동이었다. 이에 많은 중국 노동자들은 아편과 도박으로 노동의 고통을 달래었으나, 백궁은 그런 식으로 자신이 번 돈을 탕진하지 않았다. 사나운 기후와 열악한 작업환경에 굴하지 않고 심신의 건강에 유념하면서, 그는 늘 고향에 두고 온 아내의 존재를 되새기며 하와이에서 본 모든 이국적인 것들을 하나도 잊지 않고 아내에게 들려주겠다는 다짐으로 하루하루를 견디어나갔다. 심지어 그는 여가 시간을 이용해 숙소 근처에 조그만 텃밭을 만들어 중국에서 가지고 온 금귤, 유자, 생강, 호박, 콩, 난초, 국화 등의 씨앗과 구근을 심고 가꾸기까지 했다. 아침에 일어나서 낯선 풍토에서 그 이국종들이 어떻게 자라나는지 보는 기쁨이 그의 삶을 지탱해주는 큰 힘이었다.

사탕수수 농장에서 일하던 차이나맨들에게 쉬는 날이란 호놀룰루와 같은 도시로 나가 돈을 쓰는 날이었다. 온갖 가능성이 열려 있는 도시에서의 한나절은 젊은이의 인생을 바꾸기에 충분한 시간이었다. 도시의 유혹에 못 이겨 중국으로 돌아가지 못하는 신세에 빠지는 젊은 차이나맨들도 더러 있었다. 하지만 백궁은 유흥을 멀리 했으며, 1856년 하와이 왕실의 결혼을 축하하는 성대한 연회에 초청받았으나 참석하지 않았다. 하와이 왕실은 중국 노동자들의 공로를 인정해 하와이 원주민과 결혼한 중국인을 하와이인으로 인정해주겠다고 선포하기까지 했지만, 화자의 증조부는 큰돈을 벌어 귀향하겠다는 약속을 저버리지 않고 마침내 중국으로 되돌아갔다.

필멸(On Mortality)

이 막간장에서 화자는 고대 중국의 도교 설화 한 도막을 소개한다. 한 고승이 어떤 젊은이를 지옥으로 인도하면서 거기서 보게 될 모든 광경은 환상에 불과하니 어떠한 상황에서도 소리를 지르지 않는다면 영생을 얻게 될 것이라고 제안한다. 그 젊은이는 쾌락과 슬픔과 분노와 공포와 악을 행하고픈 욕망까지 다 참아내었지만 마지막 관문을 통과하지 못한다. 바로 이것 때문에 인간은 불멸의 존재가 될 수 없다고 말하고는 그 도교승은 홀연 사라진다.

또 다른 필멸(On Mortality Again)

반 쪽 분량의 이 막간장에서 화자는 불로장생의 불가능성을 희화한 폴리네시아의 우화 한 편을 간략하게 들려준다.

제3장 : 시에라네바다 산맥의 할아버지
(THE GRANDFATHER OF THE SIERRA NEVADA MOUNTAINS)

이 장에서 화자는 자신의 어머니로부터 전해들은 할아버지의 삶을 다시 전한다. 화자의 할아버지 아궁(Ah Goong)은 센트럴퍼시픽 철도회사에 고용되어 1863년부터 1869년까지 미국의 대륙횡단철도 건설에 참여한 중국 노동자였다. 태평양 연안 샌프란시스코에서 로키 산맥을 가로지르는 선로를 까는 대역사가 진행되는 동안 아궁은 밤마다 하늘을 보며 일 년에 한 번 견우와 직녀가 만나는 날을 기다리며 노동의 고통과 가족에 대한 그리움을 달래었다. 아궁과 중국 건설노동자들은 처음에 캘리포니아의 울창한 삼나무 숲 사이로 길을 내는 벌목작업에 동원되었다. 이어서 깎아내린 듯한 협곡을 만나면 다리를 놓고 산맥을 만나면 터널을 뚫는 위험천만한 임무를 떠맡았다. 다이너마이트가 발명되기 전까지 그들은 맨손에 곡괭이 한 자루로 화강암 암반을 깨는 끝이 보이지 않는 작업을 무려 3년 동안 계속해야만 했다. 다이너마이트를 이용해 터널을 뚫는 작업은 노동의 강도를 줄여 주었지만 대신에 폭발 사고의 위험에 노출되어 많은 수의 노동자들이 생명과 팔다리를 잃게 되었다. 더욱이 백인 철도 사업주들은 공기를 단축하기 위해 중국인 노동자들을 아일랜드 출신의 노동자, 인디언 및 흑인 노동 인력들과 서로 경쟁시키며 더 큰 위험 속으로 떠밀었다. 화자는 중국인 노동자들이 무지하게 노동 착취에 순응하지만은 않았음을 상기시킨다. 1867년 1월 25일 아궁과 중국 노동자들은 9일간의 파업을 통해 차별적인 노동시간과 임금체계를 개선시키는데 성공했다. 또한 아궁이 딸에게 전한 이야기 속에서 1869년 5월 마침내 대륙횡단철도가 완성되고 이를 축하하기 위한 개통식이 거행되었을 때 중국인 노동자들은 기념사진 촬영에서 배제되었다는 사실과 1885년 와이오밍 주 록스프링즈(Rock Springs)라는 광산 마을에서 십여 명의 중국 광부들이 목숨을 잃고 집단 퇴출(Driven Out) 당할 당시의 정황도 생생하게 드러난다. 화자의 조부 아궁은 백인들의 린치를 피해 야밤을 틈나 선로 변을 따라 걸어서 샌프란시스코로 되돌아와 마침내 중국행 배를 탈 수 있었고 그가 금산, 즉 미국에서 일하며 돈을 벌었다는 사실을 입증해주는 순금반지를 그의 아내에게 선물했다.

이민법(The Laws)

화자는 이 막간장에서 1868년 벌링엄 조약(Burlingame Treaty)에서 시작되어 1978년까지 계속된, 아시아계에게 차별적이었던 미국 이민법의 실상을 조항별로 낱낱이 고발한다.

알래스카 차이나맨(Alaska China Men)

이 막간장은 금광을 찾아 알래스카까지 진출했으나 백인 광부들과 원주민 광부들 사이의 구조적 갈등 때문에 쫓겨날 수밖에 없었던 일단의 차이나맨들의 행적을 좇는다.

제4장 : 보다 진짜 미국인 만들기
(THE MAKING OF MORE AMERICANS)

　이 장에서 화자는 먼저 자신의 조부의 두 동생에 관한 이야기를 전한다. 그녀의 종조부 격인 셋째 할아버지(Sahm Goong)과 넷째 할아버지(Say Goong)는 둘 다 농사일에 능숙했으며 그들의 농장 안에 마구간을 두어 말 키우는 재미에 빠져있었다. 하지만 그 두 중국계 이주민이 꾼 소농의 꿈은 그리 온전히 영글지 못했다. 화자가 미처 알지 못한 이유로 넷째 할아버지가 먼저 별세했고 이승을 뜨지 못하는 동생의 유령을 수차례 보았다고 전해지던 셋째 할아버지도 홀연 어디론가 떠나버렸다고 한다.
　셋째 할아버지의 자손 중에 사오(Sao)라 불리는 손자가 한 명 있었다. 그는 2차 대전 때 미군에 복무하면서 미국 시민권을 취득한다. 그는 화자의 일가친척 중 누구보다 철저하게 동화의 길을 걸었던 중국계 미국인이다. 미국에서 세 딸과 한 아들을 두었으되 중국 사회에서 횡행했던 악습에 따라 딸을 학대하거나 "팔아치우지"(172) 않는다. 한편 그에게는 신드바드의 등에 달라붙은 노인과 같은 존재가 한 명 있었는데 바로 중국에 살고 있는 그의 모친이었다. 사오의 모친은 끈질기게 편지를 보내 사오가 모국으로 돌아오기를 종용한다. 그러나 아들이 어미의 뜻을 거스른 채 미국 시민으로서의 삶을 고집하자 이번에는 집요하게 경제적 원조를 요구한다. 사오가 최소한의 자식된 도리마저 이행하지 않는 사이 어머니가 아사했다는 소식이 전해지고 곧이어 어머니의 혼령이 태평양을 건너와 사오를 괴롭히기 시작한다. 사오의 미국 가족들은 갈수록 심해지는 사오의 환청과 환각 증상을 우려하던 중, 급기야 사오는 고문에 가깝도록 자신을 괴롭히는 혼백의 원한에서 벗어나기 위해 중국행 여객선에 오르고 마침내 고향 마을의 어머니 무덤을 찾아 술과 음식과 선물로 뒤늦게나마 예를 다해

망자의 넋을 위로한다. 이 환상에 가까운 귀신 이야기를 전하는 화자의 어조는 담담하다. 합리주의를 표방하는 서구 교육제도 하에서 성장한 화자이지만 이 이야기를 그저 귀 기울일 가치가 없는 미신의 산물에 불과하다고 여기지는 않는다. 그랬다면 이렇게 사실(주의)적으로 쓰지 않았을 것이다.

화자에게는 할아버지의 세 남동생들뿐만 아니라 할머니의 남동생인 카오궁(Kau Goong)이라 불리는 또 한 명의 조부가 있었다. 유난히 덩치가 커 어린 화자의 눈에 꽤나 위협적으로 보였던 카오궁 할아버지와의 에피소드는 화자의 유년기 기억에서 매우 의미심장한 잔상으로 남아있다. 카오궁 할아버지가 아흔을 넘겼을 무렵 중국에 두고 온 그의 아내로부터 한 통의 편지를 받는다. 그녀는 그의 귀국을 종용하며 얼마 남지 않은 여생이나마 고향에서 함께 죽음을 맞자는 애절한 사연을 전한다. 그러나 카오궁은 몇 주에 걸친 장고 끝에 중국으로 돌아가지 않기로 결심한다. 그는 캘리포니아가 자신의 집이요, 자신이 속할 곳이라고 선언한다. 그리고는 몇 년 뒤 카오궁은 미국땅에 묻히는 중국인, 즉 절반의 미국인이 된다. 어린 화자는 그의 장례식을 상세히 기억한다. 화자가 포함된 운구 행렬은 평소 고인이 즐겨 찾았던 차이나타운의 구석구석을 누볐고, 마침내 그의 관은 샌호아킨 밸리(San Joaquin Valley)에 소재한 중국인 묘지에 안장된다. 카오궁의 장례식에 참석한 사람들에게 이 날은 이민 1세대의 생이 끝나는 동시에 이민 2세대, 즉 중국계 미국인의 삶이 이어짐을 암시하는 일대 사건이었다.

미국에 정착한 카오궁 할아버지와는 대조적으로 중국으로 돌아간 "금산용사"의 후예도 있었음을 화자는 회고한다. 화자의 친척 중에 수다스럽기로 소문난 엉클 번(Uncle Bun)이라고 불린 아저씨가 있었는데, 그는 공산주의에 매료된 인물이었다. 그는 병든 아내와 자식을 뒤로 하고 대장정을 이끈 마오쩌둥을 찬양했으며 소련 공산주의나 중국 공산주의를 넘어 세계 공산주의의 실현가능성을 신봉하는 미몽가였다. 쑨원의 사망 이후 중국의 통일 가능성에 대해 회의적이 되어버린 화자의 부모들은 그가 화자의 집을 들락거리는 것을 적잖이 염려스러워 했다. 날이 갈수록 점점 더 공산주의에 경도된 엉클 번은 급기야 편집증에 걸린 광신도의 면모를 보이기 시작했다. 그는 연방수사국(FBI)과 하원 반미활동조사특위(HUAC)와 같은 기관들이 자신을 미행하고 있다고 떠벌리고 다니는가 하면 화자의 아버지가 자신의 은행계좌에서 돈을 다 인출해갔다는 망상에 빠지기까지 했다. 그의 광기는 다소 누그러졌으나 친지들의 만류에도 불구하고 결국 그는 홍콩을 경유해 중국으로 들어갔고 그 뒤 아무도 그의 소식을 듣지 못했다고 한다.

늪지대의 야만인(The Wild Man of the Green Swamp)

1975년 10월 플로리다 주의 한 늪지대에 수상한 인물이 기거하고 있다는 신고가 접수되었다. 경찰이 조사에 착수했지만 파충류와 모기가 우글거리는 그 늪지대는 도저히 사람이 살 수 있는 환경이 아니라는 판단 하에 수색이 중단되었다. 하지만 그 후 계속되는 제보 접수로 인해 이듬해 5월 그 지역 내에서 자경단이 조직되어 전면적인 수색을 재개해 중국인으로 보이는 인물을 찾아냈다. 통역을 통해 밝혀진 바, 그 남성은 가족을 부양할 목적으로 라이베리아 선적의 화물선을 타고 대만에서 밀입국을 시도한 일곱 자녀의 아버지였다. 항해 도중 그는 향수병을 이기지 못해 대만으로 돌려보내 달라고 요청했지만 언어가 통하지 않던 그 화물선의 관리들은 미국에 도착하자마자 그를 당국에 넘겼고 그는 탬파 병원(Tampa Hospital)의 정신병동으로 이송되었다. 통역인에 따르면, 그는 병원을 탈출해 그곳 늪지대로 숨어들었다는 것이었다. 그는 이번에도 검사를 목적으로 탬파 병원으로 보내어졌다. 미해안경비대(U. S. Border Control)는 검사 후 본국 송환을 약속했지만, 상황을 오해한 그는 극단적인 흥분 속에서 사흘을 넘기지 못하고 목을 매 자살하고 말았다. 언론에 보도된 그의 사진은 지역 자경단에 의해 발견되어 경찰에 이첩될 당시 찍힌 것이었는데 전혀 야만인으로 보이지 않았다고 한다.

로번선의 모험(The Adventures of Lo Bun Sun)

화자의 어머니는 딸에게 다니엘 디포(Daniel Defoe)의 『로빈슨 크루소』(*Robinson Crusoe*, 1719)의 중국 번안판인 『로번선의 모험』이라는 이야기를 들려준다. 이 가상의 개작에서는 로번선이 중국인으로 등장하고 원주민 프라이데이의 이름은 금요일을 의미하는 중국어인 신치오(Sing Kay Ng)로 바뀌어져 있으며 특히 결말 부분이 두드러지게 달라져 있다. 이 막간장은 서구 문화의 일면에 대한 작가 킹스턴 자신의 패러디로 읽힐 수 있다.

제5장: 미국인 아버지(THE AMERICAN FATHER)

이 장에서 화자는 그녀가 유소년기에 보고 느꼈던 아버지의 모습을 기록한다. 뉴욕에서 동료들에게 배신당한 뒤 아내와 함께 캘리포니아 주 스톡턴 시로 이주한 화자의 아버지는 이런저런 막일을 하다가 한 도박장의 지배인으로 취직하게 되어 재기를 꿈꾼다. 그러나 2차 대전이 발발하면서 그 도박장은 경찰 당국에 의해 폐쇄되었고 화자의 아버지는 실직하게 된다. 중국에서 학자이자 시인이었던 아버지는 미국에서의 이와 같은 전락을 참기 힘들어 했다. 내집 마련의 꿈을 박탈당한 아버지는 점점 더 깊은 무기력증에 빠져들었고, 한동안 이런 아버지를 대신해 화자의 어머니가 낮에는 과수원과 통조림공장에서 닥치는 대로 일을 하고 저녁에 집으로 돌아와서도 가사에 전념하며 가족을 부양한다. 우연한 기회에 화자의 아버지는 친구로부터 세탁소를 인수하게 되는데 이 일이 그의 평생의 업이 되고 이를 계기로 서서히 생기를 되찾는다. 직업과 집과 조그만 땅까지 소유하게 된 그는 가축을 기르고 작물을 재배하면서 그 나름의 방식으로 정착을 실천하며 미국인이 되어 간다.

굴원의 이소(The Li Sao: An Elegy)

이 장에서 화자는 전국시대(the Warring States period)의 정치가이자 시인이었던 굴원(Ch'ü Yüan)의 삶을 간략하게 소개한다. 굴원은 초나라(the Chou Kingdom)의 신하였으나 왕으로부터 버림을 받고 추방당한다. 그는 수구초심의 심경으로 변방을 돌아다니다가 어느 날 강가에서 온 세상이 부패한데 자신만이 홀로 깨끗하고 세상 사람이 모두 취해있는데 자신만이 홀로 깨어있음을 한탄한다. 이에 물이 맑으면 갓끈을 씻을 것이요, 물이 흐리면 발을 씻으리라는 한 어부의 화답을 듣고 깨달은바 커 바로 그 강물에 뛰어들어 자신의 삶을 마감한다.

제6장: 베트남 전쟁에 참전한 남동생
(THE BROTHER IN VIETNAM)

제2차 세계 대전, 즉 태평양 전쟁을 간접적으로 체험하면서 어린 화자는 전쟁의 참혹성에 노출된다. 화자의 기억 속에 출몰하는 폭력의 이미지들은 주로 부모 손에 이끌려 보게 된 전쟁영화에서의 전사 장면, 『라이프』 잡지를 도배한 전사자들의 시체들, 중국어판 잡지의 카툰에서 묘사된 일본군들의 잔인한 고문 실험 장면 등을 통해 형성된다. 당시 화자의 아버지는 징집 대상이었으나 전쟁에 대한 공포와 가족에 대한 책임감 때문에 참전을 회피할 모든 궁리를 다한다. 그는 의료지식이 있던 아내의 도움을 받아 고의적으로 체중을 줄여 신체검사에서 징집을 면제받는다.

세월이 흐른 뒤 월남전이 발발했을 때, 화자의 세 남동생이 징집대상자의 나이에 속했다. 다행히 큰 동생은 기혼자 징집 면제 제도가 폐지되기 전에 이미 결혼한 상태였기 때문에 군에 가지 않아도 되었으나 둘째 동생과 셋째 동생은 각각 해군과 공군에 입대해 월남전에 참전했다. 화자는 이 장에서 해군에 입대한 동생의 이야기를 비교적 상세히 전한다.

백수 노인(The Hundred-Year-Old Man)

이 종결부에서 화자는 1885년 하와이로 건너와 정착하게 된 한 중국 남성에 관해서 이야기한다. 화자의 눈에 그는 파란 많은 중국계 미국인의 역사의 산 증인으로 비친다.

귀 기울이기(On Listening)

이 결미에서 화자는 어느 모임에서 만난 필리핀 학자로부터 들은 이야기를 전달한다. 그에 따르면, 1603년 세 명의 중국 고위 관리가 필리핀을 방문해 국왕에게 신대륙 탐험을 지원해달라고 제안한다. 그 중국 관리들은 자신들의 요청을 받아들인 필리핀 국왕을 모시고 멕시코와 캘리포니아 일대까지 항해했다고 한다. 그 이야기를 더 듣고 싶다는 화자의 요구에 필리핀 학자는 자신이 알고 있는 다음 이야기를 편지에 적어 부쳐주겠다고 약속한다. 그 이야기에 귀 기울이고 싶다는 묘한 여운을 남긴 채 킹스턴의 자전적 이야기는 끝이 난다.

문학사적 의의

『여전사』에서 시작된 킹스턴의 가족사의 기록은 『차이나맨』에서 마무리된다. 『여전사』가 자신의 어머니의 삶을 통해 중국계 여성들의 인간 조건 전반을 투사하는 시도라면, 『차이나맨』은 자신의 아버지의 삶을 통해 중국계 남성들이 겪었던 역사적 상황을 조명하는 작업이다. 사실 『여전사』의 충격파가 미국의 서점가와 영문학계를 강타한 직후, 킹스턴은 프랭크 친(Frank Chin)과 같은 민족주의 성향이 강한 중국계 미국인 남성 비평가들로부터 적잖은 비판을 받은 바 있었다. 페미니즘과 자서전이라는 친서구적인 중산층 글쓰기 전통에 기댄 『여전사』가 중국계 미국인들이 당면한 여러 정치적 현안들과 이데올로기적 갈등들을 도외시함으로써, 그 동안 문화민족주의와 마이너리티 연대의 기치를 내걸고 활동해 온 아시아계 미국문학 진영의 오랜 노력을 폄하시키는 부작용을 낳았다는 것이었다. 또한 킹스턴의 서사전략은 가부장제와 남아선호사상과 같은 동양의 나쁜 전통을 폭로하는 동시에 중국 고전의 이국취미와 신비주의를 전용하는 오리엔탈리즘을 답습하는 누를 범했다는 비판도 받았다. 아마도 킹스턴은 이런 경향의 부정적인 비판에 대해 삼대에 걸친 중국의 남성들이 미국의 국가 건설에 어떻게 참여하고 기여했는지를 세세하게 기록하는 이 한 권의 책 『차이나맨』으로 대답을 대신하고 있는지도 모른다.

▶▶ 더 읽을거리

Chan, Sucheng. *Asian Americans: An Interpretive History*. New York: Twayne Publishers, 1991.

Chan, Jeffery Paul, Frank Chin, Lawson Fusao Inada, and Shawn Wong, eds. *The Big Aiiieeeee!: An Anthology of Chinese American and Japanese American Literature*. New York: Meridian, 1991.

Cheng, Anne Anlin. *The Melancholy of Race*. Oxford and New York: Oxford UP, 2001.

Chin, Frank, Jeffery Paul Chan, Lawson Fusao Inada, and Shawn Hsu Wong, eds. *The Aiiieeeee!: An Anthology of Asian-American Literature*. Washington, D.C.: Howard UP, 1983.

Eng, David L. *Racial Castration: Managing Masculinity in Asian America*. Durham: Duke UP, 2001.

Kim, Elaine H. *Asian American Literature: An Introduction to the Writings and Their Social Context*. Philadelphia: Temple UP, 1982.

Lee, Rachel C. *The Americas of Asian American Literature: Gendered Fictions of Nation and Transnation*. Princeton: Princeton UP, 1999.

Li, David Leiwei. "*China Men*: Maxine Hong Kingston and the American Canon." *American Literary History* 2.3 (1990): 482-502.

_____. *Imagining the Nation: Asian American Literature and Cultural Consent*. Stanford: Stanford UP, 1998.

Lowe, Lisa. *Immigrant Acts*. Durham: Duke UP, 1996.

Lye, Collen. *America's Asia: Racial Form and American Literature, 1893-1945*. Princeton: Princeton UP, 2005.

Ma, Sheng-Mei. *The Deathly Embrace: Orientalism and Asian American Identity*. Minneapolis: U of Minnesota P, 2000.

Ong, Aihwa. *Flexible Citizenship: The Cultural Logics of Transnationalism*. Durham: Duke UP, 1999.

Palumbo-Liu, David. *Asian/American: Historical Crossings of a Racial Frontier*. Stanford: Stanford UP, 1999.

┃김 준 년 (홍익대학교)

루이스 어드리크
Louise Erdrich

작가 소개

　미국 원주민 작가 루이스 어드리크(Louise Erdrich, 1954-　)는 본명이 캐런(Karen Louise Erdrich)으로 캐나다에서 멀지 않은 노스다코타(North Dakota)에 있는 보호구역(reservation) 근처 마을에서 칠 남매 중 장녀로 태어났다. 어머니 리타(Rita)는 프랑스계와 치페와(Chippewa/Ojibwe) 원주민계의 혼혈이었고, 아버지 랠프(Ralph Erdrich)는 독일계 미국인이었으며, 둘 다 교육자로서 인디언 사무국(Bureau of Indian Affairs)에 근무했다. 어드리크는 인터뷰에서 자신이 쓴 소설의 복잡한 구성은 치페와 부족의 이야기 방식과 독일의 조직적인 구조를 융합한 것이라고 밝힌 바 있다. 소설의 배경은 보호구역이지만, 어드리크 본인은 보호구역에 근접한 도시에서 성장했다. 다트머스 대학을 졸업하고 시와 단편을 집필하다가 같은 대학 교수이던 마이클 도리스(Michael Dorris 1945-97)를 만나 1981년에 결혼했다. 슬하에 둔 5명의 자녀 중 3명은 입양아였다. "예술과 결혼이 상호 보완"된 이상적인 부부라는 찬사를 모으던 이들의 결혼은, 1997년

마이클의 갑작스런 자살로 끝났다(Passaro 158).

어드리크는 부족의 전통을 기반으로 13편의 소설과, 단편소설, 시, 아동 문학을 집필했다. 치페와 민속에서 제목을 딴 첫 소설『사랑의 묘약』은 뉴욕에서 1984년에 출판되고 1993년에 개정판이 나왔으며, 1984년 전미 도서 비평가상(National Book Critics Circle Award)을 수상했다. 이어『사탕무 여왕』(*The Beet Queen*, 1986), 『자취』(*Tracks*, 1988), 『빙고 궁전』(*The Bingo Palace*, 1994), 『불타는 연애 이야기』(*Tales Of Burning Love*, 1996), 『영양 부인』(*The Antelope Wife*, 1998), 『네 개의 영혼』(*Four Souls*, 2004)이 출판되었고, 첫 논픽션 모음집인『푸른 여치의 춤』(*The Blue Jay's Dance*, 1995)은 예술과 자연 세계를 소재로 다룬다.

사랑의 묘약
Love Medicine

작품 줄거리

어드리크의 『사랑의 묘약』은 노스다코타 내 상상의 공간, 터틀산지(Turtle Mountains) 인디언 보호구역에 사는 아니시나베(Anishinaabe) 부족 중에서 캐쉬포(Kashpaw), 모르세이(Morrisey), 라마틴(Lamartine), 필라저(Pillager) 네 가족이 1934년에서 1984년까지 50년간 3대에 걸쳐 경험한 다양한 애환, 갈등, 사랑, 미움, 회상을 시적인 이야기로 전달한다. 대부분의 인물들은 미국 혼혈 원주민으로 수녀원, 감옥, 군대, 음주, 직업 등의 억압과, 보호구역에 제한된 암울한 현실에 묶인 채 가족, 정체성, 소속감, 생존의 문제로 고뇌한다.

단편으로 각각 발표되었던 에피소드 성격의 18편 [1984년 판은 14편] 이야기는 모자이크 작품구성으로 조각그림을 연상시킨다. 독자적인 개인의 목소리가 존중되는 동시에 화합하는 공동체적인 미국 원주민의 "집단 목소리"도 정확히 재현한다. 18편 중 5편은 제한적인 삼인칭시점에서, 13편은 7명 인물의 일인칭 목소리로 전개된다. 과거의 기억, 신화, 전설을 현재의 상황, 생각, 느낌과 무작위로 뒤섞은 메타픽션(metafiction)적인 글쓰기로 독자는 소설에서 한 걸음 물러나 다각도적인 상상의 영역에 초대

된다. 어드리크는 원주민 토속종교와 백인의 기독교 사이에서 일어나는 갈등과 혼란을 틀에 박힌 감상적인 필치에서 벗어나서, 재치와 유머 넘치는 냉소적인 사실주의로 묘사하며, 정확히 전달했다고 원주민 독자들에게 극찬을 받았다.

『사랑의 묘약』의 1편 제목은 "세계에게 가장 위대한 낚시꾼"(The World's Greatest Fisherman)이며 1981년 부활절 아침에 중년 여인 준 캐쉬포(June Kashpaw)가 보호구역 근처 작은 신흥 도시에서 고향마을로 가는 버스 출발시간을 기다리다가 노스다코타 윌리스턴(Williston)가에 있는 바에 들어가 백인 남자 앤디(Andy)를 만나 술을 마시며 시작된다. 술에 취해 앤디 차에서 성관계를 가진 후, 준은 자신의 몸 위에 누워 잠든 앤디를 밀쳐 내고 차에서 내려 집으로 걸어가다가 눈보라 속에서 죽는다. 준이 자신의 운명을 바꿀 수 있는 좋은 남자를 낚지 못하고 아무도 기다리지 않는 고향 보호구역으로 가다가 죽는 상황은 제목에 함축된 풍자를 드러내며 "부활"이 없는 인디언 현실을 조롱한다.

준의 죽음을 기리며 가족이 모여서 나누는 이야기를 통해, 라자레(Lazarre)와 모리세이(Morrissey)의 혼혈인 준을 매리(Marie) 캐쉬포 할머니가 입양했고 미혼인 삼촌 일라이(Eli) 캐쉬포가 양육했음이 밝혀진다. 어렸을 때는 아름답고 생기발랄했지만, 고르디(Gordie)와 결혼하여 아들 쌍둥이 킹(King)과 립샤(Lipsha)를 낳은 후 불행한 결혼을 참지 못해 떠나고, 혼자 남은 남편 고르디는 알코올 중독에 빠진다. 술에 빠져 난잡한 성행위로 망가진 채 귀향길에서 횡사하지만 준은, 두 아들과의 관련되어 소설 전체의 구심점 역할을 한다. 킹은 노르웨이계 백인 아내 리넷(Lynette)과 아이를 데리고 준의 사망보험금으로 산 차를 타고 나타나 폭력을 휘두르고, 립샤는 준이 엄마라는 사실을 모르는 채 매리할머니에게 양육되며 모두에게 외면당한다. 매리의 남편은 미국 수도에 그 초상화가 걸린 추장인 할아버지 넥토(Nector) 캐쉬포이며, 일라이는 넥토의 쌍둥이로 백인 학교에 가지 않고 숲에 숨어서 인디언 문화를 배운다.

1편 후반부의 소제목은 "알버틴 존슨"(Albertine Johnson)이며 1981년을 배경으로 간호학을 공부하는 알버틴의 일인칭 시점에서 전개된다. 엄마 젤다(Zelda)가 준 이모의 장례식에 자기를 부르지 않아서 화가 난 알버틴은 두 달 후에 집에 와서, "초원에서 자라나 공기의 무게나, 구름 냄새로 폭풍우가 오는 걸 알며" 뼈가 "동물적인 감각에 잠겨 있던" 준이 죽어서 숲에 버려진 채 발견되었다면 자살했을 가능성이 크다고 이야기한다(9).

2편 "성자 매리"(Saint Marie)는 47년 전인 1934년으로 거슬러 올라가 열네 살짜리 소녀인 매리의 목소리로 전개된다. 수녀가 되려고 수녀원에 간 매리의 손에 레오폴다 수녀(Sister Leopolda)가 끓는 물을 부어 화상을 입히고 그 손을 포크로 찌른 후, 수녀들에게 성자의 상처를 받은 매리 앞에 무릎을 꿇고 축복을 구하게 한다. 냉소적인 레오폴다 수녀가 생모임을 모르는 채, 매리는 수녀가 되려던 꿈을 접고 달아난다. 수녀원을 지옥으로 비유하는 냉소적인 비판이 짙게 깃든다.

3편 "기러기"(Wild Geese)는 1934년에 마을로 기러기를 팔러 가던 넥토의 시점에서 전개된다. 넥토는 수녀원에서 손에 난 상처를 동여매고 달아나는 매리를 보고, 수녀원 물건을 훔쳐 도망친다고 오해하고 몸싸움을 하다가 육체관계를 맺는다. 나중에 물건을 훔친 게 아니었음을 알게 되어 두 사람은 손을 잡고 앉아 지는 해를 바라본다. 이 사건 후 넥토는 매리와 결혼하고, 연모해오던 룰루(Lulu Lamertine)를 포기한다. 캐쉬포 가문의 젖줄인 매리는 생활력이 강하고, 남편 넥토를 부족 추장으로 세우며 넥토의 자식 다섯(Gordie, Zelda, Aurelia, Eugene, Patsy)을 낳고 질녀인 준과 또 준의 아들 립샤를 입양한다.

4편 "섬"(The Island)은 룰루 이야기로, 자신을 사랑한다고 믿었던 넥토가 매리에게 가자, 룰루는 섬에 유령처럼 은둔 중인 낯선 사촌 모세(Moses Pillager)를 찾아가 사랑을 나누고 아이를 잉태한다. 룰루는 모세가 섬을 떠날 수 없고 자신은 섬에 영원히 머물 수 없음을 깨닫고 섬을 떠나, 차사고로 죽은 헨리(Henry Lamartine)와 결혼하며, 헨리 동생 베벌리(Beverly Lamartine), 넥토, 이름 없는 멕시코 남자와도 관계를 맺어, 여덟 명의 아버지가 다른 아이(Henry Lamartine Jr. Lyman Lamartine, Bonita Lamartine, Gerry Nanapush 등)를 낳아 키운다.

5편 "구슬들"(The Beads)에서는 14년 후인 1948년에 매리가, 부양 자녀가 많지만 조카 준을 입양한다. 준은 일라이 삼촌과 살겠다고 떠나고, 남편 넥토도 떠나, 혼자 아이들을 키우며 억압적인 시어머니 러쉬 베어(Rushes Bear)와 갈등하는 매리의 모습이 묘사된다.

6편, 7편, 8편은 9년 후인 1957년이 배경이며, 6편 "룰루의 아들들"(Lulu's Boys)은 삼인칭시점에서 룰루의 첫 남편 헨리(Henry Lamartine)의 장례식 날, 룰루와 시동생인 베벌리(Beverly)와의 외도가, "사랑하는 사람을 잃은 상실의 슬픔으로 인해 그들이 누린 작은 생의 불꽃은 너무 슬프고 소중해서, 누가 무엇을 하는지는 거의 문제가 되지 않았다"고 묘사된다(87). 수 년 후에 베벌리는 아들인 헨리(Henry Jr.)를 찾으러 보호구역으로 돌아오지만, 육감적인 룰루에게 다시 매혹되면서 아들 문제를 접고 도시로 돌아간다.

7편 "용사의 투신"(The Plunge of the Brave)은 넥토의 시점에서 매리, 룰루, 넥토의 삼각관계가 와해되는 과정을 전개한다. 시대의 변천에 따른 관계의 변화를 넥토는 다음과 같이 시적으로 명상한다.

> 내가 본 것은 시간의 흐름이었다. 세월은 내가 삶을 움켜쥐기 전에 이미 순간 순간 내 뒤로 지나가 모였다. 시간의 흐름이 너무 빨라서

나는 가운데 그냥 앉아있었다. 물결이 큰 젖은 바위 주의를 맴돌듯 시간은 내 주변을 맴돌아 달아나고 있었다. 바위와 달리, 나는 버티지 못하고 빠르게 물결에 씻겨 내려갈 것 같았다. 사실상 벌써 씻겨 내려가고 있었다. (94)

넥토는 대중영화에서나 볼 수 있는 판에 박힌 듯한 "용감한 전사"나 "숭고한 야만인"이 아니라 나약하게 스스로를 조소하며 연민에 호소한다. 할리우드 영화의 엑스트라 배우, 백인 여자 화가의 누드모델, 관광지의 광대로 전락한 넥토의 상황은 미국 원주민의 현실을 풍자한다. 룰루를 못 잊어 오 년 동안 주말마다 만나아들 라이만(Lyman Lamartine)을 낳고, 매리와의 사랑 없는 결혼을 청산하고 룰루에게 청혼하려는 결심은 7편 제목에 함축된 풍자를 드러낸다. 8편 "살과 피"(Flesh and Blood)에는 매리의 시점에서, 매리에게 이별의 쪽지를 남기고 룰루에게 청혼편지를 주려고 기다리던 넥토가 실수로 룰루 집에 불을 낸 사고가 묘사된다. 아들을 구하려고 불에 뛰어든 룰루는 머리카락이 다 타버려 다시 나지 않는다. 매리는 넥토가 남긴 이별의 쪽지를 못 본 척하며 넥토를 놓아주지 않는다.

9편과 10편은 16년 후인 1973년에서 1974년에 룰루 아들 헨리와 라이만 형제에게 초점을 맞춘다. 9편 "다리"(The Bridge)에는 삼인칭시점에서 열다섯 살에 집을 나온 알버틴이 헨리를 만나 "거친 두려움과 저린 공포"를 느끼며 처녀성을 잃는 상황이 묘사된다(142). 10편 "빨간 차"(The Red Convertible)는 헨리와 라이만이 함께 차를 사서 헨리가 군대에 가기 전에 차로 여행한 이야기와, 헨리가 3년간 월남참전 후 달라진 모습으로 다시 차로 여행하다가 강에 뛰어 들어 죽고 라이만은 그를 구하지도 찾지도 못한 이야기가 라이만의 시점에서 전개된다.

11편에서 18편은 1980년부터 1985년까지 늙어서 기억을 잃은 넥토와 매리, 룰루가 은퇴자 전용 주택에서 함께 살며 친구가 되는 과정을 그린다. 11편 "저울"(Scales)은 매리의 손녀딸 알버틴의 시점에서 룰루가 첫 남편 모세에게서 얻은 아들 제리(Gerry Nanapush)의 상황을 묘사한다. 제리는 탈옥과 체포를 반복하며, 부족 사이에 저항 전설이 된 것으로 드러난다.

12편 "가시 면류관"(Crown of Thorns)은 삼인칭시점에서 1981년에 준의 전남편 고르디가 술에 취해 차로 사슴을 치고, 차 뒷좌석에 사슴을 싣고 달리다가 사슴을 준으로 착각하고 수녀원에 가서 준을 살인했다고 고백하며, 경찰이 오자 탈출하는 상황을 이야기한다. 어린 시절 사슴처럼 풀과 꽃잎을 뜯어 먹던 준은 인디언 전설에서 복수의 상징인 사슴여인과 연결되며(65), 고르디의 여성학대는 수녀나 경찰이 해결할 수 없는 원주민 고유의 전통에 위배되는 것으로 폭로된다.

13편 "사랑의 묘약"(1982)은 립샤의 일인칭 시점에서, 캐쉬포/ 필라저/ 나나푸시 세 가족이 모두 신통력을 지녔다는 이야기를 전개한다. 준과 제리 사이에서 태어난 아들 립샤도 "치유의 은사가 있다"(I got the touch)라고 말한다. 넥토가 노망이 나면서 룰루만 찾자, 매리는 자신이 입양해서 키운 열여덟 살인 립샤에게 넥토의 사랑을 얻게, 사랑의 묘약을 만들어 달라고 부탁한다. 립샤는 평생 짝짓기를 한다는 기러기 암놈심장은 매리가 먹게 하고 숫기러기 심장은 넥토에게 준다. 삼키기를 거부하는 넥토 등을 두드리며 억지로 먹이다가 넥토는 목이 막혀 죽는다. 사랑이 아니라 죽음이 찾아오는 상황은 민속 종교의 무력함을 풍자한다.

14편 "부활"(Ressurrection)은 1982년 삼인칭으로 매리가 알코올중독인 고르디를 간호하는 모습을, 15편 "선한 눈물"(The Good Tears)은 룰루의 일인칭 서술로 1983년에 자기 집이 불타고 넥토와의 관계가 종결되는 상황을 그린다. 강한 대지의 어머니상인 룰루는 원주민 여성 지도자의 포용성을 다음과 같이 표현한다.

> 나의 야생적이고 비밀스런 삶의 방식을 이해하는 사람은 없었다. 사람들은 내가 아무도 사랑하지 않고 원하는 것만 얻으려고 그르렁거리는 고양이 같다고 말했다. 하지만 사실은 그렇지 않았다. 나는 온 세상을 또 비 내린 세상 품안의 모든 존재를 사랑했다. … 나는 입을, 귀를, 가슴을 활짝 열고 모든 것을 내 안으로 받아들이려 한다. (216)

넥토가 죽는 날, 수술 후 회복실에 있는 룰루는, 일손이 부족해서 매리가 자처한 간호를 받는다. 사랑의 경쟁자였던 두 여성 지도자 간의 화해는 두 가족 간 관계 회복의 가능성을 시사한다.

16편 "도끼 공장"(The Tomahawk Factory)은 [2009년 판에서는 부록으로 옮겨짐] 라이만이 일인칭 목소리로 1983년에 일 년 동안 헨리의 죽음을 애도하다가 인디언 정치에 흡수되고, 아버지 넥토가 세운 공장을 복구하려다가 노동자들의 폭동으로 공장 문을 닫는 이야기를 전개한다. 17편 "라이만의 행운"(Lyman's Luck)은 [2009년판에서는 전체 삭제됨] 1983년에 운 좋은 라이만이 빙고/ 섹스용 건물(sex house) 건축을 계획하는 등 부족 구제 사업에서 성공하리라는 희망적인 기대를 심으며 삼인칭시점에서 전개된다.

18편 "물 건너기"(Crossing the Water)는 1985년 립샤의 시점에서, 자신이 준과 제리 사이의 아들이라는 사실을 룰루에게 듣고, 립샤는 "혼란, 뇌를 쓸어내리는 황량한 슬픔을 느끼며, 무엇보다도 자기만 모르고 사람들이 다 알고 있었다는 사실에 분노를 느낀다"고 부모 또 공동체 전체에 대한 배신감을 토로한다(246). "아버지를 만나고 싶다"고 큰 소리로 말하던 립샤는(247), 그 날 밤 탈옥한 아버지 제리를 만난다. 제리는 카드놀이에서 속임수 쓰는 것을 보고 립샤가 자신의 아들임을 알아차린다. 아버지를 만나 자신의 정체를 확인하면서, 립샤는 자신과 세상을 재인식한다.

세상에서 너무나 많은 일들이 일어났지만, 한 번도 안 일어났던 것 같다. 한 사람에게 생긴 새로운 일은 모두 처음이다. 아버지에게 아들이 되는 것도 마찬가지다. 그 날 밤 마치 세상이 눈으로 볼 수 있는 것보다도 빠르게 뻗어 자라나듯이 내가 확장됨을 느꼈다. (271)

립샤는 어머니 준의 보험금으로 산 자동차로 아버지 제리를 캐나다 국경까지 태워준다.

척박한 땅을 새로 개척하고, 기숙학교에서 교육받으며 미국 원주민 고유의 문화와 영성 및 정체성을 상실하고, 수 백 년 동안 압박 받은 결과 거짓, 범죄, 폭력, 알코올 중독, 자살 등에 빠진 인물을 다루지만 『사랑의 묘약』을 비극이라 단정할 수는 없다. 탐욕스럽고, 질투심에 불타고 잔인하고 또 때로는 무책임하지만, 어드리크의 인물들은 뜨겁게 사랑하고 용서한다. "원주민의 사냥터였던 땅을 빼앗아 농사지으며 윤택한 삶을 누리던 백인들이, 빈곤과 기아, 실업, 전쟁 트라우마, 감옥 제도, 상실감 등으로 극심하게 고통 받는 [미국 원주민] 이웃을 전혀 알아차리지 못했다는 역사의 작은 아이러니"(Erdrich 327)는 풍자적인 유머와 감동적인 시적 감성이 풍부한 언어로, 부활과 생존, 미래에 대한 희망과 함께 전달된다. "다리 건너기"(Crossing Bridges), "호수"(Lakes) "눈물"(tears) 등 제목에서 볼 수 있듯이 물은 중요한 영상으로 작품 전체에 유연한 분위기를 제공한다.

소설 전체가 독자의 연민에 호소하는 이야기 치료제로 사랑의 묘약이라 할 수 있으며, 소설의 제목은 미국 원주민의 상황을 연민의 눈으로 새롭게 또 정확하게 이해하고 사랑에 매혹된 시선으로 초경계적인 상호 치유를 도모하자는 저술 의도를 함축한다.

문학사적 의의

여러 출판사에서 거부되어 남편 도리스가 직접 출판하지만, 1983년에 발표되자마자 베스트셀러가 된 『사랑의 묘약』은 18개의 언어로 번역되었다. 전통적인 치페와 이야기 형식에 부드러우면서도 강한 재치가 가미된 단편 18편이 긴밀히 연결되어 종래 단편과 장편의 구분과 경계를 초월하는 새로운 형태의 소설로 신선한 느낌을 준다. 같은 부족 안에도 개인 마다 엄청난 차이가 존재하는 동시에 모두 강한 유대감으로 연결되어있음을 세밀하고 생생하게 사실적으로 묘사한 독특한 서사 구조로, 미국 원주민에 대한 전형적인 오해를 깼다는 각광을 받았다. 냉소적인 유머와 연민에 호소하는 따뜻한 감성 저변에 깔린 저자의 예리한 비판의식은 작품 지면에 예술적인 긴장감을 조성한다. 특히 워싱턴에 그 초상화가 걸려있는 치페와 부족 지도자 넥토의 경우가 대변하듯이, 첫사랑의 실패, 불행한 결혼, 첫사랑과의 혼외정사와 득남, 노망 상태 묘사로 신화화된 인물에 대한 전형적인 영상을 깨고 인간적인 모습을 부활시켰다는 긍정적인 평가도 받았다.

김성곤 교수는 ≪세상 읽기≫에 게재된 <소수인종/여성문학>(2001)이란 제목의 서평에서 "언덕 위에서 늘 보호구역 사람들의 의식을 지배하고 있는 수녀원, 누군가의 아들이자 아버지이며 남편인 인디언들이 갇힌 형무소, 원주민 청년을 징집해 정신이상자로 만들어 돌려보낸 월남전 등은 미국 원주민을 착취하고 파괴한 백인 지배문화를 상징"한다고 해석하며 어드리크가 "백인 주류 문학에서는 찾아보기 힘든 참신하고 새로운 문학 양식을 창출"했다고 그 탁월한 문학성에 주목한다(인터넷자료). ≪문화일보≫ 1998년 북리뷰에서 배문성 기자는 어드리크의 『사랑의 묘약』은 냉소와 해학, 연민과 유머를 함유한 "지옥에서도 조롱을 보낸다는 블랙코미디의 진열장"다운 서정적이며 환상적인 리얼리즘으로 "가브리엘 마르케스의 『백년동안의 고독』과 닮은 꼴"이라고 해석한다. 이석구 교수는 소설의 배경인 터틀산지에 1882년에 보호구역이 들어섰다고 설명하면서, 1891년에 제정된 "모든 원주민 자녀들을 백인이 가르치는 기숙학교로 강제로 취학시켜 원주민의 문화적 전통을 말살하려"는 취학법령을 어드리크가 주요 소재로 다룬다고 논한다(194, 193). 박은정 교수는 1887년 인디언들을 미국 주류사회에 동화시키려는 목적으로 총할당법령(General Allotment Act)을 시행한 도우즈법안(Dawes Act)을 상세히 설명하면서 어드리크가 그 결과를 극적으로 형상화했다고 논한다(136). 두창준 교수는 준을 사슴 여인의 전설과 구슬들과 연결하면서, 준은 작품의 구심점 역할을 하며 종족의 토속 신앙과, 생존, 정체성을 상징한다고 해석한다(310). 고르디가 사슴을 죽인 후 준을 죽였다고 착각하는 부분이 사슴 여인 설화에 연관된 여성 학대에 대한 저항정신을 함축한다면, 숲에서 구슬들을 지닌 채 발견된 준에게 구슬들은 전통적인 상징물이다. 매리는 구슬들이 가톨릭 묵주라고 착각하고 준에게서 빼앗으려 하지만, 나중에는 매리가 준의 아들인 립샤에게 구슬들을 전해주는 사실은 전통의 면면한 계승을 상징한다.

다양한 화자를 사용하며 직선적인 시간 배열을 거부하는 작품구조에 대해 웡(Hertha Sweet Wong)은 "지배적인 소수의 목소리"를 배격하고 "자율적"이며 "다중적인 관점"으로 "공동체가 서사의 주인공이라는 사실을 구현한다"고 주장한다(89). 알렌(Paula Gun Allen)은 서구 문학의 목적이 자기표현인데 반해, 미국 원주민은 노래, 의식, 신화, 이야기를 통해 삶과 문학이 여러 양상으로 어우러져 있다고 논한다(4-11). 여타 많은 비평가들은 어드리크가 원주민 조상의 신화적이며 예술적인 영상에 충실하면서도 현재를 사는 미국 원주민과 혼혈 미국인들이 대면하는 문화적인 주제를 진솔하게 탐구하는 글쓰기를 한다고 그 업적을 인정한다. 어드리크가

1991년 인터뷰(Writer's Digest interview)에서 밝힌 바는 이야기 전통을 형상화하려는 작가로서의 사명감을 시사한다.

> 우리 가족들은 모든 것을 이야기로 만들었습니다. 이야기하기를 아주 좋아합니다. 그냥 앉아 있으면 이야기가 시작되고 계속됩니다. 한 이야기가 끝나면 다른 이야기가 꼬리를 물며, 끝없이 계속됩니다. 이렇게 계속 이야기가 시작되고 진행되고 끝나는 것을 들으며 자라는 가운데 이야기는 우리 안에 내면화됩니다. (Giles 43)

▶▶ 더 읽을거리

김성곤. '소수인종/여성문학-루이스 어드리크'
http://community.freechal.com/ComService/Activity/PDS/CsPDSContent.asp?GrpId=281120&ObjSeq=7&PageNo=3&DocId=4329699

두창준. 「루이스 어드릭의 『사랑의 묘약』 - 이야기 속에 함축된 치유의 언어」. 『세계문학배교연구』 26 (2009): 303-18.

박은정. 「현대 미국소설에 나타난 인종갈등과 문화 민족주의: 미국 원주민 작가 실코와 어드릭의 소수문화의 지형 그리기 - 『의식』, 『인디언 대모와 영혼의 아름다움』, 『사랑의 묘약』을 중심으로」. 『현대영미소설』 9.1 (2002): 115-47.

배문성. http://www.munhwa.com/news/view.html?no=1998090916000901

이석구. 「루이스 어드릭의 『사랑의 묘약』과 부재하는 내용으로서의 공동체」. 『미국학논집』 39.3 (2007): 193-214.

Allen, Paula Gun, ed. *Studies in American Indian Literature: Critical Essays and Course Design.* New York: The Modern Language Association of America, 1983.

Erdrich, Louise. *Love Medicine*. New York: Bantam, 1985.

_____. "Where I Ought to Be: A Writer's Sense of Place." *New York Times* 28 July 1985, sec. 7:1+.

Giles, James R. and Wanda (ed). *The Dictionary of Literary Biography*. Detroit: Gale Research, Incorporated, 1995.

Passaro, Vince. "Tales from a Literary Marriage." Chavkin, Allan and Nancy Feyl, eds. *Conversations with Louise Erdrich & Michael Dorris*. Jackson: UP of Mississippi, 1994. 157-67.

Wong, Hertha D., ed. *Louise Erdrich's Love Medicine: A Casebook*. New York: Oxford UP, 2000.

┃김 봉 은 (고신대학교)

스티븐 크레인
Stephen Crane

작가 소개

  스티븐 크레인(Stephen Crane, 1871-1900)은 유럽 자연주의 작가 에밀 졸라(Emile Zola)와 진화론 사상가인 허버트 스펜서(Herbert Spencer)등의 영향을 받아 결정론적인 관점에서 작품 활동을 한 대표적인 미국자연주의 작가이다. 19세기말 대도시 발달로 인한 엄청난 물질적 환경변화뿐만 아니라 지성사적 격변의 한 복판인 뉴욕에서 대부분의 삶을 보냈고, 그곳을 배경으로 작품활동을 한 크레인은 미국 자연주의(American Naturalism)의 첫 작품으로 여겨지는 『거리의 소녀 매기』(*Maggie: A Girl of the Streets*, 1893)와 인상주의(impression)적 요소가 가미된 자연주의 작품인 『붉은 무공훈장』(*The Red Badge of Courage*, 1895)과 「난파선」(The Open Boat, 1898)등 미국문학사에서 빠질 수 없는 걸작들을 남겼다.
  크레인은 30세 젊은 나이로 죽을 때까지 짧지만 정열적이고 강렬한 삶을 살았다. 크레인은 미국 뉴저지(New Jersey)주 뉴워크(Newark)에서 감리교 목사의 14남매 가운데 막내로 태어났다. 9세에 부친이 죽자 모친을 따라 전원도시인 애즈베리 파크(Asbury Park)로 옮겨서 살기도 했다. 시라큐즈 대학(Syracuse Univ.)에 입학했지만 학교 교육에 흥미를 못 느끼고 1년도 다니지 않고 그만 두었다. 이후 크레인은 16세 젊은 나이에 신문사 통신원이 되어서 스케치 풍의 수많은 단편을 썼다.

21세에는 뉴욕 빈민가인 바우어리(the Bowery) 지역에 거주하면서 빈민들의 열악한 삶의 실태를 직접 목격했고 그 때의 체험을 바탕으로 『거리의 소녀 매기』를 출판했다. 『거리의 소녀 매기』는 매춘부 매기(Maggie)의 비참한 운명을 결정론적인 시각으로 묘사한 미국자연주의 소설의 선구적인 작품으로 평가되지만, 당시에는 윌리엄 하웰즈(William D. Howells) 등의 통찰력있는 몇몇 작가들만이 인정했을 뿐, 점잖은 전통(the genteel tradition)이 지배했던 당시 파격적이고 비도덕적인 주제를 다룬 작품으로 폄하되면서 큰 성공을 이루지 못했다.

첫 작품 실패 2년 후 크레인은 본인의 최대 걸작으로 여겨지는 『붉은 무공훈장』을 발표했다. 그의 작품성이 영국과 미국에서 인정받으면서 드디어 유명해졌고, 크레인은 작가로서 지위가 확고해졌다. 1년 후 신문사 통신원으로 미국 서부와 멕시코 등 여러 험지를 여행했는데, 1897년에는 쿠바혁명을 지원하려는 선박에 취재차 승선했다가 플로리다 앞바다에서 배가 침몰하는 재난을 겪게 되는데, 그 경험을 바탕으로 「난파선」을 발표하게 된다.

크레인을 포함한 잭 런던(Jack London), 프랭크 노리스(Frank Norris), 시오도어 드라이저(Theodore Dreiser) 등 미국자연주의 작가들은 비결단의 백일몽 속에서 역사에 관심이 없는 황폐한 세계관을 가지고 있는 작가들로 부정적인 평가를 받기도 한다. 찰스 월컷(Charles Child Walcutt)의 주장대로 크레인은 미국문학의 양대 흐름(two divided streams) 가운데 하나인 인간의 삶을 희망이 없게 보는 세계관을 가진 작가임에 틀림없다.

『거리의 소녀 매기』, 『조지의 어머니』(*George's Mother*, 1895)와 『거리의 소녀 매기』, 『바우어리 이야기』(*The Bowery Tales*, 1895) 등 크레인의 초기작품들에 작중인물들은 열악한 도시 속에서 피곤하게 살아내야만 할 뿐만 아니라 미래에 대해서도 희망적인 출구를 찾아내지 못하고 좌절하기 때문이다. 크레인은 후기작품들에서 전쟁터와 다름없는 열악한 도시 환경 속에서 빈곤하고 때로는 처참한 생을 살면서도 진지하게 삶을 꾸려가는 서민들과 혹독한 환경의 전쟁터에서 처참하게 희생당하는 이름없는 병사들에게 인간적인 관심을 보이기도 하지만, 개인과 사회를 전체적으로 조망하면서 긍정적이거나 낙관적인 세계관을 드러냈다고 할 수는 없다.

후기작품에 심오한 철학을 드러내는 작가는 아니다 하더라도, 크레인을 결정론에 사로잡힌 '허무주의적' 자연주의 작가라고 단순하게 자리매김하는 데에도 문제는 있다(Benfey 3-12). 크레인의 후기작품이자 그의 최고 걸작이라고 할 수 있는 『무공훈장』과 「난파선」 등에서 인간이 이상을 향한 의미있는 '프로메테우스적인 추구'가 생생하게 묘사되기 때문이다(Schneider 60). 후기 몇몇 작품들의 결말에서 크레인은 동료를 향한 인간애 등을 특히 강조했기 때문에 그를 "위대한 인본주의자"(a great humanist)라고 단순하게 평가하는 비평가들도 있다. 하지만, 그러한 평가 역시 단순한 평가로 여러 문제점들을 내포하고 있다. 젊은 시절부터 형성되기 시작해서 작가에게 체화된 어둡고 암울한 허무주의 세계관이 후기 작품에서 완전히 해소되었다고 볼 수 없기 때문이다. 크레인의 걸작에 나타난 인간들과 그 속에서 그들이 보이는 삶의 모습들을 허무주의 혹은 낙관주의라는 일률적인 잣대로 평가해버리는 것은 별로 의미가 없는 것이다. 예리한 감수성을 갖고 작품에서 전달하려는 것을 느끼고 이해하려는 독자라면, 양립할 수밖에 없고 해결될 수 없는 상반된 두 세계관의 팽팽한 문학적 긴장(the literary tensions)을 크레인의 작품에서 지속적으로 발견할 수 있기 때문이다.

붉은 무공훈장*
The Red Badge of Courage

작품 줄거리

『무공훈장』은 전쟁터에서 불확실한 미래에 대해서 끊임없이 의심하고 불안해하는 이등병 헨리 플레밍(Henry Fleming)의 심리묘사로 시작한다. 전투다운 전투가 없는 야영지에서 몇 달을 무료하게 보내면서, 플레밍은 전쟁에 대해서 비현실적이고 낭만적인 생각을 하곤 했다. 심지어 군대에 막 입대할 당시에는 "그리스 시대의 전투"(a Greeklike struggle)에서와 같이 전투에서 혁혁한 전과를 올리면서 장엄하게 싸우는 것을 상상하기도 했다(46). 영광스러운 최후 승리를 쟁취해서 전쟁영웅이 되는 꿈을 꾸었지만, 실제로는 전투 없이 하루하루를 무료하게 보내면서 "스스로 아무것도 알 수 없다"라고 독백하면서 하루하루를 견뎌내고 있을 뿐이다(52).

이런 위기 상황에서 자신이 만들어놓은 삶의 신조는 아무 소용이 없었음을 알았다. 자신에 대해 알고 있었던 어떤 것은 여기서 아무런 가치가

---

* 이글은 저자가 『미국학논집』 제29집 1호(1997)에 발표한 『무공훈장』과 「노병」에 나타난 문학적 긴장의 논문을 원용하여 작가론 및 문학사적 의미를 추가하여 대폭 수정하고 확대한 것임.

없었다. 그는 아무 이름없는 무리 가운데 하나일 뿐이다. … 그는 전혀 알지 못하는 자신의 성질이 어느 순간에 드러나 영원히 씻을 수 없는 오점을 남기지 않도록 경계해야겠다고 결심했다. (52)

플레밍이 전투상황과 앞으로의 본인 행동에 대해서 전혀 모른다는 사실을 솔직하게 받아들였다고 해서, 실제로 스스로에게 불리한 상황에 닥쳤을 때 전투에 대한 무지와 자신의 무능력을 인정했다는 것은 아니다. 플레밍은 전투에서 벌어지는 여러 상황들을 제대로 모르고 있지만, 그 상황전개를 모른다는 무지를 하찮게 여기고 때때로 본인에게 유리한 해석을 하면서 착각에 빠지기도 한다. 한 예로, 플레밍이 동료병사들과 자신을 비교하면서 앞으로 닥칠 전투에 대해 근심과 걱정이 점점 커지는 장면이 있다. 이때 두려움에 가득한 플레밍은 쓸데없는 것까지 집착을 하게 되고 어색한 행동을 하면서 동료들이 자신을 조롱하고 있다고 오해하기까지 한다. 플레밍의 소심함에 기인한 공포로 인해서 그는 동료와 같이 있다 해도 정신적으로는 홀로인 셈이다.

실제 전투가 벌어질 때까지 플레밍의 정신적 불안과 동요는 극에 달한다. 동료병사 짐 콩클린(Jim Conklin)과 월슨이 불안한 플레밍을 가까이 다가가서 위로를 해도 별 소용이 없었고, 전투가 시작되었을 때 자신이 어떤 행동을 취할까 걱정하면서 불안해할 뿐이다. 자기부대의 상관들 때문에 꼼짝달싹하지 못하게 갇혔다고 느끼며 주변사람들을 마구 비난하면서 현재 불행의 원인을 남 탓으로 돌린다. 전투가 시작되면 엉겁결에 본능적으로 총을 마구 쏠 것 같은 생각이 들기도 하는데, 그런 가상의 행동들을 '남성적'인 행동으로 높이 평가하면서 여태껏 두려움이 사로잡혔던 자신의 실체를 잊고 스스로가 전쟁영웅이 될 것이라고 공상에 빠지기도 한다.

멀리서 총성이 울리면서 첫 번째 실제전투가 시작되자, 플레밍은 당황하면서 스스로가 "움직이는 상자 속"(a moving box)에 갇혀 있다고 느끼게 된다. 꿈꾸어왔던 영광스러운 "그리스 시대의 전투"를 떠올릴 겨를조차 없고 이제는 본능적으로 행동할 뿐이다. 총포소리가 점점 커지면서 가까이에서 전투가 벌어지자 플레밍은 두려움에 어떤 생각에도 집중할 수가 없었다. "그[플레밍]는 경치를 감상할 수가 없었다. 주위의 경치는 두려움을 가속화시킬 뿐"(70)이고 격렬한 전투의 실체를 제대로 보고 판단할 능력이 없어진 것이다. 적의 폭격으로 발생되는 연기와 냄새에 불쾌함을 느끼면서, "개에 쫓기는 성가신 동물과 같이 예민하게 반응"하는데(85), 이는 본능에 따라 즉각적으로 반응하는 동물과 다름없는 것이다.

총성이 그치면서 전투가 잠시 소강상태에 이르자, 플레밍은 본인이 총을 쐈기 때문에 두려워했던 병사에서 스스로에 대해서 흡족해하는 병사로 바뀐다. 스스로를 "괜찮은 사람"(a fine fellow)로 여기며 "영웅같은" 행동에 대해 "엄청난 희열 속에"(in deep gratification) 미소짓기까지 한다. 분위기에 맞게 주변도 평화롭게 조용했고 하늘도 쾌청한 푸른 빛을 발하고 있었다. 그러나 예상되었듯이 플레밍의 착각에 불과한 자기만족은 그리 오래가지 못한다. 다시 전투가 시작되고 적들이 대대적으로 공세를 취했을 때 플레밍은 더 큰 공포 속에 갈팡질팡하면서 어찌할 바를 모른다. "거무죽죽한 용의 맹공격"(the onslaught redoubtable dragons)이 있자, 겁에 질려 플레밍은 "눈먼 사람처럼"(like a blind man) 총을 버리고 황급히 숲 속으로 도주해버린다. 플레밍의 도주는 첫 전투 후 플레밍이 잠시 가졌던 자기만족이 착각에 불과하다는 것이라는 것을 그대로 증명한 것이다.

플레밍의 착각은 도망친 숲 속에서도 지속된다. 전투에서 한발 비껴듯한 숲도 플레밍을 불안과 공포에서 완전히 해방시키지 못했고 그를 계속 혼란스럽게 만드는 것이다. 플레밍이 숲 속에서 도망치거나 후퇴하지 않고 전선을 지키는 동료병사들의 모습을 멀리서 내려다보았을 때, 이제는 두려움에 더하여 전장에서 도망쳤다는 비겁한 행동에 대해 죄의식까지 느끼게 된다. 하지만 플레밍은 곧바로 마음이 불안을 누그러뜨리려고 본인이 부대에서 엄청난 혹사를 당했다고 믿으면서, 곧바로 명예롭지 못한 도주를 인간의 자연스럽고 "현명한"(sagacious)한 행동이었다고 곧바로 자기 합리화하기까지 한다(98-99). 플레밍이 던진 솔방울에 놀란 다람쥐도 어쩔 수없이 달아났듯이, 전투에서 도망친 자신의 모습도 다람쥐의 행동과 마찬가지로 자연스러운 것이라고 치부하는 것이다.

숲에서 잠시 체류하면서 아치 모양의 굽은 나뭇가지들이 성스러운 예배당의 "초록 문"(the green doors)의 모습으로 다가와서 플레밍을 잠시 위로하기도 한다. 하지만 이러한 잠깐의 평화도 자신이 만들어낸 착각이란 것이 바로 다음 장면에서도 바로 증명된다. 개미로 얼굴 전체가 가득한 죽은 군인의 시체를 평화로운 듯한 숲속에서 직접 목격했을 때 플레밍은 다시 겁에 질려서 자신을 품었다고 여겼던 숲 속에서 도망쳐 나올 수밖에 없었다. 숲 속에서 개미가 가득한 무시무시한 시체를 목격한 후 더 이상 "불길한 죽음의 고통스러운 증인"(the tortured witness to another grim encounter)이 되고 싶지 않았다(118).

얼떨결에 숲에서 빠져 나와 전쟁터로 되돌아왔지만, 플레밍의 심리는 계속 불안했고 행동은 갈팡질팡할 수밖에 없었다. 이때 "들판을 무기력하게 배회하는" 누더기 병사(the tattered soldier)를 만나게 되는데, 치명적인 상처로 비틀거리는 그가 간절한 도움을 플레밍에게 청했지만 바로 밀쳐버리는 플레밍의 모습에서 우리는 플레밍이 공포 속에서 본능적으로 반응할 뿐이라는 것을 알게 된다. 누더기 병사는 본인이 고통스러운 상처를 당했음에도 플레밍의 몸 상태 대해서 묻는 등 상대방에 인간적인 관심을 보였지만, 플레밍은 본인이 비겁하게 도망친 행위가 그를 통해서 알려질 것이 두려워 동료 아군병사를 매몰차게 밀쳐낸다.

누더기 병사의 대수롭지 않은 질문이 그의 폐부를 칼로 도려내는 듯했다. … 방금 작별하고 온 친구가 우연히 캐묻는 바람에 그는 죄를 짓고 그 죄를 가슴에만 간직하고 있을 수는 없다는 느낌을 받았다. (121)

플레밍은 자신처럼 도망치지 않고 전선을 지키면서 계속 싸웠던 동료들을 만나자 죄의식에 사로잡혀서 그들을 "선택받은 자들의 행렬"(a procession of chosen beings)이라고 여기면서 다시 심적 동요를 일으킨다. 스스로를 "동료들과 같지 않다"(he can never like his fellow soldiers)라고 자책했고, 부대로 복귀해서 자신의 비겁한 행위에 대해 그들이 퍼부을 비난이 두려운 것이다. 더욱 심약해진 플레밍은 "모든 사람이 보는 가운데 높은 곳에서 조용히 전사하는"(getting calmly killed on a high place before the eyes of all) 망상에 사로잡히기도 한다(124). 모든 것이 혼란스러운 가운데, 플레밍의 심리는 계속 불안하다.

이런 과정 가운데 플레밍은 퇴각하는 아군 무리 속에 다행히 끼어들게 된다. 혼란스러운 상황에서 아군이 휘두른 총대가 플레밍의 이마를 가격하면서 플레밍은 이마에 '영광'의 상처를 우연히 얻게 된다. 상처의 고통으로 비틀거리면서 쓰러진 가운데, 또 다른 아군 병사인 "쾌활한 군인"(a cheerful soldier)에게 우연히 발견되었고, 그의 도움으로 자기부대로 복귀하게 된다. 이때 플레밍의 내부의 심리가 아직도 극심하게 불안하다는 것을 다음 그의 독백을 통해서 알 수 있다.

여기서 총소리가 나는 순간 저기서 총소리가 나고, 여기서 고함을 치는가 하면 또 저기서 고함을 지르고, 주위의 어둠 속에서 내가 도대체 어느 편에 서서 싸우고 있는지 통 분간할 수가 없었어. (135)

자기 부대로 돌아와서 적군의 병사가 총대로 플레밍을 가격해서 이마에 큰 상처를 입게 되었다고 동료들에게 '거짓으로' 설명했고 그것이 곧이곧대로 받아들여지자, 그는 잠시 죄의식에 빠지기도 한다. 하지만 자신이 한동안 도망병이었다는 어두운 사실을 눈치채는 동료병사들이 없자, 플레밍은 곧바로 안도했고, 후에는 심지어 그동안 피비린내 나는 전투를 피해서 도망친 과거행동이 별 것 아니었다고 자기 합리화하기까지 한다.

자기 부대로 돌아온 후, 자신의 비겁한 행동을 숨기기에 급급한 한 플레밍과 달리 일련의 전투에서 엄청난 정신적 변화를 겪은 "목소리가 큰 병사"(the loud soldier) 윌슨을 만나게 된다. 전투가 시작되기 전 윌슨은 남의 이야기는 들으려 하지 않고 자기주장 만을 큰소리로 떠벌리는 허풍쟁이 병사였다. 그러나 실제전투를 경험한 후 윌슨은 자신의 비굴하고 나약했던 과거 모습을 솔직하게 털어놓고 남을 위해 베푸는 병사로 바뀌었다. 상처를 입고 부대에 돌아온 플레밍에게 자신의 침낭을 아낌없이 줄 정도로 배려심 깊은 병사가 된 것이다. 하지만 플레밍은 자신의 겁쟁이로 도망친 모습이 알려질까 두려워서 남을 위해 베푸는 윌슨에게 오히려 오만한 태도를 취하기까지 한다. 첫 번째 실제전투가 시작되기 전에 플레밍과 똑같이 겁에 질렸던 윌슨이 플레밍에게 자신이 죽으면 고향 친척에게 편지 꾸러미를 보내달라고 했던 과거사실을 떠올리면서 윌슨에 대해서 우월감까지 느끼고 있는 것이다.

> 이제 그[플레밍]의 자존심도 완전히 회복되었다. 점점 커가기만 하는 자존심의 그늘에서 그는 자신만만하게 다리를 턱 버티고 서있다. 그를 심판하러 오는 그 누구의 시선도 아무 거리낌없이 받아낼 수 있으며, 더욱이 자신의 마음 속에서 일어나는 모든 의구심마저 몰아내고 남자답게 씩씩하게 굴 수 있었다. 남이 아무도 보지 않는 가운데 저지른 실수이니, 그는 아직도 씩씩한 군인인 것이다. (152)

한걸음 더 나아가 자신이 "신의 선택을 받은 자이고 위대"(the chosen of gods and doomed to greatness)한 병사라고 착각할 지경에 이르게 된다 (153). 비겁하게 도망친 죄를 감추었을 뿐만 아니라, 자신과 똑같이 도망쳤던 동료들에게는 경멸하는 태도까지 취한다. 자신이 도망친 것은 "신중하고 분별있는 행동"(act of discretion and dignity)이고 다른 친구들은 비겁하게 도망친 것으로 간주해버린다.

> 그는 병사들의 일부가 도망치던 일을 회상했다. 공포에 질렸던 그들의 얼굴을 생각하니 멸시감이 솟아났다. 그들은 필요 이상으로 빠르고, 광포했다. 그들은 나약한 놈들이었다. 그 자신도 도망쳤지만, 그는 신중하고 분별력있게 도망친 것이다. (153)

부대로 복귀한 후 맞이한 다음 전투에서 플레밍은 동물처럼 본능에 따라 움직이면서 미친 듯이 싸운다. 정신나간 듯이 싸우는 플레밍은 전쟁의 대의명분에 대한 의식은 전혀 없다. 전투과정 중에 육지에서 올라오는 열기와 연기의 불편함에 "개처럼"(like a dog)처럼 날뛰면서 총을 마구 쏘아 댈 뿐이다(165). 이번 전투가 플레밍 부대의 우세로 끝나게 되자 "개처럼" 싸웠던 플레밍은 부대상관과 동료군인들로부터 격려와 칭찬을 받게 되고, 드디어 본인 그토록 원했던 전쟁영웅이 되는 듯했다. 하지만, 첫 번째 전투가 시작되기 전에 "그리스의 영웅"과 같이 되겠다고 결심했던 플레밍과 현재의 플레밍은 분명 다르다. 현재의 플레밍은 적군의 "복부를 찢어발길 수 있는 … 난폭한 고양이"(wild cats … who could tear th'stomach)일 뿐이고(166), 자신을 뒤돌아볼 줄도 모르고 무엇을 하고 있는지를 정확히 알지 못하면서 "악마처럼 싸우는" 일개 병사일 뿐이다. "그는 과정을 알지 못했다. 자고 일어나니 기사가 되어버린 것이다"(He could not been award of the process. He had slept and, awakening, found himself a knight)(166).

전투가 소강상태에 이르자 이성적이고 이타적인 행동을 하는 등 변화된 플레밍을 잠시 접하게 되는데, 동료들의 칭찬을 받은 플레밍과 남을 배려하는 성숙한 병사 윌슨이 함께 부대대열에서 벗어나서 물을 뜨러 갔을 때이다. 이 때 플레밍과 윌슨은 아군의 부대장과 부하장교가 플레밍이 속한 부대를 "수많은 노새몰이꾼"(a lot'a mule drivers)이 모인 오합지졸 부대로 폄하하는 대화를 우연히 엿듣게 된다. 또한 자기 부대가 곧 상대방 적의 엄청난 공격을 받게 될 것이 예상되는데, 그렇게 되면 모든 아군 병사들이 죽게 될 것이라는 정보도 얻게 된다. 플레밍의 부대가 적을 물리치기도 했지만, 그들 또한 패배할 수도 있고 거기에 속한 본인과 같은 일개병사는 의미없이 사라지는 희생자에 불과하다는 것까지 알게 되는 것이다.

이때 플레밍은 인간이란 자신의 힘으로는 거대한 우주 속에서 어쩔 수 없는 하찮은 존재에 불과하다는 깨달음을 얻게 된다. "노새몰이꾼"에 불과한 부대원들 모두가 곧 몰살될 것 같은 위기를 실감하기도 했지만, 서로에게 동료애를 느끼면서 앞으로의 전투에서 용감하고 명예롭게 싸우겠다고 결심을 하게 된다. 플레밍은 여태껏 지속된 정신적 긴장을 진정으로 남을 배려할 줄 아는 윌슨과 함께 지내면서 잠시 누그러뜨릴 수 있었다. 이때 플레밍의 모습은 첫 전투에서 보였던 본인 만을 생각하는 이기적이고 공포에 질린 나약한 일개 병사의 미성숙한 상태와는 분명 다르다. 플레밍 자신이 무엇을 하고 있는지 알고 있고 본인의 의지에 의해 앞으로 닥칠 전투에서 희생적으로 싸울 수 있다는 것을 보여줄 수 있기 때문이다.

그러나 늘 그래왔듯이 플레밍 변화는 일시적인 것이라는 것을 곧바로 알게된다. 플레밍이 또 다른 착각에 의한 행동을 하기 때문이다. 과거 도망친 사건을 후회하거나 뉘우치지도 않을 뿐만 아니라, 자기가 전투에 참전한 이유를 망각하기까지 한다. 더구나 플레밍은 본인이 누구보다도 용감한 군인이라는 오만함 속에 사로잡혀있다.

다음 전투는 플레밍이 속한 부대의 선제공격으로 시작된다. 이때 플레밍은 과거 소심한 모습과는 달리 가장 앞장서서 싸우는 용기 충천한 병사처럼 보이지만, 이것은 단순히 무리 속에 갇힌 광포한 동물처럼 본능적인 행동들일 뿐이다.

> 이 격렬한 돌격에는 광적인 모습이 있었다. 미친 듯이 앞으로 뛰어나간 병사들은 폭도나 야만인 같은 환호성을 울렸으며, 그 고함 소리는 제 아무리 감각이 둔한 바보나 목석도 충분히 흥분시킬만한 괴상한 외침이었다. (176)

플레밍은 자기 부대가 왜 싸우는지를 끝까지 이해하지 못하고 마구 총을 쏘아댄다.

> 마치 자기네들은 강제로 끌려 나온 것 같았다. 그들은 마치 진퇴양난의 위기에 처한 나머지 여러 가지 표면상의 사태의 원인을 깨닫지 못하는 짐승과 다를 바가 없었다. 대부분의 병사들은 사태가 어떻게 되어 가는지 도저히 이해하지 못했다. (178)

부대가 공격과 후퇴를 반복하면서 병사들의 고통이 가중되기 시작하자, 플레밍은 자신의 부대를 이끄는 장교를 또다시 힐난한다. 현재 자기 부대원들이 겪는 어려움은 부대 장교들이 전투상황을 제대로 파악하지 못했기 때문이라고 생각하는 것이다. 아이러니하게도 후에 장교에 대한 플레밍의 미움과 분노는 그를 누구보다도 앞장서서 거침없이 싸우게 하는 촉발제가 된다. 공격명령이 떨어지자마자 플레밍은 불같이 번득이는 눈으로 공격에 선두에 선다. "광란의 상태에서"(in a state of frenzy) "미친 듯이"(with a wild battle madness) "광신도와 같이 야만스럽게"(the spirit of savage, religion mad) 싸우는 것이다(202). 마침내 플레밍 부대의 승리로 전투가 끝나면서, 플레밍은 곧바로 자기도취에 빠지게 된다. 자신이 용감하게 싸웠기 때문에 이겼고 마침내 어른(man)이 되었다고 믿는 것이다.

플레밍이 마지막 전투에서 용맹스런 병사의 모습을 보인 것은 사실이다. 그러나 그런 모습은 엄밀하게 분석해 보면 동물적인 본능 차원에서 나온 것에 불과한 것이고, 그것으로 그가 성숙한 어른이 되었다고는 볼 수 없다. 만약 자신이 어른이 되었다는 플레밍의 착각에 바탕한 결론을 그대로 받아들인다면, 희생을 바탕으로 한 인간의 고귀한 품격을 동물 차원으로 끌어내리는 것이 될 것이다. 앞서 언급한 남을 배려하는 성숙한 윌슨이나 명예로운 군인으로서 장렬한 죽음을 맞이한 짐 콩클린과 본능에 기초해서 '용감'하게 싸운 플레밍은 근본적으로 다른 것이다.

전투를 마친 후 플레밍은 숲속으로 도망친 것을 잠시 부끄러워하기는 한다. "잠시 그는 얼굴을 붉혔고 영혼의 불빛이 수치로움으로 깜빡였다"(For a moment he blushed, and the light of his soul flickered with shame)(211). 그러나 순간적으로 그가 느낀 죄의식은 현재 한없이 부풀어 오른 그의 자만심에 전혀 영향을 미치지 못한다. 자신의 소심하고 비겁한 과거 행동들을 반성하고 현재의 모습을 제대로 이해하지 못한다면 플레밍은 앞으로 때때로 닥칠 내적고통 속에서 헤어나오지 못할 뿐만 아니라 진정한 '어른'이 되지 못할 것이다. 소설 마지막에 플레밍은 어른(a man)이 된 것이 아니라, 스스로가 어른이 되었다고 허황되게 '믿고 있을 뿐'이다. 여기에 『무공훈장』의 아이러니가 있다. 크레인은 주인공 플레밍의 미성숙하고 왜곡된 판단과 독자나 관찰자 판단 사이에 팽팽한 긴장을 작품 내내 조성하면서 인간 내면 심리를 예리하게 파헤치고 있는 것이다.

문학사적 의의

앞서 설명했듯이 『무공훈장』의 주인공 헨리 플레밍은 자신보다 전우를 먼저 생각하는 의리있는 군인도 아니고 용감하게 싸우는 전쟁영웅도 아니다. 심약하고 작은 일에도 동요하기 쉬운 평범한 일개 병사일 뿐이다. 『무공훈장』은 이런 나약한 병사의 심리를 통해서 숨막히는 전투의 상황을 생생히 묘사하면서 팽팽한 긴장감을 문학적으로 묘사한다. 전투가 시작되기 전에도 플레밍은 막상 포탄이 날아들 때 도망가야하나 혹은 맞서서 싸워야 하나를 놓고 갈등하고 고민할 뿐이다.

윌리엄 딜링햄(William Dillingham)은 플레밍을 전투에서 "용기있게 싸울 수 있는 가능성을 가진 일반병사들"중의 하나일 뿐이라고 낮게 평가하기도 한다(194). 제임스 터틀턴(James Tuttleton)은 『무공훈장』에 나타난 이교도적인 이미지 분석을 통해서 플레밍이 종교적으로 경건해졌고 성장했다는 일반적인 크레인 비평가들의 평가를 비판하기도 한다. 이들 최근 비평가들의 평가는 『무공훈장』을 작품 속 종교적인 이미지들의 분석을 통해서 플레밍이 용기를 갖고 남을 배려하는 군인으로 성장했다는 R.W. 스톨만(R.W. Stallman)등의 기존 비평가에 대한 반박이다.

양쪽 비평가들의 논의는 그런대로 모두 일리가 있다. 하지만, 이들 비평가들은 자신들의 논의에 적합한 에피소드들만을 인용하면서 자신들의 주장을 '일관되게' 전개하는 것이다. 남북전쟁 가운데 한두 곳의 전투상황을 배경으로 하고 있지만 실제 전투가 어디에서 이루어지고 있는지를 밝혀지지도 않고 누가 이기고 지는 지가 관심사항이 아닌, 주인공 플레밍의 심리변화를 통해 만들어지는 문학적 긴장의 효과가 『무공훈장』의 진정한 예술적 성취라고 할 수 있다.

▶▶ 더 읽을거리

Benfey, Christopher. *The Double Life of Stephen Crane*. New York: Alfred A. Knopf, 1992.

Crane, Stephen. *The Red Badge of Courage and Other Stories*. Ed. Pascal Covici, Jr. New York: Penguin Books, 1991.

Dillingham, William B. "Insensibility in *The Red Badge of Courage*." *College English* 25 (1963): 194-98.

Mitchell, Lee Clark. *Determined Fictions: American Literary Naturalism*. New York: Columbia UP, 1989.

Pizer, Donald. *Realism and Naturalism in Nineteenth-Century American Literature*. Carbondale: Southern Illinois UP, 1984.

Schneider, Michel. "Stephen Crane: The Promethean Protest." *Five Novelists of the Progressive Era*. New York: Columbia UP, 1965, 60-11.

Stallman, R.W. *Stephen Crane: A Biography*. New York: George Braziller, 1968.

Tuttleton, James W. "'A runaway dog like me': Stephen Crane in His Letters." *The New Criterion* 6 (June 1988): 49-58.

Walcutt, Charles Child. *American Literary Naturalism, A Divided Stream*. Minneapolis: U of Minnesota P, 1956.

▮조 철 원 (서울대학교)

이창래
Chang-rae Lee

작가 소개

　이창래(Chang-rae Lee)는 이민 2세대 한국계 미국인 작가다. 많은 아시아계 작가들이 주로 아시아계 독자에게 읽히는 것과는 달리 이창래는 인종과 성의 범주를 넘어서 폭넓은 독자층을 가지고 있다. 그는 미국 문단에서 가장 주목받는 작가 중의 한 명으로, 2017년 현재 스탠포드대학 영문과 교수로 재직 중이다. 1965년생인 그는 이제 5-6편의 소설을 발표했을 뿐이지만, 그가 받은 문학상만 해도 헤밍웨이 재단상, 재미도서상, 반즈앤노블 신인작가상, 뉴보이스상, 아니스필드-볼프 도서상, 아시아계 미국인상, 오리건 도서상 등 일일이 열거하기 어려울 정도다. 2011년에는 퓰리처상 소설 부문 최종 후보에 오르기도 했고, 젊은 작가로서는 드물게 노벨문학상 후보에 이름을 올리면서 한국의 일반 대중에게도 그는 낯설지 않은 작가가 되었다. 그러나 이창래를 처음 만나는 독자를 위하여 그가 소설을 발표하면서 기자들과 가진 여러 인터뷰와 혹은 TV 프로그램 등에 출연하면서 나누었던 이야기 등을 중심으로 작가로서의 이창래의 삶을 불완전하나마

재구성해보도록 하겠다.[1]

이창래는 1965년 7월 29일 서울에서 태어나 1968년에 미국으로 이주했다. 의학도였던 아버지가 먼저 미국으로 이주하고, 1년 정도 후에 가족이 합류한다. 그 후 정신과 레지던트 과정을 마친 아버지는 뉴욕에서 병원을 개업했다. 한 인터뷰에서 그는 1세대 이민자인 아버지가 유창한 영어가 필요하지 않은 외과를 선택하지 않고 상담 위주의 정신과를 선택한 것이 그에게 많은 자극이 되었고 도전의식을 심어주었다고 고백하기도 한다.

그의 가족이 피츠버그에 잠시 살다가 뉴욕의 부촌인 웨스트체스터 카운티에 정착한 후 이창래는 중산층의 전형적인 미국인으로 자라났다. 한 인터뷰에 의하면 초등학교를 입학하면서 그는 발음하기 어려운 "Chang-rae" 대신 "Chuck"이나 "Tom"과 같이 좀 더 부르기 쉬운 미국식 이름으로 바꿀까 고민한 적도 있었고[2], 자신이 미국학생과 다르다는 생각을 해본 적도 없었으며, 미국을 조국으로 느끼고 한국을 외국으로 생각하며 소년시절을 보냈다고 한다.[3]

그러나 그가 한국계 이주민으로서 자신의 정체성을 각성한 것은 고등학교를 다니면서라고 한다. 그가 다닌 고등학교는 미국의 전통사립명문인 필립 에시터 아카데미다. 고등학교의 하버드라고 불리는 이 학교는 과학 과목까지 포함해서 대부분의 수업이 토론으로 진행했고, 이런 수업방식이 사춘기에 접어든 그의 민감한 감수성을 자극하여 그가 한국계 미국인으로서의 "차이"를, 한국계 이민자로서의 정체성을 각성하는데 일조를 했을 것이다.

---

1 이창래에 대한 좀 더 자세한 소개는 졸고, 「폭력과 외상: 이창래의 『제스처 인생』과 한국인 위안부」(『세계문학 속의 여성』, 경북대출판부 2011)의 1장(227-231면)에서 찾아볼 수 있다.

2 Dwight Garner, "INTERVIEW; Adopted Voice" *New York Times,* SEPT. 5, 1999. <http://www.nytimes.com/1999/09/05/books/interview-adopted-voice.html?mcubz=1>

3 "Chang-Rae Lee on the Census." April 1. 2010, CNN Television.

물론 그에게 잠재되어 있었던 문학적 소양을 발아한 것도, 창작에 흥미를 느끼고서 문학에 몰두하기 시작한 것도 이 무렵이다.

이 시절 그가 가장 많은 영향을 받는 작가는 아일랜드 출신 작가 제임스 조이스(1882-1941)라고 한다. 오늘날 제임스 조이스란 이름은 작가 지망생에게 뿐만 아니라, 좋은 학교에 진학하기 위해서든 더 나은 교양을 쌓기 위해서든 반드시 기억해야할 전통의 일부가 되어있지만, 살아생전의 조이스는 고고한 전통에 저항하고 전통에 도전하기를 주저하지 않았던 작가였다. 조국 아일랜드는 그가 더블린을 "돌로 굳어져 잠 속에 빠져있는" 마비된 도시로 묘사하는 것을 일종의 매국으로 받아들였고 그는 완고한 아일랜드 민족주의 앞에서 좌절할 수밖에 없었다. 그러나 조이스가 고국을 떠나 그 어떤 곳에 정착하더라도, 그의 피와 살과 정신에 새겨진 아일랜드를 벗어 버릴 수 없었던 것처럼, 감수성이 한창 예민했던 소년 이창래가 창작에 몰두하기 시작하면서 느낀 한국도 조이스가 느꼈던 아일랜드와 크게 다르지 않았던 것 같다. 한국어가 아닌 영어가 모국어이고, 오히려 한국이 외국처럼 느껴졌던 이민 2세대, 사춘기 소년 이창래에게 국적과는 상관없이 한국계, 아시아계라는 꼬리표를 붙이는 미국의 습관 앞에서, 그가 한국이라는 장소를 떠나있다고 해서, 한국을 지워버릴 수 있는 것이 아니라는 것을 깨닫게 되었다고 한다.

물론 조이스가 아일랜드를 비판적으로 묘사했다고 해서 그가 런던이나 뉴욕 혹은 파리를 더블린 보다 더 좋은 곳으로 생각한 것은 아니었다. 그는 자신이 태어나서 자란 바로 그곳에서 벌어지는 사람들의 고통과 슬픔, 분쟁을 통해 단지 더블린이라는 한 지역도시의 한계만이 아니라 그것을 훨씬 넘어서는 당대 유럽의 한계를 보았다. 이와 마찬가지로 이창래 역시 자신의 피와 살 속에 새겨진 한국과 한국계 공동체의 삶을 통해 한국뿐만 아니라 미국과 세계의 한계를 꿰뚫고자 노력하는 작가다.

그가 한국계 학생이 좋아하는 전공인 법대나 의대에 진학하지 않고 영문과를 선택한 것 역시 이러한 노력과 무관하지 않은 것으로 보인다. 그러나 그가 대학을 마치고 바로 안정적 수입이 보증되지 않는 전업 작가의 길을 걷고자 했던 것은 아니다. 예일대를 졸업한 후 그는 1년 정도 월스트리트에서 증권 분석가로 일했다. 소설가로서 성공을 거둔 지금은 그가 월스트리트나 증권투자가 적성에 잘 맞았기 때문에 이 일을 계속했더라면 부자가 되었을 것이라고 농담조로 말하기도 하지만, 당시엔 전도유망하고 인정받는 직장을 그만두기는 쉽지 않았던 것 같다. 그는 "나는 부모님을 행복하게 해주기를 원했고 부모님이 나를 자랑스럽게 여기기를 원했다. 그래서 직장을 그만두고 창작을 시작할 때 마음이 무거웠다."라고 밝힌다.

힘든 결정을 내리고서, 그는 소설 쓰기에 집중한다. 이 때 쓴 소설은 미국의 중견작가 토머스 핀천의 문체에 영향을 많이 받았다고 한다. 핀천 역시 조이스처럼 고정된 해석에 저항하고 길들여진 인식에서 벗어나기를 끊임없이 요청하는 작가다. 이 습작 소설로 이창래는 오리건 대학에서 입학허가서를 받고, 1993년 석사학위를 취득한다. 석사학위를 위해 제출한 원고가 바로 『네이티브 스피커』이며, 이어서 같은 대학 문예창작학과 조교수로 임용되고 교제 중이던 건축학과 대학원생과 결혼식을 올린다. 『네이티브 스피커』를 읽어본 독자라면 짐작하겠지만, 그의 아내는 백인이다. 그러나 소설과 달리 아들은 없고 두 명의 딸이 있다.

겉으로 보기에 이창래는 굴곡 없는 삶을 살았다. 그는 에즈라 파운드처럼 학교에서 쫓겨나지도 않았고, 조이스처럼 소설 한권을 출판하기 위해 이곳저곳을 유랑해야할 필요도 없었고, 로렌스처럼 평생을 검열과 싸우지도 않았다. 그의 데뷔작 『네이티브 스피커』는 미국의 메이저 출판사에서 출판되었고, 출판되자마자 평단에서 무수한 찬사를 받았다. 하지만, 그의 굴레와 곤경은 매끈해 보이는 삶의 외양에 있는 것이 아니라 성공적으로 보이는 삶의 이면, 즉 내면에 있다.

  첫 두 소설은 완전한 미국인처럼 보이고자 하는 욕망과 완벽한 동화를 성취할 수 없는 욕망과 결핍이 생산하는 비가시적인 폭력에 초점이 맞춰져 있다. 데뷔작인『네이티브 스피커』에는 영어강박증에 시달리는 한국계 남성이 등장한다. 그러나 영어강박증은 플롯의 표면일 뿐이다. 플롯의 이면에는 완벽한 미국인, 네이티브 스피커와 완전히 같아지고자 하는 욕망과 이 욕망이 낳은 의도하지 않는 폭력이 자리한다. 두 번째 소설『제스처 인생』(*A Gesture Life*, 1998) 역시 성공적으로 미국에 정착하고자 하는 화자의 욕망이 어떻게 폭력으로 전환되어 나타나는가를 일본군 위안부라는 민감한 소재를 통해서 다룬다. 첫 두 소설이 호의적인 평가를 받게 되자 이창래는 2002년 프린스턴 대학으로 자리를 옮긴다.

  세 번째 소설은 첫 두 소설보다는 무게감이 조금 떨어진다. 『가족』(*Aloft*, 2004)이란 제목으로 번역되었다. 이 작품은 한국계 아내가 왜 자살이라는 극단적 선택을 할 수밖에 없었는지 전혀 이해할 수 없는 이탈리아 남자의 이야기로, 아내의 죽음 이후 자신의 삶을 반추하는 이야기다. 제목은 경비행기 조종이 취미인 이탈리아 남자의 복합적인 내면을 담고 있다. 즉, 이 소설은 한편에서 비행기를 타고 상공으로 올라가 고통받는 아내를 무관심 속에 방치해버린 과거의 자신의 모습을, 다른 한편에서는 그러한 자신을 넘어서고자 하는 의지를 담는다.

  이창래는 네 번째 소설『생존자』(*The Surrendered*, 2010)를 발표하면서 데이턴 문학평화상을 수상했고, 퓰리처상 최종 후보에까지 올랐다. 이 소설은 미군이 참전한 한국전쟁을 다루고 있지만 전쟁을 둘러싼 정치나 사회 문제보다 전쟁이 한 인간에게 남긴 치유할 수 없는 상처에 초점을 맞춘다. 즉, 한국전쟁에서 살아남은 한국 출생의 주인공을 포함하여, 미군, 선교사 부인 등 디아스포라 생존자들이 어떻게 전쟁 트라우마에 사로잡히게 되었는지, 트라우마를 억압하고 축출하려는 시도가 어떻게 또 다른 희생자를 낳는지, 그리고 치유와 연결되는 삶은 어떤 것인지에 대한 성찰을 담는다.

이제 이러한 작가의 이력을 염두에 두고 간략하게 작품개요와 작품의 문학적 의의를 살펴보기로 하겠다.

네이티브 스피커
Native Speaker

작품 줄거리

　이 소설은 총 23장으로 구성되어 있다. 1장에서 이야기를 이끌어가는 중심 화자인 헨리 박(Henry Park)은 백인 여성과 결혼한 한국계이다. 부모님의 한국적인 문화는 미국에서 나고 자란 그에게 너무 이질적이지만 그렇다고 자신을 완전한 미국인으로 생각하는 것도 아니다. 소설의 도입부에서 아내 릴리아(Leila)가 별거를 선언하고 비행기를 타고 떠나면서 그를 "스파이", "동화주의자", "정서적 외국인" 등으로 묘사하는 메모를 주고 간다. 이 메모를 보면서, 그는 지금까지 살아온 자신의 모든 삶을 되돌아보게 된다.

　10살 때 어머니가 돌아가신 이후로 아버지와 정서적 유대감을 형성하지 못한 헨리는 전통을 고수하는 아버지에게 반항했고, 어머니가 돌아가시고서 한국에서 아버지가 집안일을 돌보도록 데려온 아줌마를 이해하지 못했다. 20년 이상을 가족처럼 지내고도 아줌마의 이름도 몰랐을 정도였다. 백인 여성과 결혼하고 난 이후에도 아버지와의 관계는 이전과 별로 다를 바가 없었다. 한마디로 그는 한국의 문화가 싫었다. 김치 냄새도 싫었고, 마늘 냄새는 더욱 참을 수가 없었다. 그의 한국 이름은 병호지만, 그는 그 이름을 사용하지 않았고 그렇게 불리기를 원하지도 않았다.

그래서 그는 자신의 아들 밋(Mitt)이 백인과 더 친밀해질 수 있도록 백인 마을로 이사한다. 그러나 아이들 간의 장난이 사고로 이어져 밋은 죽는다. 아이들의 장난에서 시작된 사고로 처리되기는 했지만, 밋의 죽음이 우연한 사고로는 보이지 않는다. 겉으로는 합리적이고 이상적으로 보이는 미국 사회이지만, 주류백인사회가 눈에 보이지 않게 만들어놓은 벽은 대단히 견고했다. 아들의 사고사에서도 보듯 이민자 2세인 헨리가 미국 사회의 주류에 편입되기란 쉽지 않은 일이었다. 아버지처럼 변방에서 슈퍼마켓을 운영하지는 않지만, 그렇다고 헨리가 미국에서 좋은 직장을 얻고 안락하고 인정받는 삶을 살 수 있는 것도 아니었다.

헨리가 근무하는 곳은 돈을 받고 개인정보를 파는 회사다. 그것은 국가 정보기관과는 아무 상관없는 사설 기업이다. 그래서 그는 그가 근무하는 회사가 어떤 곳인지 아내에게도 내놓고 말하지 못한다. 회사의 주 업무는 이민자의 정보를 모아서 다국적 기업이나 관련 업체에 돈을 받고 파는 것이다. 헨리는 한국계이기 때문에 주로 아시아에서 온 이민자들을 담당하고 있다. 최근에는 극비리에 전도유망한 미국 정치가인 존 광(John Kwang) 정보를 모으고 수집하는 일을 맡게 된다. 그래서 그는 정체를 숨기고 그에게 접근한다.

그러나 존 광과 만나면서 그는 많은 혼란에 빠지게 된다. 그가 일을 처리하는 방식은 언제나 "합리적 기록자로서 복사기처럼 사실을 전달하는 것"이었지만, 단순한 관찰자로서 정보만을 수집하는 태도에서 벗어나서 존 광을 존경하게 되고, 그에게 동질감이나 애정을 넘어서 아버지같다는 느낌을 받게 된다. 때때로 그에게 존 광의 정보를 회사에 넘기는 것이 "낯선 사람에게 부모님의 비밀스런 부분을 노출하는 것" 같은 느낌을 준다. 시장 후보인 존 광이 말하는 계나 가족과 같은 한국 문화는 헨리가 아버지에게서 느꼈던 것과 사뭇 다르다. 그는 존 광을 통해서 한국전통이 "사라진 시절의 찬란한 기억"에 불과한 것이 아니라는 것을 깨닫는다. 광은 한국의 문화를 미국의 문화 속에 다시 쓴다. 그러나 한국 문화를 미국문화 속으로 단순히 번역하는 것은 아니다. 광은 말하는 가족은 혈연에만 얽매여 있는 과거의 협소한 가족 개념이 아니라, 주변인, 소수자, 유색인종 등을 모두 포함하는 공동체에 가깝다. 그는 모든 이민자 집단을 가족으로 생각함으로써 그들을 "정복당한 자들로서가 아니라", 살아서 자기 목소리를 낼 수 있는 공동체로 만들 작정이었다.

그래서 광은 이민자들을 돕고자 "계"(*ggeh*)를 조직한다. 계는 생전의 아버지도 종종 이용하던 것이었다. "계"는 매주 정해진 액수의 돈을 내고, 자기 차례가 되는 주에 모은 돈을 모두 가질 수 있기 때문에 계의 핵심은 계원들이 서로 잘 알고 구성원이 자기 차례가 지난 다음에 달아나거나 빠지지 않는다는 확고한 신뢰에 기반을 두고 있었다. 그러나 광은 한국의 관습인 "계"를 혈연이나 지연, 그리고 인종을 넘어선 공동체로 확장하고자 했다. 그는 계를 이용하여, 가진 것이 없어 은행대출도 막힌 소수민족 이민자들에게 미국 땅에서 성공적으로 정착할 수 있는 종자돈을 제공하려고 했던 것이다. 이것은 한국문화를 재해석하여 미국문화를 재구성하려는 시도였지만, 그가 시장선거에 출마하고 선거구민들의 폭넓은 지지를 받게 되자 그에 대한 주류백인사회의 정치적 공작과 음모도 늘어난다.

헨리는 합리적인 기록자이자 객관적 관찰자로서의 자세를 견지하고, 계가 어떤 모임인지를 회사에 아주 객관적인 자세로 보고하지만, 이 정보를 회사로부터 건네받은 다른 시장 후보인 드 루스(De Roos)는 자신에게 유리한 선거 분위기 조성을 위해 그것을 정치적으로 이용한다. 그리고 언론은 이를 "사설 은행"이라고 보도하면서 광이 금융위원회에 신고도 하지 않고 부당이득을 얻은 것처럼, 일종의 마피아조직과 유사한 불법활동인 것처럼 보도하기에 이른다. 광의 행보가 정말 불법이었다면 그는 미국 금융위원회의 제재를 받거나 법적인 재판을 받아야 했다. 보도의 출처는 금융위원회나 검찰 관계자가 아니라 이민국이었다. 즉, 중요한 것은 광이 불법행위를 저질렀다는 증거 제시나 사실 확인이 아니라 이 모든 언론 플레이나 정치판이 겨냥하는 것은 상대의 정치 생명을 끝내는 것이었다.

헨리는 광의 "계"가 불법이 아니라는 것을 알고 있었지만, 그는 계원의 명단이 적힌 정보를 이미 회사에 넘겼고, 그 정보가 정치적 음모에 이용되는 것을 막을 길은 없었다. 광의 많은 계원 중에는 극히 일부에 불과하기는 했지만, 불법이민자가 포함되어 있었다. 광은 합법적 이민자와 불법 이민자를 구분하지 않았다. 그의 목표는 미국 땅에서 사는 모든 사람이 사람답게 살게 하는 것이었기 때문이다. 그러나 이 사실이 알려지면서, 불법이민자들 때문에 자신이 실업자가 되었다고 믿는 시위자들(대부분이 백인이고 남자다)은 광을 "밀입국 주선자"라고 불렀고, "미국인만을 위한 미국"이라는 피켓을 들고 광의 집 앞에서 시위를 벌인다.

결국, 광은 술을 마시다 사고를 내고 정치적으로 완전히 몰락한다. 그러나 헨리는 이제 더는 광을 관찰하지 못한다. 정보를 넘긴 것으로 그의 임무가 끝났기 때문이다. 헨리는 신문기사를 통해서 광의 기사를 읽는다. 언론에 유포된 사진은 광의 추한 모습을 부각시키는 데만 주력하고 있었고, 기사는 객관성을 잃고 미국인을 위한 미국만을 선동하는 대중의 분개나 독선을 그대로 반영하고 있었다. 그러나 음주운전을 했다는 것을 제외하고는 당국은 특별한 범죄의 증거를 발견하지 못한 듯했다. 원칙대로라면 미국시민이자, 시의원인 동시에 시장후보인 광에게 죄가 있다면 재판에 부쳐져야 마땅했다. 그러나 그는 재판을 받지 않았고, 불법이민자를 감쌌다는 명목으로 인민귀화국은 그에게 한국으로 돌아갈 것을 명령하고 그는 계에 참여했던 다른 이민자들과 함께 미국에서 추방된다.

물론 헨리가 직접 나서서 존 광을 몰락시킨 것도 아니었고, 그가 직접 이민자들을 추방당하게 한 것은 아니었다. 그에겐 그런 의도가 없었다. 비록 그가 정보를 팔아 먹고살았지만, 그것은 그의 직업이었을 뿐, 남을 해롭게 할 생각은 조금도 없었다. 그는 단지 객관적 관찰자로서 있는 그대로의 사실을 전달했을 뿐이었다. 그러나 광의 몰락을 지켜보면서 헨리가 깨달은 추한 진실은 "합리적인 눈을 가장하여 소수자의 삶을, 한 정치인의 삶을 나락으로 빠뜨렸다는 것"이다.

광이 사라지고서, 이제는 스파이 노릇을 그만둔 헨리가 등장한다. 소설의 마지막 부분에서 등장하는 헨리는 많은 가난한 아이들에게 영어를 가르치는 아내, 릴리아를 돕고 있다. 아내가 영어를 가르치는 곳은 임시 교육 시설이다. 이곳의 대상 학생은 정규교육을 받을 수 없는 아동들이다. 어쩌면 이곳의 학생 중에는 불법이민자도 있을 수 있다. 그러나 이제 헨리는 누가 불법이민자인지 그들의 개인정보를 캐지 않는다. 이제 그는 그토록 가기 싫어했던 한국이나 아시아 슈퍼마켓에 가서 음식을 사오기도 하고, 국과 밥으로 된 한국 음식을 차리고 한국 음식을 먹는다. 그리고 그곳의 아동들의 이름을 고저와 억양까지 세심하게 주의를 기울여서, 가능한 그들이 미국으로 오기 전에 그들이나 그들의 부모가 태어난 곳의 발음으로 아동의 이름을 불러주고자 노력하면서 이야기는 끝난다.

문학사적 의의

이 소설은 이창래의 데뷔작이다. 이 작품으로 미국의 대표적인 문학상 6개를 휩쓸면서 그는 미국 문단의 가장 유망한 신인작가로 떠올랐다. 젊은 작가의 작품이라 문학사적 의의를 벌써 규정하기는 어렵지만, 한국계 작가

중 미국에서 가장 많이 언급되고 가장 많은 파급력을 가진 작가라고 할 수 있다.

이 소설에서 독자를 끌어들이는 흡입력, 서정적인 문체, 탄탄한 구성, 그리고 무엇보다도 치밀하고 복합적인 심리묘사, 그리고 등장인물의 성격과 상황에 따라 달라지는 어조 등 작가의 문학적 자질을 발견할 수 있는 곳은 대단히 많다. 특히 광의 정치적 몰락을 묘사하는 장면이 압권이다. 한글 번역본으로 확인하기는 어렵지만, 영어 속에 "아줌마"나 "우리 집"과 같은 한국어를 활용하여 낯설게 하는 효과를 부여하는 것도 작가의 역량이다. 그러나 단순히 문장이 좋다거나 작품 구성력이 뛰어난 것만이 이 소설의 미덕은 아니다. 좋은 소설은 작가가 말한 것을 넘어서 수많은 해석과 의미가 솟아나게 한다. 그러므로 여기서는 이 소설이 독자에게 읽히는 몇몇 해석적 관점들을 살펴보기로 하겠다.

우리는 말의 세계, 언어의 세계에 산다. 우리가 사는 현실은 각양각색의 말들로 가득 차 있지만, 사람들이 말하는 방식은 거의 같다. 헨리의 아버지가 자신의 가게에 얼쩡거리는 흑인들에게 "사거나 나가"라고 말했듯이, 사람들은 "여기 우리 공동체의 코드에 복종하거나 아니면 사라지라"고 요구한다. 오늘날과 같은 정보화 시대, 유비쿼터스의 시대에도 사정은 다르지 않다. 웹과 같은 가상공간에서도 이런 사정은 더 심했으면 심했지 덜하지는 않다. 한국과 미국이 국적이 다르다고 해서 다르게 말하는 것은 아니다. "복종"과 "사라짐"은 표면적으로는 다르게 보이지만 사실은 같은 말이다. 일단 복종을 거부하고 사라지는 것 자체는 아무 의미가 없다. 보이지 않는 것은 보이지 않기 때문에 주류문화에 아무런 영향을 미치지 못한다. 그러므로 사라지는 것 역시 복종의 한 형태다. 복종은 일종의 사회 문화적 코드에 대한 복종을 의미한다.

여기서 문제는 문화가 단수가 아니라는 것이다. 이 소설에서 표면적으로 드러난 것은 주류문화와 소수문화 간의 불평등한 관계이다. 세계에는 수많은 문화가 존재하고 있지만, 문화 간의 교환과 교류는 반드시 수평적인 것이 아니다. 다른 모든 것과 마찬가지로 약한 문화는 강한 문화에 끊임없이 잠식당할 뿐만 아니라 강한 문화는 우월한 것으로 약한 문화는 열등한 것으로 취급된다. 한국계 이주민의 문화가 '미국적'이라고 간주하는 문화 속으로 포섭될 수 없을 때, 그것은 미국 내부의 것이 아니라 외부적인 것으로 축출되고 추방된다. 이러한 관점에서 이 소설을 읽는다면 이것은 탈식민주의의 관점이 될 수 있을 것이다.

둘째, 헨리와 같은 이민자는 한국과 미국의 두 문화 사이에서 어떤 문화에 복종해야 할지 고민할 수밖에 없다. 헨리는 한국 문화가 비합리적이고 구시대적이고 미국 문화가 합리적인 것으로 파악하지만, 그가 존 광의 몰락을 통해 깨달은 진실은 미국 문화가 합리적이라고 생각했던 것이 자신의 편견에 지나지 않는다는 것이다. 하나의 민족, 하나의 인종에 특권을 부여하고 차이를 억압하는 것이 합리적일 수 없기 때문이다. 이러한 관점에서 보자면 이 소설은 단일 언어에 대한 저항이자, 모놀로그에 대한 저항이며, 미국 문화가 자신의 정당성을 주장하려면 필연적으로 다문화주의로 나아가야 한다는 주제를 담고 있다고 할 수 있다.

셋째, 이 소설에서 헨리는 관찰자다. 그는 어떤 것에도 진정으로 참여하지 않는다. 한국계 공동체에도, 백인 공동체에서도 그는 방관자이자 관찰자로 남아있고, 심지어 아내에게도 자신을 숨긴다. 헨리가 정체성을 찾지 못하고 혼란에 빠진 것으로 보인다면 그것은 이러한 그의 관찰자이자 방관자적 태도에서 연유한다. 따라서 소설의 마지막에서 그가 깨달은 것은 자신을 드러내지 않고서는 사회의 어떤 불의에 대해서도 어떤 비판도 불가능하며, 의도하지 않게 그 불의에 공모할 수 있다는 것이다. 따라서 관찰자의 태도를 견지하는 한, 헨리는 결코 사건의 주체가 될 수 없을 것이며, 자신의 목소리를 드러낼 수 없을 것이다. 이러한 관점에서 이 소설은 정체성이나 주체구성이라는 주제와 연결될 수 있다.

넷째, 문화차이는 미국 내의 이민자에게서만 생겨나는 것이 아니다. 하나의 문화 내에서도 위계질서가 존재하고 복종의 메커니즘이 작동한다. 그리고 세계화된 자본이 국가의 경계를 알지 못하듯이, 이주자는 세계의 어느 곳에나 존재한다. 세계화의 물결에 편승해서 이주자가 엄청나게 증가한 것도 사실이지만, 특히 9-11 이후 자국 내의 불법이주자를 단속하고 새로운 유입을 막으려는 노력도 범세계적이라 할 만하다. 우리나라 역시 이제 더는 단일민족이라고 주장하지 않는다. 한국에도 이미 수많은 이주자가 살고 있고, 그중에는 합법적인 절차를 통해서 입국하지 않은 사람들도 많다. 이렇게 본다면 이 소설은 불법이민자나 소수자의 권익에 주목하라고 요청하는 작품이 된다. 소설의 마지막에서 불법과 합법의 선을 긋지 않고 이주자 모두를 포용하는 헨리의 모습은 차이를 억압할 것이 아니라 차이와 더불어 살아가야 한다는 깨달음을 보여주고 있다고 할 것이다.

그러나 차이와 더불어서 사는 것만이 능사는 아니다. 문제는 차이의 포용에만 있는 것은 아니다. 이 소설에서 보듯 한국계 미국인들의 공동체 속에도 지배와 복종의 메커니즘은 존재하고 있고, 미국 내의 한인 사회와 흑인들 사이에도 불화와 갈등이 존재한다. 백인들이라고 해서 모두 착취에만 눈먼 나쁜 사람들인 것은 아니고, 소수민족이라고 해서 모두 선한 것도 아니다. 보다 범위를 넓히면 세계의 많은 지역에서 고통 받는 개인은 많다. 희생자는 미국에도 있고 서구 유럽에도 있고, 한국에도 아프리카에도 있다. 그러나 이런 식의 추상화는 별로 도움이 되지 않는다.

현실 속에서 우리는 우리에게 직접적 해가 가해지지 않는다면 착취와 억압의 구조를 외면하기 쉽다. 고통 받는 개인이 나 자신이 아니라면 고통 받는 개인은 어디에나 있다고 말하면서 적대에서 눈을 돌려버린다. 이런 식으로 적대를 외면하는 순간 우리는 헨리처럼 그 적대의 생산에 암묵적으로 참여하게 된다. 그러나 존 광처럼 현재의 좌표에서는 불가능해 보이는 것(예를 들면 불법이주자까지도 미국인으로 인정하는 것)을 외면하지 않고, 가능한 것으로 끌어올리고자 할 때, 우리는 수많은 위험과 마주해야 한다. 위험과 마주할 수 있는 주체의 용기가 사건을 만들고 세계를 변화시킨다. 물론 존 광의 시도는 사건이 되지 못하고 개인의 실패로 끝났지만, 이 소설이 비극이 아닌 이유는 그 불가능했던 것을 다시 마주하는 헨리의 마지막 모습 때문일 것이다. 따라서 이 작품의 또 다른 의의는 헨리에게서 우리 자신을 읽어내는 독자에게서 생겨난다. 작가가 쓴 작품이 씨줄이라면 독자가 날줄이다. 작가의 쓰기와 독자의 읽기가 씨줄과 날줄처럼 서로 얽고 얽히는 작업이 없다면 하나의 문학작품은 종이와 잉크의 무감각한 만남일 뿐이다.

▶▶ **더 읽을거리**

Chang-rae, Lee. *Native Speaker*. New York: Riverhead, 1995. 『영원한 이방인』. 정영목 옮김. 나무와 숲, 2003.
_____. *A Gesture Life*. New York: Riverhead, 1999. 『제스처 라이프』. 정영목 옮김. 랜덤하우스, 2005. 『척하는 삶』. 정영목 옮김. 알에이치코리아, 2014.
_____. *Aloft*. New York: Riverhead, 2004, 『가족』. 정영문 옮김. 랜덤하우스, 2005.
_____. *The Surrendered*. New York: Riverhead, 2010. 『생존자』. 나중길 옮김. 알에이치코리아, 2013.
_____. *On Such a Full Sea*. New York: Riverhead, 2014. 『만조의 바다 위에서』 나동하 옮김. 알에이치코리아, 2014.

_____. "Chang-Rae Lee on the Census." April 1. 2010, CNN Television.

_____. "Chang-rae Lee at the NYS Writers Institute in 2010" <https://www.youtube.com/watch?v=rgn8utbLMHI>

Hogan, Ron. "Lee Chang-rae" *Beatris Interview*. <http://www.beatrice.com/interviews/lee/>

Garner, Dwight. "INTERVIEW; Adopted Voice" *New York Times*, SEPT. 5, 1999. <http://www.nytimes.com/1999/09/05/books/interview-adopted-voice.html?mcubz=1>

Page, Amanda M. *Understanding Chang-rae Lee*. Columbia: U of South Carolina P, 2017.

▍정 혜 욱 (부경대학교)